베조노믹스
Bezonomics

베조노믹스
Bezonomics

미래 비즈니스의
패러다임을 뒤바꾼
아마존 혁신 경영의 비밀

브라이언 두메인 지음
안세민 옮김
김용준 감수

21세기북스

추천의 글

세상을 바꾸는 근본적인 힘에 관한 기념비적인 책이다. 50년 후 역사가들은 우리 사회의 경제, 문화, 사회에서 일어나고 있는 변화의 본질을 포착한 독보적인 저서로 이 책을 평가할 것이다. 브라이언 두메인은 생생한 이야기와 디테일로 통찰력을 주는 선명하고 예리한 작가이다.

_짐 콜린스, 《좋은 기업을 넘어 위대한 기업으로》 저자

소비 경제를 단기간에 탈바꿈시킨 아마존은 정말이지 대단한 기업이다. 제프 베조스의 업적에 대해서는 진지하게 살펴볼 가치가 있다. 나는 그가 이 책에 나오는 까다로운 검증 절차를 견뎌낼 수 있을 것인가가 대단히 염려스럽다.

_《월스트리트 저널》

당신의 모든 자산을 단 한 회사에 장기 투자한다면 어느 회사를 선택하겠는가? 미국의 유명 벤처 투자자는 망설임 없이 아마존을 선택한다고 했다. 아마존의 시장 지배적 지위는 이 정도로 확고하다. 베조스는 어떻게 이런 독점 플랫폼을 구축했을까? 이 책은 여기에 대한 답을 제시하며, 아마존의 거침없는 성장이 빅데이터 기반의 AI 엔진, 즉 '베조노믹스'에서 비롯되었다고 강조한다. 이제 베조노믹스를 이해하지 않고는 미래의 산업을 전망할 수 없게 되었다.

_김병필, KAIST 기술경영학부 교수

놀라움 그 자체이다. 아마존이 어떤 회사이며, 어떻게 작동하는지 그리고 어디를 향해 나아가고 있는지를 실감나게 보여준다.

_존 휴이, 전 《타임》 편집장

이 책이 베조스라는 인물과 함께 아마존의 성장 과정에 대해서만 서술했더라면 업계 사정에 밝은 독자들에게는 지루하게 여겨졌을 수 있다. 하지만 저자는 아마존의 성공뿐만 아니라 베조스가 앞으로 혼란에 빠뜨리게 될 산업 부문에 대해서도 분석했다. 여기에는 광고 그리고 아마존이 처방약, 가정용 제품, 원격 의료를 제공하게 될 헬스케어뿐 아니라, 당좌예금 계좌, 개인 대출, 주택 담보 대출을 제공할 금융 분야까지 포함된다. 이 책에서 설명하듯이, 아마존과 경쟁하는 방법을 조언하는 컨설턴트의 수와 함께 아마존을 위한 새로운 사업은 계속 증가하고 있다.

_《커커스 리뷰》

아마존에 관한 책이지만, 그보다 더 중요한 기술의 변곡점에 대한 통찰력을 제공한다. 저자는 AI, 머신러닝, 로보틱스와 사물인터넷 등 아마존이 진두지휘하고 있는 기술 혁신에 대해 설명한다. 이 기술적 흐름은 압도적인 규모와 속도로 아마존의 미래는 물론이고 우리의 삶을 바꿔놓을 것이다.

_앤디 카스너, 구글 X 수석전략가

아마존은 우리의 구매 활동뿐만 아니라 관리 모델을 변화시키고 있다. 브라이언 두메인은 제프 베조스와 그의 군단이 이 작업을 어떻게 하고 있는지를 자세히 들여다볼 수 있도록, 우리를 아마존 내부로 안내했다. 아마존은 게임 체인저가 되어 미국에서 무엇이든 잡아먹고 파괴하는 스타트업이 되었다. 지금 당장 이 책을 사서 읽어보기 바란다.

_마이클 유심, 펜실베이니아대학교 와튼스쿨 교수·리더십연구소 소장

아마존은 이 모든 것을 어떻게 가능하게 했는가?
이 책을 읽고 나면 이 위대한 기업의 마술에 감탄할 것이다.

_데이비드 A. 바이스, 《구글 스토리》 저자·퓰리처상 수상자

감수의 글

코로나 팬데믹이 세계 경제 트렌드를 확 바꾸고 있다. 그중 첫째는 '탈 국제화'이고, 둘째는 '생활의 디지털화'이다. 생활의 디지털화 중 동서양과 남녀노소 구분 없이 모두에게 일어나고 있는 공통적인 변화는 바로 '이커머스E-commerce'이다. 한마디로 미국의 아마존과 중국의 알리바바의 세상이 열리고 있는 것이다.

이 책은 아마존의 창립자인 제프 베조스의 경영 철학, 기업 문화, 기업 전략과 그의 리더십을 '베조노믹스'로 소개하고 있다. 베조노믹스의 세 가지 축은 고객 집착, 극단적 혁신, 장기적 시각의 경영이다. 고객 집착이란 모든 기업 활동의 의사결정이 소비자에게 값싸고 좋은 제품을 제공하기 위해 이루어져야 함을 말한다. 전형적인 마케팅 중심의 경영 철학이지만, 현대 기업의 마케팅 우선 경영은 한계가 뚜렷하다. 소비자에게 값싸고 좋은 제품을 제공하다 보면 사회적 복지를 간과하기 마련이다. 아마존 또한 이런 딜레마에 빠져 있다. 대안은 사회적 마케팅이다. 기업이 소비자의 가치를 최우선으로 고려할 때에는 사회적 비용을 반드시 고려해야 한다. 아마존도 머지않아 이 문제에 직면하게 될 것이고, 그것은 아마존에게 생각보다 큰 위기가 될 수도 있다.

베조노믹스의 두 번째 축은 극단적 혁신이다. 아마존은 빅데이터, 인공지능, 로봇의 기술을 소매업에 도입하여 성공했다. 이러한 IT 기술 혁신을 통해 전통적인 소매업, 물류사업, 금융업, 의료 사업으로 영역을 확장하고 있다. 아마존은 온라인에서 책을 팔기 시작해, 그들이 가진 기술적 역량이 적용 가능한 분야라면 끝없이 도전하고 있는 스마트한 기업이다.

세 번째 축은 장기적인 경영이다. 이는 단기적 수익을 최대화하려는 전형적인 미국의 기술 혁신 기업과는 상반되는 경영 방식이다. 아마존은 10,000년 시계, 우주공학 산업 등에 과감히 투자하고 있다. 남이 보지 못하는 것을 보고 도전하는 것이 비전이라면, 베조노믹스의 장기적 경영은 비전 경영이다.

베조노믹스의 핵심은 이 세 가지 원칙을 '플라이휠'이라는 개념으로 발전시킨 제프 베조스의 리더십이다. 베조스 개인을 다룬 2장과 월마트와의 배송 전쟁을 다룬 11장은 호기심을 자극한다. 특히 12장 '아마존이 하지 못하는 것을 하라'는 한국의 소매 유통점과 중소기업, 중견기업에게 거대 기업과의 경쟁에서 살아남을 수 있는 지혜를 제시하고 있다.

이 책을 감수하면서 한국 독자들이 아직 일상생활에서 접하기 전인 아마존 프라임, 알렉사, 드론 배송의 사례를 통해 한국 기업이 앞으로 준비해야 할 것은 무엇인지를 생각하게 된다. 4차 산업혁명을 구현하고 있는 아마존이 한국 시장을 공략한다면 어떻게 대응할 것인가? 고객 집착, 극단적 혁신, 장기적 경영이라는 베조노믹스를 구현한다면 아마존과의 경쟁에서 살아남을 수 있을까? 지리한 코로나19와의 전쟁 속에서 이 책이 독자들에게 미래를 구상하는 신선한 자극이 되기를 바란다.

성균관대학교 경영대학장
김용준

차례

머 리 말

아마존 초창기에 제프 베조스는 시애틀 구도심에 위치한 본사 건물 맞은
편의 작은 극장에서 반년마다 모든 직원들이 참석하는 회의를 주재했다.
이후로 아마존은 성장에 성장을 거듭하여, 2017년 봄 베조스는 1962년
세계 박람회가 열렸던 곳에 위치한 실내 경기장으로, 1만 7,459명을 수용
할 수 있는 키 아레나에서 총회를 개최했다. 그날 이곳은 사람들로 꽉 들
어찼다. 베조스가 청중들에게서 마지막으로 받은 질문은 "데이 투(Day 2)
에는 아마존은 어떤 모습일까요?"였다. 이 질문은 많은 사람들에게 웃음
을 자아냈다. 아마존 직원들은 이 회사에서 근무하기 시작하던 첫 순간부
터 데이 원(Day 1)의 관점에서 생각하도록 훈련받았기 때문이었다. 베조
스의 사전에서 데이 원은 아마존이 항상 스타트업처럼 행동하는 것을 의
미한다. 스타트업을 설립하던 첫날에 가졌던 열정과 흥분을 항상 간직해
야 한다는 것이다. 베조스의 사무실이 위치한 시애틀 도심의 고층 건물 이
름도 데이 원이다.

화이트칼라 셔츠에 회색 바지 차림의 아마존 설립자는 자신의 트레이
드마크인 특유의 너털웃음을 터뜨리고는 이렇게 말했다. "내가 대답을 하

지요. 데이 투는 (한참 동안 말이 없다가) 정체 상태를 의미합니다." 그리고 또다시 (한참 동안 말이 없다가) 대답을 이어갔다. "그것은 헛발질을 하다가 (잠시 멈추고는) 그다음에는 고통스러운 쇠락의 길을 가다가 (잠시 멈추고는) 결국 죽음을 맞이하는 것을 의미합니다." 베조스가 이렇게 대답하고는 싱긋이 웃었다. 청중들은 폭소를 터뜨렸고, 무대를 내려오는 베조스를 향해 박수를 보냈다. 그들의 지도자는 직원들이 직감으로 알고 있는 것을 명료하게 표현하고 있었다. 아마존은 거대한 기술 기업이다. 하지만 아마존은 강렬한 추진력을 요구하고 자기만족을 금기시하는, 여느 기업과는 아주 다른 곳이다.

베조스는 지금까지 엄청난 성공을 이루어냈지만, 2018년 시가총액 1조 달러의 세계 1위 기업을 날마다 생존을 위협받는 중소기업처럼 경영하고 있다. 2018년 11월에 개최된 직원 총회에서 한 직원이 베조스에게 시어스 같은 대기업이 파산 위기에 처하게 된 것에 관해 묻자, 이런 말로 청중들을 놀라게 했다. "대마불사라는 말은 아마존에는 해당되지 않습니다. 아마존도 언젠가는 망하게 될 것입니다. 대기업들을 보면, 평균 수명이 30년 남짓입니다. 100년 넘게 가는 기업은 별로 없습니다." 그가 이런 말을 했을 당시 아마존은 설립된 지 24년째였다.

베조스는 그날 직원 총회에서 도대체 무엇 때문에 아마존의 죽음에 대하여 언급했을까? 어쩌면 그가 의기양양한 모습을 보임으로써, 그동안 회사가 누려왔던 모든 행운에 따르는 징크스를 피해 가고 싶었는지도 모른다. 아니면 월마트 혹은 알리바바와 같은 엄청난 경쟁자가 아마존의 마법을 알아채고서 기습 공격을 해오는 것을 두려워했는지도 모른다. 이 두 가지 추론 모두 나름의 타당한 측면이 있지만, 베조스가 마음속으로 가장 두려워했던 것은 아마존의 직원들이 고객이 아닌 옆에 있는 직원들을 의식하면서 문제를 해결하는 것보다는 관료 체제에 순응하는 것을 더 중요하게 여기는, 이른바 대기업 병에 굴복하는 것이었다.

베조스는 그날 총회에서 직원들에게 아마존의 성공에 도취되지 말고 고객에게 기쁨을 주는 새로운 제품과 서비스의 개발에 더욱 매진하여 최후의 심판일을 최대한 늦춰줄 것을 진심으로 애원하고 있었다.[1] 베조스의 각본에는 고객에게 기쁨을 주기 위한 최선의 방법은 그들이 좀 더 저렴한 비용으로 좀 더 편안한 삶을 살아가도록 하는 것이라고 적혀 있다.[2] 이와 관련하여 베조스는 이렇게 말했다. "지금부터 10년 뒤에 어떤 고객이 저에게 다가와서 '제프, 나는 아마존을 사랑합니다. 그러니까 가격이 좀 더 비싸도 괜찮습니다' 혹은 '내가 아마존을 사랑합니다. 그러니까 좀 더 천천히 배달해도 괜찮습니다'라고 말하는 모습은 상상조차 할 수 없습니다. 도저히 상상할 수가 없습니다."

이 책은 베조스에 관한 교과서이다. 그는 강하게 몰아붙이는 지도자이자 관습이 얽매이지 않는 사상가이다(GM 혹은 IBM의 CEO가 직원들을 공포에 빠져들게 하지 않으면서 혹은 자사 주식에 대한 팔자 주문을 촉발시키지 않으면서 자기 회사의 파산에 대하여 이야기하는 모습을 상상이나 할 수 있겠는가). 여러모로 볼 때 아마존을 아마존답게 만든 것은 베조스가 모든 것에 의문을 품고 회사의 존재 자체를 포함하여 당연한 것은 아무것도 없으며, 모든 일들이 고객에게서 비롯되므로 모든 직원들이 고객에게 집중해야 하는 문화를 조성했기 때문이다. 브래드 스톤Brad Stone이 아마존의 초창기 스토리를 뛰어난 솜씨로 서술한《아마존, 세상의 모든 것을 팝니다》(2013)에서 베조스는 이렇게 말했다. "무엇이 우리가 여느 기업과는 다른 기업이 되도록 했는지 알고 싶다면, 그 비결은 이렇습니다. 우리는 진정으로 고객에게만 집중합니다. 우리는 진정으로 먼 미래를 지향합니다. 그리고 진심으로 새로운 것을 발명하는 걸 좋아합니다. 대다수의 기업들은 그렇지 않습니다. 그들은 고객이 아닌 경쟁 기업에만 집중합니다. 또한 2, 3년 뒤에 수익을 낳을 사업에만 관심을 갖습니다. 2, 3년이 지나서 수익이 발생하지 않으면, 다른 사업으로 옮겨갈 것입니다. 그들은 발명가가 되기보다는 모방자가 되기를 원합니다. 그것이 더 안전하다고 생각하기 때문입니다. 따라서 당신이 아마존의 비결을 알고 싶다면, 우리가 여느 기업과는 왜 다른지를 살펴보면 됩니다. 아마도 이 세 가지 요소를 모두 갖춘 기업은 찾아보기 어려울 것입니다."[3]

경영자들이 하는 판에 박힌 말처럼 들릴 수도 있다. 그러나 베조스는 수억 명 중에 하나 나올까 말까 한 보기 드문 사람이다. 그는 아마존에 진정으로 고객만을 생각하는 문화를 조성하기 위하여 자신의 뛰어난 두뇌, 전투적 스타일, 지칠 줄 모르는 활력을 활용하는 방법을 알았고, 이 점이 그를 재계의 다른 거물과 차별되는 뛰어난 지도자로 만들었다. 그는 고객보다 경쟁 기업을 더 많이 걱정하는 임원들을 꾸짖었다. 서비스에 불만을 가진 고객이 보낸 이메일을 보면 그는 "?"라는 간단한 표시를 해서 담당 임원에게 전달했다. 이것은 이 메시지를 받은 불쌍한 인간의 마음속에 울리는 경종과도 같았다. 그러면 담당 임원은 다른 모든 일을 접어두고 지금 당장 이메일을 보낸 고객을 위하여 문제를 해결해야 한다는 조건반사적인 반응을 보인다. 내가 이 책을 쓰는 과정에서 직접 면담했던 수십 명의 전현직 아마존 직원들의 입에서는 어느 시점에 이르자 한결같이 "모든 일들이 고객에게서 비롯됩니다"라는 말이 나왔다. 마치 그들의 머릿속은 아마존에서 내로라하는 가장 뛰어난 컴퓨터 과학자에 의해서 굳어버린 것 같았다.

그렇지만 이 책을 쓰는 과정에서 아마존에 대하여 깊이 파고들게 되면서, "모든 일들이 고객에게서 비롯된다"라는 주문呪文에 더 이상 만족하지 않게 되었다. 물론 그 문장은 아마존의 성공을 설명하는 데 도움이 된다. 그러나 이것으로 모든 것들을 설명하려고 해서는 안 된다. 나는 "아마존이 진정으로 바라는 것은 무엇인가?"라는 질문에 대한 답을 구하려고 했다. 2년에 걸쳐 자료 조사를 하고 이 회사의 최고경영진을 포함하여 100명이 넘는 취재원들을 대상으로 면담을 하면서, 나는 다음과 같은 결론에 도달했다. "아마존은 지금까지 세상에 존재했던 기업 중에서 가장 똑똑한 기업이 되려고 한다."

똑똑하게 일하는 기업은 항상 많이 있다. 그러나 베조스는 최초로 빅데이터와 인공지능으로 움직이는 기업을 키워왔다. 인공지능을 둘러싼 과대광고는 상당히 많다. 그러나 실제로 이 기업가는 역사상 최초로 가장 정교한 인공지능 기반 사업 모델을 구축했다. 이것은 스스로 더욱 똑똑해지고 성장해가는 사업 모델이다. 점차적으로 이런 알고리즘이 회사를 운영하게 될 것이다. 그리고 알고리즘 그 자체가 회사가 되어갈 것이다.

베조스는 아마존이 플라이휠*(이것은 아마존 직원들이 경건한 마음으로 사용하는 용어다)처럼 돌아가도록 설계했다. 전통적인 방식이 아니라 하이테크

영구 기관에 바탕을 둔 성장을 의미하는 플라이휠 패러다임은 아마존 문화에 깊이 뿌리내리고 있다. 정지된 회전축에 놓여 있는 3톤짜리 돌바퀴를 생각해보라. 이것을 움직이려면 엄청난 힘이 들어갈 것이다. 하지만 매일 충분한 힘을 가하면 플라이휠은 점점 더 빠르게 회전하여 언젠가는 스스로 움직일 것이다. 아마존이 프라임 회원들에게 하루나 이틀 안에 무료 배송을 해주고, 아마존 TV쇼 무료 시청, 홀푸드Whole Foods 제품 가격 할인과 같은 혜택을 제공하면, 아마존닷컴으로 더 많은 고객을 끌어들일 수 있다. 고객이 많아지면, 잠재 고객이 많이 모이는 곳을 찾는 제3자 판매자들이 아마존닷컴으로 몰려들 것이다(현재 아마존닷컴에서 판매하는 모든 제품의 절반 이상이 독립적인 제3자 판매자들이 판매하는 것이고, 나머지 제품들을 아마존이 직접 판매한다). 판매자를 더 많이 모집하면 아마존의 매출이 증가하고, 규모의 경제를 창출하여 아마존닷컴에서 판매하는 제품의 가격을 낮춰서 고객들에게 더 많은 혜택을 제공할 수 있다. 그러면 새로운 고객들이 아마존닷컴을 찾을 것이고, 새로운 판매자들도 이곳을 찾을 것이다. 결과적으로 플라이휠의 회전 속도는 점점 더 빨라질 것이다.

예전에도 플라이휠을 장착하여 성공한 기업들이 있었다. 짐 콜린스Jim Collins가 자신의 획기적인 저작《좋은 기업을 넘어 위대한 기업으로》(2001)에서 이 용어를 창안하고는 크로거Kroger(미국의 슈퍼마켓 체인 업체-옮긴이)와 누코 스틸Nucor Steel(미국의 철강 업체-옮긴이)처럼 회사 경영진이 그들만의 플

---

* 플라이휠은 짐 콜린스가 자신의 저서《좋은 기업을 넘어 위대한 기업으로》를 통해 발표한 개념으로, 서서히 축적된 성과가 누적되어 다음 단계 도약의 동력이 되는 선순환의 고리를 말한다. 베조스는 이것을 아마존을 움직이는 개념상의 엔진으로 한 단계 발전시켰다.

라이휠을 구동시키는 방식으로 성공한 기업을 만들기 위하여 수년에 걸쳐 쉬지 않고 노력한 사례들을 제시했다. 콜린스가 지적했듯이, 1965년만 하더라도 누코 스틸은 파산 직전에 놓여 있었다. 하지만 당시 CEO였던 켄 아이버슨Ken Iverson은 회사가 미니밀mini-mill(철광석과 연료탄을 녹여 쇳물을 뽑아내는 용광로와 달리, 고철을 녹여 쇳물을 만드는 제철 설비-옮긴이)이라는 새로운 기술 공정을 적용하여 저렴한 철강을 생산하는 데 강점이 있다는 것을 깨달았다. 누코는 미니밀 1호기를 가지고 출발하여 더 많은 고객을 유치했다. 그 결과 매출이 증가했고, 그에 따라 비용 효율성이 높은 미니밀을 추가로 도입하여 또다시 더 많은 고객을 유치할 수 있었다. 아이버슨은 20년에 걸쳐서 미니밀 플라이휠을 더욱 빠르게 구동시키는 데에만 집중했고, 1980년대 중반에 이르러 누코는 미국에서 수익성이 가장 높은 철강 기업으로 우뚝 섰다.[4] 2019년에 누코는 미국에서 가장 규모가 큰 철강 기업으로 남아 있다.

그러나 아마존의 플라이휠은 누코의 것과는 아주 다르다. 아마존의 플라이휠은 훨씬 더 강력한 장치로 진화했다. 베조스는 플라이휠의 개념을 새로운 수준으로 끌어올려서, 사업을 하는 방식에 일대 변혁을 일으키고 회사에 어느 누구도 넘볼 수 없는 경쟁 우위를 가져다주는 수단이 되도록 했다. 그는 차세대 기업을 설립하여 세상 사람들이 사업을 하는 방식에 대한 21세기형 모델을 만들었다. 지금 그는 인공지능, 머신러닝, 빅데이터를 능수능란하게 사용하여 자신의 플라이휠의 회전 속도를 높이고 있다. 아마존은 컴퓨터 기술을 적용하는 데 뛰어난 강점을 갖게 되었고, 스스로 배우면서 더욱 똑똑해지기 시작했다. 지금까지 그 어떤 기업도 이러한 점에서 아마존만큼 성공하지 못했다. 수많은 CEO들이 입으로만 인공지능을 떠들면서 이 기술을 그들의 사업 모델에 적용하려고 소수의 데이터 과학자들을 데려왔다. 아마존에서는 이 기술이 그들이 하는 모든 일의 핵심 동력원이 된다. 인공지능 음성 소프트웨어로 작동하는 마법의 요정 알렉사를 개발하고 업그레이드하기 위해 2019년에 아마존이 1만 명을 고용했던 것을 생각해보라. 그들 중 대다수가 데이터 과학자, 엔지니어, 프로그래머였다.[5]

아마존은 초창기에는 단지 책만 판매하는 기술 기업이었다. 이후로 베조스는 빅데이터와 인공지능을 회사의 중심에 두었다. 1995년 7월에 가동을 시작한 최초의 아마존 웹사이트는 저자, 주제, 제목, 핵심어 등에 따라 책을 검색할 수 있고, 수백만 권의 장서를 보유한 도서관과도 같은 편의성을 약속했다. 최초의 웹사이트에서 아래쪽으로 스크롤을 내리면, 아마존이 컴퓨터 지능을 사용했던 최초의 사례를 확인할 수 있었다. 이것은 수십 년이 지나서 아마존이 소매업을 발칵 뒤집어놓는 데 사용한 기술이다. 여기서는 '눈, 우리의 지칠 줄 모르는 자동 검색 에이전트'라는 것을 자랑했다. 좋아하는 작가가 쓴 책이 발간되었거나 곧 발간될 예정이라면, 이 눈은 독자들에게 이러한 사실을 알리는 이메일을 보내준다.

이후로 아마존은 웹사이트에서 고객에게 제안을 하는 방식을 개선하고, 신속한 배송을 위해 적절한 창고에 적절한 제품을 항상 비치할 수 있도록 자신이 보유한 기술적 역량을 활용했다. 또한 아마존은 고객에게 최고의 서비스와 저렴한 가격, 제품에 대한 놀라울 정도로 폭넓은 선택권을 제공할 수 있는 알고리즘을 구축하기 위해 고객에 관한 방대한 양의 데이터를 수집했다. 더욱 최근에 아마존의 시스템은 소매업의 경영자가 하던 의사 결정의 상당 부분을 행동을 할 때마다 점점 더 똑똑해지는 머신이 대신해 주는 단계에 이르렀다. 이러한 머신은 의사 결정(예를 들어, 매년 1월 1일에 열리는 대학 미식축구 선수권전인 로즈볼Rose Bowl 주간에 패서디나 창고로 청량음료 1만 캔을 운송하거나 겨울이 다가올 때에 앤 아버 창고로 벙어리장갑 1,000개를 운송하기로 하는 결정)을 할 때마다, 이러한 결정이 과연 옳은 것인지를 확인하기 위한 사후 점검을 실시한다. 목표는 회사가 다음 번에 올바른 결정을 할 수 있도록 하는 데 있다. 그리고 플라이휠은 점점 더 빠르게 회전한다.

아마존이 세계에서 가장 위협적이고 두려움을 일으키는 기업이 된 것은 베조스의 무자비하게 돌아가는 플라이휠 덕분이다. 리서치 회사 CB 인사이츠CB Insights는 2018년에 투자자 소집회의들의 콘텐츠를 조사하고는 미국의 경영자들이 다른 어떠한 기업보다도 아마존을 더 많이 언급하고 실제로는 트럼프 대통령보다도 더 많이 언급한 것을 확인했다(그리고 그들은 세금만큼이나 아마존을 언급했다).[6]

그리고 베조스가 직원들에게 기업의 종말에 관하여 경고하기는 했지만, 어느 누구도 이처럼 관습에 얽매이지 않는 설립자의 의지를 꺾을 수는 없어 보였다. 2019년 초에 그는 순자산 1,600억 달러를 보유한 세계 최고의 부자로 등극했다. 그리고 전처 맥켄지에게 두 사람이 공동 소유한 아마존 주식의 4분의 1(당시 시가로 380억 달러)을 이혼합의금으로 주고도 세계 1위의 부자 자리를 계속 유지했다. 2019년을 기준으로 그가 설립한 회사는 미국 온라인 소매 시장의 거의 40퍼센트를 지배하고 있고, 유럽에서는 가장 규모가 큰 온라인 소매업체 중 하나가 되었다.[7] 아마존은 프라임 회원들을 위한 프로그램을 17개 국가로 확대하여 실시했는데, 프로그램에 가입한 회원수가 세계적으로 1억 명이 넘었다. 베조스는 아마존 웹 서비스^{AWS,} Amazon Web Services를 세계 최대 규모의 클라우드 컴퓨팅 기업으로 발전시켰고, 아마존 프라임 비디오^{Amazon Prime Video}를 넷플릭스를 바짝 뒤쫓는 스트리밍 미디어 기업으로 키웠다. 또한 그는 알렉사가 내장된 스마트 스피커 에코^{Echo}의 개발을 독려했는데, 이것은 처음 몇 해 동안에 거의 5,000만 유닛이나 팔렸다. 2010년대에는 이처럼 수익성이 높은 기업이 연평균 25퍼센트의 성장률을 기록했다. 이것은 아마존과 같은 대기업으로서는 엄청난 실적이었고, 2018년 아마존의 연간 매출은 2,330억 달러에 달했다. 이제 베조스는 전통적인 오프라인 형태의 소매업, 광고, 소비자 금융, 해운, 헬스케어 부문에서 새로운 강자로 떠오를 계획을 가지고 있다. 이 모든 것들이 그의 인공지능 플라이휠에 의해 구동될 것이다.

나는 이처럼 새로운 기업 모델을 '베조노믹스^{Bezonomics}'라고 부를 것이다. 이것은 우리가 기업을 바라보는 방식을 뒤흔들고, 앞으로 수십 년 동안에 이 방식을 폭넓게 채택한 기업들이 사회에 심대한 충격을 가할 것이다. 지금 업계는 현재 상태를 유지하려는 기업과 자신에 적합한 인공지능 기술을 개발하여 고객이 무엇을 원하고 무엇을 하는가에 대한 막대한 양의 세세한 정보를 보유함으로써 자기만의 베조노믹스 브랜드를 추구하려는 기업으로 급속히 양분되고 있다. 이미 자리를 잡은 거대 기술 기업인 알리바바, 제이디닷컴, 텐센트, 구글, 페이스북, 애플이 두 번째 범주에 속한다. 골드만삭스와 같이 상당히 오래된 전통적인 기업도 마찬가지로 이 범주에 속한다. 골드만삭스에서 소비자 금융 사업부 마르쿠스를 총괄하는 해릿

탈워Harit Talwar는 2019년에 열린 어느 컨퍼런스에서 금융 업무의 아마존화에 관하여 이렇게 이야기했다. "우리의 목표는 금융 서비스의 유통과 소비에서 일대 혼란을 일으키는 것입니다. 이것은 소매업에서 아마존이 지금까지 해왔고 지금 하고 있는 것과 거의 흡사합니다."[8] 물론 아마존도 이미 은행업계를 혼란에 빠뜨리려고 하고 있다.

우버의 CEO 다라 코스로샤히Dara Khosrowshahi도 탈워가 늘 하던 말에 공감을 나타내기라도 하듯이, (식료품 배송, 스쿠터 공유 서비스, 납부 시스템에 이르기까지 수송의 모든 측면을 장악하기 위해 빅데이터를 사용하여) 자사의 승차 공유 플랫폼이 수송 산업의 아마존이 되기를 바란다고 하면서 다음과 같이 말했다. "자동차와 우리와의 관계는 책과 아마존과의 관계와도 같습니다. 아마존이 책을 기반으로 이처럼 특별한 인프라를 구축하고 또 다른 영역으로 진출한 것처럼, 당신은 우버를 통하여 같은 모습을 보게 될 것입니다."[9] 2019년 말 우버의 주식시장 가치는 520억 달러에 이르렀는데, 이러한 사실은 코스로샤히가 베조노믹스를 채택한 것이 지금까지 효과가 있다는 것을 의미한다.

세계에서 매출 규모가 가장 큰 기업인 월마트도 인공지능과 빅데이터에 엄청난 금액을 투자하여 이러한 대열에 합류하기 위해 열을 올리고 있다. 월마트는 전통 소매업체도 21세기형 기술 플랫폼으로 스스로 변신할 수 있다는 것을 입증해 보이려고 한다. 그리고 이런 전투를 준비하기 위해 수십억 달러를 지출하고 있다. 다른 기업들은 그들만의 영역을 지켜내기 위해 고객들에게 격조 높은 경험과 아마존의 머신이 필적할 수 없는 인간적인 감성을 제공하면서 아마존의 위협에 대처하고 있다. 베스트 바이, 월리엄스 소노마Williams Sonoma(미국 프리미엄 주방용품 브랜드-옮긴이), 영국의 온라인 패션업체 ASOS, 스위스의 명품 소매업체로서 까르띠에의 소유자이기도 한 리슈몽Richemont, 독일의 대규모 전자상거래 업체 오토Otto가 소유한 크레이트 앤드 배럴Crate & Barrel(미국의 유명 주방용품 브랜드-옮긴이)이 이러한 범주에 속한다. 또한 스티치 픽스Stitch Fix(미국의 패션 · 뷰티 회사 2011년 인공지능이 고객 기본 정보를 활용해 옷과 장신구를 추천해주고 이를 고객에게 배송해주는 사업을 시작했다.-옮긴이), 와비파커Warby Parker(미국의 안경 유통회사-옮긴이), 루루스Lulus처럼 규모는 작지만 혈기왕성한 패션 기업도 여기에 속한다. 아마존의 영향을 받지 않은 기업들은 운이 좋아서 인공지능에 기반을 둔 거대 기업이 활약하지 않은 부문(중공업, 법률, 음식점, 부동산)에 있거나, 아마존이 압도적인 힘을 발휘하여 그들을 무너뜨리는 날이 올 때까지 속절없이 시간만 보내고 있을 뿐이다.

베조노믹스는 우리가 일을 하고 살아가는 방식에도 심대한 영향을 미치고 있다. 아마존은 로봇공학을 선도한다. 이 회사는 설립 이후로 2019년까지 65만 개가 넘은 일자리를 창출했지만, 이제는 이 회사가 일으키는 자동화의 물결이 (다른 기업들도 모방한다면) 정부가 보편적 기본소득을 심각하게 고민해야 할 정도로 노동 시장을 일대 혼란에 빠뜨리게 될 것이다. 이와 동시에 많은 기업들이 자기만의 베조노믹스 사업 모델을 추구하면서, 우리는 훨씬 더 디지털화된 세상에서 친구나 이웃사람들과 상호작용할 수 있는 쇼핑센터나 작은 가게로 가기보다 홀로 앉아 화면을 바라보고 구매 버튼을 누르는 방식으로 쇼핑을 하면서 살아가게 될 것이다.

내가 이 책을 쓰고 있는 동안 사려 깊은 친구들이나 동료들이 아마존이 과연 좋은 기업인지 아니면 나쁜 기업인지를 궁금해했다. 이것은 어쩌면 당연한 질문이면서도 복잡한 질문이다. 그리고 아주 복잡한 질문에 대해서는 간단한 대답이 존재하지 않는다. 나는 이 책의 독자들이 이러한 복잡성을 이해하고 아마존이 기업과 사회에 도움이나 피해를 주는 측면을 인식하여, 베조노믹스 시대에 살아남아 이처럼 거대한 기술 플랫폼의 위력을 견제할 준비를 충분히 할 수 있기를 바란다.

우리가 아마존을 바라보는 방식은 주로 우리가 어디에 위치하고 있는가에 달려 있다. 세계의 아마존 프라임 회원이라면, 아마존을 사악하게 바라보지는 않을 것이다. 아마존은 제품에 대한 광범위한 선택권을 제공한다. 아마존이 이러한 제품이 몇 개나 되는지를 확인해주지는 않지만, 어느 자료에 따르면 거의 6억 종류에 달한다고 한다.[10] 아마존은 이렇게 많은 종류의 제품을 저렴한 가격에 판매하고, 이들 중 수백만 종류에 대해서는 이틀 이내에 무료로 배송해줄 수도 있다. 그리고 이 작업을 거의 착오 없이 진행하여 최고의 고객 서비스를 제공한다. 영화와 음악을 좋아하는 고객이라면, 아마존에서 가요 200만 곡, 〈맨체스터 바이 더 씨〉와 같은 영화제 수상작, 〈더 맨 인 더 하이 캐슬〉과 같은 TV 시리즈물을 무료로 스트리밍해서 볼 수 있다. 미국에서는 아마존이 가장 신뢰받고 사랑받는 브랜드로 자리를 잡았다. 세계를 무대로 살펴보면, 2019년 어느 설문 조사에서 아마존이 《포춘》이 선정한 글로벌 500대 기업 중 브랜드 평판 부문에서 1위를 차지했다.[11]

정치인들은 아마존이 소규모 자영업자들에게 엄청난 피해를 준다고 주장하는데, 이것은 어느 정도는 맞는 말이다. 자기만의 특별한 제품을 취급하지 않거나 저렴한 가격대의 제품을 최고의 서비스와 함께 신속하게 배달하지 않는, 규모가 작은 소매업체들은 아마존에 의해 철저하게 짓밟혀왔고, 앞으로도 그럴 것이다. 그와 동시에 아마존은 스타트업들의 산란지가 되어왔다. 2019년을 기준으로 세계 130개 국가에서 수백만 개에 달하는 독립 사업체(이러한 사업체는 미국에만도 100만 개가 있다)가 아마존 플레이스 플랫폼에서 거래되는 모든 제품의 58퍼센트를 판매하고 있다.[12] 아마존에 따르면, 2018년을 기준으로 세계적으로 아마존 웹사이트에서 제품을 판매하는 소규모 사업체 덕분에 일자리 160만 개가 새로 생겼다고 한다.[13] 아마존은 소규모 사업체들을 또 다른 방식으로도 돕고 있다. 예를 들어, 아마존의 클라우드 컴퓨팅 서비스 AWS는 소규모 사업체들이 대기업 컴퓨터 시스템이 보유한 기술력을 합리적인 가격에 사용할 수 있도록 했다. 아마존의 인공지능 음성 소프트웨어인 알렉사는 앱 개발자와 스마트 가전 기기 제조업체들을 위한 엄청난 기회를 창출했다.

그럼에도 이 모든 것에는 희생이 따른다. 아마존은 방대한 글로벌 물류 네트워크에서 수십만 명을 고용했다. 이런 일자리는 힘이 들고, 제대로 된 대우도 받지 못하며, 노동조합이 결성되어 있지도 않다. 게다가 여기서 일하는 근로자들은 로봇이 그들을 대체하여 일을 더 신속하고도 저렴한 비용으로 처리하게 될 것을 걱정해야 한다. 이런 날이 많은 사람들이 생각하는 것보다 더 빨리 올 것이다.

아마존의 기업 문화는 빠르게 돌아가고 공격적이며, 화이트칼라 근로자와 블루칼라 근로자 모두에게 잘못에 대한 책임을 철저하게 묻는다. 환경 측면에서 보면, 아마존의 배송 건수는 수십억 회에 달하고 에너지를 많이 소비하는 서버 팜server farm(일련의 컴퓨터 서버와 운영 설비를 한곳에 모아놓은 시설-옮긴이)을 운영하기 때문에, 세계의 온실가스 배출 저감을 위한 노력에 도움이 되지 않는다. 정치인들은 아마존이 온라인 소매 시장을 지배하는 모습을 보면서, 아마존의 해체를 주장한다. 뿐만 아니라 2017년과 2018년에 《월스트리트 저널》은 아마존이 연방소득세를 합법적으로 적게 납부하거나 전혀 납부하지 않았던 것으로 추정했다(2018년 한 해에만 아마존의 연간 이익이 100억 달러에 달했다는 것을 생각하면, 사람들이 이런 소식을 접하면서 참아 넘기기가 쉽지 않다).[14] 이렇게 된 이유 중의 하나는 아마존이 현재의 이익에 대하여 역사적 손실을 공제할 수 있다는 주장이었다. 이것은 세무 공무원들의 접근을 막는 논리가 되었고, 도널드 트럼프Donald Trump와 손실을 본 그의 회사가 연방소득세를 적게 납부하거나 전혀 납부하지 않을 때에 했던 주장과도 거의 비슷했다.

이것은 확실히 중대한 쟁점이다. 그러나 자본주의 그 자체가 갖는 특성에서 나온 쟁점이기도 하다. 새로운 기술 플랫폼으로 가장 크게 성공하고 규모도 가장 큰 아마존이 자신의 몇 가지 행동 때문에 집중적인 조사를 받게 되었고, 그중 일부는 비난받을 만했다. 아마존이 뉴욕시에 제2본사를 설립하려다가 철회했을 때, 지역 사회의 우려에 제대로 대처하지 못한 것이 대표적인 사례이다. 이 온라인 소매업체가 수십억 개에 달하는 제품 패키지를 배송하고 자체 서버 팜을 운영하면서 내뿜는 온실가스는 분명히 지구에 도움이 되지 않는다. 그러나 이와 같은 문제의 해결 방안은 기업 하나를 공개적으로 공격하는 데 있지 않다. 그보다는 이 기업과 이와 같은 종류의 기업들이 일으키고 있고 앞으로도 일으키게 될 문제를 분명히 인식하고서 세제를 개혁하고, 합리적인 탄소 배출 규정을 마련하고, 자동화로 일자리를 잃은 근로자를 위한 정부 지원과 교육 및 훈련을 제공하기 위한 적절한 조치를 취하는 데 있다.

그 사이에 우리가 할 수 있는 최선의 행동은 아마존을 면밀하게 살펴보고, 아마존이 미래를 어떻게 만들어갈 것인지를 인식하는 것이다. 우리가 원하든 원치 않든, 베조노믹스는 세계 경제에서 점점 더 많은 부분을 집어삼킬 것이다. 내가 온건하게 바라는 것은 자본주의를 개혁하는 데 관심이 있는 사람들이 아마존에 관한 책을 읽어서 21세기에 기업이 어디를 향해 가고 있는지, 베조노믹스가 어떻게 우리를 중요한 지점에 데려다놓을지, 어떻게 사회를 혼란에 빠뜨릴 것인지를 더욱 깊이 있게 이해하는 것이다. 기업을 운영하는 사람들은 이 책을 통해 베조스가 자신의 인공지능 플라이휠을 어떻게 제작했는지, 이것이 어떻게 그처럼 잘 돌아가고 있는지, 아마존과 같은 거대 기업에 맞서기 위해서는 무엇을 할 수 있는지에 대해 깊이 생각해볼 수 있을 것이다. 기업을 운영하지 않는 사람이라도 이 책을 통해 제프 베조스의 세계를 들여다본 것이 갈색 스마일 박스가 현관에 도착할 때마다 자신의 삶에서 실제로 벌어지고 있는 일들을 이해하는 데 도움이 될 것이다.

먼저 우리는 아마존이 어떻게 이처럼 거대하고도 강력한 기업으로 성장했는지, 그리고 어떻게 우리가 상상할 수 있는 것보다 우리의 삶에 더 많이 스며들고 세계 경제와는 더욱 밀접하게 관련되었는지를 살펴보아야 한다.

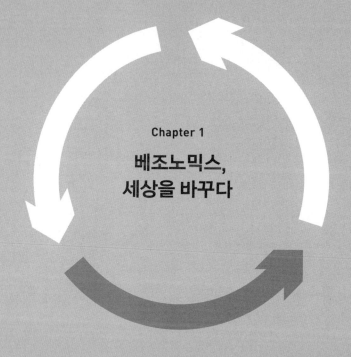

Chapter 1

베조노믹스,
세상을 바꾸다

엘라는 아침에 일어나서 알렉사에게 커피를 끓이고 날씨를 알려달라고 한다. 그리고 홀푸드에 식료품을 주문하여 그날 밤에 자기 아파트에 배달될 수 있도록 하라고 지시한다. 지금 26세인 엘라는 아마존이 없는 세상을 거의 알지 못한다. 그녀는 아마존 웹사이트에서 대학 교재를 중고로 구매하고, 그것을 되판다. 18살 때부터 아마존 프라임 회원인 그녀는 집에 돌아왔을 때 현관에 아마존 포장 테이프로 봉한 제품 패키지가 배달되어 있는 것을 보면 여전히 엔도르핀이 솟는 것을 느낀다.

엘라는 아침 식사를 마치고 지하철을 이용하여 사무실로 출근한다. 회사 일을 위해 블루투스 키보드를 검색한다. 당연히 아마존이 최선의 제품을 보여준다. 마우스를 두 번 클릭하고는 자신이 선택한 제품이 다음날 혹은 빠른 배송을 원할 경우에는 당일에도 자기 책상 위에 놓이게 된다는 것을 확인한다. AWS가 제공하는 클라우드에 중요한 회사 문서 파일을 백업해두고, 아마존 렌딩Amazon Lending이 제공하는 중소기업 대출을 검토하고, 자신이 설립한 스타트업의 향후 주요 일정을 논의하기 위해 팀원들을 소집하고, 아마존 웹사이트에 신제품을 출시한다. 그날 밤 퇴근길에 계산대가 없는 아마존 고Amazon Go 식료품점에 들러서 스낵을 손에 쥐고 나오면 센서와 카메라가 자동으로 그녀의 아마존 계정에 스낵값을 청구한다. 집으로

와서는 알렉사에게 저녁 식사 레시피를 읽으라고 지시한다. 저녁 식사를 마치고는 알렉사에게 아마존 프라임 비디오의 히트작 〈더 마블러스 미세스 메이즐〉을 틀라고 한 다음 편안한 시간을 보낸다. 그리고는 아마존 킨들을 통해 책을 읽다가 잠이 든다.

엘라는 가공의 인물이다. 그러나 그녀가 살고 있는 세상은 현실에서 실제로 벌어지고 있다. 아마존 생태계에는 엘라와 같은 사람들이 수없이 존재하고 있다는 것을 우리 모두 알고 있다. 미국의 아마존 프라임 회원은 이러한 생태계 속으로 완전히 빠져드는 특권을 누리는 대가로 연간 119달러의 회비를 납부한다.

아마존은 세계 17개 국가에서 프라임 회원들에게 수백만 종류의 제품을 이틀 혹은 더 짧은 시간 안에 무료로 배송하는 서비스를 제공한다. 그러나 아마존 고객 모두가 프라임 회원은 아니다. 세계적으로 약 2억 명으로 추정되는 또 다른 온라인 쇼핑객들이 그들이 인식하든 그렇지 않든, 베조스의 운영체제에 평생회원으로 가입했다.[1] 베조스는 이제 겨우 세계 시장으로 진출하기 시작했다. 그리고 지금 아마존은 유럽, 인도, 아프리카, 남아메리카, 일본을 향하여 촉수를 뻗치고 있다. 자국에서 성장한 무시무시한 거대한 디지털 기업 알리바바와 텐센트가 활개를 치는 중국에서만 고전하고 있다.

길을 가는 사람들에게는 아마존이 작은 갈색 박스에 다양한 제품을 포장하여 배송하는 업체로 여겨진다. 어느 날 오후에 로스앤젤레스, 런던, 뭄바이에서 길을 걷다 보면, 로비에 쌓여 있거나 현관에 놓여 있는 아마존의 스마일 박스를 보게 될 것이다. 10년 동안 아마존의 고위직으로 근무한 적이 있는 어떤 사람은 아마존이 실제로 하고 있는 것은 애플의 IOS나 구글의 안드로이드보다 더 광범위하게 사용되는 새로운 운영체제를 개발하는 것이라고 말했다. 그는 이렇게 덧붙였다. "우리가 아마존에서 했던 모든 것들은 우리 삶과 긴밀하게 얽인 하나의 구조를 만드는 것입니다. 우리는 아마존닷컴에서 바로 그런 작업을 했습니다. 그리고 지금은 알렉사가 내장된 에코가 우리에게 날씨를 알려주고, 음악을 틀어주고, 집에서 조명과 냉방 장치를 조절해줄 뿐만 아니라 아마존닷컴에서 제품을 구매해주기에 이르렀습니다. 이제 우리는 대규모 통합으로 가는 지점에 도달하고 있습니다. 아마존은 우리 삶을 위한 운영체제가 되어가고 있습니다."

아마존의 인기가 어느 정도이며, 그 중독성과 포괄성이 얼마나 강한지를 짐작하기는 어렵다. 2017년 휴가철에 온라인 구매를 하는 미국인 중 약 4분의 3이 주로 아마존을 이용하는 것으로 나타났다.[2] 그다음으로는 월마트닷컴을 주로 이용하는데, 이들은 전체 온라인 쇼핑객의 8퍼센트에 해당한다. 이 시기에 교외 지역에 주차된 미국의 우체국 트럭이 쏟아지는 아마존 제품 패키지를 배송하기 위해 추가 운행을 한다. 일부 지역에서는 우체부가 몰려드는 우편물을 제때 배달하기 위해 새벽 4시부터 작업을 시작한다. 뉴욕주에 위치한 파이어 아일랜드에서는 매일 아침마다 지역 여객선에서 아마존 제품 패키지를 내리는 데 시간이 오래 걸리다 보니 일부 승객들이 뉴욕시로 가는 통근 열차를 놓치지 않으려고 더 일찍 여객선을 일찍 타야 했다.

사람들이 여러 기관들에 대한 신뢰를 잃어가고 있는 이 시대에 아마존은 깊은 신뢰를 받고 있다. 2018년에 조지타운대학교의 베이커 센터는 미국인들에게 가장 신뢰하는 기관이 무엇인지를 물어보았다. 민주당원들은 다른 어떤 기관보다 아마존을 가장 신뢰한다고 대답했다. 아마존이 창고 근로자에게 가혹한 노동 조건을 부과하고, 지방자치단체를 상대로 많은 금액의 세금 우대를 압박하며, 2017년과 2018년에 연방소득세를 적게 납부하거나 전혀 납부하지 않은 것에 대해 좌파 사람들의 공격이 거세지고 있는 것을 감안하면, 이것은 상당히 놀라운 결과이다. 공화당원들은 군대, 지방 경찰에 이어 세 번째로 아마존을 신뢰한다고 답했다.[3] 이것은 그다지 놀랍지 않다. 민주당원인지 공화당원인지에 관계없이 응답자들은 FBI, 대학, 의회, 언론, 법원, 종교 기관보다 아마존을 더 신뢰했다. 이러한 사실은 미국 가정의 51퍼센트가 교회에 다니지만, 52퍼센트가 아마존 프라임 회원이라는 것을 이해하는 데 도움이 된다.[4]

아마존에 대한 신뢰는 특히 밀레니얼 세대와 Z세대에서 두드러지게 나타난다. 막스 보르헤스 에이전시Max Borges Agency는 지난해에 아마존을 통해 기술 제품을 구매한 적이 있는 18세에서 34세 사이의 젊은이 1,108명을 대상으로 설문 조사를 실시했는데, 놀랍게도 이들 중 44퍼센트가 1년 동안 아마존을 끊을 바에야 차라리 섹스를 그만두겠다고 대답했다.[5] 술보다 아마존을 선택하겠다고 대답한 사람도 77퍼센트에 달했다. 이러한 결과는 아마존의 매력만큼이나 밀레니얼 세대와 Z세대의 생활 방식과 성적 욕구에 대하여 많은 것을 말해준다.

소비자 사이의 이와 같은 훌륭한 평판은 달러로 표시되는 브랜드 가치 평가에서도 잘 나타난다. 거대 광고회사 WPP의 계열사이자 리서치 회사인 칸타르가 2019년 중반에 발표한 세계 브랜드 가치 순위에서 아마존은 처음으로 1위에 올랐다.[6] 칸타르는 아마존의 브랜드 가치를 지난해보다 1,080억 달러나 상승한 3,150억 달러로 추정했다. 아마존이 애플과 구글을 제치고 1위를 차지한 것이다. 또한 아마존의 브랜드 가치는 알리바바와 텐센트의 두 배가 넘었다.

아마존은 중독성이 강하여 지금 미국인의 소득 중에서 상당 비중을 챙겨간다.[7] 아마존은 미국인의 가계 지출에서 2.1퍼센트를 빨아들이는데, 이것은 연간 수입이 6만 3,000달러인 미국 가정이 매년 1,320달러를 아마존에 지출하는 셈이다. 소비자들이 아마존을 위해 지갑을 여는 주요 원인은 시간을 절약할 수 있고, 흥정을 하지 않아도 되며, 기저귀나 배터리와 같은 일상 생활용품을 구매하려고 운전을 하거나 대중교통을 이용해서 가게까지 가는 데 드는 비용을 지출하지 않아도 된다는 데에 있다. 한 가지 예를 들어보자. 맨해튼의 어퍼 웨스트 사이드에 거주하는 샬롯 메이어슨은 은퇴한 편집자이다. 그녀는 일반 전화기에 교체해 넣을 배터리를 사기 위해 버스를 타고 가장 가까운 곳에 있는 베스트 바이로 갔다. 그곳의 친절한 점원이 이렇게 말한다. "저희 베스트 바이에서는 그 배터리를 취급하지 않습니다. 그렇지만 손님이 배터리를 살 수 있도록 도와드릴 수는 있습니다." 그는 자기 컴퓨터 화면으로 가서 아마존에서 그녀를 대신해 배터리를 주문한다.

아마존을 경멸하는 사람들조차도 아마존 없이는 살아가지 못한다. 노나 윌리스 아로노비츠Nona Willis Aronowitz는《뉴욕 타임스》의 칼럼에서 뉴스를 통해 아마존이 창고 노동자들을 대하는 방식을 알게 되면서 원칙적으로 아마존을 싫어하게 되었다고 했다.[8] 그렇지만 한때 노동운동가로 활동했던 적이 있는 85세의 아버지가 뇌졸중으로 쓰러져 집에서 꼼짝 못하게 되자, 물리치료 도구에서 단백질 보충제에 이르기까지 아버지에게 필요한 모든 것을 구매하는 데 아마존에 의지하게 되었다. 그녀는 아마존에 의지하는 것을 "악마와의 거래"라고 생각했지만, 자기 아버지에 대해서는 이렇게 말했다. "아버지는 혼자 힘으로 쇼핑을 할 수가 없습니다. 그리고 아버지의 간병인도 전문 약국이나 의료용품점에 갈 시간을 내기 힘듭니다. 따라서 아마존 프라임은 아버지에게 생명줄과도 같습니다."

어느 누구도 이 문제에 대한 엄밀한 통계를 갖고 있지 않다. 그러나 아마존에 정신적으로 중독된 사람에 관한 일화는 상당히 많다. 메인주 사코에서 거주하는 40세의 한 남자는 스마트폰을 너무 자주 반품하여 아마존 계정이 정지된 적도 있다. 아마존의 알고리즘은 어떤 고객이 회사에 유익한지, 그렇지 않은지를 몰래 판단한다. 이 남자는 자기 계정을 복구하는 데 몇 달이 걸렸다고 한다. 아마존의 고객 서비스 담당 직원에게 여러 번에 걸쳐서 거의 애원을 하다시피 해서 간신히 계정을 복구할 수 있었다. 그는 《월스트리트 저널》과의 인터뷰에서 이렇게 말했다. "아찔하고 혼란스러웠습니다. 어떤 회사가 당신의 일상을 얼마나 자세히 들여다보고 있는지는 계정이 정지되기 전에는 전혀 알지 못합니다."[9]

얼마 전부터 과학자들은 페이스북, 트위터, 인스타그램과 같은 소셜 미디어가 중독성이 있을 수 있다는 것을 알게 되었다. 스마트폰에서 '좋아요' 혹은 열광적인 코멘트를 알리는 신호음이 울릴 때마다 뇌에서는 즐거운 감정을 일으키는 신경전달물질인 도파민이 분비된다. 소셜 미디어 사용자들은 이처럼 작은 행복감에 익숙해지면서, 최근 게시물에 누가 코멘트를 달았는지를 확인하려고 습관적으로 사이트에 들어간다. 페이스북의 초대 사장을 역임한 숀 파커Sean Parker는 2005년에 페이스북을 떠날 때 이 소셜 미디어 업체가 사용자들을 붙잡아두려고 인간 심리의 취약성을 이용하고 있다고 주장하면서 이렇게 말했다. "누군가가 당신의 게시물이나 사진에 '좋아요'를 클릭하거나 코멘트를 달아놓을 때마다 우리는 … 당신에게 도파민을 선사합니다."[10]

성인이나 어린이 할 것 없이 모두가 인터넷 중독에 취약하기는 마찬가지이다. 특히 사회성을 키우고 독서 능력을 배양해야 하는 시기에 스크린에서 눈을 떼지 못하는 어린이에게서 이런 현상이 두드러지게 나타난다. 이제는 실리콘밸리의 일부 거물들이 자녀에게 스마트폰을 사용하지 못하게 하거나 최소한의 사용 시간을 엄격하게 지키도록 하는 지경에 이르렀다. 《와이어드》의 편집장을 지냈고, 지금은 로보틱스와 드론 기업의 대표로 있어서 도저히 러다이트luddite(컴퓨터에 의한 기술 혁신을 반대하는 사람-옮긴이)라고는 할 수 없는 크리스 앤더슨Chris Anderson은 《뉴욕 타임스》와의 인터뷰에서 어린이의 스크린 노출에 대해 이렇게 설명했다. "중독성의 강도에서 보면 사탕과 코카인 사이에 있지만, 코카인에 더 가깝다고 볼 수 있습니다. 이 제품을 만드는 기술자들과 기술 혁명을 바라보는 평론가들은 순진하기 그지없습니다. 그들은 우리가 이것을 통제할 수 있다고 생각합니다. 하지만 이것은 우리가 통제할 수 있는 범위를 벗어나 있습니다. 이것은 두뇌의 쾌락 중추에 직접적인 영향을 미치고 있습니다."[11]

페이스북, 인스타그램, 트위터와 같은 소셜 미디어가 사회적으로나 정신적으로 문제를 일으킬 수 있지만, 아마존은 그에 버금갈 만큼 심각한 현상,

즉 쇼핑 중독을 악화시키는 데 기여하고 있다. 아마존의 중독성이 너무나도 강력하여, 재정적으로 무시무시한 결과를 낳는 일종의 충동 피드백 루프에 빠져드는 사람도 있다. 한 번의 클릭으로 제품을 구입하는 것은 페이스북이나 인스타그램에서 긍정의 신호음을 한 차례 듣는 것과 같다. 아마존에서 클릭을 하는 사람은 페이스북의 '좋아요'라는 반응 대신 또 다른 형태의 보상을 얻으리라는 것을 잘 알고 있다. 하루나 이틀 안에 현관 앞에 그들이 갖고 싶어 하는 제품 패키지가 도착하는 것이다. 이것은 명절이나 생일에 선물을 받는 것과 같다. 따라서 그들의 뇌에서는 도파민이 두 번 분비된다. 한 번은 클릭을 할 때, 또 한 번은 배달원이 초인종을 누를 때.

아마존의 충동 피드백 루프에 빠져들어서 재정적으로 피해를 본 사람도 많다. 에이프럴 벤슨April Benson은 뉴욕시에 거주하면서 쇼핑 중독을 주로 연구하는 심리학자이다. 그녀는 연구를 진행하는 과정에서 롱아일랜드시티에 거주하는 중년 여성 콘스턴스를 포함하여 온라인 쇼핑에 심각하게 중독된 사례들을 확인했다. 콘스턴스는 최근 15만 달러에 달하는 빚을 갚지 못하고 파산 신청을 했다. 그녀는 벤슨에게 이렇게 말했다. "저는 코카인 중독자가 어떤 상태에 있는지 잘 몰랐습니다. 하지만 저에게 쇼핑은 코카인과도 같았습니다. … 저는 저 자신에게 뭔가를 주어야 한다는 습관 때문에 일주일 내내 일합니다."

쇼핑 중독이 새로운 현상은 아니다. 그러나 인터넷은 온라인 쇼핑이라는 편의성 때문에 쇼핑 중독자가 되기 쉬운 환경을 조성했다. 막스 보르헤스 에이전시가 밀레니얼 세대와 Z세대를 대상으로 실시한 설문 조사에 따르면, 그들 중 47퍼센트가 화장실에서, 57퍼센트가 근무 시간 중에, 23퍼센트가 교통 체증에 걸린 상태에서, 19퍼센트가 술에 취한 상태에서 (사람에 따라서는 술에 취한 상태에서 쇼핑을 하는 사람이 더 많을 것으로 생각할 수도 있다) 온라인 쇼핑을 하는 것으로 나타났다.[12] 노스이스트의 한 고등학교 교사는 가끔은 술에 취한 상태에서 침대에 누워서 아마존에서 제품을 구매하는데, 그다음 날 아침이 되면 자기가 무엇을 주문했는지 기억하지 못한다고 했다.

사람들이 구매 버튼을 누르거나 알렉사에게 음성으로 명령하는 방식으로 쇼핑 중독에 쉽게 빠져들면서, 그들 중 일부는 불필요한 물건들을 구매하기도 한다. 지난번에 나는 아마존에서 이산화탄소 배출구가 있어 커피 찌꺼기를 신선하게 유지하게 해주는 커피 보관 용기를 주문한 적이 있다. 이산화탄소가 커피 맛에 안 좋은 영향을 미친다는 것을 그 누가 알겠으며, 내가 왜 이런 데까지 신경을 써야 하는가? 어쨌든 나는 그 제품을 구매하고 말았다. 아는 것이 많을수록 우리는 더 많이 구매하게 된다. 또한 온라인 쇼핑은 직장에서 따분한 시간을 보내는 데 아주 좋은 방법이다. 사무실에서 일을 하다가 회계 처리 프로그램을 설계하거나 보고서를 작성하는 데 싫증이 났는가? 그 순간 당신의 뇌는 이번 주에 바닷가에 가서 신을 샌들이 필요하다는 것을 깨닫고, 당신의 손은 아마존으로 향한다.

쇼핑객들이 아마존에 빠져드는 이유는 원하는 것이라면 무엇이든 찾을 수 있다는 데 있다. 실제로 2018년을 기준으로 보면, 아마존과 아마존 웹사이트에서 제품을 판매하는 수백만의 제3자 판매자들이 전 세계에서 약 6억 종류의 제품을 그곳에 올려놓았다.[13] 이것은 세계 최대 규모의 전통 소매업체인 월마트가 판매하는 제품 수의 8배가 넘는다. 월마트는 자사의 슈퍼 스토어에서 12만 개의 품목을 판매하고, 온라인으로 약 7,000만 개의 품목을 판매한다.

아마존 웹사이트 속으로 깊숙이 들어가보면 진기한 것들이 많이 나온다.[14] 쇼핑객들은 동작을 감지해서 16가지 색상으로 바뀌는 변기용 야광등을 9.63달러에, 가진 것이 없어서 비관하는 신랑이 관심을 가질 만한 네개 들이 블랙 실리콘 결혼반지를 12.99달러에, 어니스트 아미시 비어드 밤 리브 인 컨디셔너를 11.43달러에, 살아 있는 마다가스카르휘파람 바퀴벌레(학명 *Gromphadorhina portentosa*) 암수 1쌍을 13.50달러에 구입할 수 있다. 내가 좋아하는 니콜라스 케이지의 웃통 벗은 모습이 새겨 있는 베갯잇은 안타깝게도 지금은 구매할 수 없지만, 5.89달러에 판매되기도 했다. 이 제품은 후기가 239건에 달했고, 별점 4점을 받았다. '카라'라는 닉네임을 쓰는 구매자는 행복에 젖어 이렇게 후기를 적었다. "침대에 니콜라스가 함께 있으니, 정말로 보호받고 있다는 느낌이 들어요."

아마존에는 장식용 소품들만 있는 것은 아니다. 쇼핑객들은 3.5톤짜리 동력 선반을 3만 5,279달러에 주문할 수 있다. 이것은 포드 익스피디션보다 무게가 더 나가지만, 배송료는 무료이다. 물론 이것을 배송받으려면 집에 있어야 한다. 조립이 필요 없는 674파운드(306킬로그램)짜리 GM 엔진, 300파운드(136킬로그램)짜리 바벨, 250킬로그램짜리 총기 보관함도 무료로 배송해준다. 어떤 고객은 무료 배송 서비스에는 이처럼 무거운 박스를 들고 집 앞 계단을 올라가는 서비스는 포함되어 있지 않다고 경고한다.[15]

아마존은 어떤 제품이 잘 팔리는가에 대한 엄청난 양의 데이터를 가지고 있으므로 자체 브랜드의 제품을 판매하기에 아주 좋은 조건을 가지고 있다. 그리고 실제로 이러한 조건을 십분 활용하고 있다. 아마존이 청색 캐시미어 스웨터나 스마트 전자레인지가 인기가 있다는 것을 알면, 이 제품들을 아마존 브랜드로 판매하는 조건으로 생산할 제조업체를 찾는다. 대표적인 예가 아마존 베이직스^{AmazonBasics} 배터리이다. 이 제품은 에버레디, 듀라셀과 직접 경쟁하는데, 때로는 이런 고급 브랜드 제품보다 저가에 판매된다. 2016년 아마존은 아마존 베이직스, 여성 의류 브랜드 라크 앤드 로, 아동복 브랜드 스카우트 플러스 로를 포함하여 약 20개의 자체 브랜드를 만들었다.[16] 2018년에는 이러한 자체 브랜드가 미드 센추리 모던 midcentury modern(1945년 2차 세계대전의 종전 이후 대중화되어 1970년대 후반까지 계속된 인테리어, 제품, 디자인, 건축 및 도시 개발이 갖는 특징-옮긴이) 가구 브랜드인 리벳, 식음료 브랜드 해피벨리를 포함하여 140개가 넘었다.[17] 자체 브랜드는 아마존의 대형 사업이 될 가능성이 충분하다. 미국 시장 조사업체인 선트러스트 로빈슨 험프리^{SunTrust Robinson Humphrey}의 애널리스트에 따르면, 아마존 자체 브랜드 매출액은 2018년 75억 달러였으며, 2022년에는 250억 달러에 달할 것으로 예상된다.[18]

　쇼핑객들이 아마존을 좋아한다는 사실을 보여주는 조사 결과들은 많이 있지만, 특히 내가 만났던 밀레니얼 세대에서 아마존 검색 결과가 아마존이 후원하는 품목과 "선택한" 품목으로 점점 넘쳐나고 있다는 증거가 많이 나타난다. 그들은 다른 잡동사니들은 흥미를 잃게 한다고 말했다. 그래서 화면에 등장하는 제품이 너무 많으면 답답한 기분이 든다. 온라인 쇼핑이라는 거대한 황무지에서 정신을 차리기는 쉽지 않다. 아마존의 검색창에 '런닝화'를 치면, 검색 결과는 7만 개가 넘는다. 어느 것을 고를 것인가?

나는 잘 모르겠다. 가짜 후기뿐만 아니라 공짜로 제품을 받고서 후기를 써주는 사람도 많기 때문에 어느 제품이 좋은지 파악하기 힘들기 때문이다.

연구 결과에 따르면, 아이러니하게도 선택할 것이 별로 없는 사람이 더나은 선택을 하고, 구매할 가능성이 더 높은 것으로 나타난다. 컬럼비아대학교의 경영학 교수이자《나는 후회하는 삶을 그만두기로 했다》의 저자이기도 한 쉬나 아이엔가Sheena Iyengar는 1995년에 자신이 "잼 테스트the jam test"라고 이름 붙인 실험을 실시했다. 그녀는 캘리포니아의 어느 마켓에서 윌킨 앤드 선즈의 잼 샘플을 테이블 위에 올려놓았다.[19] 그리고 한두 시간마다 24개의 서로 다른 잼 샘플과 6개의 잼 샘플을 번갈아 테이블에 올려놓았다. 샘플 종류가 6개일 때에는 사람들 중에서 약 3분의 1이 잼을 구매했지만, 24개일 때에는 3퍼센트만이 잼을 구매했다. 선택할 것이 너무 많으면, 결국은 선택을 못 할 수 있다.

아마존 고객들은 아마존 사이트에서 니콜라스 케이지 베갯잇을 포함하여 거의 모든 것을 주문할 수 있기를 바라는 만큼 주문한 제품이 현관까지 신속하고도 정확하게 배달되기를 바란다. 그렇게 해야만 그들이 아마존 사이트를 계속 찾게 된다. 최근에 우리 집 쓰레기통 옆에 아마존 박스가 많이 쌓이자, 쓰레기 수거업체에서는 나에게 요금을 120달러나 청구했다. 그래도 다행스러운 것은 아마존 박스가 미국이나 외국에서 새로운 박스나 그 밖의 종이 제품으로 재활용된다는 것이다. 그러나 스마일 박스의 제조와 배송 과정에서 엄청난 양의 온실가스가 배출된다는 점은 우려할 만하다.

베조스는 아마존을 설립한 이후로 제품의 배송 시간을 계속 단축해왔다. 2005년에 프라임 회원제를 도입하면서 프라임 회원들에게는 특정 품목에 대하여 이틀 안에 무료 배송 서비스를 제공했고, 이후에도 프라임 회원들에게 무료 배송되는 품목을 계속 확대해왔다. 2019년 초에는 프라임 회원들에게 제공하는 무료 배송 프로그램의 배송 시간을 이틀에서 하루로 단축할 것이라고 발표했다. 아마존은 이보다 더 빠른 배송을 원하는 고객을 대상으로 프라임 나우 회원제를 도입했다. 프라임 나우 회원들에게는 300만 개가 넘는 품목에 대하여 주문액이 35달러가 넘을 경우에 당일 무료 배송 서비스를 제공한다. 당일 배송 제도는 미국뿐만 아니라 오스트레일리아, 영국, 독일, 일본에서도 시행되고 있다(프라임 나우 회원들에게 가장 인기 있는 품목은 바나나이다. 누가 생각이라도 했겠는가?). 2018년 아마존은 20억 개에 달하는 제품 패키지를 익일 혹은 당일에 배송했고, 아마존의 배송 시간은 점점 더 단축되고 있다. 닌텐도 NES 클래식을 구입한 워싱턴주 커클랜드에 사는 고객과 하이 시에라 루프 배낭을 구입한 노스캐롤라이나주 샬럿에 사는 고객 모두에게 9분 이내에 배송되었다고 한다.[20]

아마존은 창고에서 고객에게 제품 패키지를 배송하는 최종 단계에서 지역 우체국이나 UPS 같은 택배 회사에 전적으로 의지하지는 않는다. 2018년에 아마존은 지역 택배 회사 창업 지원 프로그램을 추진하기 위하여 메르세데스 밴 2만 대를 구매할 계획이라고 발표했다. 또한 아마존은 차량 공유 서비스인 우버와 리프트의 운전사가 제품 패키지를 배달할 수 있도록 아마존 플렉스Amazon Flex라는 플랫폼을 운영하고 있으며, 드론 배달도 시험하고 있다. 2016년 영국에서 최초로 드론을 이용한 시험 배달을 실시했는데, 당시 드론이 아마존 파이어 TV 스틱과 팝콘 한 봉지를 케임브리지 근처에 사는 고객에게 배달했다고 한다. 당시 이 고객이 구매 버튼을 클릭하고 나서 드론이 도착하기까지 걸린 시간은 겨우 13분에 불과했다.[21]

UPS와 미국 우체국은 규모가 크기는 하지만 급증하는 배송 수요를 감당할 정도로 크지는 않다. 지금 아마존은 세계에서 가장 견실한 물류 회사가 되는 것을 목표로 컨테이너 수송선, 화물 수송용 점보제트기, 견인 트레일러 트럭을 다수 보유하고 있다. 또한 아마존은 드래곤 보트Dragon Boat라고 불리는 계획의 일환으로, 중국 공장으로부터 제품을 수입하기 위하여 자체적으로 컨테이너 수송선을 임대하고 있다. 또한 2021년까지 70대의 화물 수송용 제트기를 배치하게 될 아마존 에어Amazon Air라고 불리는 항공 배송 서비스 시스템도 구축하고 있는 중이다. 2018년 말에는 포트워스 얼라이언스 공항에 에어 허브가 될 항공운송센터를 설립할 것이라고 발표했다.[22] 이것은 공허한 협박이 아니다. 아마존이 물류 사업을 확충하면서, 모건 스탠리는 페덱스와 UPS의 주가 전망을 낮게 보았다. 머지않아 아마존이 이 두 거대 기업의 성장을 잠식할 것이기 때문이다.[23]

신속한 배송의 핵심은 아마존 고객들 근처에 창고를 운영하는 것이다. 그곳이 영국의 하트퍼드셔든, 브라질의 상파울루든, 일본의 오사카든, 인도의 뉴델리든, 중국의 톈진이든 상관없다.[24] 2019년 아마존은 전 세계에서 175개소의 창고를 운영하고 있다. 그리고 창고 수를 계속 늘리고, 심지어는 버려진 쇼핑몰을 매입하여 풀필먼트Fulfillment(창고에 물품을 보관하고, 고객의 주문에 맞춰 물품을 골라서 포장해서 배송하는 일련의 프로세스-옮긴이) 센터로 개조하고 있다. 2019년 초에는 클리블랜드 지역에서 도심 주변에 위치하고, 전기, 수도, 주차 시설을 갖추고 있으며, 자동차가 없는 창고 직원들을 위하여 근처에 버스 정류장도 있는 쇼핑몰 두 곳을 매입했다.[25]

아마존 유통망의 규모를 파악하기가 쉽지는 않다. 2017년 아마존은 거대한 창고 단지를 통하여 제품 패키지를 약 33억 개나 배송했다.[26] 이것은 세계 인구의 거의 절반에게 제품 패키지를 보낸 것과 같다. 2018년에는 약 44억 개를 배송할 것으로 예상되었는데, 이것은 하루에 1,200만 개의 제품을 배송한다는 의미이다.

오늘날 쇼핑객들은 신속한 배송을 원할 뿐만 아니라 제품을 온라인으로 구매할지 아니면 실제 매장에서 제품을 둘러보면서 구매할지를 선택하기를 원한다. 2017년에 아마존은 홀푸드를 137억 달러에 인수하여 오프라인 형태의 전통 소매업을 파괴하는 새로운 하이브리드 형태의 소매업을 선도하기 시작했다. 500개가 넘는 홀푸드 매장은 아마존 고객들에게 식료품을 온라인으로 주문하여 집으로 배달하게 하거나 퇴근길에 매장에 들러 직접 자동차에 싣고 갈 수 있는 선택권을 주었다.

아마존이 홀푸드를 인수하고 나서 1년이 지나면서 언론에서는 아마존이 월마트와 크로거와 직접 경쟁하기 위해 저가의 전국 식료품 체인을 구축할 것을 시사했다. 어떤 전문가는 아마존에 예전에 시어스가 있던 자리를 아마존 식료품 매장으로 개조할 것을 제안했다. 아마존은 규모가 작은 매장의 운영에도 힘을 쏟았다. 2019년 아마존은 아마존 고, 아마존 4스타 Amazon 4-star, 아마존 북스Amazon Books를 포함하여 42개 지점에서 자체 오프라인 소매점을 운영하기 시작했다. 지금까지 아마존은 고객이 계산대를 거치지 않고서 샌드위치, 샐러드, 각종 음료를 구매할 수 있는 아마존 고 매장을 15개 지점만 개장했다. 아마존 고에서는 천장에 설치된 카메라가 구매 과정을 촬영하여 고객의 아마존 계정에 제품 값을 곧바로 부과한다. 제품 선반에 가해지는 하중을 측정하여 고객이 제품을 다시 선반에 올려놓았는지를 인식한다. 아마존 고 매장은 많은 인기를 얻었고, 아마존은 앞으로도 이러한 매장을 더 늘릴 것이라고 말했다. 월스트리트의 애널리스트들은 아마존 고가 2020년대 중반까지 수십억 달러를 낳는 사업이 될 것이라고 예상한다.[27]

베조스가 온라인 소매 사업을 세계에서 가장 빠르고도 강력하게 확대해나가며 전통 소매업체에 위협을 가하고는 있지만, 이것은 일부에 불과하다. 다른 산업 부문에서도 기존 기업에 위협을 가할 만한 새로운 양상이 전개되고 있다. 아마존이 고객에게 즐거움을 주기 위해 어떤 분야에 투자하면, 이것이 인공지능 플라이휠을 더욱 세게 구동시켜서 때로는 아마존의 자체 사업이 되는 제품과 서비스가 탄생하는 결과를 낳기도 한다. 이런 방식으로 베조스는 클라우드 컴퓨팅에서 미디어와 가전 기기에 이르기까지 새로운 산업으로 하나씩 하나씩 진입했다. 또한 이것은 업계의 많은 사람들이 아마존의 인공지능 플라이휠이 그들이 종사하는 산업 전체를 휩쓸어버릴 수도 있다는 걱정을 하게 만든다(당연히 그런 걱정을 하게 된다).

아마존은 설립 이후로 20년 동안에 가장 직관적으로 인식할 수 있고 신뢰할 수 있는 온라인 쇼핑몰을 만들기 위하여 아마존 사이트에 수십억 달러를 투자했다. 그다음에 이 회사는 자신의 프로그래밍 역량과 컴퓨터 기술을 동원하여 온라인 사업을 설계하고, 클라우드 서비스 기업 AWS를 탄생시켰다. 클라우드 컴퓨팅은 기업과 개인이 로컬 서버나 PC 대신에 거대한 서버 팜에서 데이터를 저장, 관리, 처리하기 위하여 인터넷을 사용할 수 있도록 해주는 것을 말하는데, 첨단 산업에서 가장 빠르게 성장하는 부문 중의 하나이다. 아마존은 2006년에 최초로 클라우드 서비스를 제공했던 몇 안 되는 기업 중의 하나였다. 2018년 AWS는 매출액이 350억 달러에 달하는 세계 최대의 클라우드 기업으로 성장했고, 아마존 계열사 중에서 수익성이 가장 높다.

2000년대 중반에 베조스는 프라임 회원에게 무료 비디오 스트리밍 서비스를 제공하는 것이 고객을 유치하고 유지하기 위한 가장 좋은 방법이라는 결론을 내렸다. 그는 프라임 비디오를 설립했는데, 이후로 이 회사는 톰 클랜시Tom Clancy의 첩보물로, 잭 라이언Jack Ryan, 줄리아 로버츠Julia Roberts가 주연을 한 〈홈커밍〉, 에미상 최우수 코미디 시리즈물 부문을 비롯하여 여러 부문을 수상한 〈더 마블러스 미세스 메이즐〉을 포함하여 수십 편의 텔레비전 드라마를 제작했다.[28] 2019년 아마존은 드라마와 뮤직 제작에 70억 달러를 투자하며 할리우드의 다크호스로 떠올랐다.[29] 이 금액은 그해 넷플릭스가 이 분야에 지출한 150억 달러에는 못 미치지만, 할리우드의 그 어떤 제작사가 지출한 금액보다는 더 많았다.[30] 이는 앞으로 아마존이 이 분야의 승자가 되리라는 것을 의미한다. 아마존은 200개가 넘는 국가에서 스트리밍 서비스를 제공하고 있다. 산업 전문가들은 1억 400만 명의 회원을 보유한 넷플릭스가 회원수는 더 많지만, 아마존의 비디오 서비스를 정기적으로 이용하는 2,700만 명의 프라임 회원을 보유한 아마존이 넷플릭스와의 격차를 좁히기 시작한 것으로 보고 있다. 이것은 2018년 아마존이 목요일 밤 미식축구 10게임을 송출하기로 프로미식축구연맹과 계약한 것과 같은 실적 덕분이었다.

아마존의 프라임 회원은 무료 음악을 원할 수도 있다. 2007년 베조스는 스트리밍 서비스를 제공하는 아마존 뮤직Amazon Music을 출범시켰다. 이 서비스는 프라임 회원들에게 무료로 제공된다. 이후로 10년이 지나서 아마존은 아마존 뮤직 언리미티드Amazon Music Unlimited를 출범시켰다. 이것은 5,000만 곡의 노래와 정선된 음악 목록을 보유하고 있으며, 유료 서비스를 제공한다. 현재 아마존 뮤직 언리미티드는 스포티파이(세계 최대 음원 플랫폼-옮긴이), 판도라(미국의 유명 음악 스트리밍 플랫폼-옮긴이), 애플 뮤직과 직접 경쟁하고 있다. 이와 관련하여 아마존 뮤직의 부사장 스티브 붐Steve Boom이 IT 정보 매거진 《더 버지》와의 인터뷰에서 이렇게 말했다. "저는 우리가 세계 최고의 스트리밍 서비스를 제공하고 있다고 생각합니다. 우리는 어느 누구보다도 더 빠르게 성장할 것입니다."

베조스는 아마존 고객들이 좀 더 편하게 제품을 주문하고, 아마존 뮤직을 듣고, 아마존 비디오를 시청할 수 있으면 더 이상 바랄 게 없다고 생각했다. 그 결과 2014년에 인공지능 비서 알렉사가 내장된 아마존 에코가 출시되었다. 아마존 에코는 스티브 잡스Steve Jobs가 아이폰을 공개한 이후로 컴퓨터 사용과 통신 분야에서 가장 커다란 변화를 일으켰다. 아마존 에코는 사람의 질문을 듣고 인공지능을 통해 인터넷에 연결된 데이터베이스에 저장된 수백만 개의 단어를 조사하여, 평범한 질문은 물론이고 심오한 질문에도 대답을 해준다. 알렉산드리아에 있는 고대 이집트 도서관의 이름을 딴 알렉사는 음악 신청을 받고, 일기 예보와 스포츠 경기 스코어를 알려주고, 가정용 온도조절기를 원격으로 조정할 수 있다. 2019년까지 아마존은 세계 전역에서 거의 5,000만 대의 에코 장치를 판매했다. 다른 기업들도 알렉사의 기능이 내장된 장치를 수천만 대나 판매했다. 아마존은 오랫동안 킨들, 파이어 TV를 비롯하여 많은 가전 기기를 판매해왔다. 그리고 지금은 알렉사가 조종하는 감시 카메라, 전자레인지, 스마트 전구 생산에 주력하고 있다. 이제 아마존은 주요 가전 기기 기업이 되었다.

이것은 베조노믹스가 일으키는 혼란의 시작일 뿐이다. 아마존으로부터 위협받고 있는 분야는 소매업, 클라우드 컴퓨팅, 미디어, 가전 기기에만 국한되지 않는다. 아마존은 금융, 헬스케어, 광고 부문에도 뛰어들었다. 베조스가 이런 부문에서 인공지능 플라이휠을 가동하면, 수많은 경쟁 기업들이 사라지게 될 것이고, 아주 잘 버틴다고 해도 시장 점유율의 상당 부분을 잃어버리게 될 것이다. 한 가지 예로 헬스케어 산업을 살펴보자.

2018년 아마존은 워런 버핏Warren Buffett의 버크셔 해서웨이Berkshire Hathaway 그리고 JP 모간 체이스JP Morgan Chase와 협력하여 이 세 개 회사에서 근무하는 직원 120만 명을 대상으로 새로운 헬스케어 프로그램을 추진할 비영리 기관을 설립하기로 했다. 이 새로운 사업의 책임자는 보스턴의 저명한 외과의사이자 《뉴요커》의 전속 필자로 활동하는 아툴 가완디Atul Gawande였다. 아마존은 헬스케어 부문을 뒤흔들 새로운 방법을 찾는 데 이번 실험을 활용하기로 했다. 헬스케어 산업이 요구하는 것은 저렴한 가격으로 양질의 고객 서비스를 제공하는 것이고, 이것이 바로 아마존이 가장 잘할 수 있는 부분이다. 2018년 아마존은 온라인 약국 필팩PillPack을 인수했다. 또한 홀푸드 매장에서도 약국을 차려서 저가의 의약품을 제공했을 뿐만 아니라 환자의 행동을 추적하고 여기에 영향을 미칠 수 있도록 자사의 예측 분석과 고객 데이터 분석 역량을 활용할 수 있었다.

가까운 미래에 아마존 에코와 알렉사가 아마존의 원격 의료 부문에서 많은 역할을 할 것이다. 아마존은 환자들의 병원 예약과 같은 음성으로 작동되는 서비스를 위한 거대한 플랫폼을 개발할 수도 있다. 에코 쇼Echo Show 라고 불리는 10인치 스크린을 부착한 새로운 장치는 비디오 촬영을 통해 가상의 의사 왕진을 현실로 만들 수도 있다. 또한 아마존의 강력한 인공지능 기술은 의사들이 환자들을 더욱 정확하게 진단할 수 있도록 지원할 수 있다. 알렉사는 이미 응급 처치를 위한 정보를 제공하고 건강을 위한 조언까지도 해준다. 처방약의 자동 리필과 투약 알림과 같은 기능이 추가되는 것은 단순한 확대 해석이 아니다. 이제는 CVS 헬스, 휴매나, 유나이티드헬스와 같은 의료 기관들이 미래를 걱정해야 하는 상황에 놓여 있다.

베조스는 자신의 인공지능 플라이휠을 새로운 영역에 적용하면서, 사업의 법칙을 크게 바꾸어놓을 것이다. 빅데이터, 인공지능, 고객에 대한 극도의 집착은 기본 중의 기본이 될 것이다. 아마존과 경쟁하는 기업들은 기존의 방식대로 사업을 해서는 버텨낼 수 없다는 것을 깨닫게 될 것이다. 그들은 베조노믹스의 기본 법칙을 받아들여야 한다. 그렇지 않으면 베조노믹스의 영향권 밖에 있는 안전한 피난처를 찾아서 사업을 해야 할 것이다.

베조노믹스의 배후에 있는 사람들을 이해하지 않고서 이 의미를 완전히 파악하는 것은 불가능하다. 제프 베조스는 1994년에 온라인 서점을 창업하기 위해 고액의 연봉을 받던 월스트리트의 헤지펀드사에 사표를 냈다. 이후로 20년이 조금 더 지나서 세계에서 가장 가치 있는 회사를 만들었고, 세계 최고의 부자가 되었다.

그렇지만 돈을 벌고 싶다는 욕망이 그를 이 자리에 오르게 한 것은 아니었다.

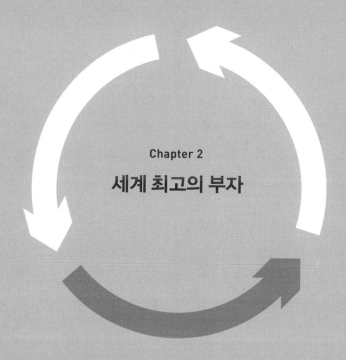

Chapter 2

세계 최고의 부자

제프 베조스는 모순덩어리인 사람이다.

그는 100만 개가 넘는 새로운 일자리를 만들었지만, 그의 회사는 로봇과 인공지능 기술을 완벽하게 구현하고 이러한 지식을 전 세계의 기업으로 전파하여 수백만 명의 생계를 위협하기도 했다.

그는 한푼도 허투루 쓰지 않으면서 아마존을 경영했다.[1] 심지어는 낡은 문짝을 작업대로 사용하기도 했다. 그렇지만 지구상에서 어느 누구보다도 더 많은 재산을 모았고, 그것을 아낌없이 지출했다. 그는 6,600만 달러에 달하는 개인 제트기 걸프스트림 G650ER과 로스앤젤레스, 샌프란시스코, 시애틀, 워싱턴 D.C., 뉴욕시의 부동산 그리고 주로 서부 텍사스에 40만 에이커(약 5억 평)가 넘는 땅을 소유하고 있다. 가장 최근에 부동산을 구입한 것은 2019년 중반인데, 맨해튼 인근의 화려한 매디슨 스퀘어 파크 5번가 212번지에 위치한 펜트하우스를 포함하여 4개 층에 걸쳐 있는 아파트 3채를 한꺼번에 구입했다.[2] 이렇게 연결된 아파트는 거실 크기만 1만 7,300스퀘어피트(490평)에 달하고, 침실 12개, 화장실 16개, 댄스홀, 서재, 엘리베이터는 물론이고 넓은 정원과 함께 도시를 전망할 수 있는 5,730스퀘어피트(160평)의 테라스가 갖추어져 있다. 가격은 8,000만 달러라고 한다.

그는 온라인에서 자신을 오전에 집에서 빈둥거리기를 좋아하는 무척 가정적인 사람이라고 소개한다.[3] 집에서 신문을 읽고, 네 명의 자녀들과 함께 아침 식사를 하고, 가끔은 블루베리 초코칩 팬케이크를 만들기도 한다. 때로는 직접 설거지도 한다. 하지만 2019년에 그는 25년 동안 결혼 생활을 해왔던 맥켄지 베조스와 이혼했다.[4] 폭스 뉴스의 앵커 출신으로, 헬리콥터 조종사이자 할리우드에서 가장 잘 나가는 탤런트 에이전트의 부인이기도 했던 매력적인 여성과 불륜 관계에 빠진 것이다. 《뉴욕 포스트》 1면은 "아마존 진흙탕"이라는 헤드라인으로 도배되었다.

베조스는 유아 교육과 노숙자 지원을 위해 20억 달러를 기부하기로 약속했다. 그런데도 많은 사람들이 그를 교육 환경과 지역 서비스 개선이 시급한 뉴욕시에 제2본사를 설립하기로 하고 뉴욕 시청으로부터 세금 우대를 받아내는 냉혹한 자본가로 인식하고 있다(아마존이 세금 우대와는 별도로 수백억 달러가 넘는 세금을 납부하고, 지역 사회에 일자리를 창출할 것이라는 점은 고려하지 않는다).

이런 모순은 한편으로는 베조스가 위대함과 어리석음을 동시에 가진 평범한 인간이라는 것을 의미한다. 그러나 다른 한편으로는 그가 모순이 드러날 수밖에 없는 특별한 재능을 지니고 광활한 캔버스를 초고속으로 누비는 자연계의 세력자라는 것을 의미하기도 한다. 세계에서 가장 가치 있는 기업을 설립하고 그 누구보다도 재산이 많은 사람이라면, 그의 삶이 깔끔하고 정갈할 수만은 없을 것이다. 베조스는 이야기 짓기의 오류narrative fallacy를 믿는다. 이것은 나심 니콜라스 탈레브Nassim Nicholas Taleb의 2007년 저작 《블랙 스완》을 통해서 널리 알려진 용어인데, 베조스는 지금도 아마존의 임원들에게 이 책을 읽어보라고 권한다. 이 책에서 탈레브는 선천적으로 인간은 복잡한 상황을 지나칠 정도로 단순한 이야기로 만들어내려는 경향이 있다고 주장한다. 이러한 의식구조에 따르면, 베조스는 자기 삶에서 나타나는 모순 따위에는 신경 쓰지 않을 것이다.

베조스의 삶에서 나타나는 이야기 짓기의 오류는 그가 다른 어떤 것보다 고객을 즐겁게 하는 데에만 관심을 갖고서 부하 직원들을 거칠게 몰아붙이는 뛰어난 경영자라는 것이다. 그는 킨들, 파이어 TV, 알렉사가 내장된 에코처럼 프라임 회원들을 행복하게 해주는 새롭고 혁신적인 제품을 내놓을 때까지 아마존의 엔지니어들을 거의 미칠 지경이 되도록 몰아붙일 것이다. 또한 아마존이 지속적으로 성장하며 미디어, 광고, 클라우드 컴퓨팅, 헬스케어 산업과 같은 새로운 산업으로 옮겨가도록 장기적인 투자를 아끼지 않을 것이다. 이러한 묘사는 진실에 매우 가깝지만, 다른 모든 잘못된 이야기 짓기와 마찬가지로 전체 이야기를 전해주지는 않는다. 이러한 대본 너머를 보면, 이와는 다르고 복잡한 모습이 나타난다.

베조스에게는 평범한 기업가와 구분되는 세 가지 특징이 있다. 그는 지혜로움을 커다란 덕목으로 생각한다. 그는 진실이 자신을 어떤 방향으로 이끌어가더라도 오직 진실만을 향해 나아간다. 그는 몇 년 후가 아니라 몇십 년 혹은 몇 백 년 뒤를 생각하는 공상가이다. 이러한 특징들이 그의 삶에서 나타나는 모순들을 이해하는 데 도움이 된다. 그리고 이런 모순들이 지금의 베조스를 만들었다. … 그러니까 … 지금의 베조스를 말이다.

베조스는 태어날 때부터 "제프 베조스"라는 이름을 가졌던 것은 아니다.⁵ 1964년 1월 12일에 뉴멕시코주 앨버커키에서 태어났을 때, 그의 이름은 제프리 프레스턴 요르겐센Jeffrey Preston Jorgensen이었다. 그의 어머니 재클린 자이스Jacklyn Gise는 고등학생이던 17살에 그를 낳았다. 그의 아버지 테드Ted는 고등학교를 갓 졸업하고 시골 전시회장이나 스포츠 행사장, 서커스 공연장을 돌아다니며 외발자전거 공연을 하며 지냈다. 이 고등학생 연인들은 제프가 태어나기 전에 결혼했다.

테드와 재클린은 나이 어린 신혼부부들에게 닥치는 어려움에 직면했다. 테드의 외발자전거 공연 수입은 얼마 되지 않았고, 그는 지역 백화점에서 아르바이트를 해야 했다.[6] 극심한 생활고로 결혼 생활은 더 힘들어졌다. 재클린의 아버지 로렌스 프레스턴 자이스Lawrence Preston Gise(제프의 중간 이름은 그의 외할아버지에게서 온 것이다)가 이들에게 도움을 주려고 했다. 그는 뉴멕시코대학교에 다니는 사위의 학비를 지원해주었지만, 테드는 학교를 그만두고 말았다. 사위를 뉴멕시코주 경찰청에 취직시키기 위해 자리를 알아보려고도 했지만, 요르겐센은 관심이 없었다. 베조스가 3살이 되던 해에 그의 아버지는 가정을 떠나서 자취를 감추고 말았다.

이후로 베조스는 생부를 다시 보지 못했다.[7] 2012년이 되어서 브래드 스톤이 요르겐센을 찾아서 자신의 저서 《아마존, 세상의 모든 것을 팝니다》에서 그의 소식을 전했다. 스톤이 확인한 바에 따르면, 요르겐센은 피닉스 북부에서 로드 러너 바이크 센터라는 작은 자전거 가게를 운영하고 있었다. 그는 자기 아들이 아마존을 설립하고 세계 최고의 부자가 되었다는 사실을 모르고 있었다. 스톤이 그의 아들 제프의 소식을 처음 전했을 때, 그는 이렇게 말했다. "그 아이가 지금 살아 있다는 말인가요?"

스톤 기자가 요르겐센을 찾아낸 이후, 그는 베조스의 재산에는 관심이 없다는 점을 분명히 하면서 그냥 베조스를 한 번 만나보고 싶다고 했다.[8]

그저 아들을 만나서 아버지와 아들 관계를 확인하고 싶었던 것이다. 그러나 요르겐센의 바람은 이루어지지 않았다. 베조스를 만나보고 싶다는 뜻을 전한 이후로 그는 《데일리 메일》과의 인터뷰에서 이렇게 말했다. "지금 당장 베조스가 나를 찾아올 거라고는 생각하지 않습니다. 저는 그에게 아무런 소식을 듣지 못했고, 그가 조만간 나한테 연락을 할 것 같지도 않습니다. 나는 베조스에게서 연락이 오기를 바랐습니다. 그렇지만 제가 그를 탓할 처지는 못 됩니다. 저는 그에게 좋은 아버지가 아니니까요." 베조스가 자기 생부에게 연락을 했다는 증거는 없다. 요르겐센은 2015년 3월 16일 70세의 나이로 세상을 떠났고, 그의 죽음을 알리는 부고에는 그가 "아들 제프"를 태어나게 했다는 말만 적혀 있었다.[9] 그리고 그 어디에도 베조스라는 성은 보이지 않았다.

재클린은 요르겐센과 이혼한 후, 쿠바 난민 출신의 미구엘 베조스Miguel Bezos와 사귀다가 결혼했다.[10] 미구엘 집안은 쿠바 섬에서 목재 하치장을 운영하고 있었다. 아들이 카스트로 통치하에서 고통받으면서 살기를 원하지 않았던 미구엘의 부모님은 1962년에 아들을 마이애미로 보내기로 결심했다. 미구엘과 재클린은 뉴멕시코에서 만나서 곧 사랑에 빠졌다. 두 사람은 1968년 4월에 결혼을 하고 휴스턴으로 이주했다. (미국식 이름을 마이크라고 했던) 미구엘은 그곳에서 엑손의 석유화학 기사로 취업했다. 제프가 4살이 되던 해에 마이크는 제프를 공식적으로 입양했다. 그리고 제프의 부모님은 아장아장 걷는 아기에게 베조스라는 이름을 갖게 했다. 제프는 평생 동안 마이크 베조스를 자신의 생부로 생각했고, 자신을 따뜻하게 키워준 아버지로 생각했다.

외발자전거 공연자와 10대 어머니 사이에서 태어난 아이는 어떻게 세계 최고의 부자가 되었을까? 베조스는 기업 역사상 가장 영향력이 있는 인물 중 한 사람이 되는 과정에서 자신에게 많은 행운이 따랐다고 말한다. 이 말은 사실이다. 그는 인터넷이 유행하던 시기에 도서 판매 사업을 시작했고, 닷컴 버블이 붕괴되던 때에도 살아남았으며, 스트리밍 미디어와 전통 소매업체에서 온라인 쇼핑으로 변화하는 거대한 물결을 타는 등 적절한 시기에 적절한 곳에 자리 잡고 있었다. 하지만 그가 목숨을 잃을 뻔한 적도 있었는데, 이에 대해서는 나중에 이야기하겠다. 하지만 이것이 이야기의 전부는 아니다.

베조스의 기술에 대한 사랑, 규모가 큰 조직을 운영하는 수완, 지혜로운 성품은 아버지의 역할을 해준 외할아버지에게서 물려받은 듯하다.[11] 베조스는 "할아버지는 저한테 아주 중요한 존재였습니다"라고 말한다. 베조스는 4살 때부터 16살이 될 때까지 매년 여름을 텍사스 남부에 있는 할아버지의 목장, 레이지 지에서 지냈다. 할아버지는 재클린과 마이크 베조스가 육아에서 잠시 벗어날 수 있도록 제프와 제프의 이복 여동생 크리스티나, 그리고 이복 남동생 마크를 보살펴주었다. 매년 여름 할아버지와 함께 보냈던 시간은 베조스의 성장에 많은 도움이 되었다. 그는 할아버지를 인내심이 있던 분으로 기억하며, 그가 제프와 이복동생들에게 목장 일을 경험하도록 했던 것도 잊지 않고 있다. 나중에 베조스는 4살 때 목장에서 보냈던 첫 번째 여름을 기억하면서 이렇게 말했다. "할아버지는 목장에서 제가 당신을 돕고 있다는 착각을 하게 만들었어요. 물론 4살짜리 아이가 할아버지에게 무슨 도움이 되었겠습니까? 그런데도 저는 그렇게 믿었습니다."[12]

베조스는 이런 할아버지를 목장 주변을 거닐기를 좋아하는 인자하신 분으로 묘사했다. 그의 할아버지는 정말 그랬다. 베조스는 할아버지가 은퇴 전에 어떤 일을 했었는지에 대해 언급하지 않지만, 할아버지의 경력은 적어도 베조스가 약 65만 명이나 되는 거대한 조직을 경영하는 데 필요한 재능, 활력, 혈통을 가질 수 있었던 원인을 어느 정도는 설명해준다.

베조스가 자기는 순전히 운이 좋았다고 할 때에는 그의 할아버지가 사람들 앞에 나서기를 싫어하는 텍사스 촌부는 아니라는 점을 알아둘 필요가 있다. 할아버지는 베조스와 베조스의 경력에 엄청난 영향력을 미쳤다. 그는 많은 사람들에게서 존경받는 고위직 공무원이었다. 1964년 의회가 베조스의 할아버지를 원자력위원회의 산디아, 로스 알라모스, 로렌스 리버모어의 실험실을 관장하는 앨버커키 운영사업소 소장에 임명했다.[13] 그곳에서는 원자폭탄과 수소폭탄의 개발이 진행되고 있었고, 그는 2만 6,000명에 달하는 직원들을 관리하면서 당시로서는 가장 수준 높고 은밀한 기술의 개발을 감독했다.[14] 또한 그는 미국 국방부 산하의 연구 기관으로 1957년 소련의 인공위성 스푸트니크 1호의 발사에 대응하기 위해 1958년에 설립된 방위고등연구계획국DARPA, Defense Advanced Research Projects Agency의 국장을 역임하기도 했다. DARPA는 핵공격으로 기존의 통신 시스템이 무너진 이후에도 계속 작동할 수 있는 통신 시스템을 구축하기 위한 작업을 중점적으로 추진했다.[15] 그리고 이 기술은 오늘날 인터넷이라고 알려진 것을 개발하는 결과를 낳았다. 할아버지는 정부가 작동하는 방식을 깊이 이해하고 있었고, 은밀하게 개발되던 당시의 최첨단 기술에 접근할 수 있었다.

베조스가 텍사스의 목장에서 여름을 지내는 동안에, 할아버지는 소련과의 냉전 시대에 자신이 맡고 있던 미사일 방어 시스템에 관한 이야기를 해준 적도 있었다.[16] 이 이야기는 어린 베조스에게 깊은 인상을 남겼다. 오늘날 실리콘밸리의 거물들 중에서 그는 가장 정부친화적인 기업인에 속한다. 아마존은 클라우드 컴퓨팅 사업을 통하여 국방부, CIA와 수십억 달러의 사업 계약을 체결했다. 이 사업은 아마존에 중요한 의미를 갖는다. 이 계약으로 인해 베조스는 2018년에 워싱턴 D.C.와 가까운 북부 버지니아에 제2본사를 설치할 계획을 세웠고, 워싱턴 D.C.의 부촌으로 손꼽히는 칼로라마 지역에서 한때 섬유 박물관으로 사용되던 건물을 2,300만 달러에 매입하여 2만 7,000스퀘어피트(760평)에 달하는, 워싱턴 D.C.에서 가장 큰 독신 가구 주택으로 개조하고 있다.[17] 그리고 이제 베조스는 오바마 부부, 재러드 쿠슈너Jared Kushner와 이방카 트럼프Ivanka Trump 부부의 이웃이 되었다. 이제 워싱턴 사람이 된 베조스의 손에는 욕실 25개, 침실 11개, 거실 5개, 주방 3개와 넓은 댄스홀 1개를 그려놓은 청사진이 쥐어졌는데, 이 건물을 개조하는 데 드는 비용은 1,200만 달러나 된다고 한다.

아마존이 정부와 긴밀한 관계를 유지하는 것이 논란의 대상이 되기도 했다. 아마존이 개발한 안면 인식 소프트웨어 레코그니션은 이 분야에서 가장 정교한 기술로 여겨진다. 아마존은 미국 내에서 범죄 용의자와 테러리스트를 추적하는 연방 수사 기관과 지역의 수사 기관에 이 기술을 판매했다. 2018년이 지나갈 무렵에 아마존 직원 450명은 이 기술이 시민의 자유권을 침해할 소지가 있음을 우려하며 안면 인식 소프트웨어를 경찰청에 판매하기로 한 결정에 항의하는 서한을 베조스에게 보냈다.[18] 베조스가 이 서한에 공식적인 반응을 보이지는 않았지만, 같은 날에 열린 어느 컨퍼런스에서 이 편지의 내용이 공개되었다.[19] 당시 그는 정부에 이 기술을 판매하는 문제에 대한 자신의 생각을 분명히 했다. "아마존과 같은 거대 기술 기업이 미국 국방부에 등을 돌린다면, 이 나라는 어려움에 처하게 될 것입니다."

군산복합체에 친화적인 아마존의 태도는 2018년 연말에 기술적인 중요성과 정책 문제에 대한 검토가 끝나기 전에는 정부에 범용 안면 인식 소프트웨어를 판매하지 않을 것이라고 선언한 구글과 크게 대비되었다.[20] 자기 나라를 돕겠다는 데에는 아무런 잘못이 없다. 그러나 안면 인식 소프트웨어는 새로운 분야이고, 여기에는 사생활 보호의 문제가 따른다. 따라서 이러한 문제에서 아마존이 구글의 방침을 따를 필요가 있었고, 이 기술을 보급하기 전에 적절한 안전장치가 설치되어 있는지를 확인해야 했다. 2018년 미국시민자유연맹ACLU, American Civil Liberties Union은 2018년에 아마존의 안면 인식 소프트웨어를 실험했는데, 실험 결과에 따르면 이 소프트웨어는 의회의원 28명에 대하여 공개된 얼굴 사진과 혼동했고, 이들 중에서 범인으로 인식된 의원들의 상당수가 유색인종이었다.[21] 아마존은 이러한 결과에 대하여 ACLU가 이 소프트웨어를 적절하게 사용하지 않았다고 주장했다.

베조스가 레이지 지 목장에서 무더운 여름날을 보내면서 할아버지에게서 배운 것은 애국심만이 아니었다. 그는 여전히 직장이나 가정에서 인간관계에 관한 중요한 교훈을 마음속 깊이 새기곤 했다. 베조스가 10살이던 1974년에 할아버지, 할머니와 함께 장거리 자동차 여행을 떠난 적이 있었다.[22] 300여 명의 사람들과 함께 자동차 뒤에 캠핑용 트레일러를 매달고 미국 서부 지역을 종단하는 여행이었다. 할머니는 담배를 입에 달고 살던 분이었는데, 당시 텔레비전에서는 금연을 권장하는 광고가 자주 방송되었다. 베조스는 할아버지 목장에서 매일 오후에 〈우리 생애 나날들〉이라는 드라마를 보면서, 이런 광고를 보았다. 어떤 광고에서는 담배 연기를 한 번 내뿜을 때마다 수명이 2분씩 단축된다는 통계를 제시했다. 여행을 하던 어느 날, 베조스가 자동차 뒷좌석에 앉아서 할머니의 수명이 얼마나 단축되었는지를 계산해보았다. 계산을 끝내고는 할머니에게 수명이 몇 년이나 단축되었는지를 자신 있게 이야기했다. 그런데 전혀 예상하지 못했던 일이 벌어졌다. 할머니가 갑자기 울음을 터뜨린 것이다. 할아버지는 차를 세우고 뒷자리에 앉아 있던 베조스에게 차에서 내리라고 했다. 베조스는 할아버지가 자기에게 한 번도 화를 낸 적이 없었기 때문에, 어떤 일이 벌어질지 전혀 예상할 수 없었다. 베조스는 당시 상황을 이렇게 기억한다. "저는 할아버지가 나를 야단치실 수도 있다고 생각했습니다. 그렇지만 할아버지는 그렇게 하지는 않으셨습니다. 그리고는 엄청난 말씀을 하셨습니다. '언젠가 너도 똑똑하게 행동하는 것보다는 친절하게 행동하는 것이 더 어렵다는 걸 깨닫게 될 거야.' 할아버지의 이 말은 저에게 큰 깨달음을 주었습니다."

베조스가 일을 하다가 욱하는 성질을 낼 때도 많았고, 다른 사람들을 친절하게 대하라는 할아버지의 충고를 항상 따른 것은 아니었지만, 지혜로운 사람이 되라는 할아버지의 말씀은 어린 베조스에게 강한 인상을 남겼다. 할아버지는 목장에서 거의 모든 일을 직접 하면서 베조스에게 자립을 가르쳐주었다.[23] 매년 여름마다 할아버지는 손자에게 점점 더 힘든 일을 시켰다. 할아버지와 손자는 울타리와 수도관을 설치하고, 조립식 가옥을 지었다. 풍차와 축사를 함께 고치고 오래된 캐터필러 불도저를 정비하면서 여름을 보냈다. 베조스는 할아버지가 병에 걸린 가축들을 치료하는 것까지도 도왔다.[24] 할아버지는 소에 사용할 봉합 바늘까지도 직접 만들어서 사용했다. 우선 철사 한 가닥을 준비한 다음, 토치램프로 철사를 날카롭게 하고 그 끝을 납작하게 만들어 바늘귀에 끼워 넣었다. 나중에 베조스는 그 시절을 회상하면서 농담 삼아 이런 말을 하곤 했다. "우리는 인적이 드문 농장에서 지냈습니다. 그리고 그 시절 할아버지는 아마존으로 주문을 할 수 없었습니다."

지혜로운 사람이 된다는 것은 어떤 일을 시작하면 끝을 볼 때까지 오직 그 일에만 집중하여 제대로 해내는 것을 의미한다.[25] 몬테소리학교를 다니던 시절에 베조스는 자기가 하던 과제에 너무나도 몰두한 나머지 다음 과제를 진행할 시간이 되었는데도 멈추지 않았고, 선생님조차 베조스에게 다음 과제를 하게 만들지 못했다.[26] 결국 선생님은 베조스를 그가 앉아 있는 의자와 함께 번쩍 들어서는 다음 과제를 진행하는 자리로 옮겨놓아야 했다. 성인이 된 베조스도 자기 일에 집중하면서 이메일을 자주 확인하지 않는다. 그는 농담으로 이렇게 말한다. "저는 계속해서 한꺼번에 여러 가지 일을 처리합니다. 정말 중요한 일이 일어나면 누군가가 저를 찾겠지요."

베조스가 초등학교 6학년 때였다. 그는 인피니티 큐브라는 장난감에 완전히 빠져 있었다.[27] 그것은 전동식 반사경이 이미지를 무한히 변형시키면서 그 모습을 주시하게 만드는 장치로, 거울이 빛을 반사하면서 이미지가 무한히 계속되는 듯한 착각을 일으켰다. 어머니 재클린은 이런 하찮은 장난감이 20달러씩이나 하는 건 너무 비싸다고 생각해 베조스에게 사주지 않으려고 했다. 베조스는 이 정도로 싸게 살 수 있는 장난감이라면 자기가 직접 만들 수 있다고 생각했다. 이처럼 재능이 뛰어난 아이에 관하여 쓴 책에서는 6학년인 베조스가 이렇게 말했다고 한다. "너는 … 스스로 생각할 수 있어야 한다." 이 책의 저자는 베조스를 "친화력이 있으면서도 진지하고 예의 바르고 지적으로 뛰어난 아이"로 묘사한다. 하지만 베조스를 가르쳤던 선생님들에 따르면, 베조스가 "리더십 측면에서는 특별히 뛰어나지는 않았다"라고 한다.

고등학교를 반에서 일등으로 졸업한 베조스는 양자물리학자가 되려는 꿈을 품고 프린스턴대학교에 입학했다.[28] 그는 물리학과의 다른 친구들이 이 분야의 심오한 원리를 어렵지 않게 이해하는 것을 보고는 마음 편히 공부할 수 있는 전기공학과 컴퓨터 과학으로 전과하기로 결심했다. 그리고는 4.3점 만점에 4.2점이라는 뛰어난 성적으로 졸업하고는 뉴욕의 월스트리트로 향했다.

뉴욕으로 떠난 지 그리 오래되지 않아서 베조스는 결혼을 하기로 결심하고, 배우자를 선택하는 가장 중요한 기준이 무엇인지를 생각해보았다. 그는 이렇게 기억했다. "지혜롭지 못한 사람과 함께 가정을 이루어서 평생 살아갈 수는 없다."[29] 베조스가 생각하는 이상적인 여성은 제3세계 감옥에 갇혀 있는 남편을 구출할 능력을 가진 사람이었다.

베조스는 직장에서 만난 프린스턴대학교의 동창 맥켄지 터틀^{MacKenzie}

Tuttle에게서 이러한 능력을 확인했다.[30] 그녀는 월스트리트에서 일하고는 있었지만, 소설가가 되고 싶어 했다. 또한 프린스턴 시절에는 베스트셀러 소설가 토니 모리슨Toni Morrison의 조교로 일한 적도 있었다. 실제로 맥켄지는 소설 두 편을 발표하여 좋은 평가를 받기도 했다. 아마존 초창기에 그녀는 스타트업의 회계를 담당하고 직원을 채용하는 것을 도왔으며, 심지어는 도서를 포장해서 UPS와 우체국으로 차로 운반하는 것까지, 거의 모든 업무에서 지혜로운 면모를 수없이 보여주었다.

베조스는 네 자녀(그에게는 아들 셋과 중국에서 입양한 딸이 하나 있다)를 양육하는 데에도 지혜로움의 철학을 똑같이 적용했다.[31] 그는 아이들이 4살 때부터 칼을 가지고 놀게 했고, 여덟 살 또는 아홉 살 때에는 전기 기구를 가지고 놀게 했다. 언젠가 맥켄지는 이런 말을 했다. "우리는 손가락이 열 개이지만 지혜롭지 못한 아이보다는 손가락이 아홉 개뿐이더라도 지혜로운 아이가 훨씬 더 좋습니다." 베조스가 맥켄지와 결별하고 새로 만난 연인 로렌 산체스Lauren Sanchez도 베조스가 동경하는 지혜로움을 가진 여성이다. 폭스 뉴스의 엔터테인먼트 뉴스 프로그램 〈굿데이 LA〉와 댄스 오디션 프로그램 〈소우 유 캔 댄스〉의 공동 진행자였던 로렌은 최근 헬리콥터 조종사이자 항공사진 회사의 설립자로 변신했다.[32] 이것은 그녀가 마음만 먹는다면 베조스를 제3세계 감옥에서 구출할 수 있는 지혜를 가졌다는 것을 의미한다.

베조스는 뉴욕시에 온 지 그리 오래되지 않아서, 비밀스럽게 영업하는 디 이 쇼D. E. Shaw라는 헤지펀드사에 취업했다.[33] 이런 회사는 무엇보다도 고속의 차익 거래에 치중하는데, 이것은 전 세계의 시장에서 발생하는 가격

격차를 찾기 위한 일종의 수학적 블랙박스 트레이딩 접근 방식이라 할 수 있다. 그러던 어느 날 베조스는 인터넷이 연간 2,300퍼센트의 속도로 성장하고 있다고 생각했다. 그는 이처럼 빠르게 성장하는 분야를 본 적이 없었고, 직접 인터넷 사업에 뛰어들어야 한다고 판단했다.[34] 그는 도서 판매가 사업을 시작하기에 좋은 분야라고 생각했다. 책은 부패하지 않고, 크기가 비교적 일정하여 포장과 배송에도 용이할 뿐만 아니라 쇼핑객들이 후기 덕분에 많은 정보를 얻을 수 있기 때문이다.

1994년에 아마존을 설립하기로 결심했을 때, 그의 나이는 30세에 불과했고 좋은 직장도 가지고 있었다.[35] 베조스는 디 이 쇼 역사상 가장 나이가 어린 수석 부사장이었다. 또한 그에게는 어퍼 웨스트 사이드에 아파트가 있었고, 결혼한 지 1년이 된 맥켄지도 있었다. 무엇보다는 그는 자신이 하던 일을 좋아했고, 장밋빛 미래가 보장되어 있었다. 그 자리에 계속 있어도 큰돈을 모을 수 있었기 때문에, 그는 고민을 많이 했다. 베조스는 회장에게 인터넷 서점을 시작하고 싶다고 말했다. 회장은 좋은 아이디어이지만, 이미 직업적으로 성공한 베조스에게 좋은 선택은 아니라고 대답했다.

그는 며칠 동안 이 문제를 가지고 씨름했다.[36] 언제나 데이터에 입각하여 행동하던 컴퓨터의 달인 베조스가 평소와 달리 자기 감정에 따라 움직이기로 결심했다. 그는 80세의 자신이 되어 자기 삶을 되돌아보고는 한 가지 깨달음을 얻었다. "저는 80세가 되어 지난날을 되돌아보았을 때 후회하는 삶을 살고 싶지는 않습니다. 우리는 누군가를 죽인다면 크게 후회하겠지요. 하지만 무엇인가를 하지 않았을 때에 가장 크게 후회하게 될 것입니다. 이것은 우리의 마음속에서 끊임없이 떠오르는 길을 가지 않은 것에 대한 후회입니다." 그는 자기가 80세가 되어서 비록 실패는 하더라도 원대한 무엇인가를 했다면 결코 후회하지는 않을 것이라고 생각했다.

베조스와 맥켄지는 짐을 꾸려서 미국 본토를 가로질러 시애틀로 달려갔다. 베조스가 시애틀을 선택한 것은 이곳이 기술의 중심지로 알려져 있기 때문이었다. 마이크로소프트 본사가 그곳에 있었다. 시애틀의 인구가 적다는 것도 중요하게 작용했다. 캘리포니아나 뉴욕처럼 인구가 많은 주에 정착했다면 판매되는 도서에 대하여 엄청난 금액의 판매세를 납부해야 했을 것이다. 당시 법에 따르면, 아마존은 워싱턴주에서 판매되는 도서에 대해서만 판매세를 납부하면 되었다. 베조스는 부모님에게서 얻은 투자 지분 10만 달러를 가지고 차고에서 유명한 기술 스타트업 아마존을 출범시켰다. 도서 판매로 사업을 시작했지만, 그의 포부는 원대했다. 물론 그는 책에 관심을 가지고 있었지만, 베조스의 진정한 관심은 언젠가는 자신의 인공지능 플라이휠이 될 기계를 제작하는 데 있었다. 이것은 광범위하고도 엄청난 양의 제품을 신속하고도 저렴한 가격에 배송하게 될 것이다. 이렇게 그는 아마존을 창조했다.

아마존이 정상에 오르는 과정은 자세하게 기록되어 있다. 베조스는 최고의 프로그래머를 고용했고, 그들에게 극단의 고객 서비스라는 자신의 주문呪文을 충분히 납득시켰다. 그리고 데이터, 진실, 최고의 실적에 가치를 두는 문화를 정립하고 직원들을 한계 상황까지 몰아붙였다. 그는 아마존을 책을 사랑하는 사람들의 목적지로 만들기 위해 도서 검토와 저자 인터뷰를 담당할 뛰어난 인재들로 편집팀을 구성했다. 그가 생각해낸 알고리즘은 어떤 책을 읽은 독자들이 같은 책을 구매한 다른 독자들에게 그 밖에 읽어야 할 책을 추천을 할 수 있도록 되어 있었다. 그는 광범위한 장르의 도서를 저가에 신속하게 배송했다.

그러나 초기에는 모든 것들이 데이터에 입각하여 움직이지는 않았다. 베조스가 아마존 사이트에서 트래픽을 유도하기 위한 방법 중 하나는 전통적인 마케팅 기법과도 관련이 있었다. 1997년 설립한 지 2년이 된 아마존은 성장하고 있었지만, 베조스는 그런 속도에 만족하지 못했다.[37] 마케팅 부서는 아마존 사이트로 사람들의 주목을 끌기 위해 "지금까지 알려진 가장 위대한 이야기"라는 콘셉트를 제안했다. 이것은 아마존 고객들이 유명 작가와 협력할 수 있는 것을 의미했다. 아마존 사번 55번으로 아마존 사이트 편집팀의 일원이기도 한 제임스 마르쿠스James Marcus의 회고록《아마조니아》에 따르면, 소설가 존 업다이크John Updike가《살인자가 만든 잡지》라는 제목의 추리소설에서 첫 문단을《뉴요커》의 사무실과도 다르지 않은 곳에서 틀어박혀서 집필하기로 했다고 한다. 이 소설의 첫 문단은 이렇게 시작된다. "10시 10분에 타소 포크 양이 엘리베이터를 타고서 19층의 올리브 타일에 내렸을 때, 뭔가 잘못되었다는 느낌이 살짝 들 뿐이었다." 아마존은 이후 44일 동안 고객들을 초대하여 매일 이후의 이야기를 이어서 쓰게 했고, 편집팀 직원들은 날마다 우승자를 뽑았다. 우승자에게는 상금 1,000달러를 지급했고, 업다이크는 이 추리소설의 마지막 문단을 쓰고 5,000달러를 받았다. 이 경연 대회에 응모한 사람은 무려 38만 명에 달했으며, 책을 좋아하는 사람들을 아마존으로 끌어모으는 역할을 했다. 홍보 효과는 만점이었다. 업다이크의 문학적 도전을 다룬 기사만도 300개에 달했다. 그해 가을에 아마존은 방문객 수가 가장 많은 25개의 인터넷 사이트에 이름을 올릴 정도로 성장했다.

아마존은 고객들에게 최적의 가격으로 최대한 신속하게 배송하기 위해서라면 어떤 일도 가리지 않았다. 직원들을 위한 무료 식당은 처음부터 없었고, 오늘날까지도 경비를 아낌없이 지출하는 것은 도저히 생각할 수 없는 일이다. 예를 들어, 아마존 초창기의 휴가철에 베조스는 폭주하는 주문량을 소화하기 위해 임원들에게 시애틀 창고에서 야간 근무를 할 것을 지시했다.[38] 그는 선반에서 누가 가장 빨리 제품을 집어오는지를 알아보려고 경연 대회를 열기도 했다. 또한 그는 항상 자기 직원들에게 경쟁에만 집중하지 말도록 장려했지만, 아마존에 방해가 되는 경쟁 기업이 등장할 때에는 잔인한 면모를 보였다. 2000년대 후반에 아마존은 스타트업 다이어퍼스닷컴^{Diapers.com}과 치열한 경쟁을 벌이고 있었다. 《아마존, 세상의 모든 것을 팝니다》에 따르면, 베조스는 다이어퍼스닷컴을 아마존에 매각하는 데에 동의하지 않으면, 매각을 할 때까지 아마존은 기저귀 가격을 계속 인하하여 거의 무료로 기저귀를 판매하겠다고 위협했다고 한다. 이렇게 아마존은 마침내 다이어퍼스닷컴을 집어삼키고 말았다.[39]

할아버지의 목장에서 여름을 보내면서 배웠던 자립의 교훈은 아마존에서도 많은 도움이 되었다. 1990년대 후반, 베조스는 아마존닷컴에서 판매하는 제품 품목을 확대하기 위한 방법을 찾고 있었고, 독립 사업체 혹은 제3자 판매자가 아마존닷컴에서 제품을 판매하는 것을 허용하기로 결정했다. 베조스가 첫 번째로 생각해낸 아이디어는 이베이 방식과 상당히 비슷한데, 고객이 제품의 희망 가격을 제시할 수 있는 아마존 경매 사이트를 개설하는 것이었다. 그러나 이 사이트에 방문하는 사람은 아무도 없었다

(동생 마크가 커피 컵을 샀다는 소식을 전하기는 했다). 결국 베조스는 이 방식을 포기하고서 Z샵을 개설했고, Z샵에서는 제3자 소매업체들이 가격을 결정하도록 했다. 하지만 이번에도 이곳을 찾아오는 이가 아무도 없었다. 사내에서 제3자 판매자들의 제품을 아마존 제품과 같은 페이지에서 판매하도록 하자는 아이디어가 나올 때까지 이런 실험은 약 1년 반 동안에 진행되었다. 베조스는 당장 이 전략을 채택하고는 이것을 마켓플레이스라고 불렀다. 마켓플레이스는 당장 가동하기 시작했다. 오늘날 마켓플레이스는 아마존에서 판매되는 모든 제품의 절반 이상을 차지하고 있으며, 아마존의 핵심 온라인 사업보다 더 나은 수익률을 기록하고 있다.[40]

베조스는 이렇게 말한다. "앞으로 나아가는 데 가장 중요한 것은 문제에 직접 부딪히다가 실패를 경험하고, 그다음 잠시 물러났다가 다시 시도하는 것입니다. 지혜로운 사람은 관습에 얽매이지 않고 항상 자기 자신을 새롭게 창조하려고 합니다."[41]

그러나 지혜로움이 베조스가 일을 하는 방식을 항상 규정한 것은 아니었다.

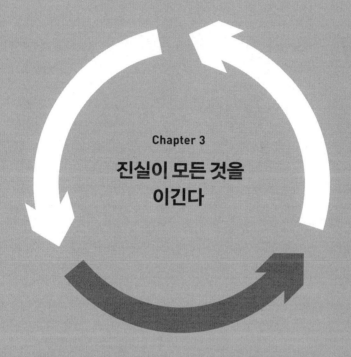

Chapter 3

진실이 모든 것을
이긴다

앞 장에서 살펴봤듯이, 베조스는 사람을 평가할 때 그 사람이 지혜로운 사람인지를 가장 먼저 본다. 그리고 아마존에서 근무하는 모든 직원들이 지혜로운 만큼 똑똑하고 진취적이고 창의적인 모습을 보여줄 것을 기대한다. 2000년대 초반 아마존 웹페이지에는 베조스가 어떤 인재를 원하는지를 잘 설명해놓았다. "아마존닷컴 유형의 인재가 따로 존재하는 것은 아니다. 아마존닷컴 직원들은 석사학위가 3개 있고, 5개 국어를 능숙하게 구사하고, … 프록터 앤드 갬블Procter & Gamble과 마이크로소프트에서 근무한 경력이 있으며, … 피겨 스케이팅 선수 출신이고, … 로즈 장학생이었다."[1] 아마존 초창기에 재무담당 최고책임자를 지낸 조이 코베이Joy Covey는 CPA 전체 응시자 2만 7,000명 중에서 차석을 했던 여성이다. 아마존 초창기의 또 다른 직원은 전미철자경연대회 우승자였다. 언젠가 베조스가《워싱턴 포스트》와의 인터뷰에서 말했듯이, "당신이 복도에서 '오노매토피아onomatopoeia'(의성어를 의미한다.-옮긴이)라고 외치면, 금세 그 철자를 알려줄 것이다."

그러나 아마존의 경이로운 성공을 설명하기 위해서는 지혜로운 슈퍼스타들이 모인 것만으로는 충분하지 않다. 베조스의 가장 두드러진 개성은 냉정하고도 확실한 사실에 근거해서 의사 결정을 하기 위해 아무리 불편하더라도 있는 그대로의 진실에 직면하려는 것이다. 아마존에서는 일부 관리자들이 베조스의 살아 숨 쉬는 철학이 담겨 있는 "우리는 신을 믿는다. 신이 아닌 모든 다른 사람들은 데이터를 가져와라"라고 적힌 표지판을 사무실 밖에 걸어두기도 한다.[2] 베조스는 다른 CEO들과는 달리 지도자가 듣고 싶은 말만 하는 아첨꾼들을 곁에 두지 않는다. 오히려 그는 냉엄한 현실에 기초하여 자신과 기꺼이 맞서려고 하는 사람들을 가까이 둔다. 그는 사실이 위계질서보다 항상 우위에 있어야 한다고 굳건하게 믿는다.

진실에 대한 베조스의 성향을 가장 잘 보여주는 사례는, 누군가에는 악명 높은 보고서로 기억되는 베조스의 유명한 '식스 페이저six-pager'이다. 이 것은 오늘날까지도 아마존 관리자들의 마음속에 두려움과 혐오의 대상으로 남아 있다. 제품이나 서비스에 대한 아이디어를 제시하려는 아마존 직원들은 코드 한 줄을 작성하기 전에 여섯 쪽을 넘지 않는 보고서를 제출해야 한다. "항상 고객과 함께 출발하라"라는 베조스의 주문은 여기에서도 위력을 발휘한다. 가상의 보도자료 형태로 작성되는 이 보고서는 새로운 프로젝트가 장기적으로 미치는 영향과 이 프로젝트가 고객에게 어떤 의미가 있는지를 설명하는 것으로 시작된다. 그다음에는 FAQ 형식으로 제품이나 서비스에 대한 아이디어를 설명하고, 개발팀이 그것을 어떻게 구축할 것인가에 대한 기본 내용을 보여준다. 지금은 AWS의 CEO가 된 앤디 재시Andy Jassy는 아마존 초창기를 회상하면서 이렇게 말했다. "식스 페이저를 실시하기 전에는 직원들이 때로는 높은 수준의 아이디어를 가지고 있었지만, 관련 프로젝트를 깊이 파고든 후에야 그 결과가 그다지 중요하지 않다는 사실을 확인하곤 했습니다."[3] 결과적으로 식스 페이저를 작성하는 것은 아마존이 잘못된 길로 가지 않도록 하는 데 도움이 되었다. 아마존 안의 여러 팀들은 식스 페이저를 정교하게 작성하기 위해 끊임없이 노력하는데, 자신들이 옳은 개념을 도출했는지, 자신들의 보고서가 중요한 사실을 모두 담고 있는지에 대한 확신이 설 때까지 때로는 몇 주가 걸리기도 한다.

2010년대 중반에 아마존 관리자로 3년을 근무했던 사람은 이렇게 말했다. "식스 페이저를 작성하는 과정을 보면, 내부적으로 자금 지원을 받는 벤처캐피탈 기업이 떠오릅니다. 아마존에는 뛰어난 아이디어를 가진 똑똑한 젊은 직원들이 많습니다. 아마존은 그런 직원들을 격려합니다. 그리고 좋은 아이디어가 있으면 적극적으로 알리라고 말합니다. 베조스는 실리콘밸리에서 가장 뛰어난 인재들을 영입합니다. 그리고 이런 인재들이 생각해낸 최고의 아이디어에 자금을 지원하는 시스템을 만들었습니다. 물론 그들이 실패할 수도 있습니다. 그러나 그들은 실패에서 최대한 빨리 벗어나려고 하고, 그런 부담을 떨쳐내는 데 아주 능숙합니다."

회의에서 어느 팀이 식스 페이저를 제출하면, 베조스는 모든 사람들에게 처음 20분 동안에 이 보고서를 자세히 읽어보게 했다. 그러면 어느 누구도 이것을 미리 읽고 온 척할 필요가 없었다. 20분이 지나면, 회의실에 모인 사람들이 이 보고서에 나오는 전제 조건, 기초가 되는 사실, 고객의 관점에서 볼 때 프로젝트의 실행 가능성을 두고 열띤 토론을 벌이기 시작한다. 프라임 회원제, 알렉사의 개발, 아마존 클라우드 서비스와 같은 아마존에서 일어났던 커다란 혁신들은 모두 식스 페이저 단계의 맹렬한 공격에서 살아남은 것들이다. 모든 제안들이 여섯 쪽에 걸쳐 설명할 정도로 복잡하거나 많은 데이터에 입각한 것은 아니다. 복잡한 문제가 아니라면 이보다 더 짧은 보고서로도 충분했다. 새로운 프로젝트가 시작되면, 식스 페이저는 이 프로젝트가 본격적으로 진행될 때까지 여러 번에 걸쳐서 수정되었다. 어떤 경우에는 수정된 식스 페이저가 제품에 대한 실제 보도자료가 되기도 했다.

아마존의 모든 회의는 (식스 페이저로 시작되든 그렇지 않든 상관없이) 문제의 진실에 최대한 가깝게 다가가는 것을 목표로 한다. 제임스 마르쿠스는 1990년대 후반에 베조스와 몇몇 관리자들이 한 자리에 모여서 도서 판매에 대해 논의하던 회의를 이렇게 기억했다. 당시로는 상당히 젊은 CEO였던 베조스가 자신은 "계량의 문화"를 정립할 것이라고 선언하면서, 아마존 사이트의 판매부수가 빠르게 증가하고 있다는 것을 보여주는 회사 데이터를 자랑스럽게 인용했다. 그런데 회사 창고에서 매일 출고되는 실제 판매부수를 계속 점검했던 매릴린이라는 관리자는 베조스가 말한 판매부수가 실제보다 두 배 혹은 세 배 더 많다고 지적했다.

마르쿠스에 따르면, 그녀와 베조스가 이런 이야기를 주고받았다.

"제프, 그 자료는 잘못되었어요."

"우리가 회사 데이터베이스에서 직접 뽑은 건데."

"그렇지만 그건 틀렸어요."

그날 베조스는 자기 주장을 굽히지 않았다. 그 후 베조스는 어느 날 회의 시간에 나타나서 이렇게 말했다. "내 느낌에는 우리가 실제 판매부수가 아니라 쇼핑 카트에 담겨 있는 책의 수량을 세고 있는 것 같습니다."[4] 다시 말하면, 컴퓨터가 쇼핑 카트에 담긴 책을 판매부수로 인식하고 있었던 것이다. 하지만 쇼핑객 모두가 구매 버튼을 누르지는 않았다. 데이터베이스 담당자들이 이런 미묘한 차이를 놓쳤던 것이다. 매릴린과 같은 하급 직원이 뻣뻣하게 버티면서 베조스의 주장에 반기를 들었다는 사실 자체가 아마존 문화에 대해 많은 것을 말해준다. 그러나 어쩌면 이런 사실이 더 분명하게 보여주는 것은 지금 벌어지고 있는 사건의 진실을 파악하기 위해 시간과 노력을 아끼지 않았던 베조스의 진면목일 것이다. 다른 CEO였다면 최첨단의 데이터베이스와 그것을 구축한 뛰어난 전문가들을 그냥 믿으려고 했을 것이다. 아마존에서는 진실이 승리한다.

아마존 프라임 비디오에서 근무했고 2017년에 회사를 창업하기 위해 아마존을 떠났던 어느 관리자는 (자기 이름을 드러내지 않고서) 이렇게 말했다. "아마존에서는 인사상의 불이익에 대한 걱정 없이 하급 직원이 임원에게 맞서는 것이 허용되는 평등한 분위기가 조성되어 있습니다." 그는 이전에 자기가 근무했던 주요 공영방송사의 회의 분위기를 이렇게 기억한다. "그곳에서는 부사장 이상이 아니고서는 어느 누구도 자리에 앉아 있을 수가 없었습니다. 하지만 아마존에서는 전혀 그렇지 않습니다. 아마존은 모든 직원들에게 건전한 논쟁을 장려합니다. 저는 회사에서 막강한 영향력을 가진 사람과도 스스럼없이 소통할 수 있는 이렇게 수평적인 조직에서 일해본 적이 없습니다. 우리는 회사 건물, CEO, 우리의 브랜드에 대해서는 물론이고 다른 모든 사람들과 협력하여 일을 신속하게 처리하는 것에 관하여 편하게 이야기할 수 있었습니다. 그리고 무엇보다도 고객을 위하여 일하는 것은 아주 신선한 경험이었습니다. 그렇게 할 수 있는 이유는 어떻게 하면 고객과 효과적으로 소통할 수 있을지를 고민하며 고객을 최우선으로 생각하기 때문이다. 정말 그렇습니다."

그렇다고 회의 분위기가 항상 화기애애한 것은 아니다. 아마존에서 거의 10년을 근무했던 또 다른 관리자는 이처럼 진실만을 이야기해야 하는 회의가 때로는 어떠했는지를 설명했다. "아마존은 일하기에 몹시 혼란스러운 곳입니다. 저는 투자은행에서 근무했기 때문에 이런 사실을 잘 압니다. 우리는 매주 회의에 참석합니다. 이런 회의는 마치 게임을 하는 것과 같습니다. 당신은 시험을 치르는 수험생이 됩니다. 주어진 목표치를 달성했습니까? 이런 질문에 자신 있게 대답해야 합니다. 그렇지 않으면 그 자리에서 당장 쫓겨납니다." 이와 같은 치열함의 이면에는 아마존 고객들이 삶에서 느끼는 불편을 없애기 위한 끊임없는 질주가 있다. 회사는 제품 안내서를 읽으려고 하지 않는 게으른 고객들에 대하여 책임을 져야 하고, 고객은 제품을 직관적으로 작동시킬 수 있어야 한다. 독자들은 거실에서 킨들을 통해 책을 주문할 수 있고, 알렉사는 더 간단하게 쇼핑과 음악 감상 서비스를 제공하도록 설계되었다. 그 관리자는 이렇게 말한다. "우리는 고객들의 삶에서 나타나는 불편을 제거하기 위해 끊임없이 노력했습니다. 항상 고객들을 최우선으로 생각하고, 우리는 뒷전에 밀려나 있습니다. 아마존에서는 직원들이 고객이 아닙니다. 우리는 브런치나 초밥을 먹으러 회사 밖으로 나가지도 않고, 일을 보조해주는 직원도 없습니다."

지금 식스 페이저에 열광하는 사람은 아마존에서 영화와 텔레비전 스트리밍 서비스를 제공하는 프라임 비디오의 부사장 그레그 하트[Greg Hart]이다. 그는 베조스가 파워포인트나 화이트보드보다 식스 페이저를 선호한다고 말한다. 발표자가 파워포인트나 화이트보드처럼 일반적인 도구를 사용하다 보면, 프로젝트에 관한 정보의 대부분이 그 사람의 머릿속에서 정체된다고 믿기 때문이다. 발표자는 수많은 세세한 정보를 공유하고 그 핵심 내용이 분명하게 전달되도록 조리 있게 발표해야 한다. 그런데 파워포인트를 사용하면 어두운 방에서 데이터로 가득 찬 슬라이드가 다음 슬라이드로 계속 넘어가는 동안에 모든 사람들이 집중하게 만들어야 한다.

반면에 식스 페이저는 직원들이 자기가 무슨 말을 하고 싶은지를 꼼꼼히 생각하게 만든다. 식스 페이저를 작성하는 사람은 제품과 서비스의 성공 가능성과 꼭 필요한 관련 세부 내용들을 넣어서 프로젝트에 관한 이야기를 어떻게 구성할지를 고민해야 한다. 다른 사람들은 식스 페이저를 읽고서 질문을 할 수 있지만, 식스 페이저 안에 이런 질문에 대한 답이 대부분 들어 있기를 바랄 뿐이다. 중요한 점은 식스 페이저는 프로젝트와 수명을 함께 하는 살아 있는 문서라는 것이다. 프로젝트가 시작된 후에도 관리자는 끊임없이 식스 페이저를 수정하고 보완해야 한다.

알렉사의 개발 과정은 식스 페이저의 효력을 가장 잘 보여준다. 하트는 프라임 비디오로 가기 전에 알렉사 개발팀을 담당하고 있었다. 2011년 베조스는 음성 인식이 인간과 기계가 상호작용할 수 있는 핵심적인 방식이 될 것인지, 그렇다면 그것을 어떻게 구현할 수 있을 것인지에 대해 회사 내에서 토론을 이끌어가고 있었다. 토론 중에 베조스는 알렉사에 대한 단순한 목표를 제시했다. 알렉사는 스크린이 없는 장치여야 하고, 인간은 알렉사와 키보드나 터치 스크린이 아닌 오직 음성으로만 상호작용해야 한다는 것이다. 베조스는 '도플러Doppler'라는 암호명의 이 프로젝트를 하트에게 맡기며 이에 대한 식스 페이저를 작성하라고 지시했다. 하트는 당시 상황을 기억하면서 이렇게 말한다. "베조스는 엄청난 미래를 꿈꾸고 있었습니다. 미래를 전망하고 관련이 없어 보이는 정보와 패턴의 조각을 연결하고 이들 간의 가치 있는 실마리를 찾아내는 베조스의 능력은 평범한 사람들에게서는 찾아볼 수 없는 것들이었습니다."

처음에 하트는 겁이 났다. 윌리엄스칼리지에서 영문학을 전공한 그는 최첨단의 음성 인식 소프트웨어는 말할 것도 없고 가전 기기에 대해서도 전혀 아는 바가 없었다. 하트는 당장 음성 인식 기술과 하드웨어에 대하여 최대한 많은 것을 배우기로 했다. 그는 아마존의 비밀부서라고 할 수 있는 연구개발센터 126호 실험실(여기서 1은 알파벳 문자 A를 의미하고 26은 Z를 의미한다)의 엔지니어들과 많은 시간을 보내면서 음성 인식 기술을 구현할 장치를 만들기 위한 방법을 연구하기 시작했다.

하트와 개발팀원들은 음성 인식 기술에 대하여 계속 배워가면서, 관리자들에게 공식 발표를 하기 전까지 식스 페이저를 수정하고 또 수정했다. 하트는 식스 페이저를 마치 보도자료라도 되는 것처럼 작성했다. 여기에는 새로운 장치에 관한 제품 명세, 가격, 출시일뿐만 아니라 아마존이 언론과 커뮤니케이션을 하는 방법까지도 나와 있었다. 또한 아마존 내부 직원들이 질문할 만한 다양한 내용도 다루고 있었다. 주변 소음이 있는 상황에서 어떻게 음성을 인식할 수 있는가? 지역 사투리나 구어체를 어떻게 인식할 수 있을까? 사람들은 왜 알렉사를 사용하려고 할까? 구매하는 물건을 볼 수 없는데도 사람들은 쇼핑을 하기 위해 알렉사를 사용하려고 할까?

이후로도 몇 달 동안 제품의 기능이 바뀌었고, 베조스를 비롯해 식스 페이저가 CEO가 당초에 품었던 비전을 충실하게 구현하고 있는지 확인하려는 다른 관리자들에게서 피드백을 얻으면서 하트는 식스 페이저를 계속 수정해갔다. 식스 페이저의 초판에 따르면, 알렉사는 "일반적인 대화"를 할 수 있도록 계획되었다. 베조스는 하트와 개발팀원들에게 알렉사가 질문에 대답하는 데 걸리는 시간, 즉 대기 시간을 줄이도록 개발팀을 계속 압박했다. 베조스는 고객들의 마음이 얼마나 잘 변하는지를 알고 있었다. 몇 년 전에 아마존닷컴 사이트를 구축할 때에는 프로그래머들에게 이 사이트를 고객들의 클릭에 최대한 신속하게 반응할 수 있도록 만들라고 다그쳤다. 알렉사는 신속하게 대답해야 했고, 그렇지 않으면 고객에게 골치 아픈 장치가 될 뿐이었다.

2014년 알렉사가 내장된 장치(지금은 에코라고 불린다)를 출시하기 전에도 하트는 실제로 출시하는 제품에 대한 내용을 반영하기 위해 식스 페이저를 다시 한 번 수정했고, 그 내용을 원래의 것과 비교했다. 하트는 당시를 이렇게 기억한다. "우리는 스스로 이런 질문을 해보았습니다. 우리가 그래도 만족하고 있는가? 실제로 너무나도 소중한 것을 타협해버린 것은 아닌가? 아니면 이렇게 타협한 것이 바람직한 것이었나? 이런저런 것들을 바꾸면서 불필요하고 복잡한 기능을 확장한 것은 아닌가?" 식스 페이저는 하트 자신과 개발팀원들이 프로젝트를 진행하는 과정에서 했던 모든 부분에서 진실에 직면하게 했다. 최종적으로 나온 제품이 베조스가 품었던 비전에 미치지 못했다면, 하트는 계획을 다시 세웠을 것이다. 시제품을 보고 만족한 베조스가 당장 추진할 것을 지시했고, 에코는 큰 인기를 끌었다.

아마존은 제품이 출시되고 나서도 개선을 멈추지 않는다. 한번은 베조스와 관리자들이 에코의 청취력에는 아무런 문제가 없는지, 사용자들이 시끄러운 방 건너편에서 알렉사에게 말을 걸려면 휴대용 소형 마이크를 사용해야 하는지를 두고 토론을 벌인 적이 있었다(알렉사야, 지금 내가 하는 말이 들리니?). 아마존은 답을 얻기 위해 또다시 고객에게 물어보았다. 초기에 판매된 에코는 방 건너편에서도 사용할 수 있도록 음성으로 작동되는 리모컨이 제공되었다.[5] 아마존은 당장 에코가 어떻게 사용되는지를 관찰하기 시작했고, 얼마 지나지 않아서 데이터가 사람들이 리모컨을 거의 사용하지 않는다는 사실을 말해주었다. 이후로 아마존은 에코를 배송하면서 박스에서 리모컨을 슬며시 뺐다. 결과적으로 아마존은 비용을 줄여서 고객을 위한 가격 인하를 단행했다. 고객의 삶에서 나타나는 불편을 제거한 것이다. 그리고 이 인공지능 플라이휠은 지금도 계속 회전하고 있었다.

알렉사 프로젝트는 베조스가 어떻게 혁신을 하고, 동기를 부여하며, 서로 연관된 수많은 세부 사항들을 다루는지를 보여주는 하나의 축소판이다. 식스 페이저는 다양한 수준에서 작용한다. 첫째, 식스 페이저는 회사가 복잡한 과제를 처리하는 데 도움이 된다. 식스 페이저를 정확하게 작성하려면, 모든 팀원들이 알렉사와 같은 새롭고도 복잡한 프로젝트를 진행하는 데 필요한 중요한 정보를 확보해야 한다. 이것은 정보의 측면에서 공평한 경쟁의 장을 만드는 데에도 기여한다. 모두가 식스 페이저를 자세히 읽고 나면 최소한 프로젝트에 대한 기본 지식을 얻을 수 있다.

베조스는 이 지점에서 기조를 설정한다. 그는 고도의 집중력을 발휘하여 식스 페이저를 읽는다. 식스 페이저를 발표하는 회의에 여러 번 참석했던 어느 관리자는 베조스가 그것을 올림픽 수준으로 읽는다고 말한다. 식스 페이저를 읽는 순간, 베조스는 올림픽에 출전하는 스키 선수가 되어 활강하기 직전에 눈을 감은 채로 경기 도중에 방향을 바꾸기 위해 자기 몸을 움직이는 모습을 떠올려본다. 다시 말해, 베조스는 식스 페이저에 나와 있는 모든 정보를 흡수하고 회의가 시작되면 마주치게 될 울퉁불퉁하고 얼음이 얼어 있는 길을 상상하는 것이다. 베조스가 식스 페이저를 읽고 나면, 아주 상세하게 이에 대한 전략적, 전술적 피드백을 해줄 수 있을 것이다.

베조스는 아마존처럼 규모가 크고 복잡한 기업에서 임원진을 정기적으로 만날 시간을 낼 수가 없다. 따라서 그는 임원진이 특정 프로젝트가 목표를 향해 질서정연하게 움직이고 있는지를 확인하려고 식스 페이저 회의를 활용한다. 임원진은 회의에서 나온 내용을 그 아래의 팀들에 전달한다. 그리고 이 팀들은 그 아래에 있는 팀들에 전달한다. 이런 방식이 효과가 있는 이유는 베조스가 자신이 S팀이라고 부르는, 오랜 세월을 두고 회사에 충성했던 핵심 간부들로 둘러싸여 있기 때문이다. 18명의 핵심 간부들로 구성된 S팀의 구성원들은 베조스가 어떤 생각을 하고 있는지, 어디에 가치를 두고 있는지를 잘 이해하고 있고, 진실을 찾아내려는 식지 않는 욕망을 가지고 있다. 베조스와 함께 오랫동안 일했던 사람들은(어떤 사람은 10년이 넘게 일했다) 대부분 아마존을 떠나려 하지 않고, 그를 향한 대단한 충성심을 가지고 있다. 베조스는 2017년에 모든 직원들이 참석하는 어느 회의에서 이렇게 말했다. "저는 S팀을 떠나는 사람들이 별로 없다는 사실에 대단히 만족하고 있습니다. 이런 현상이 변하지 않기를 바랍니다. 제가 여러분들을 너무나도 많이 사랑하기 때문입니다."[6]

S팀을 구성하는 데에는 많은 노력이 필요했지만, 베조스에게는 자기만의 비밀 무기가 있다. S팀의 구성원들 중 다수가 한때 베조스에게 기술적인 조언을 해주던 사람들이다(그들은 비공식적으로 말하자면, "그림자"로 알려져 있다). 유능할 뿐만 아니라 베조스의 그림자가 될 정도로 운이 좋았던 그들은 2년 동안 베조스와 함께 지내면서 회의에도 참석하고 특수 과제도 맡을 수 있었다. 아마존뿐만 아니라 다른 기업에서도 그림자들을 활용한다. 1990년대에 폴 오텔리니Paul Otellini라는 젊은 관리자가 인텔의 CEO 앤디 그로브Andy Grove의 그림자로 활동했고, 이후 인텔의 최고경영자가 되었다. 아마존의 그림자 프로그램이 특별히 효과가 있는 것은 그림자들이 평범한 고문 역할을 하는 것이 아니라 상근한다는 데 있다.

아마존의 초창기에 베조스는 몇몇 뛰어난 관리자들에게 멘토 역할을 하려고 했지만, 이러한 노력은 기대한 만큼 성과를 거두지 못했다.[7] 그들 중 일부가 회사를 떠나고 말았던 것이다. 베조스의 첫 번째 상근 그림자였던 사람은 하버드 MBA 출신으로 기술에 대한 배경 지식이 전혀 없던 앤디 재시Andy Jassy였다. 재시가 맡은 유일한 역할은 베조스의 뒤를 따라다니면서 회의에 참석하고, 베조스가 어떠한 방식으로 생각하는지, 문제의 핵심을 어떻게 찾아내는지, 세상이 어디를 향해 가고 있다고 생각하는지를 배우는 것이었다. 2003년부터 2004년까지 베조스의 그림자 역할을 했던 재시는 우리가 앞에서 살펴봤듯이, 나중에 세계에서 가장 규모가 큰 클라우드 서비스 기업 AWS의 설립을 지원했고, 지금은 AWS의 CEO가 되었다.[8] 이것은 기술에 대한 지식이 전혀 없는 사람에게는 말할 것도 없고 모든 사람들에게 대단한 성취라 할 수 있다. 기술에 문외한이었던 재시가 베조스의 그림자로 있는 동안에 신뢰를 얻지 못했다면, 이처럼 중요한 위치에 오르지 못했을 것이다.

이때부터 이와 같은 기술 자문 프로그램이 아마존 문화에서 중요한 부분이 되었다. 그리고 베조스는 여러 해에 걸쳐서 다수의 성공한 관리자들에게 이 프로그램을 거치게 했다. 오늘날 베조스의 그림자 역할을 맡은 사람 중에는 중국 출신으로 아마존에서 14년 동안 여성 소프트웨어 개발자로 근무한 웨이 가오Wei Gao가 있다. 지금도 이런 그림자 프로그램은 점점 더 넓게 확산되고 있다. 아마존의 글로벌 전자상거래 부문 CEO 제프 윌케Jeff Wilke는 아마존에서 2인자로 자주 거론되는 사람인데, 그의 곁에는 그림자 역할을 하는 중국계 여성 윈옌 왕Yunyan Wang이 있다. 그녀는 독립 사업체들이 각자 자신들의 제품을 판매하는 아마존 마켓플레이스의 이사 출신이다. 이 두 중국 여성들이 현재 많은 사람들이 선망하는 그림자 역할을 맡고 있다는 사실은 아마존이 남성 중심의 기술 문화를 쇄신하려고 한다는 강력한 신호이다.

프라임 비디오의 부사장 그레그 하트는 베조스가 자신의 그림자가 되어달라고 했던 날을 지금도 생생하게 기억한다.

하트는 자기 상사의 그림자가 되어달라는 요청을 받고서 놀라지 않을 수 없었다. 그는 당시 자기가 하던 역할에 만족하고 있었지만, 베조스와 점심을 함께 하면서 한순간에 그에게 설득되었다. 하트는 당시 베조스가 상당히 정중하게 그 요청을 했던 것으로 기억한다. 베조스는 이렇게 말했다. "이 일이 내키지 않고 자네가 지금 하고 있는 일을 사랑한다면, 자네 뜻대로 하게. 지금 우리가 하는 얘기는 자네와 나 말고는 아무도 모를 거야."

식사를 마치자마자 베조스의 부탁을 받아들인 하트는 이렇게 말한다. "그것은 엄청난 기회였습니다. 그날 밤 저는 집에 가서 아내에게 마치 산업혁명의 초기에 헨리 포드Henry Ford에게서 그의 그림자 역할을 해달라는 부탁을 받은 기분이라고 말했습니다."

S팀과 2군이라 할 수 있는 그림자 팀은 별개의 팀이지만 똑같이 중요한 역할을 한다. 이들은 아마존에는 언젠가는 CEO가 되어서 베조스의 자리를 차지할 수 있는 유능한 관리자들이 많다는 것을 보여준다. 아마존은 애플, 마이크로소프트, 테슬라, 구글, 페이스북과 마찬가지로 창업자와 동일시되는 기업이다. 내가 이 책을 쓰고 있는 지금, 베조스의 나이는 55세에 불과하다. 그러나 직원들은 말할 것도 없고 투자자들도 베조스가 아마존을 떠나거나 그에게 무슨 일이라도 생기면, 아마존이 어떻게 될지를 걱정한다. 베조스는 S팀을 운영함으로써 이 세상에 하나의 신호를 보내고 있다. 그것은 자신에게 무슨 일이 생기거나 (비록 조만간 그가 아마존을 떠날 것이라고 생각하는 사람은 아무도 없지만) 그가 아마존을 떠나더라도, 아마존에는 베조스를 대신해 회사를 이끌어갈 뛰어난 인재들이 많다는 것이다. 물론 이처럼 유능한 관리자들 모두가 제프 베조스와 같은 비전과 직관, 천재성을 가지고 있는지는 분명하지 않다. 애플이 스티브 잡스의 사후에 예전의 창의성을 회복하기 위해 분투하고 있는 것과 마찬가지로, 베조스가 아마존을 떠난다면 틀림없이 회사에 부정적인 영향을 미칠 것이다. 그렇다고 하더라도, 월스트리트가 주는 메시지(그리고 주식 애널리스트들의 생각)는 아마존과 아마존의 인공지능 플라이휠은 베조스가 없더라도 여전히 잘 굴러가리라는 것을 보여준다.

베조스는 S팀에 대단한 믿음을 갖고 있다. 따라서 그는 많은 것들을 이들에게 위임하고 있는데, 이것이 베조스가 어떻게 아마존처럼 규모가 크고 복잡한 복합 기업을 경영할 수 있는지를 말해준다. 베조스에게 충직하고 경험이 많은 경영진이 있다는 사실은 전혀 새롭거나 놀랍지 않다. 베조스를 베조스답게 만드는 것은 누군가가 새로운 제품을 제안할 때마다 아마존 관리자들이 그 제안을 확실히 이해하기 전까지는 회의실을 떠나지 않도록 하는 데 있다. 때로는 이런 과정이 아름답게 전개되지는 않는다. 베조스는 회의 때마다 모든 사람들에게 사실에 관하여 계속 문제를 제기하고, 희망적 사고 혹은 추론의 여지를 주지 않는다. 발표자가 자료를 제대로 준비하지 않거나 발표 내용이 사실에 입각하지 않았을 때에는 분노가 폭발하여 미치광이처럼 변하기도 한다. 그리고 발표 내용이 부실한 팀원에게는 이런 말로 무안을 준다. "죄송합니다. 제가 오늘 멍청해지는 약을 먹었습니까? 아니면 당신이 게으르거나 무능한 겁니까? 그런 말을 또 다시 듣는다면, 저는 그만 살아야 할 것 같습니다."[9] 이런 상황에서 베조스는 분명히 친절하기보다는 똑똑하게 처신하고 있다. 비록 베조스와 함께 일했던 사람들이 베조스의 주장이 거의 항상 옳았고, 그가 미치광이가 되는 데에는 정당한 이유가 있다고 말하더라도 말이다.

하트는 베조스가 미치광이가 되는 모습을 여러 번 보았고, 그런 미치광이의 희생자가 되기도 했다. 하지만 베조스의 그런 모습에 개인적인 감정을 품어본 적은 단 한 번도 없었다. 하트는 이렇게 말한다. "지도자라면 화를 내야 할 때 화를 낼 수 있어야 합니다. 그것은 아주 중요합니다. 제프가 때로는 어떤 사람이나 팀에 대해 좌절하는 모습을 보이곤 하는데, 사실 그는 그 사람이나 팀이 아니라 그들이 가져온 결과에 좌절하는 것입니다. 그들은 최선의 결과를 내놓지 않았으니까요." 하트는 때로는 베조스가 옳았다는 것을 인정했다. 그들은 자기 일에 정말 최선을 다하지 않았다.

진실을 말하자면, 베조스가 하는 말이 때로는 어떤 쟁점에 대해 오락가락하기도 한다. 이런 혼란은 단순히 발표자가 제대로 설명하지 못한 데서 비롯되기도 한다. 베조스가 그들의 생각을 이해하고 나면(혹은 그들이 베조스의 생각을 받아들이고 나면), 그들은 다음 주제로 넘어가서 건설적인 대화를 할 수 있다.

2010년대 초에 아마존에서 근무했던 마크 로어Marc Lore는 아마존의 대립적인 문화가 마음에 들지 않았다. 2010년에 다이어퍼스닷컴을 운영하는 온라인 소매업체 퀴드시Quidsi를 공동으로 설립했던 그는 자신의 회사를 약 5억 달러에 아마존에 넘기고, 아마존에서 베조스와 함께 일하기로 합의했다. 몇 년 후 그는 제트닷컴Jet.com을 설립하기 위해 아마존을 떠났다. 그리고는 2016년에 이 회사를 33억 달러에 월마트에 넘겼고, 이번에도 거래를 통해 거대 소매업체의 미국 시장 전자상거래 부문의 책임자가 되었다.[10]

로어가 아마존을 떠나게 된 한 가지 이유는 베조스가 조성한 문화가 싫었기 때문이었다. 아마존에서 관리자는 상대방을 밀쳐내야 하고 진실에 도달하기 위해 목소리를 높여야 한다. 로어는 월마트에서 판매하지 않는 것으로 보이는 티셔츠와 청바지 차림으로 뉴저지주 허보켄에 위치한, 허드슨 강이 내려다보이는 현대적인 사무실에 앉아서 아마존 시절을 이렇게 회상했다. "제프는 사회적 유대를 믿지 않았습니다. 그런 식으로 하면 잘못된 답에 도달할 수 있다고 생각하기 때문입니다. 이러한 접근 방식에는 몇 가지 장점이 있습니다. 당신이 자기 생각을 정확하게 말한다면, 상대방의 감정을 상하게 하더라도 정답에 도달할 수 있습니다." 로어는 아마존 방식의 단점은 당신이 직원들의 마음을 상하게 하면, 그들이 리더십을 신뢰하지 않거나 이후로는 자기 생각을 터놓고 말하지 않거나 위험을 회피하려 하고 심지어는 회사를 떠나려고 한다는 데 있다고 생각한다. 로어는 이에 대해 다음과 같이 말한다. "두 가지 접근 방식 모두 장점과 단점이 있습니다. 그런데 저는 개인적으로 감정과 사회적 유대를 중요하게 생각하는 월마트의 문화가 좋습니다. 당신이 사람들과 어떻게 상호작용하는지, 상대방에게 어떤 감정을 갖게 하는지는 매우 중요합니다. 단지 정답에 도달하는 것이 전부는 아닙니다."

　로어는 좋은 지적을 했다. 그러나 세계에서 가장 위대한 기업이 되기 위한 공식은 어떠한 대가를 치르더라도 진실을 찾는 데 있다. 애플의 스티브 잡스는 자기가 생각한 정답에 도달할 때까지 직원들을 거세게 몰아붙였던 것으로 유명하다.[11] 그는 때로는 퉁명스럽고 무례한 자세로 직원들에게 불가능한 것을 하도록 설득하기도 했다. 잡스는 이런 말을 하곤 했다. "내가 요구하는 잔인할 정도의 정직성은 내 방에 들어오는 것에 대한 입장료이다." 그는 자기 직원들이 허풍을 떨고 있다고도 했다. 때로는 직원들이 잡스가 허풍을 떨고 있다고도 했다. 그러나 결국 그들은 위대한 일을 해냈다. 1,600억 달러의 자산을 관리하는 세계 최대 규모의 헤지펀드사 브리지워터Bridgewater를 설립한 억만장자 레이 달리오Ray Dalio는 "극단적인 진실과 극단적인 투명성"이라는 경영 철학을 가지고 있다. 그는 이것이 조직이 독립적으로 사고할 수 있는 인재를 양성하기 위한 최선의 방법이라고 생각한다. 직원들은 회의가 진행되는 동안에 얼마나 진실하고 투명하고 정확한가를 평가하기 위하여 실시간으로 점수가 매겨진다. 이것은 극단적이지만 생산적인 문화이기도 하다. 네이비 실Navy SEALs(1962년 1월 1일 케네디 대통령이 창군한 미국 해군의 특수부대를 말한다. SEAL은 Sea, Air and Land 즉 해상, 공중, 육지를 의미한다. 육해공 어디든 전투가 가능하다는 의미이다.—옮긴이)처럼 이러한 압박과 검증에서 모두 살아남을 수는 없다. 실적을 내지 못하면 떠나야 한다. 그러나 결국 잡스와 베조스 곁에는 그들에게 충성하는 최고의 선수들만 남게 되었다. 잡스와 베조스는 이들에게 더욱 중요한 임무를 맡길 만큼 그들을 신뢰했다.

아마존에서 근무하는 것이 힘든 이유는 대립적인 문화 때문만은 아니다. 2015년《뉴욕 타임스》에는 아마존이 회의 시간에 직원들에게 상대방의 아이디어에 맹공을 퍼붓게 하고 야근을 강요하고(예를 들어 자정이 지나서 이메일이 도착하고, 그다음에는 왜 답장이 없는지를 묻는 문자 메시지가 뒤따른다) 터무니없이 높은 기준을 제시하는 기업 문화를 다룬 긴 기사가 실렸다.[12] 이 기사에서는 직원들이 상대방의 상사에게 비밀리에 피드백을 보내는 방법이 사내 전화번호부에 나와 있고, 그들이 책상에 엎드려 눈물을 흘리는 모습을 보는 것이 드물지 않다고도 했다. 또한 이 기사에서는 예전에 아마존에서 근무했던 직원이 등장하여 이런 문화를 일컬어서 "의도된 다윈주의"라고 했다.

이 기사가 나오고 나서, 베조스는 그 기사에 나오는 회사를 알지 못한다고 했다. 내가 만났던 수십 명의 전현직 아마존 직원들 중 어느 누구도 그처럼 무시무시한 내용을 기억하지 못했을 수도 있고, 아니면 아마존과 맺은 엄격한 비공개 협정이 두려워서 그런 내용을 발설하지 못했을 수도 있다. 어쨌든 이 모든 내용이 극단적으로 강요하는 문화를 잘 설명해주고 있고, 마음이 약한 사람들은 이런 문화를 견뎌내기가 어려웠을 것이다.

아마존은 탁월함을 강요한다는 사실을 굳이 숨기지 않는다. 그리고 아마존에 고용될 정도로 유능한 관리자 혹은 엔지니어라면, 이러한 경영 방식이 마음에 들지 않을 경우에 새 직장을 쉽게 찾을 수 있을 것이다. 아마존을 설립할 당시에 베조스는 신입 직원들에게 이 회사에서 근무하는 데에는 업무와 관련된 고도의 스트레스가 뒤따를 것이고, 이러한 스트레스 때문에 회사를 상대로 소송을 제기하지 않겠다는 조항이 포함된 고용계약서에 서명하도록 했다.[13] 하트는 이런 문화가 대립적이거나 견뎌내기 힘든 것이라기보다는 대단한 집중력과 끈기를 요구하는 것이라고 보았다. 그는 이렇게 말한다. "진실을 추구하고 정답이 있다고 믿으면, 열띤 토론을 하게 됩니다. 하지만 사람들은 대립적인 자세에서 출발하지는 않습니다. 결론을 말하자면, 아마존의 직원들은 베조스가 진실을 치열하게 찾으려고 하는 것이 대체로 그들의 사고 수준을 높이는 데 도움이 된다고 생각합니다."

데이터에 깊이 빠져드는 데에는 단점도 있다. 베조스가 엄청난 집중력을 가지고 사실에 입각하여 판단하는 것이 약점이 될 수가 있다. 대중들의 눈에는 그가 공감 능력이 떨어지고 때로는 인생에서 모호한 영역을 제대로 보지 못하는 사람으로 비치기 때문이다. 베조스를 비난하는 사람들은 그를 돈밖에 모르는 재벌이라고 한다. 주주들의 재산 증식이라는 명목으로 아마존 고객에게만 정신이 팔려서 자기 직원이나 공동체를 소홀히 여기는 사람으로 말이다. 그들은 고객에 대한 헌신을 강요하는 아마존의 엄격한 근로 조건과 아마존이 롱아일랜드시티에 제2본사의 설립 계획을 발표했을 때 베조스가 지역 정치인들과 주민들의 우려를 달래는 데에는 관심이 없었다는 점을 지적한다. 이런 문제들을 해결하려면, 고객 서비스에 소요되는 소중한 시간과 자원을 이 문제를 해결하는 데 투입해야 했기 때문이었을 것이다.

역설적이지만, 베조스에게 단기간에 큰 성공을 안겨준 요인들이 궁극적으로는 그에게 불리하게 작용할 수도 있다. 아마도 베조스는 자신이 고용을 창출하고 자선 사업에 수십억 달러를 기부하는 좋은 사람이라고 생각할 것이다. 그러나 이것이 아마존의 플라이휠에 짓밟힌 사람들뿐만 아니라 그들을 대변하는 정치인들에게는 위안이 되지 않는다. 아마존에 대한 정치적 반감이 커지면, 언젠가 아마존이 자신의 궤도를 크게 수정해야 하는 날이 올 수도 있다.

베조스만이 거대 기술 기업의 교만을 드러낸 것은 아니다. 페이스북의 마크 저커버그Mark Zuckerberg, 우버의 공동 창업자이자 CEO를 역임한 트래비스 칼라닉Travis Kalanick, 구글의 공동 창업자이자 CEO 래리 페이지Larry Page 와 같은 다른 인터넷 거물들도 때로는 사회성이 결여된 실리콘밸리 사람들의 특징을 고스란히 드러냈다. 모두가 인간의 감정과 같은 정량화할 수 없는 대상보다는 정량화할 수 있는 대상을 좀 더 편하게 여겼던 똑똑한 기술자들이었다.[14] 우버 시절에 칼라닉은 "허가를 얻으려고 하지 말고 용서를 구하려고 하라"라는 태도를 견지하면서, 때로는 콜택시 서비스를 확대하기 위해 지방자치단체의 규정을 무시하고 화가 난 공동체 구성원들을 그냥 못 본 척했다. 저커버그의 성장제일주의 철학은 많은 사람들을 괴롭혔다. 트위터의 CEO를 역임했던 딕 코스톨로^{Dick Costolo}는 《뉴요커》의 기사에서 "무자비한 처형 기계"로 묘사되었다. 2016년 대통령 선거 기간에 러시아가 페이스북에서 여론 조작을 하고, 페이스북의 개인 정보가 대량으로 유출되어 유권자들이 트럼프에게 투표하도록 하는 데 사용되었다는 케임브리지 애널리카 스캔들 과정에서 저커버그가 무관심한 태도를 보인 것은 그의 평판에 확실히 도움이 되지는 않았다. 마찬가지로 구글의 CEO 래리 페이지는 직원들의 공개적 반대가 있은 후에야 별도의 보호 장치가 마련될 때까지 법 집행 기관에 대한 안면 인식 소프트웨어의 판매를 중단하기로 합의했다. 이와 관련하여 빌 게이츠^{Bill Gates}는 《뉴요커》와의 인터뷰에서 이렇게 말했다. "똑똑하고 돈이 많지만 문제를 가능한 한 빨리 인정하지 않는 사람은 오만하다는 비난을 받게 될 것입니다. 이것은 그 바닥에서는 흔히 있는 일입니다."[15]

물론 베조스는 아주 똑똑한 사람으로, 금세 능숙하게 대중들과 소통하며 인간적인 면모를 보여줄 수도 있었다. 아마도 그는 셰릴 샌드버그^{Sheryl Sandberg}처럼 저커버그 곁에서 CEO의 대리 역을 맡아서 순회 회의가 열릴 때마다 참석하고 페이스북을 대중들에게 알리는 작업을 저커버그보다 더욱 능숙하게 사람을 고용할 것이다. 베조스는 이처럼 새로운 현실에 적응하기 위한 일환으로 아마존의 글로벌 대외협력팀장 제이 카니^{Jay Carney}에게 아마존 홍보팀을 신설하게 했다. 이 팀은 소수의 미디어 담당자들로 구성되었지만, 2019년 250명이 근무할 정도로 규모가 커졌다. 이들이 맡은 일을 제대로 한다면, 아마존 홍보팀이 아마존을 세상에 효과적으로 알리는 데 많은 도움이 될 것이고, 아마존에 대한 대중들의 반발도 수그러들 것이다.

대중들의 눈에 베조스는 공감 능력이 결여되어 보이지만, 앞에서 살펴 봤듯이 그는 여러 가지 긍정적인 자질을 가지고 있다. 베조스의 뛰어난 재 능, 진실을 찾아내려는 비범한 능력은 자신의 제국을 건설하는 데 많은 도 움이 되었다. 또한 장기적으로 생각하려는 태도는 그의 성공에 중요하게 작용했다. 기업가들이 주로 다음 분기 혹은 2~3년 뒤를 내다보면서 생각 하지만, 베조스는 몇 백 년 뒤를 내다보면서 생각한다.

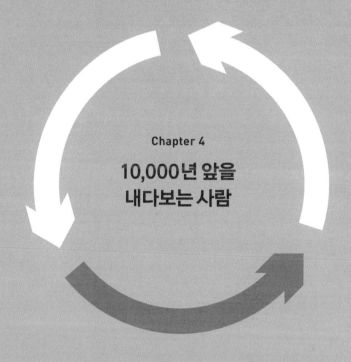

Chapter 4

10,000년 앞을
내다보는 사람

뉴멕시코주 칼즈배드 캐번 도심 공항 터미널에서 동쪽으로 2시간을 운전하면 텍사스주 밴 혼이라는 먼지가 가득한 마을이 나온다. 텍사스주 극서부에 위치한 인구 1,919명의 이 조용한 마을에도 숙박료가 저렴한 모텔, 셸 주유소, 추이스 멕시코 레스토랑으로 이루어진 상업 지구가 있다.[1] 그러나 밴 혼은 한 가지 특별한 점에서 미국의 여느 작은 마을과는 다르다. 바로 북쪽으로는 30만 에이커(약 3억 7,000만 평)가 넘는 베조스 소유의 목장이 있는데, 이 목장의 면적은 로스앤젤레스보다 조금 작다.[2] 이 목장은 베조스가 모든 일을 잊고 쉬기 위한 곳이 아니다. 이곳에는 베조스의 우주 개발 기업 블루 오리진Blue Origin의 로켓 발사장이 설치되어 있다. 이 프로젝트는 베조스가 먼 미래를 내다보면서 생각하는 사람이라는 것을 상징적으로 보여준다. 또한 베조스가 왜 대부분의 사람들과는 다른 종류의 인간인지, 그가 어떻게 아마존을 거의 틀림없이 역사상 가장 가공할 만한 자본가의 기계로 키울 수 있었는지를 설명해준다. 대다수의 사람들은 몇 달 혹은 몇 년이라는 짧은 기간에 집중하지만, 베조스는 수십 년 혹은 수백 년 앞을 내다보면서 생각한다.

　베조스는 1998년 초에 주주들에게 처음으로 보낸 편지에서, 지금까지도 아마존의 철학이라고 할 수 있는 장기적인 관점을 갖는 것의 중요성에 대해 이야기했다. 또한 그는 대담한 조치를 취하고, 성공하든 실패하든 새로운 기술과 사업에 투자하며, 문제를 해결하기 위해 몇 년을 기다릴 수도 있다고 했다. '모든 것들이 장기적이다'라는 부제가 달린 이 편지의 첫 번째 문단에서 그는 "단기적인 수익이나 월스트리트의 단기적인 반응에 연연하지 않고 장기적으로 아마존을 시장의 주도주로 만든다는 생각으로 지속적으로 투자할 것"이라고 적었다. 이 말은 단기적인 수익보다는 현금 흐름을 개선하고 시장 점유율을 올리는 것을 언제나 우선시하겠다는 것을 의미한다. 이러한 생각을 바탕으로 베조스는 다양한 방식으로 아마존을 개인 기업처럼 경영하고 있다. 계속 적자가 쌓이고 있지만, 가파른 성장세와 미래 수익에 대한 베조스의 약속이 월스트리트의 일부 애널리스트들의 통렬한 비판과 의심의 눈길 속에서도 그가 자본을 모을 수 있는 기반이 되었다(물론 이것이 베조스가 아마존 주식의 16퍼센트를 유지하는 데 악영향을 미치지 않았고, 그는 이 지분을 통해 대부분의 CEO들이 꿈꾸는 회사 경영을 위한 재량권을 가질 수 있었다). 2014년 베조스는 《비즈니스 인사이더》의 헨리 블로젯Henry Blodget과의 인터뷰에서 자기는 투자자들, 그것도 아마존 주식을 장기적으로 보유한 사람들과 매년 6시간 동안만 대화를 한다고 했다.[3] 그는 수시로 주식을 팔고 사는 사람들이 무슨 생각을 하는지에 대해서는 관심이 없다.

베조스는 극단적일 정도로 장기적인 시각을 가지고 있는 사람이다. 그는 단기적인 시각에서는 성취하리라고 생각조차 하지 못했던 것들도 몇십 년 혹은 몇 백 년 앞을 내다본다면 성취할 수 있다고 믿는다. 사람들에게 세계 기아 문제나 중동 지역의 분쟁을 해결해달라고 부탁해보라. 대다수가 낙심하여 포기할 것이다. 하지만 그들에게 다시 100년 안에 이 문제를 해결해달라고 부탁해보라. 그러면 갑자기 문제를 해결할 수 있다고 생각하게 될 것이다. 이것이 바로 아마존의 성공을 가능하게 해준 장기적 사고이다. 대부분의 CEO들이 다음 분기 혹은 그다음 분기를 고민할 때, 베조스는 5년, 6년 혹은 7년 뒤에 얻을 결과에 대해 생각한다. 그러면 직원들에게 창의적으로 생각하여 문제를 해결할 시간을 주게 된다. 베조스는 이렇게 말한다. "모든 것들을 2~3년 안에 해야 한다면, 당신이 할 수 있는 것은 별로 없습니다. 당신이 긍정적으로 생각할 수 있도록 숨 돌릴 시간을 주려면, 7년 정도 시간이 필요합니다. 그러면 당신은 갑자기 훨씬 더 많은 기회를 갖게 될 것입니다."[4]

직원들이 장기적인 관점에서 생각하게 되면, 그들이 시간을 보내고 계획을 수립하는 방식과 열정을 쏟는 분야에 변화가 일어난다. 또한 주변을 바라보고 분석하는 능력도 개선된다. 이런 기업 문화를 조성하는 것이 쉽지는 않다. 이와 관련하여 베조스는 이렇게 말한다. "그런데, 장기적인 시각을 갖는 것은 사람들에게는 자연스러운 일이 아닙니다. 하지만 그런 훈련을 할 필요가 있습니다. 천천히 부자가 되는 계획은 인포머셜infomercial(정보Information와 광고Commercial의 합성어로, 소비자에게 제품이나 서비스에 대한 자세한 정보를 제공한 후 바로 구매를 유도하는 형태를 띤다.-옮긴이)에서 인기가 없습니다."[5]

베조스의 장기적인 전략으로 아마존은 엄청난 수익을 창출했다. 지난 20년 동안 베조스는 현금 자산의 많은 부분을 주주들에게 돌려주지 않고, 사업을 확장하고 연구개발에 투자하고 우수한 직원을 고용하는 데 사용했다. 월스트리트가 분기별 수익을 절실히 요구하고 아마존 주식 가격이 롤러코스터를 타고 있을 때, 베조스는 세계에서 가장 똑똑한 기업을 만들 겠다는 일념으로 자신의 성전聖戰에만 집중하며 주변의 모든 불평을 무시했다.

베조스가 2003년에 AWS에 도박을 걸며 정말이지 믿기 힘든 결정을 한 것은 아마도 그가 먼 미래를 내다보는 사람이라는 것을 가장 잘 보여주는 사례일 것이다. AWS는 결국 세계에서 최대의 클라우드 컴퓨팅 기업이 되었다. 2003년 레이크 워싱턴 주변에 위치한 베조스의 집에서 열린 사외 회의에서는 아마존의 소프트웨어 엔지니어들이 아마존닷컴의 새로운 기능을 설계하면서 겪는 고충에 대한 논의가 진행되었다.[6] 그들은 새로운 기능을 위해 코드를 작성할 때마다 IT 부서가 아마존의 제멋대로 뻗어나가는 컴퓨터 인프라에서 새로운 코드를 작동시키기 위한 방법을 제시할 때까지 기다려야 했다. 당시 베조스의 그림자 역할을 하던 앤디 재시는 《파이낸셜 타임스》와의 인터뷰에서 이렇게 기억했다. "그들은 바퀴를 새로 발명하고 있었습니다. … 그들이 구축하고 있는 것은 그들의 프로젝트의 범위를 뛰어넘지 못하고 있었습니다." 재시는 아마존 엔지니어들이 새로운 기능을 더 용이하고 신속하게 설계할 수 있도록 클라우드 내에 주문형 컴퓨팅On-demand computing(사용자의 현재 니즈에 따라 정보 시스템 자원이 사용자에게 할당되는 컴퓨팅 모델을 말한다. 이러한 자원은 조직 내에서 가용할 수도 있고, 제3의 서비스 제공자로부터 공급될 수도 있다.-옮긴이) 시스템을 구성하는 방법을 생각해냈다. 그러기 위해서는 아마존 사내에 주요 컴퓨터 서비스 시스템을 구축해야 했다. 당시는 닷컴 붕괴의 여파가 아직 가시지 않은 때였다.

살아남기 위해 몸부림치는 온라인 소매업체가 컴퓨터 서비스 회사를 설립하는 것을 어떻게 정당화할 수가 있을까?

이런 위험에도 베조스는 클라우드 서비스 구축을 승인했다. 이런 소프트웨어 툴을 다른 기업에 제공하게 될 정도로 결과는 아주 좋았다. 오늘날 AWS는 아마존에서 수익성이 가장 높은 사업 부문이다. AWS는 넷플릭스, 에어비앤비, CIA를 포함한 수많은 고객들에게 소중한 서비스를 제공하고 있다. AWS는 엄청나게 큰 장기적인 도박이었고, 그 결과는 대단한 성공으로 나타났다. 2019년 중반에 투자리서치회사인 코웬은 AWS의 시가총액이 5,000억 달러가 넘는 것으로 추정했는데, 이것은 아마존의 시가총액의 절반이 넘는 금액이다.

지난 수년 동안에 베조스가 걸었던 과감하고도 장기적인 도박이 모두 성공을 거둔 것은 아니었다. 2019년 아마존은 아마존 레스토랑의 음식 배달 사업을 중단했다.[7] 도어 대시Door Dash, 우버 이츠Uber Eats와 같은 경쟁자들이 넘치는 시장에서 경쟁하기 힘들다고 판단했기 때문이다. 같은 해에 아마존은 소비자들이 세제와 그 밖의 일상 생활용품을 버튼을 한 번 눌러서 재주문할 수 있는 무선 주문 기기 대시 버튼Dash Buttons의 공급을 중단했다. 소비자들이 이런 것들이 아주 유용하다고 생각하지 않았기 때문이었다. 닷컴 버블 동안에 아마존은 코스모닷컴, 페츠닷컴과 같은 배달 서비스에 투자했지만, 결과적으로 엄청난 실패를 맛보았다.

어쩌면 가장 널리 알려진 실패는 아마존 파이어 폰일 것이다. 2007년에 출시된 애플의 아이폰은 대단한 성공을 거두었다. 그리고 구글도 빠르게 성장하는 안드로이드 운영체제를 보유하고 있었다. 베조스는 아마존이 프라임 회원들의 마음을 사로잡을 스마트폰을 개발한다고 해서 문제가 될 것은 없다고 생각했다. 2014년 아마존은 파이어 폰을 출시하여 650달러에 판매했다.[8] 이 가격은 애플 아이폰이나 삼성 안드로이드폰과 비교하여 경쟁력이 있었다. 그러나 파이어 폰은 구글맵스와 스타벅스를 포함하여 다양한 범용 앱을 지원하지 않았다. 그리고 사용자들은 애플의 아이튠즈 라이브러리와 같은 프로그램을 불러와야 하는 것을 불편하게 생각했다. 파이어 폰은 대중들의 상상력을 간파하지 못했고, 제품이 출시된 지 얼마 지나지 않아서 재고가 엄청나게 쌓였다.[9]

계속 이어지는 실패로 회사는 힘들어졌지만, 아마존을 "세상에서 실패하기에 가장 적합한 곳"이라고 했던 베조스는 생각을 바꾸려고 하지 않았다.[10] 그는 실패의 규모가 계속 커지지 않는 회사는 놀라운 업적을 달성할 만한 혁신을 이루어낼 수 없다고 믿었다. 그는 직원들에게 AWS, 프라임, 킨들처럼 장기적인 도박을 과감하게 그리고 크게 걸라고 말한다. 그러나 이처럼 위험한 접근 방식 때문에 베조스는 파이어 폰, 페츠닷컴과 같은 커다란 실패를 여러 번 경험했다. 하지만 그는 이런 일련의 실패 속에서도 살아남았다. 이들 모두가 큰 도박이었지만, 그 어느 것도 회사의 운명을 좌우할 도박은 아니었다. 회사가 끊임없이 혁신을 한다면, 도박 중에서 성공하는 몇 가지 프로젝트로도 실패에서 비롯되는 손실을 만회하고도 남는다. 하지만 혁신하지 않으면 언젠가는 회사를 살리기 위해 최후의 도박을 해야 하는 순간을 맞게 될 것이다. 베조스는《비즈니스 인사이더》의 블로젯에게 이렇게 말한다. "저는 아마존닷컴에서 수십억 달러의 실패를 경험했습니다. 수십억 달러를 말입니다. 페츠닷컴이나 코스모닷컴을 기억하실 겁니다. 그것은 마취도 하지 않고 이를 뿌리째 뽑는 것처럼 고통스러웠습니다. 결코 즐거운 경험이 아니지요. 그렇지만 그런 것은 중요하지 않습니다."[11] 이런 실패는 월스트리트에서는 중요하게 작용한다. 그러나 베조스는 수익을 빨리 실현할 기회를 찾는 투자업계 사람들의 신랄한 비난을 극복할 만큼 집요하고 설득력이 있고 성공한 사람이다. 그 와중에도 그는 인내심을 가진 충성스러운 투자자 집단을 구축하고 있다.

베조스처럼 성공한 CEO들은 멀리 내다보는 것 자체가 목적이 아니다. 중요한 것은 장기적인 관점에서 행동하여 무엇을 얻을 것인가이다. 멀리 내다보는 기업은 경쟁 기업을 뛰어넘어 5년, 10년 혹은 15년 뒤에는 밝은 미래를 맞이할 준비가 되어 있다. 예를 들어, 아마존은 13억 인구의 인도 시장을 개척하기를 원하며, 그러기 위해서는 인도의 복잡하게 얽혀 있는 지역 규정을 극복하기 위한 방법이 필요하다는 사실을 파악했다. 기민하게 움직이기로 소문난 베조스는 아마존이 나렌드라 모디Narendra Modi 총리의 수출 확대 정책에 영합하여 중요한 역할을 할 수 있는 입지를 확보했다. 지금 아마존은 인도 소매업체들이 아마존 사이트를 통해 미국 소비자들에게 다가갈 수 있도록 지원하기 위한 다양한 서비스를 제공하고 있다. 2019년 현재 5만개가 넘는 인도의 기업들이 아마존을 통해 미국 시장에서 제품을 판매하고 있다. 아마존의 인도 진출이 성공할 수 있을지를 말하는 것은 너무 이른 감이 있지만(인도 정부는 아마존, 월마트, 알리바바와 같은 외국의 온라인 소매업체들에 대하여 엄격한 규정을 적용하다고 있다), 아마존처럼 세계 시장으로 뻗어나가려는 계획을 가지고 먼 미래를 내다보면서 무엇인가를 하고 있는 기업을 찾아보기는 어렵다.

베조스가 장기적인 관점에 집착하는 모습은 아마존 이사회에서도 볼수 있다. 그는 지난 수년 동안에 아마존이 성장을 추구하는 시장에 대한 전문성을 가진 사람들을 이사로 선임했다. 예를 들어, 아마존은 매년 오리지널 프로그램 제작에 수십억 달러를 투자하면서 할리우드를 향하여 대규모 공세를 취하고 있다. 따라서 2014년에 베조스가 주디스 맥그래스Judith McGrath를 이사로 영입한 것은 우연이 아니었다. 그녀는 코미디 센트럴과 니켈로디언nickelodeon을 소유한 MTV 네트워크 엔터테인먼트 그룹의 CEO를 지낸 인물이다. 또 다른 예로는 미국 국방부와 CIA를 포함하여 미국 정부에 클라우드 서비스를 제공하는 것은 AWS가 추진하는 사업에서 중요한 부분을 차지한다. 따라서 아마존 이사회에 제이미 고어릭Jamie Gorelick를 모셔온다고 해서 해로운 것이 전혀 없었다. 그녀는 미국 법무부 차관, 국방부 법무 자문위원을 역임한 적이 있고, 군산복합체에서 중요한 위치를 차지하고 있기 때문이다.

기업이 우선시하는 부문과 이사회 이사들의 경력이 일치하는 경우는 이 밖에도 많다. 주요 가전 기기 기업이기도 한 아마존은 킨들, 파이어 TV, 알렉사가 내장된 에코를 개발했다. 이 과정에서 2010년 이후로 이사회 이사로 활동했던 조너선 루빈스타인Jonathan Rubinstein의 전문성이 분명 도움이 되었다. 그는 스마트폰 제조사 팜Palm의 CEO를 지냈고, 이전에는 애플에서 아이팟 사업부를 담당했다. 마찬가지로 아마존이 홀푸드를 인수한 것은 시장 규모가 7,000억 달러에 이르는 식료품 배송 서비스에 뛰어들려는 베조스의 의지를 분명하게 보여주는 것이었다. 따라서 2019년 2월에 아마존이 식료품 산업에 경험이 많은 이사회 이사 두 명을 영입한 것은 전혀 놀랍지 않다. 그중 한 사람은 식음료 부문의 거대 기업인 펩시에서 CEO로 근무하다가 최근에 퇴직한 인드라 누이Indra Nooyi이고, 또 다른 사람은 스타벅스에서 최고운영책임자로 재직했던 로사린드 브루어Rosalind Brewer이다. 스타벅스는 전통 소매점을 운영한 경험이 많을 뿐만 아니라 다국적 식료품 체인으로 그 존재감을 과시하고 있다. 또한 브루어가 한때 아마존의 주요 경쟁사인 월마트의 창고형 매장 체인인 샘스클럽Sam's Club의 관리자였다는 사실도 중요하게 작용했다.

베조스는 자신의 장기적 관점을 사업 문제에만 적용하지는 않는다. 이것은 어떤 의미에서는 그의 사회의식을 보여준다. 베조스가 아마존 밖에서 하는 행동을 자세히 살펴보면, 그에게서 사업가만이 아니라 문화를 이끌어가는 사람, 아이디어 상인으로 비쳐지고 싶어 하는 원대한 포부가 느껴진다. 정치적으로 보면, 아마존 홍보팀이 베조스가 스스로를 자유방임주의자라고 여기지 않는다고 말하지만, 어쨌든 그는 자유방임주의의 성향을 가지고 있다. 그는 민주당과 공화당 후보 모두에게 정치 자금을 기부했다.[12] 이것은 사실상 장기적으로 양쪽에 내기를 거는 것이었다. 2012년 그는 향후 몇 년 동안에 사회적 기류가 어느 쪽으로 흘러갈 것인지를 감지하고, 워싱턴주에서 동성 결혼을 옹호하는 진영에 250만 달러를 기부했다. 2018년에는 당파를 초월하여 퇴역 군인들의 국회 진출을 지원하는 슈퍼팩Super PAC(정치자금을 후원하는 미국의 정치활동위원회PAC, Political Action Committee 의 하나로, 합법적으로 무제한 모금이 가능한 민간정치자금후원회를 말한다.-옮긴이)에 1,000만 달러를 기부했다.[13] 베조스가 2013년에 재정적으로 어려움을 겪고 있던 《워싱턴 포스트》를 2,500만 달러에 인수한 것은 민주주의의 기등을 보존할 가치가 있다고 생각했기 때문이었다. 그는 2016년 찰리 로즈 Charlie Rose가 진행한 인터뷰에서 이렇게 말했다. "제가 《워싱턴 포스트》를 인수한 것은 그것이 중요하다고 생각했기 때문입니다. 저는 재정적으로 엉망인 스낵이나 만드는 회사를 인수하지는 않습니다. 그런 인수는 저한테는 아무런 의미가 없습니다."[14]

베조스의 친구이자 《워싱턴 포스트》의 소유주이기도 했던 돈 그레이엄 Don Graham은 베조스에게 접근하여 신문사의 인수에 관한 이야기를 하면서, 신문사의 장점뿐만 아니라 구독자 수와 광고 수입이 감소하는 것을 포함하여 모든 문제를 털어놓았다.[15] 이런 이야기를 듣고 나면 인수 의사가 확고했던 사람조차도 주저하기 마련이었다. 그러나 베조스는 그레이엄을 믿고서 재정에 대한 실사도 없이 《워싱턴 포스트》를 인수했다. 이후로 몇 년이 지나서, 그는 당시를 기억하면서 이렇게 말했다. "그레이엄이 제게 말했던 회계 장부의 모든 내용이 사실이었습니다."

《워싱턴 포스트》는 아마존에 인수된 이후로 구독자 수가 증가했고, 보도진을 강화하고, 무엇보다 수익이 발생했다.[16] 이처럼 극적인 반전은 분명 도널드 트럼프의 대통령 당선 이후로 나타난 정치 뉴스에 대한 새로운 갈망과 상당한 관련이 있을 것이다. 그러나 《워싱턴 포스트》의 기자들은 베조스가 신문사의 강건한 미래를 위하여 훌륭한 인프라를 구축하고 유능한 기자들을 받아들이는 식으로 장기적인 관점에서 투자하면서 아마존의 기술적 마법을 자기 신문사에 도입했다고 생각한다. 《워싱턴 포스트》 기자들에게는 다행스럽게도, 베조스는 신문사의 편집권에 전혀 관여하지 않는다.[17]

베조스는 아마존, 월스트리트 그리고 심지어는 신문사에 대해서도 장기적인 관점을 견지했다. 그렇지만 먼 미래를 바라보는 그의 사고방식은 우주 개발을 위한 노력에서도 잘 나타난다. 2003년 아마존은 닷컴 버블의 붕괴에서 살아남았고, 이후로 아마존의 주식 가격은 다시 상승했다.[18] 회사에 수익이 발생하자, 이 젊은 기업가는 민간 로켓 회사를 설립하기에 좋은 시기가 왔다고 생각했다. 그는 시애틀에 사무실을 열고 이 스타트업의 이름을 '블루 오리진'이라고 정했다.

베조스에게 이 사업은 부자만을 위한 취미 활동이 아니었다.[19] 2017년에 그는 이렇게 말했다. "먼 미래를 생각하자면, 내가 하고 있는 가장 중요한 일은 블루 오리진을 키워서 인간이 태양계에 정착하게 만드는 것입니다." 물론 베조스는 지금도 여전히 주 5일 중에서 4일은 아마존에 몰두한다. 그러나 시애틀의 토니 스타크(마블 시리즈의 주인공 중 하나인 아이언맨의 또다른 이름-옮긴이)는 블루 오리진이 성공하지 않으면 자신은 정말 성공했다고 생각하지 않는다. 이상하게 들릴지도 모르겠지만, 그가 아마존을 설립한 한 가지 이유는 자기가 설립한 로켓 회사의 자금을 지원하는 것이었다. 그는 자신의 아마존 주식을 팔아서 매년 10억 달러를 이 프로젝트에 지원하기로 약속했다.[20]

베조스가 우주 개발에 뛰어들려고 하는 이유는 뭘까? 그는 이것이 지구를 지키기 위한 유일한 방법이라고 생각한다. 그는 인구가 계속 증가하면, 지구가 더이상 인류가 생존하기 위한 자원을 공급할 수가 없을 것이라고 주장한다. 따라서 우리는 인구가 계속 증가하는 데에 필요한 광물 자원을 얻고 기계를 만들기 위해 다른 행성으로 가야 한다. 그는 자신의 이런 아이디어를 "위대한 전환"이라고 했다. 간단히 말하자면, 그는 지구를 거주와 경공업 지대로 만들고 광업과 중공업을 우주로 보낼 생각을 하고 있다. 인류는 지구뿐만 아니라 우주 전역에 퍼져 있는 거대한 우주 정거장에서 거주할 수 있게 된다. 그는 이렇게 말한다. "우주에는 무한한 자원이 있습니다. 태양계에는 1조에 달하는 인구가 거주하고도 남습니다. 인류가 1조 명이라면, 아인슈타인과 같은 사람이 1,000명이 나올 것이고, 모차르트와 다빈치 같은 사람도 1,000명은 나올 것입니다. 그렇게 된다면 얼마나 좋겠습니까? 우리는 지구를 지키기 위해 우주로 나가야 하고, 하루라도 빨리 그렇게 해야 합니다."[21]

블루 오리진의 초창기에는 로켓이 텍사스 밴 혼의 작전 본부 상공에서 폭발하는 등 몇 차례 실패와 좌절을 겪었지만, 저렴한 비용의 우주 비행을 향한 베조스의 꿈은 조금씩 결실을 맺기 시작했다. 2018년 블루 오리진은 미국 공군으로부터 탑재 화물을 우주로 실어나르는 계약을 따냈다.[22] 또한 블루 오리진은 일반인들도 30만 달러만 내면 우주로 가서 지구의 곡면을 감상할 수 있게 될 것이라고 발표했다(그는 자기 가족들이 첫 번째 우주여행을 떠날 것이라고 말한다).[23] 2019년 봄, 베조스는 워싱턴 D.C.의 어느 무도회장에서 아이폰 출시 때와 비슷한 행사를 개최했다.[24] 그 자리에서 그는 블루 문Blue Moon이라는 (나사의 기준에 따르면 저렴한 가격의) 유인 우주선을 선보이고는 2020년대 중반에는 일반인들이 달에 갈 수 있을 것이라고 말했다. 이것은 베조스가 우주로 가는 길을 여는 데에 있어서 또 하나의 의미 있는 발전이었다.

베조스는 1조에 달하는 인구가 태양계와 태양계의 너머를 무대로 여행을 하고 일을 하는 원대한 비전이 수백 년 이후에 실현될 것이라는 사실을 알고 있다. 그러나 그의 사고방식에 따르면, 이것은 곧 벌어질 일이다. 베조스가 장기적인 관점에서 생각하는 모습을 가장 잘 보여주는 사례로는 10,000년 시계 제작에 자금을 지원한 것을 들 수 있다. 이것은 앞으로 10,000년 동안 시간을 정확히 알려주는 장치이다. 그는 이 시계를 제작하는 데 4,200만 달러를 지원하기로 약속했다. 이 시계는 베조스가 소유한 석회암 산의 관목이 무성한 곳에서 고도 1,500피트(457미터)지점에 설치될 것이다(텍사스 밴 혼, 블루 오리진 시설에서 도보로 하루 정도 소요된다).[25] 이 시계로 들어가는 출입구는 먼지와 침입자들이 들어오지 못하도록 가려져 있고, 스테인리스강으로 테를 두른 옥문과 그다음에 나오는 철문으로 닫혀 있다. 당신은 산의 중심을 향해 뚫어놓은 지름이 약 12피트(3.7미터)이고 높이가 500피트(152미터)에 달하는 터널 입구에서 이 시계로 들어갈 수 있다.

이 책이 인쇄에 들어갈 때에도 인부들은 여전히 주로 티타늄과 바다에서도 녹슬지 않는 스테인레스강, 첨단 세라믹 재질로 이루어진 10,000년 시계를 제작하고 있다. 500피트(152미터) 높이의 터널 꼭대기에 천문학적 시간의 자연적 주기, 별과 행성이 움직이는 속도, 지구 세차 운동의 은하 시간, 그날의 시간을 보여주는 지름이 8피트(2.4미터)의 원반 모양의 시계 정면이 놓여 있을 것이다.[26] 이 시계는 1년에 한 번 '똑딱' 소리를 낼 것이다. 세기 침이 100년에 한 번 움직일 것이고, 뻐꾸기가 1,000년에 한 번 나타날 것이다. 기계식 계산기가 몇 세기 동안 울리게 될 350만 개가 넘는 서로 다른 종류의 차임벨 멜로디를 계산해낼 것이다.

이 시계 프로젝트(재단에서는 완공일이 공식적으로 정해져 있지 않다고 말한다)는 베조스의 친구로서 병렬 처리 슈퍼컴퓨터의 개척자이자 디즈니 이매지니어링Disney Imagineering 사업부에서 창의력을 발휘했던 대니 힐리스Danny Hillis가 생각해낸 것이다. 그는 디즈니의 테마파크에서 산책하는 실물 크기의 공룡을 설계하기도 했다. 1996년에 그와 생물학자이자 문화 개척자이고 1960년대에 가장 권위 있던 잡지《더 홀 어스 카탈로그》의 편집자였던 스튜어트 브랜드Stewart Brand는 이 시계를 제작하기 위해 비영리재단의 설립에 착수했다. 록 뮤지션 브라이언 이노Brian Eno가 이들을 도와서 재단 이름을 롱 나우 파운데이션Long Now Foundation이라고 짓게 했다. 재단 웹사이트에 나와 있듯이, "이 시계는 시간에 대한 우리의 감각이 확대되도록 자극했다. 롱 나우는 다음 분기, 다음 주, 다음 5분과 같은 가까운 지금이 아니라 몇 백 년이라는 '먼 지금'을 의미한다."

베조스는 10,000년 시계가 일반인들에게 공개되는 날이 오면, 이것이 장기적 사고를 장려하여 사물을 먼 미래의 관점에서 바라보고 인류에게 중요한 문제를 해결하는 데 도움이 될 것으로 기대한다. 이러한 장기적 사고가 베조스로 하여금 자본주의 역사상 가장 강력한 엔진이라고 할 인공지능 플라이휠을 창조하는 데 힘이 되었다.

Chapter 5

인공지능이 더 똑똑한
기업을 만든다

아마존의 시애틀 본사 캠퍼스에는 베조스의 사무실이 있는 데이 원 타워를 포함하여 47개의 사무실 건물이 불규칙하게 뻗어 있다. 데이 원 타워와 데이 투 타워 사이에는 베조스가 직원들이 회의를 열거나 휴식을 취하거나 모임을 가질 수 있도록 설계한 유리와 강철 재질의 거대한 이글루 모양의 두 개의 구조물 '스피어스Spheres'가 자리를 잡고 있다. 오각형으로 이루어진 육십면체 모양에 유리창만 2,634개가 되는 이 철골 구조물은 공상과학 소설에나 나오는 화성의 생물권生物圈을 연상하게 한다. 서로 연결되어 있는 두 개의 스피어스는 거대한 식물 재배용 유리 용기의 기능도 하여 30개가 넘는 국가에서 들여온 약 4만 종의 식물들이 곳곳에 자리 잡고 있다. 이 식물 중에는 세로 55피트(17미터), 가로 30피트(9미터), 무게 4,000파운드(1,814킬로그램)에 달하는, 일명 루비Rubi라고도 불리는 피쿠스 루비기노사Ficus rubiginosa라는 나무도 있다. 이 나무는 크레인을 이용해 천장을 통해 스피어스 안에 들어왔다.

스피어스 내부로 들어가면, 조용한 분위기가 감돈다. 직원들은 동식물 군들 사이사이에 숨겨져 있는 테이블과 안락의자에 처박혀서 노트북을 보거나 삼삼오오 모여서 작은 소리로 대화를 나눈다. 공중에 떠 있는 나무 판자 통로를 걸어서 스피어스의 꼭대기로 올라가다 보면, 자욱한 물안개로 주변 공기 촉촉해지고 외국에서 들여온 식물들을 행복하게 살아나는 것이 마치 열대 우림 지역을 지나가는 듯한 기분이 든다. 베조스가 새로운 본사에 이런 열대 우림 지역을 만든 것은 결코 우연이 아니다. 1990년대 중반에 회사를 설립할 때 그는 회사 이름을 릴렌트리스닷컴^{Relentless.com}으로 하고 싶었다.[1] 그러다가 브라질 열대 우림 지역을 흐르는 거대한 강의 이름에서 아마존닷컴을 떠올렸다. 아마존의 초창기에도 그는 자신이 설립한 스타트업이 지구 구석구석까지 제품을 흘려보내는 거대한 강으로 성장하기를 바랐다.

수정처럼 너무나도 맑고 투명한 시애틀의 8월 말 어느 날 데이 원 건물에 도착 서명을 하면서, 나는 접수원 옆에 과자가 담겨 있는 그릇을 보았다. 가까이 다가가서 보니 그것은 사람들을 위한 것이 아니었다. 그것은 반려견을 위한 다양한 색상의 비스킷 과자였다. 지금 아마존에는 7,000마리가 넘는 반려견이 도시 캠퍼스에 등록되어 있지만, 실제로 주인을 따라 사무실에 나오는 숫자는 이보다 훨씬 더 적다. 연회장 바로 앞 야외 울타리를 쳐놓은 마당에서 대여섯 마리의 강아지들이 즐겁게 원반을 쫓아다니고 있었다. 베조스가 개를 사랑하는 마음은 그와 그의 직원들이 초인적으로 일하던 아마존 초창기부터 시작되었다. 《아마존, 세상의 모든 것을 팝니다》에 따르면, 베조스가 조금은 편하게 살고자 하는 마음에서 직원이었던 에릭 벤슨^{Eric Benson}과 수잔 벤슨^{Susan Benson} 부부가 기르던 루푸스라는 이름의 웰시 코기를 매일 사무실로 데려와도 된다고 했다.[2] 이후로 루푸스는 일종의 마스코트이자 부적이 되었다. 아마존 사이트에 새로운 기능이 추가될 때마다, 행운을 위하여 루푸스가 발로 키보드에 입력하게 했다. 오늘날 아마존 캠퍼스에는 루푸스의 이름을 딴 건물도 있다. 시애틀 캠퍼스에 있는 47개 건물은 모두 독특한 이름을 가지고 있다. 그중 하나는 킨들을 출시하기 전의 암호명인 피오나Fiona이고 다른 하나는 네시Nessie인데, 이는 네스 호에 산다는 괴물의 이름이 아니라 아마존닷컴에서 급등세나 전반적인 추세를 관찰하는 시스템의 명칭이다.

아마존 캠퍼스의 배치도를 얼핏 보면 도심에 퍼져 있는 고층 건물들의 우연한 모임처럼 보이지만, 사실은 그렇지 않다. 베조스는 마이크로소프트, 구글, 애플처럼 하나의 거대한 기업 캠퍼스를 구현하기 위해 아마존 본사를 교외 지역으로 이전할 수도 있었지만, 사람들로 북적이는 도심에 머물기로 했다. 그곳이 수만 명의 젊은 아마존 기술자들이 근무하기에 좋은 환경이라고 생각했기 때문이었다. 아마존은 회사 규모가 커지면서 고층 건물을 새로 짓거나 매입했다.

그러나 베조스의 부동산 전략에는 기술자들의 메카를 조성하는 것보다 더 깊은 목적이 있었다. 아마존의 커다란 강점은 지도자와 국민으로 이루어진 독립국들의 연합처럼 운영된다는 것이다. 나는 아마존에서 사람들과 면담을 하면서, 임원 한 명을 만날 때마다 몇 블록을 걸어야 했다. 아마존에는 각 사업부 부서장들을 위한 임원실이 별도의 공간에 모여 있지 않다. 부서장들은 도심 전역에 흩어져 있으면서, 각자의 사업을 총괄하고 있었다. 물론 베조스가 독립국 연합의 지도자이고, 중요한 의사 결정을 해야할 때에는 그가 최종적인 결정을 한다. 하지만 아마존에서 하나의 사업부를 담당하고 있는 부서장은 다른 어떤 기업의 부서장보다 더 많은 재량권을 가지고 의사 결정과 투자 결정을 하며 새로운 혁신을 추구한다.

이러한 구조는 사업부 간 혹은 사업부 내에서의 지나친 커뮤니케이션과 업무 조정이 일의 진행을 더디게 한다는 베조스의 강한 믿음이 반영된 결과이다. 이러한 생각은 하버드 비즈니스스쿨에서 가르치는 내용과는 상반된다. 커뮤니케이션과 업무 조정은 팀워크를 조성하고 직원들이 회사의 전략을 받아들이게 한다. 그러나 베조스는 정반대의 결론을 내렸다. 모든 직원들이 현재의 프로젝트에 관여하면, 계획을 세우는 데 걸리는 시간이 길어진다.[3] 2002년 그는 소프트웨어 개발을 위하여 지금은 전설이 된, 피자 두 판이면 한 끼 식사로 충분한 팀들을 구성했다. 말하자면, 팀원이 10명을 넘지 않는 팀이었다. 이것은 관료주의의 폐해를 없애고 커뮤니케이션에 소비되는 시간을 최소화하기 위한 것이었다. 그레그 하트는 이렇게 말한다. "팀에 대한 우리의 전반적인 접근 방식은 천천히 변해왔습니다. 그렇지만 기본 원칙은 가장 작은 단위의 팀에까지 책임과 자율권을 부여하는 것입니다. 각각의 단위는 그들이 하고 있는 프로젝트의 성공과 실패에 대하여 최대한의 완전한 지배권을 갖습니다."

외부에서 보면, 이러한 구조는 재앙으로 가는 지름길처럼 보인다. 피자 두 판 규모의 팀 수백 개가 시애틀 도심에 있는 건물 여기저기에 흩어져서 일하고 있는 것이다. 이 구조가 효과를 발휘하는 이유는 단 한 가지이다. 베조스가 아마존 전체에 베조노믹스의 교리를 주입시켜왔기 때문이다. 베조노믹스의 교리는 마치 안개 속의 등불처럼 독립된 각각의 팀들이 킨들이라는 새로운 독서 기기와 새로운 비디오 스트리밍 서비스, 알렉사라는 음성 인식 비서를 개발할 것인가 혹은 아마존닷컴에서 제품을 구매할 수 있는 더 훌륭한 방법을 개발할 것인가에 대한 의사 결정에서 방향을 알려주는 일련의 원칙들을 제공한다.

간단히 말하자면, 베조노믹스 철학의 기본 원칙은 고객을 향한 집착, 극단적인 혁신, 장기적 경영으로 요약할 수 있다. 스톡옵션의 값어치를 하는 대다수의 CEO들은 자신이 이러한 원칙의 일부 혹은 대부분을 따르고 있다고 주장하지만, 사실은 진부한 지도자의 길을 간다. 그들 대다수는 이러한 원칙을 긴 안목을 가지고 일관되게 실행에 옮기지 않는다. 그렇다면 아마존이 다른 이유는 무엇일까? 베조스의 비결은 그가 플라이휠이라고 부르는 것에 있다. 플라이휠이란 아마존을 움직이는 개념상의 엔진으로, 베조노믹스가 추구하는 세 가지의 (깊이 뿌리내린) 가치를 구동시키고, 아마존이 이러한 원칙에 충실하게 만든다. 또한 이것은 하나의 사고방식으로, 아마존 직원들의 행동에 영향을 미치는 정신적 모델이다.

사실 플라이휠은 선순환의 은유적 표현이다. 아마존의 직원들은 경쟁에 집중하지 않고 고객들에게 더 나은 삶을 제공하는 데 집중한다. 한 가지 방법은 고객을 위하여 비용을 절감하는 것이다. 아마존은 비용 절감을 통해 아마존 사이트에 방문하는 고객 수를 늘린다. 이렇게 하면, 트래픽이 증가하는 아마존 사이트에 입점하기를 원하는 독립 판매자들이 점점 많아진다. 그 결과 아마존의 매출이 증가한다. 그러면 규모의 경제가 발생하고, 이것은 고객을 위하여 가격을 더욱 인하하는 데 도움이 된다. 가격을 더 인하하면, 고객을 더 많이 유치할 수 있다. 이것은 독립 판매자들을 더 많이 유치하는 결과를 낳는다. 이런 방식으로 플라이휠은 끊임없이 돌아간다.

이것이 바로 아마존 관리자들 모두가 알고 있는 플라이휠의 개념이다.

이런 방식으로 플라이휠은 아마존이라는 거대한 기업이 독립국들의 연합처럼 움직일 수 있게 한다. 직원들은 그들이 어떤 역할을 해야 하고, 무엇을 해야 하는지 궁금해할 필요가 없다. 그들은 매일 이러한 플라이휠을 조금 더 세게 밀면 된다. 정말 중요한 것은 그들에게 독자적으로 행동할 자유를 주는 것이다. 플라이휠이 아마존 기업 문화에서 대단히 중요한 부분을 차지하고 있기 때문에, 아마존에 지원하려는 이들은 플라이휠의 개념을 이해하고 아마존에서 그들이 맡은 업무가 이것이 돌아가도록 하는 데 어떻게 기여할 것인가를 설명할 수 있어야 한다. 이와 관련하여 아마존 사이트의 어느 블로그에 나오는 다음과 같은 글이 사람들의 관심을 끌 만하다. "아마존에서 2주 이상 일해본 사람은 플라이휠이라는 말을 들어봤을 것이다. 사실 나는 아마존에 지원하고 인터뷰를 하는 사람들 중 대다수는 아니더라도 다수가 현장 인터뷰에서 플라이휠을 언급하는 것에 대하여 회의적인 생각을 갖고 있었다. 여기서 인터뷰를 하기 전에 먼저 선순환에 대한 아마존식 개념을 이해하는 것이 좋을 것 같다."

플라이휠 개념은 아마존이 어려웠던 시절에 태동했다. 2001년 아마존은 급격하게 악화되고 있었다. 닷컴 버블은 사라지고, 이토이스닷컴과 배달서비스 업체 웹밴닷컴처럼 과대평가된 닷컴 주식이 사이버 묘지에 묻혔다. 2000년부터 2005년까지 나스닥 주식의 시장 가치가 5조 달러나 하락했다.[4] 아마존도 예외는 아니었다. 아마존 주식은 자유 낙하를 하고 있었다. 1999년 12월 아마존 주식은 주당 107달러에 거래되었지만, 2001년 9월에는 주당 5.97달러에 거래되었다.[5] 비즈니스 매거진 《배런스》는 이러한 폭락 전날 밤에 발간된 충격적인 기사의 제목을 "아마존닷밤Amazon.bomb"

이라고 했다.

2001년 가을 뉴욕 세계무역센터와 국방부 건물을 목표로 했던 9.11테러의 여파로 미국은 침울한 분위기에 빠져 있었다.[6] 이미 어려움을 겪고 있던 아마존은 테러 공격으로 인한 충격으로 더욱 침체되었다. 아마존은 비용을 절감하고 직원을 해고했다. 그리고 그해 연말이 되면 아마존의 현금이 바닥날 것이라고 주장하는 월스트리트 애널리스트에게서 집중적인 감시를 받고 있었다.

비슷한 시기에 짐 콜린스Jim Collins의 리더십에 대한 획기적인 경영서《좋은 기업을 넘어 위대한 기업으로》가 출간되었다. 이 책은 깊이 있는 연구를 바탕으로 어떤 기업은 살아남아서 번창하고 다른 기업은 패망하는지에 대한 원인을 분석한 것으로, 세계적으로 500만 부가 넘게 팔렸다고 한다. 아마존은 콜린스를 시애틀로 초청해서 관리자들을 대상으로 강연을 했고, 베조스와 이사회 이사진과의 미팅 자리를 마련했다. 콜린스는 아마존에 머물면서 베조스를 비롯한 아마존의 직원들에게 자신이 플라이휠이라고 부르는 새로운 성장 엔진의 필요성을 역설했다. 콜린스는 당시를 이렇게 기억했다. "저는 그 사람들에게 이런 시기에는 나쁜 뉴스에 반응하기보다는 플라이휠을 만드는 편이 더 나을 것이라고 말했습니다."

콜린스는 이사회 이사진과의 미팅에서 베조스는 "정말 똑똑하고 훌륭한 경청가"라고 말했다. 당시 콜린스는 아마존 CEO가 이미 직관적으로 "플라이휠 사상가"의 수준에 올라 있지만, 이를 언어로 표현하는 능력이 부족할 뿐이라고 생각했다. 콜린스가 이 개념의 개요를 설명하면, 아마존 창업 당시부터 이미 설정된 방향과 규율을 구체화하는 것은 베조스의 몫이었다. 콜린스는 이렇게 말한다. "베조스는 훌륭한 학생이었습니다. 내가 가르친 내용을 금방 이해하고, 그것을 우리가 상상하는 것보다 훨씬 더 높은 수준으로 끌어올렸습니다."

콜린스는 베조스와 이사진에게 위대한 기업이나 조직 혹은 스포츠 팀의 성공이 결코 한 가지 사건이나 하나의 아이디어에 기반을 둔 것은 아니라고 설명했다. 위대함이란 그곳에 가장 먼저 도달한 사람에 관한 이야기가 아니고, 대규모 인수를 한다고 얻을 수 있는 것도 아니다. 오히려 성공은 거대한 플라이휠을 회전시킴으로써 이룰 수 있다. 콜린스는 이렇게 말한다. "당신이 플라이휠에 시동을 걸 때, 처음 한 바퀴가 돌아가게 하는 데에는 엄청난 노력이 필요합니다. 이 작업을 멈추지 않고 계속하면, 두 바퀴가 돌아가고 탄력이 생깁니다. 그리고 탄력이 점점 증가하여 네 바퀴가 돌아가고, 여덟 바퀴가 돌아가고, 열여섯 바퀴, 서른두 바퀴가 돌아갑니다. 그다음에는 수천 바퀴, 수만 바퀴, 수백만 바퀴가 돌아가게 됩니다. 이렇게 하여 플라이휠은 자체적으로 그 속에서 탄력을 얻게 됩니다. 그리고 당신은 이런 탄력을 계속 높여가는 겁니다." 콜린스의 주장에 따르면, 위대한 기업에서 플라이휠은 하나의 사업 부문이 아니다. 그보다는 다양한 사업과 활동을 대상으로 새롭게 수정할 수도 있고 확장할 수도 있는 모멘텀이 내재된 구조물이라는 것이다. 새로운 기술은 플라이휠이 수백만 바퀴 혹은 수십억 바퀴가 돌아가게 해줄 강력한 플라이휠 가속기가 될 수 있다.

콜린스는 그들에게 플라이휠은 단지 원모양의 도형에 우선순위를 적어놓은 목록이 아니라는 점을 분명히 했다. 그것은 일종의 사고방식이다. 플라이휠이 시사하는 바는 이것이 돌아가도록 단 한 번 세게 미는 것은 중요하지 않다는 사실이다. 그것은 워런 버핏을 위대하게 만든 단 한 번의 투자가 무엇인지를 묻는 것과 같다. 플라이휠이란 단 한 번의 행위 혹은 의사 결정이 아니라, 일관된 개념을 가지고 훌륭한 의사 결정을 지속적으로 하는 것을 말한다. 아마존의 경우에 이것은 진정으로 고객을 중심에 둔다는 것을 의미한다. 시간이 흘러 이런 의사 결정이 지속적으로 쌓이면서 아마존에 모멘텀이 되었다.

베조스는 당장 이런 생각을 받아들였다. 그와 이사진은 아마존의 플라이휠은 어떤 모양일지에 대한 밑그림을 그렸다. 앞에서 살펴봤듯이, 아마존은 고객을 위한 비용 감축과 서비스 개선에 필사적으로 매달리는 기업이다. 따라서 플라이휠 밑그림의 첫 번째 자리에는 고객을 위한 비용 감축이 나와야 한다. 아마존은 비용 감축을 통해 아마존닷컴을 찾는 고객 수를 늘릴 수 있다. 이렇게 하면, 트래픽이 증가하는 아마존 사이트에 입점하기를 원하는 제3자 판매자들을 더 많이 끌어들일 수 있고, 결과적으로 아마존의 매출이 증가한다. 이것이 플라이휠 밑그림의 두 번째 자리에 나온다. 그러면 규모의 경제가 발생하고, 이것은 고객을 위하여 가격을 인하하는데 도움이 된다. 이것이 플라이휠 밑그림의 세 번째 자리에 나온다. 가격을 인하하면 고객을 더 많이 유치할 수 있다. 그리고 베조스는 자기가 그린 플라이휠 밑그림에서 출발했던 바로 그 지점으로 되돌아왔다. 이렇게 한 바퀴를 돈 것이다. 베조스는 직원들이 트래픽, 판매자, 선택권, 고객 경험이라는 요소에 집중하게 만들 수만 있다면, 플라이휠의 모든 요소에 더 많은 에너지를 가할 수 있다는 것을 깨달았다. 시스템 전체가 성장하는 것이다. 그는 이러한 결합을 매우 훌륭하게 이해했다.

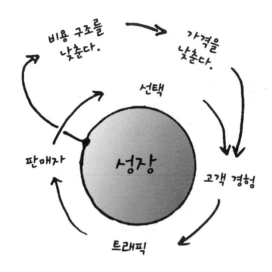

플라이휠은 정적이지 않다. 바로 이 지점에서 극단적인 혁신을 추구하는 베조노믹스의 두 번째 원칙이 나온다. 그는 아마존의 모멘텀을 더 확대하기 위해서는 혁신을 통해 플라이휠의 각 요소들을 지속적으로 새롭게 해야 한다고 생각했다. 이는 아마존 직원들이 창의적으로 생각해야 한다는 것을 의미했다. 그들은 고객을 즐겁게 하기 위해 그리고 제3자 판매자들을 끌어들이기 위해 플라이휠 구조물 내에서 그들이 할 수 있는 것이 무엇인지 끊임없이 질문을 해야 한다. 그리고 이러한 것들은 새롭고 이전과는 다른 것이어야 했다. 베조스는 이렇게 말한다. "우리는 새로운 것을 개척하고 발명하기를 열렬히 원합니다. 이것은 고객에 집착한다는 것과 잘 맞아떨어집니다. 그 이유는 고객들은 항상 불만이 가득하기 때문입니다. 그들이 이러한 사실을 잘 모르더라도, 그리고 그들이 행복할 때에도 말입니다. 그들은 항상 더 나은 방법을 원하지만, 그것이 무엇인지는 잘 모릅니다. 저는 직원들에게 고객에 집착한다는 것이 단지 고객이 하는 말을 듣는 것만을 의미하지는 않는다고 말합니다. 그것은 고객을 위하여 혁신하는 것을 의미합니다."[7] 이틀 이내의 무료 배송 서비스를 제공하는 프라임 회원 프로그램, 무료 비디오 및 오디오 스트리밍, 킨들, 파이어 TV, 에코, 알렉사와 같은 새로운 혁신은 모두가 새로운 고객을 유치하고 기존의 고객을 행복하게 하고 제3자 판매자들을 더 많이 유치하고 매출을 신장시켜서, 플라이휠이 필연적으로 더 빠르게 회전하게 만드는 것을 목표로 한다.

콜린스와의 운명적인 만남 이후 몇 년 만에 베조스는 혁신 엔진의 출력을 높여서 플라이휠이 더 빠르게 회전하도록 했다. 그는 배송 속도를 높이고 창고에 로봇을 배치하고 킨들, 파이어 TV, 알렉사와 같은 제품과 AWS와 프라임과 같은 서비스를 개발하는 데 집중적으로 투자했다. 플라이휠은 아마존 직원들에게는 항상 어떻게 하면 사업 실적이 지속적으로 향상될 것인가에 집중하도록 했다.

2018년 아마존은 연구개발에만 288억 달러를 지출했다. 이것은 세계 그 어느 기업보다 더 많은 금액이었다. 그러나 이 수치는 연구개발비뿐만 아니라 아마존의 연간 보고서에 '기존 제품과 서비스, 자체 서버 팜, 매장, 웹사이트 디스플레이에 대한 유지비'라고 기록된 항목까지 포함하고 있기 때문에 다소 과장된 측면이 있다(대부분의 기업에서는 이러한 비용을 연구개발비가 아니라 운영비로 계상하고 있다). 이것은 베조스가 연구개발과 사업을 별도로 생각하고 있지 않다는 것을 의미한다. 연구개발은 사업이다. 이러한 방식의 회계 처리는 일반적이지 않기 때문에, 미국증권거래위원회SEC.

Securities and Exchange Commission는 아마존에 일반적인 회계기준에 따라 연구개발비를 별도로 계상할 것을 요구했다. 블룸버그의 저스틴 폭스Justin Fox는 아마존에서 2017년 12월에 작성된 공문을 찾아냈는데, 여기에는 아마존 부사장 겸 경리 담당 셸리 레이놀즈Shelley Reynolds가 "끊임없이 혁신에 집중하고 고객에 집착하는 아마존이 연구개발을 위한 활동과 그 밖의 활동을 분리하는 일반적인 회계 처리 방식으로는 사업을 운영하기가 어렵다"라고 주장하는 내용이 적혀 있었다.[8] 다시 말해, 아마존은 자체 플라이휠이 조직 전체를 지속적으로 개선하기 때문에 대부분의 다른 기업들보다 더 나은 혁신을 이루어내고 있다. 아마존에서는 실험실에서 하얀 가운을 입은 몇몇 과학자들만이 아니라 모두가 혁신을 이루어낼 것으로 기대된다.

"진정으로 장기적인 전망을 갖는 것"에 대해 베조스는 플라이휠을 구축하고 유지하는 것은 장기적으로 꾸준하게 해야 하는 일이라고 생각한다. 많은 기업들이 자기만의 플라이휠을 개발하고, 이후로 몇 년이 지나서는 이것에 싫증이 나서 새로운 플라이휠을 선호한 나머지 기존의 것을 내팽개치고는 새로운 전략과 전술을 설정하고 추진한다. 하지만 이것은 혼란, 시간 낭비, 손실을 발생시킬 수 있다. 베조스는 플라이휠을 구축하는 데에는 몇 달이 아니라 몇 년이 걸린다는 것을 깨달았고, 기꺼이 이러한 작업에 매달리기로 했다.[9] 그리고 그는 2001년부터 2010년대 중반까지 고객을 즐겁게 할 혁신에 집중적으로 투자했음에도 아마존이 적자에 시달리거나 수익이 신통치 않을 때에, 월스트리트 애널리스트들이 아마존 주식에 대하여 계속 좋은 평가를 내리도록 설득해냈다. 킨들, AWS, 에코에 이르기까지 아마존이 이룩한 주요 혁신은 모두가 몇 년이 걸리는 것이었다.[10] 아마존이 평범한 파이어 폰을 가지고 시장에 뒤늦게 진입하여 실패했을 때에도 베조스는 결과와는 무관하게 이러한 노력이 장기적으로 결실을 맺을 것이라는 확신을 가지고 계속 혁신에 매진했다. 결과적으로 파이어 폰의 실패로부터 얻은 교훈은 스마트 스피커 에코의 성공으로 이어졌다.

베조스는 플라이휠 사고방식을 개인 생활에도 적용했다. 아마존에서는 CEO가 간부 직원들을 대상으로 리더십 과정을 가르친다. 그는 아마존의 장시간 근무와 치열한 경쟁 환경 속에서 어떻게 일과 삶의 균형을 이룰 수 있는지에 대한 질문을 받았다. 하지만 그는 이 질문이 적절한 표현이라고 생각하지 않았다. 그는 일과 삶의 균형을 일과 삶의 조화로 보는 것이 더 낫다고 생각했다. 그는 주당 근무 시간이 진정한 쟁점이 아니라고 보았다. 중요한 것은 일이 사람들에게 활력을 불어넣는가 아니면 그것을 빼앗는가에 있다.[11] 베조스는 이렇게 주장한다. "내가 직장에서 활력과 행복을 얻고, 팀의 구성원인 여러분에게 활력과 가치를 불어넣는다면, 가정에서도 더 나은 삶을 살게 될 것입니다. 마찬가지로 가정에서 행복을 느낀다면, 직장에서도 훌륭한 직원, 상사가 될 것입니다. … 어떤 사람은 회의에 참석하여 활력을 불어넣어줍니다. 다른 사람은 회의에서 전체 분위기를 망쳐버립니다. 당신은 그중에서 어떤 사람이 될 것인가를 결정해야 합니다. 일과 삶은 하나의 플라이휠이자 하나의 고리이지, 균형이 아닙니다. 바로 이런 이유 때문에 일과 삶의 균형이라는 표현은 상당히 위험합니다. 이런 표현은 일과 삶이 강력한 상충 관계에 있다는 것을 의미합니다. 당신은 실직 상태가 되어 가족과 함께 충분한 시간을 보낼 수도 있습니다. 하지만 실제로 그런 상황이 되면 우울한 시간을 보내게 되고, 가족들은 당신 곁에 있고 싶어 하지 않을 것입니다."

짐 콜린스가《좋은 기업을 넘어 위대한 기업으로》에서 플라이휠에 대해 설명한 이후로 이 개념은 업계에 상당히 널리 알려졌다. 이후로 진정한 혁신은 베조스가 이런 아이디어를 가지고 했던 것에서 찾을 수 있다. 베조스는 지난 10년 동안 플라이휠의 개념을 완전히 새로운 수준으로 올려놓았다. 그는 플라이휠에 빅데이터, 인공지능, 머신러닝을 엄청난 속도로 적용하여, 플라이휠이 (저절로) 훨씬 더 빠른 속도로 회전하게 만들었다. 2016년에 베조스는 주주들에게 보내는 편지에서 머신러닝 모델의 위력을 이렇게 설명했다. "머신러닝은 우리의 알고리즘이 수요 예측, 제품 검색 순위, 구매 추천, 제품 배치, 사기 감지, 번역 등을 지원할 수 있게 해줍니다." 스마트한 알고리즘은 매일, 매시간, 매초마다 가격을 인하하고, 배송 속도를 높이고, 적절한 음악 혹은 영화를 추천하고, 알렉사가 1000분의 2~3초 안에 정확하게 대답할 수 있는 방법을 찾아내어 아마존 고객을 기쁘게 해주는 방법을 학습한다. 이제 이처럼 새로운 컴퓨터의 반복 과정을 인공지능 플라이휠이라고 생각하자.

베조스가 고용한 수만 명의 엔지니어, 데이터 과학자, 프로그래머 들은 인공지능 플라이휠에 자체 지능을 가진 머신러닝이라는 일종의 사이버 장치를 만들어준다. 이 장치는 아마존이 3억 명의 고객들에게서 수집한 데이터를 활용해 아주 자세한 분석 결과를 내놓는다. 이 머신은 어떤 품목을 구매할 것인가, 각 품목의 가격을 얼마로 설정할 것인가, 이 물건들을 세계 어느 곳에 쌓아둘 것인가에 대한 의사 결정을 한다. 인공지능 소프트웨어는 누가 무엇을 주문할 것인가를 예측하기 위해 고객이 예전에 구매했던 품목, 쇼핑 카트에 넣어두었지만 아직은 구매하지 않은 품목, 구매 희망 목록에 저장해둔 품목, 심지어는 고객의 커서 이동까지도 포함하여 방대한 양의 데이터를 분석할 수 있다. 예를 들어, 여름이 되어 머틀 해변에서 햇볕을 즐기는 사람들이 파라솔 혹은 선탠로션을 검색한다고 하자. 이 머신은 아마존 고객들이 이런 품목들이 품절될 것을 걱정하지 않고 경우에 따라서는 내일 배송받을 수 있도록 사우스캐롤라이나 창고에 이 물건들을 더 많이 쌓아두어야 한다는 사실을 인식할 것이다. 그리고 이 플라이휠은 계속 회전한다.

　나는 처음에는 이런 개념을 믿기 어려웠다. 이런 머신이 얼마나 똑똑하기에 아마존이 전 세계에 판매하는 수억 종류의 제품에 대하여 거의 실시간으로 사업상의 결정을 할 수 있을까? 나는 인공지능이 점점 더 똑똑해지고 있고, 정신을 차리기 힘들 정도로 엄청난 양의 데이터에 대한 처리 비용이 감소하고 있는 것은 사실이지만, 이런 기술에 대한 과대광고가 넘쳐난다고 생각했다. 이런 머신들이 그 정도로 똑똑할까? 나는 시애틀에 머무는 동안에 정확한 사실을 확인하려고 아마존 월드와이드 컨슈머 Worldwide Consumer의 CEO 제프 윌케Jeff Wilke를 만나보았다. 그는 1999년에 아마존에 입사하여, 아마존이 거대한 물류 기업으로 성장하는 데 공헌했고, 지금은 글로벌 전자상거래, 마케팅, 운영, 오프라인 매장, 아마존 프라임, 홀푸드 매장 등을 감독한다.

　윌케는 얼핏 보기에는 시애틀의 기술 임원 특유의 풍모를 가지고 있다. 그는 오픈 칼라 셔츠에 헐렁한 바지 차림으로 나를 친절하게 맞이했다. 이러한 친절한 태도의 이면에는 탁월한 물류 마인드가 있다. 프린스턴대학교를 최우등으로 졸업하고 MIT에서 MBA와 화학공학 석사학위를 받은 그는 32세에 아마존에 합류하기 전에는 얼라이드 시그널(미국의 항공우주 시스템 및 부품 제조업체-옮긴이)에서 제약 사업부를 맡고 있었다. 당시 아마존은 급증하는 제품 주문을 소화하는 데 어려움을 겪고 있었고, 베조스는 윌케에게 아마존의 창고 시스템을 재설계할 것을 지시했다. 당시 물류 산업에서의 표준은 창고에서 소수의 대량 주문을 처리하는 것이었지(예를 들어 콘플레이크 100박스를 궤짝에 실어서 배송한다), 아마존처럼 수백만 건에 달하는 소량 주문을 하루에 처리하는 것은 아니었다.[12] 따라서 윌케는 일종의 맞춤식 시스템을 개발하기 위해 전통적인 창고 관리자를 고용하는 대신 오퍼레이션 리서치 전문가, 데이터 과학자를 고용했다. 이러한 시스템은 이후에 상당히 유연하게 작동하는 아마존만의 창고 시스템으로 발전했다.

어느 여름날 나는 시애틀 중심가가 내려다보이는 윌케의 사무실에서 그를 만났다. 내가 지금 아마존의 플라이휠이 인공지능에 의해 돌아가고 있는지를 묻자, 그의 눈빛이 빛났다. 그는 이렇게 말했다. "저는 오랫동안 이 모델을 생각해왔습니다. 과거에 우리는 의사 결정에 도움을 받기 위해 데이터를 사용했지만, 여전히 인간이 최종적인 의사 결정을 했습니다. 지금 우리가 머신러닝으로 하고 있는 것 중의 일부는 가장 반복적인 지적 과정을 가져와서 인간이 의사 결정을 할 필요성을 제거하는 것입니다."

예를 들어, 아마존이 전 세계의 소매업체들이 제품을 판매하는 시장에서 고객이 어디에 거주하든 그들이 원하는 제품을 거의 항상 찾을 수 있고 그들이 원하는 때에 그 제품을 배달될 것을 어떻게 보장하는지 생각해보

자. 머신러닝이 등장하기 전에는 월마트의 유명한 토요일 오전 회의와 같은 주간 회의에서 월케가 60명이나 되는 관리자들과 함께 소매 현황을 검토했다. 공급 담당자와 수요 담당자가 같은 테이블에 앉아서(이들 중에는 다른 지역에서 근무하는 사람도 있다), 무엇을 얼마에 구매할 것인가, 어느 창고에 얼마나 저장할 것인가에 대하여 협의했다. 회사 컴퓨터 시스템이 판매 현황에 대한 유용한 데이터를 대량으로 제공하고 이것에 근거하여 의사 결정을 했지만, 의사 결정은 여전히 인간의 몫이었다. 지금까지 아마존은 배송 착오율은 어느 정도 되는가, 소비자의 수요는 얼마나 변했는가, 공장에서 창고까지 제품이 도달하는 데 걸리는 시간은 얼마나 단축되었는가와 같은 가장 반복적으로 논의되는 대화를 가져와서, 이러한 요소에 바탕을 두고 의사 결정을 하는 머신을 설계했다. 월케는 이렇게 말한다. "우리는 반복되는 논의 과정을 중단했습니다. 따라서 이제 인간은 더 이상 이런 의사 결정을 하지 않아도 됩니다. 우리는 수백만 종류의 품목에 대한 구매 주문서를 자동으로 처리합니다."

과거의 시스템에서는 월케와 관리자들이 아마존에서 가장 많이 팔리는 품목에만 집중할 수 있었다. 그러나 오늘날 아마존의 규모에서는 이와 같은 대화가 가능하지 않을 것이다. 이제는 인간의 뇌에 저장되던 원래의 소매 구매 모델이 딥러닝deep learning(컴퓨터가 사람의 뇌처럼 사물이나 데이터를 분류할 수 있도록 하는 기술로, 기계학습의 일종- 옮긴이) 알고리즘에 저장된다. 사고의 과정은 동일하지만, 아마존 관리자들은 같은 분석을 반복해서 할 필요가 없다. 또 다른 장점은 이런 머신들이 더욱 일관된 결과를 산출한다는 것이다. 과거에는 아마존 관리자들이 수요와 공급을 추측하기 위한 자기만의 스프레드시트와 독특한 모델을 가지고 있었다. 이제 아마존은 세계 모든 곳에서 온라인 비즈니스 전반에 걸쳐서 일관된 의사 결정을 한다. 모두가 같은 통찰을 하기 위해 같은 모델을 사용하고 있다. 바로 이것이 인공지능이 구동하는 플라이휠을 강력하게 만들고, 아마존을 이처럼 두려움을 주는 경쟁자로 만드는 요인이다.

인공지능이라는 새로운 세계를 향하여 진입하고 있는 기업은 한 가지 중요한 사항을 명심해야 한다. 인공지능을 결코 만만하게 봐서는 안 된다는 것이다. 단순히 최신의 인공지능 소프트웨어와 사업 모델을 결합하는 방식으로 하루아침에 해결책을 찾을 수는 없다. 인공지능 소프트웨어가 아마존의 사업 모델이 되기까지 고객 데이터를 축적하고 인공지능 프로그램을 정교하게 만드는 데 20년이 넘는 시간이 걸렸다. 따라서 2019년 인터내셔널 데이터 코퍼레이션International Data Corporation, IDC이라는 리서치 회사가 시행한 조사에서 확인했듯이, 글로벌 기업의 25퍼센트만이 전사적인 인공지능 전략을 갖고 있다는 사실은 그다지 놀랍지가 않다.[13]

아마존의 머신들도 여전히 완벽하지는 않다. 결함이 발견될 때 딥러닝 알고리즘이 그것을 신속하게 조정할 수 있을 정도로 똑똑하지도 않다. 예를 들어, 허리케인이 뉴올리언스 지역을 강타했다고 하자. 이것은 무작위의 사건이기 때문에 머신은 그곳에 물과 음식을 더 많이 비축해야 한다는 사실을 인식하지 못한다. 그리고 종종 프로그램들이 시대에 뒤떨어지기도 한다. 윌케와 그가 이끄는 인공지능팀은 그들이 업무 효율을 극대화하고 있는지를 확인하기 위해 알고리즘을 지속적으로 평가하고 있다. 이와 관련하여 윌케는 이렇게 말한다. "우리는 이 머신이 목표를 달성하는 데 도움이 되지 않거나 이보다 더 나은 모델이 나오면, 그것을 끄기로 결정할 수도 있습니다. 인간이 제작한 것이니, 우리가 끌 수도 있습니다."

미래를 향한 그의 비전은 기계와 인간이 서로 도와서 더 나은 의사 결정을 하는 동반자 관계가 되는 것이다. (아직은) 기계가 잘하지 못하는 것들이 있다. 예를 들어, 경험이 많은 패션 구매자들은 이번 시즌에 어떤 색상이 유행할지 혹은 파리, 밀라노, 뉴욕에서 열리는 패션쇼에서 어떤 스타일이 사람들의 주목을 끌지를 더 잘 예상할 수 있다. 어느 아마존 구매자가 패션쇼에 참석한 후에 이번에는 밤색 캐시미어 스웨터가 크게 유행할 것으로 생각한다면 그것을 추천할 것이고, 아마존 웹사이트에서는 그 제품을 판매할 것이다. 그다음에 이 구매자가 제조 회사의 제품 카탈로그에서 작년에 나온 비슷한 제품을 확인한다. 여기서 인공지능이 작동하기 시작한다. 알고리즘이 새로 나온 밤색 스웨터가 작년에 나온 것과 비교하여 얼마나 팔렸는지를 평가하고, 판매에서 나타나는 이러한 차이점을 이용하여 앞으로는 더욱 효과적으로 주문하기 위한 머신 모델을 개선한다. 이와 관련하여 윌케는 이렇게 말한다. "인간의 통찰은 이러한 모델을 더욱 개선합니다."

아마존이 1990년대 중반에 온라인 서점으로 출발했을 때, 고객이 온라인에서 어떤 책을 구매하는가에 관한 정보를 수집하고 비슷한 책을 읽은 독자들의 독서 습관에 근거하여 책을 추천했다. 당신이 존 르 카레의《추운 나라에서 온 스파이》를 좋아한다면, 이언 플레밍의《카지노 로얄》도 좋아할 수 있다.[14] 오늘날 이러한 시스템은 강력한 위력을 가지고 있다. 아마존의 고객이 제품을 구매하거나 검색하고, 영화를 주문하고 음악을 듣고 책을 읽을 때마다 그들의 모든 행동은 기록된다. 그리고 알고리즘은 더 똑똑해져서 고객에게 다음번에는 제품, 도서, 영화, 음악을 더욱 정확하게 추천한다. 오늘날 아마존 온라인 매출 수입의 약 35퍼센트가 이러한 제품 추천에서 나온다.

이 시스템은 아마존이 다양한 제품에 대하여 당일 배송을 제공하고, 이제는 수시간 이내 배송이라는 목표를 향해 나아가게 할 정도로 대단한 위력을 발휘한다. 이런 데이터의 일정한 흐름이 이 시스템으로 하여금 고객의 행위를 추적하고 미래의 행위를 예측하고, 그다음에는 소프트웨어의 의사 결정이 정확했는지를 확인할 수 있도록 해준다. 정확하지 않았다면, 이 머신이 다음번에는 조정을 할 것이다. 머신은 바로 이런 식으로 학습을 한다. 이와 같은 예측 덕분에 고객들은 아마존에서 비디오 게임 플레이어를 주문하고 8분 만에 받을 수 있다. 아마존의 소프트웨어가 고객이 주문을 하기도 전에 무엇을 주문할 것인지를 미리 알고 있는 것처럼 보인다. 무시무시한 일이다. 이런 시스템을 이해하고 실행할 수 있는 사람은 미래에 엄청난 부를 창출할 것이다.

베조스는 자신의 플라이휠을 회전시키기 위해 빅데이터와 인공지능을 엄청난 규모로 활용했다. 이와 같은 방식으로 그는 21세기 성공 기업의 운영체제를 바꾸게 될 새롭고도 강력한 사고방식을 창출했다. 그는 이처럼 강력한 플라이휠을 소매업뿐만 아니라 아마존의 레이더에 잡힌 언론, 헬스케어, 은행, 해운 등 다양한 산업에 적용하고 있고, 앞으로도 그럴 것이다. 그의 모델은 우리가 상상하는 것 이상으로 세상을 더욱 심대하게 바꾸어놓을 것이다. 앞으로 알렉사는 우리가 왕진을 예약할 수 있게 해주고,

로봇이 제품 패키지를 현관에 배달하게 해줄 것이다. 또한 이자가 발생하는 아마존 저축 계좌에서 온라인 구매에 대한 결제가 이루어질 것이다. 베조노믹스는 고객을 향한 집착, 극단적인 혁신, 장기적 경영으로 요약된다. 그리고 인공지능이 구동하는 플라이휠은 이러한 원칙을 실행하는 데 추진력을 더하는 엔진과도 같다.

아마존 이외에 인공지능으로 구동되는 자체적인 플라이휠을 가지고 있는 기업은 소수에 불과하며, 이런 식의 명칭을 사용하지도 않는다. 페이스북, 구글, 넷플릭스, 중국의 알리바바와 위챗이라는 모바일 메신저 서비스를 개발한 텐센트가 이런 방식을 이용하고 있고, 그들은 이것을 적용하여 엄청난 성공을 거두었다. 예를 들어, 구글은 10억 명이 넘는 사람들을 자체 검색 엔진으로 끌어들였다. 구글 알고리즘이 명망이 있는 사람들이 어느 사이트에 접속하며, 어느 사이트가 최선의 검색 결과를 제공하는가를 학습하기 위한 웹 크로잉web crawling(웹페이지의 내용을 그대로 복제한 뒤 필요한 데이터를 추출하는 행위-옮긴이)에서 가장 뛰어나기 때문이었다. 소프트웨어가 더욱 똑똑해지면, 사람들을 더 많이 끌어모을 수 있다. 그러면 더 많은 광고를 유치할 수 있고, 검색 엔진을 더욱 똑똑하게 만들기 위한 자원을 더 많이 확보하여 사용자를 더 많이 유치할 수 있다. 이것이 바로 인공지능 플라이휠이다. 이들처럼 규모가 큰 기술 기업의 플라이휠이 작동하는 자세한 방식은 다를 수 있다. 그러나 분명한 것은 이것이 미래의 사업 모델이라는 것이다. 이와 같은 새로운 사업 방식을 무시하는 기업은 위험한 상황에 빠지게 될 것이다.

아마존이나 알리바바 혹은 구글과 경쟁할 수 있는 사업 모델을 창출하는 것은 전 세계의 기업들에게 엄청난 과제이다. 고객에 관한 엄청난 양의 데이터에 접근하지 못하고, 이 모든 정보를 이해할 수 있는 우수한 인력을 확보하지 않고서는 인공지능 플라이휠이 제대로 굴러갈 수 없기 때문이다. 기업들은 그들이 확보한 데이터를 있는 힘을 다해 보호할 것이고, 누가 어떤 정보를 통제할 것인가를 두고 싸움이 벌어질 것이다. 그리고 최고의 데이터 과학자를 확보한 기업이 승자가 될 것이다. 바로 이런 이유에서 미국에서는 컴퓨터 과학을 전공한 신입직원의 평균 연봉이 11만 달러에 달한다.[15]

아마존은 3억 명에 달하는 고객의 구매 이력에 관한 방대한 데이터를 축적해놓았다. 이것은 전자상거래 부문에서 엄청난 장점이 되었다. 페이스북의 알고리즘은 이 회사의 소셜 미디어 사이트에 가입한 24억 명의 습관과 선호를 수집하고 해석하며, 그 방법은 지속적으로 개선되고 있다.[16] 이런 까닭에 이 사이트는 광고업자들에게 인기가 높다. 알리바바와 그 자회사 안트 파이낸셜은 고객의 금융 습관에 관하여 너무나도 많은 것을 알고 있기 때문에, 중국에서 가장 규모가 큰 머니마켓 펀드(고객의 자금을 모아 펀드를 구성한 후 금리가 높은 단기금융상품에 집중 투자하는 금융상품-옮긴이)를 창설했다. 모바일 메신저 서비스로 출발했던 텐센트의 위챗이 지금은 10억 명에 달하는 사용자들이 택시를 부르고 비행기표를 예약하고 각종 대금을 납부할 수 있도록 해준다. 이제 위챗은 헬스케어와 같은 새로운 산업에 진출하기 위하여 이러한 데이터를 사용하고 있다. 이 모든 기업들이 세계 최고의 프로그래머와 데이터 과학자들을 고용하여 세계를 무대로 데이터를 현금화하기 위한 노력을 아끼지 않고 있다.

모든 기술 플랫폼들이 새로운 산업을 향하여 공격적으로 옮겨가고 있는 상황에서, 기존의 기업들은 자신들의 데이터가 침입자들의 손에 넘어가지 않도록 하기 위해 안간힘을 쓰게 될 것이다. 아마존과 구글을 비롯한 그 밖의 기업들이 헬스케어 부문으로 계속 진입하면서, CVS 헬스, 카이저 퍼머넌트, 월그린과 같은 기존 기업들은 그들의 고객 정보를 지키거나 현금화하기 위해 할 수 있는 모든 수단을 총동원할 것이다. 제약회사 혹은 의료 기관으로 성장해온 이와 같은 전통 기업들은 아마존, 알리바바, 구글과 같은 기업에 버금가는 인공지능 역량을 갖추기 위해 최선의 노력을 기울여야 할 것이다. 국가가 의료시스템을 운영하는 영국과 프랑스와 같은 국가에서는 의약품과 의료 기기를 신속하고 편리하게 배송하고, 환자들이 진료와 관련된 질문에 대답할 수 있도록 지원하는 데 아마존이 중요한 역할을 할 수 있다. 2019년 영국의 국민건강서비스는 알렉사가 자신들의 웹사이트 정보를 이용하여 환자들의 건강 관련 질문에 대답할 것이라고 발표했다.[17] 베조스의 인공지능 플라이휠이 환자들에게 저가에 더 나은 서비스를 제공한다면, 소중한 건강 관련 데이터가 아마존 서버로 흘러가기 시작할 것이고, 이것이 자체 알고리즘을 더욱 똑똑하게 할 것이다. 그 결과 비용이 낮아지고 서비스가 개선될 것이다. 그러면 아마존의 인공지능 플라이휠이 더욱 빠르게 회전할 것이고, 이것은 기존 기업에 심각한 위협이 될 것이다.

아마존의 경쟁 기업들이 명심해야 할 것은 디지털 경제와 실물 경제의 경계가 점점 희미해지고 결국에는 사라지게 될 것이라는 사실이다. 이와 관련하여 텐센트의 설립자 마화텅Ma Huateng은 이렇게 말했다. "앞으로는 순수하게 인터넷만을 취급하는 기업은 존재하지 않을 것입니다. 인터넷이 모든 사회적 인프라의 기능을 담당할 정도로 널리 보급될 것이기 때문입니다. 순수하게 전통적인 산업도 존재하지 않을 것입니다. 이런 산업은 인터넷에 접목될 것이기 때문입니다."[18]

이와 같은 새로운 사업 모델로 인해 틀림없이 사회적, 윤리적 문제가 발생할 것이다. 빅데이터는 상상하기 힘들 정도로 그 규모가 크다. 2016년부터 2017년까지 2년 동안에 이전까지 수집된 데이터보다 더 많은 데이터가 수집되었다.[19] 리서치 회사 IDC의 자료에 따르면, 2025년까지 지구상에서 평균적인 사람이라면 스마트폰, 와이파이 온도조절기, 18초마다 음성 명령에 따라 움직이는 자동차와의 휴대용 연결 장치를 사용하게 될 것이라고 한다.[20] 물론 이것은 사생활 보호와 관련하여 심각한 문제를 제기한다. 또 다른 쟁점은 블랙박스 현상이다. 머신이 의사 결정을 한다면, 잘못된 의사 결정에 대해 누가 이 머신에게 문제를 제기할 것인가? 때로는 소프트웨어를 개발한 사람조차도 머신이 어떻게 그리고 왜 그러한 의사 결정을 했는지 알지 못하는 경우가 있다. 이런 점에서 인공지능이 환자 진단, 주택담보대출, 대학 입학 허가와 같은 사회의 중요한 의사 결정의 영역으로 계속 스며든다면, 중대한 결과를 초래할 수 있다.

인공지능을 활용하는 기업들은 투명성에 대한 새로운 기준을 설정해야한다. 그렇지 않으면 재정적인 취약성에 노출되는 것은 물론이고 고객의 분노를 야기할 수도 있는 위험을 감수해야 한다. 그리고 다른 기업들이 인공지능 플라이휠을 능숙하게 다루지 못한다면, 우리의 구매 방식과 엔터테인먼트 심지어는 건강과 금융까지도 지배하는 소수의 글로벌 인공지능

과점 기업들이 활개치는 세상이 도래할 것이다.

베조스의 인공지능 플라이휠이 우리의 일상을 둘러싼 웹을 어떻게 회전시키고 있는지 정확히 이해하려면, 이 플라이휠에서 가장 중요한 요소인 아마존 프라임을 살펴보아야 한다.

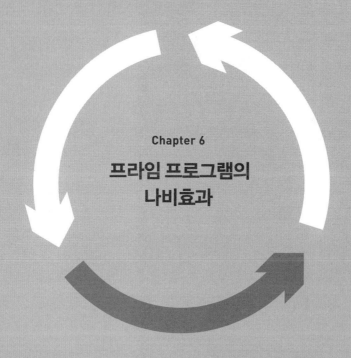

Chapter 6

프라임 프로그램의
나비효과

기술 전문 웹사이트 기즈모도에서 기업 전문 리포터로 활동하는 캐시미어 힐Kashmir Hill은 아마존 없이 살아갈 수 있는지를 알아보기 위한 실험에 일주일이라는 시간을 투자했다.[1] 이 과제는 말처럼 쉽지 않았다. 힐은 아마존이 자신의 삶에 속속들이 스며들어 있어서, 때로는 자신이 아마존을 사용하고 있다는 사실조차 깨닫지 못할 때가 있다는 것을 알게 되었다. 쇼핑을 포기하는 것은 기술적으로는 쉽지만, 감정적으로는 고통스럽다. 아마존 에코 1대, 에코닷 1대, 킨들 2대, 아마존 프라임 체이스 신용카드 2장, 아마존 프라임 비디오 회원권, 2개의 프라임 계좌(한 개는 본인 것이고, 다른 한 개는 남편 것이다)를 보유한 그녀는 아마존닷컴에서 쇼핑을 하는 데 연간 3,000달러를 지출한다. 그녀는 이렇게 말한다. "지금까지 나는 다른 사이트에서 물건을 사려면 어떻게 해야 하는지 거의 알지 못할 정도로 아마존의 충성스러운 고객이었습니다." 그녀가 자동차에 설치할 휴대폰 거치대를 교체하려고 이베이에서 주문을 했을 때에도 '아마존 직배송'이라고 인쇄된 갈색 스마일 박스가 도착한다. 이베이 판매자가 아마존을 통해 제품을 배송한 것이다.

아마존닷컴에 접속하지 않는 것이 힐에게는 어려운 일이기는 하지만, 아마존의 강력한 디지털 손아귀에서 벗어나는 것과 비교하면 그래도 쉬운 편이다. 그녀는 개인 통신망을 구축한 다음, 광범위한 인터넷의 중추가 되어버린 아마존의 클라우드 컴퓨팅 시스템 AWS와 관련이 있는 어떠한 사이트에도 접속하지 않도록 설정했다. 그러자 넷플릭스, HBO Go, 에어비앤비는 물론이고 직장 동료들과의 커뮤니케이션에 반드시 필요한 슬랙 (미국 사내 협업 소프트웨어–옮긴이) 계정에 접속할 수 없다는 것을 금세 깨달았다. 결과적으로 그녀의 개인 통신망에서 아마존이 통제하는 2,300만 개가 넘는 IP 어드레스가 차단된 것이다. 힐은 이렇게 결론 내렸다. "마침내 … 우리가 아마존을 정복하기에는 그 규모가 너무나도 방대하다는 것을 알게 되었습니다."

아마존이 도처에 퍼져 있는 것은 결코 우연이 아니다. 아마존이 하는 모든 것들은 항상 우리를 따라다니는 거대한 생태계를 구축하기 위한 노력의 일환이다. 우리가 집에 있든, 자동차 안에 있든, 사무실에 있든, 스마트폰을 보면서 거리를 배회하든, 어디서 무엇을 하든 상관없이 말이다. 이러한 생태계에서 핵심적인 요소가 바로 아마존의 회원제도인 아마존 프라임이다. 아마존과 경쟁하려는 기업이나 아마존의 정글 속에서 번창하려는 기업은 프라임의 위력과 함께 지난 20년 동안 아마존이 이룩한 놀라운 성장에서 프라임이 했던 역할을 반드시 이해해야 한다.

앞에서 살펴봤듯이, 아마존은 자체 전자상거래 사업을 미국 최대 규모로 키우기 위해 인공지능 플라이휠을 활용했다. 그러나 플라이휠을 더 빠르게 회전시키는 인공지능 프로그램이 아마존의 폭발적인 성장을 완전하게 설명하지는 않는다. 프라임에 들어와서 보라. 이것이 아마존의 인공지능 플라이휠이 돌아가게 만드는 가장 강력한 힘이다. 2005년에 등장한 프라임 회원 프로그램은 지금도 여전히 플라이휠을 더욱 빠른 속도로 회전시키고 있다. 2018년 아마존은 이 프로그램의 역사에서 프라임 신규 회원들을 그 어느 해보다도 더 많이 가입시켰다. 그중에서도 프라임 회원들이 아마존닷컴에서 특별 할인 혜택을 받을 수 있는 프라임 데이에 신규 회원들이 가장 많이 가입했다. 프라임 신규 회원이 이처럼 증가한 것이 어느 정도는 아마존이 해외 시장으로 진출한 데서 비롯되기는 했지만, 프라임 신규 회원들의 대다수는 미국인들이었다. 아마존이 미국에서 프라임 회원 프로그램을 오랫동안 맹렬히 추진한 것을 감안하면, 이제는 미국에서 프라임 회원수의 증가 속도가 어느 정도 둔화되리라는 것은 어렵지 않게 예상할 수 있다.

프라임 회원들은 아마존에게는 아주 소중한 존재이다. 그들은 다른 쇼핑객보다 더 많이 지출하고, 아마존이 제공하는 음악을 더 많이 들으며, 비디오를 더 많이 보고, 책을 더 많이 읽는다. 그리고 프라임 회원으로서 누리는 혜택에 대하여 119달러의 연회비를 아마존에 납부한다. 그들은 아마존에 충성하는 부유한 회원들이다. 이 프로그램에서 탈퇴하는 경우는 거의 없다. 그들이 탈퇴하는 가장 흔한 이유는 결혼을 하거나 동거를 시작하면서, 두 개의 회원 계정이 더 이상 필요하지 않을 때이다. 아마존은 프라임 회원들을 추적하고 그들이 원하는 것을 원하는 때에 거부할 수 없는 가격에 구매할 수 있도록 하기 위한 컴퓨터 시스템을 구축하는 데 지금까지 수백억 달러를 지출했다.

돌이켜보면, 프라임 프로그램을 탄생시킨 것이 쉬운 일처럼 보일 수도 있다. 그러나 이 프로그램을 시작하기로 결정하기까지 많은 논란이 있었다. 1990년대 후반, 아마존은 고객들을 아마존닷컴으로 유치하기 위하여 광고 제작에 나섰다. 이런 광고에는 어린이들의 텔레비전 스타, 미스터 로저스의 복장을 한 남자들이 크리스마스 21일 전에 쇼핑을 모두 마쳤다는 내용의 노래를 합창하면서 아마존닷컴에서 제품을 선택한 것을 즐거워하는 장면도 있었다. 이 광고는 베조스가 기대했던 만큼의 반응을 얻지 못했다. 이후로 중요한 순간이 다가왔고, 이 순간이 아마존의 역사상 가장 강력한 혁신을 일으키는 기폭제가 되었다.

2000년과 2001년의 휴가철에 아마존은 더 많은 쇼핑객들을 유치하기 위해 99달러가 넘는 주문에 대해서는 무료 배송 서비스를 제공하기로 결정했다. 이 프로그램은 대단한 성공을 거두었고, 베조스는 이것이 강력한 입소문 마케팅이 될 수 있다고 생각했다. 2002년 초에 베조스는 시애틀에서 회의를 소집하고는 휴가철 무료 배송 서비스를 1년 내내 확대하여 실시하는 것에 대한 의견을 들었다.[2] 그 결과로 나온 것이 슈퍼 세이버 배송이었다. 이것은 고객에게 배송료를 납부하면서 제품을 하루나 이틀 혹은 3일 이내에 받을 것인지, 아니면 99달러가 넘는 주문에 대하여 배송료를 납부하지 않으면서 제품이 도착할 때까지 이보다 더 오랫동안 기다릴 것인지에 대한 선택권을 제공한 것이었다.

2004년에는 엔지니어 찰리 워드Charlie Ward가 아마존의 아이디어 툴 박스에 한 가지 제안을 남겼는데, 그것은 제품이 당장 필요하고 이에 대하여 일정한 대가를 지불할 의사가 있는 아마존 쇼핑객들을 위한 일종의 클럽을 만들자는 것이었다. 이런 생각이 마음에 들었던 베조스는 사내에서 퓨처라마Futurama(광범위에 걸친 미래 계획을 말한다.-옮긴이)라고 불리는 비밀 프로젝트를 가동하기 시작했다. 워드는 무료의 슈퍼 세이버 배송 서비스가 회원들이 월회비 혹은 연회비를 납부하는 항공사 클럽처럼 작동하려면 변화가 필요하다고 생각했다.[3] 그는 복스(미국의 뉴스 채널-옮긴이)와의 인터뷰에서 이렇게 말했다. "그래서 저는 이 문제를 고객 집단에 제안했습니다. 고객들이 연초에 우리에게 일정한 금액을 납부하고, 우리가 그해 연말까지 배송료를 부과하지 않는 것으로 약속하면 좋을 것 같다는 것이었죠." 베조스는 이 아이디어에 빠져서 2005년 2월에 연회비 79달러의 프라임 서비스를 시작했다.

오늘날 프라임이라는 명칭이 어디서 나왔는지에 대해서는 논란이 있다. 브래드 스톤의 저작《아마존, 세상의 모든 것을 팝니다》에 따르면, 빙 고든 Bing Gordon이 벤처 캐피탈 기업 클라이너 퍼킨스에서 근무하면서 아마존 이사회 이사를 겸직하고 있을 때 이런 명칭을 생각해냈다고 주장한다.[4] 아마존에서 일하는 다른 사람들은 이 명칭이 하루 혹은 이틀이라는 배송 요건을 충족시키기 위해 먼저 실어야 하는 화물 운반대에서 나온 것이라고 주장한다. 이것이 창고에서 적재 게이트와 가장 가까운 '프라임' 자리에 있기 때문이다.[5] 베조스는 이런 명칭이 어디서 나온 것이든 '프라임'이라는 명칭을 사랑했다.

이런 결정이 회사를 파산시킬 수도 있는 미친 짓이라고 생각하는 사람도 있었다. 당시 아마존은 빠른 배송에 9.48달러를 부과했다. 따라서 프라임 회원이 연간 8회 이상 주문한다면, 아마존에는 손실이 될 것이다.[6] 셈 시베이Cem Sibay 아마존 부사장은 2016년에 프라임 프로그램을 맡기 전에 아마존에서 사업 개발을 담당하면서 지금은 세계 최대 규모의 오디오북 서비스 회사인 오더블을 인수할 당시에 중요한 역할을 했던 사람이었다. 그는 당시 상황을 이렇게 기억한다. "제가 아마존에 처음 들어왔을 때에는 사내에서 이 문제를 두고 많은 논쟁이 벌어졌습니다. 이틀 이내 배송에 기꺼이 배송료를 부담하려는 고객을 잃게 되지는 않을까? 주문할 때마다 최소 25달러를 지출하여 이미 무료 배송 서비스 혜택을 받고 있는, 아마존에 가장 이익이 되는 고객을 잃게 되지는 않을까? 결국 그들에게도 무료 배송 서비스를 제공하게 될 것인가?" 베조스는 이런 위험을 감수할 가치가 있다고 생각했다. 그는 아마존의 무료 배송 서비스를 가끔씩 느끼는 즐거움이 아니라 일상적인 경험이 되도록 한다면, 이것이 고객들의 쇼핑 습관을 바꾸게 될 것이라고 생각했다. 베조스의 생각이 전적으로 옳았다. 그는 단 한 번의 조치로 아마존에 가장 이익이 되는 고객의 주변을 에워쌌고, 쇼핑객들의 심리를 바꾸어놓았다. 베조스는 고객들이 무료 배송 서비스에 중독되게 만들었다.

오늘날 세계 어느 곳에서도 아마존의 프라임 프로그램에 견줄 만한 시스템을 갖춘 소매업체를 찾아볼 수는 없다. 월마트닷컴과 같은 일부 소매업체들은 최소 주문에 무료 배송 서비스를 제공하고, 코스트코와 샘스클럽과 같은 또 다른 소매업체들은 연회비를 납부한 고객에게 창고형 할인 매장과 같은 가격으로 물건을 구입할 수 있게 해준다. 영국의 ASOS는 연회비 16달러를 납부한 고객에게는 무료 배송 서비스를 제공한다. 월마트는 프라임의 위력에 반응하여 2019년 말에 미국 200개 도시에서 연회비 98달러를 납부한 고객에게 식료품에 대한 무료 배송 서비스를 무제한으로 제공하기 시작했다.[7] 중국에서는 알리바바가 개인 홈페이지, 상품 추천,

VIP 증서, 한정 판매, 각종 이벤트 초청장을 제공하는 럭셔리관을 개장했다. 이곳에는 초대받은 고객만 입장할 수 있다.[8] 그러나 어느 기업도 프라임과 같은 광범위한 혜택을 제공하지는 않는다. 이러한 혜택은 고객들이 아마존닷컴에 머물면서 더 많이 지출하게 만든다.

프라임 회원은 119달러의 회비를 납부하면, 영화제 수상작과 텔레비전 쇼를 볼 수 있고, 200만 곡에 대하여 뮤직 스트리밍 서비스를 받을 수 있으며(매월 7.99달러를 납부하면, 수천만 곡에 대하여 같은 서비스를 받을 수 있다), 일반 회원이 납부하는 금액에서 2달러의 할인 혜택을 받을 수 있다. 또한 킨들에서 무료로 전자책을 다운로드받을 수 있고, 가족 사진을 저장할 수 있는 아마존 클라우드를 무료로 이용할 수 있다. 또한 프라임 회원은 아마존 소유의 홀푸드 매장에서 식료품 할인 혜택도 받는다.

몇 년에 걸쳐 기술, 해운 물류, 미디어 자산에 대한 엄청난 투자가 이루어진 후에 프라임 프로그램은 아마존 내에서 자체 손익계산서를 가진 하나의 독립 사업이 될 정도로 성장했다. 프라임 프로그램은 수익을 창출하여(아마존에서는 정확한 금액을 따로 계산하지는 않는다), 아마존의 온라인 매출이 계속 증가하도록 했지만, 회사 순이익에 미치는 영향은 이보다 훨씬 더 크다. 지난 수년 동안 아마존이 프라임 회원들에게 제공했던 혜택의 대부분이 아마존의 주요 사업이 되었다(혹은 되려 하고 있다). 프라임 프로그램은 실제로 기업에 시너지를 일으키는 몇 안 되는 사례에 해당한다. 프라임 비디오, 프라임 뮤직 그리고 가까운 시일 내에 UPS와 페덱스에 위협적인 경쟁자가 될 것으로 보이는 아마존 해운은 모두가 프라임 회원에게 제공하는 혜택에서 시작된 것이다. 아마존의 뮤직 스트리밍 서비스는 이 부문에서 가장 빠르게 성장하고 있고, 조만간 스포티파이와 애플 뮤직을 위협할 유력한 경쟁자가 될 것이다.

그러면 프라임 프로그램이 이처럼 성공을 거둔 비결은 무엇일까? 아마존은 프라임 프로그램이 실제로 작동하는 방식과 배후 전략에 대해서는 언론과 월스트리트에 의도적으로 비밀로 한다. 내가 이 책을 저술하기 위해 만났던 아마존의 관리자들은 프라임은 가끔씩 온라인 쇼핑을 하던 소비자들의 쇼핑 패턴을 변화시켜서 아마존과 수시로 상호작용하며 결국에는 아마존 생태계에 갇히도록 만든다고 말했다. 이 아이디어는 프라임 프로그램이 매력적이고 활용하기에도 편리하여 고객들이 아마존이 없는 세상은 상상할 수 없게 만드는 것이다. 이것은 온라인 니코틴과도 같다(아마존은 이런 은유적 표현을 전혀 사용하지 않는다). 따라서 중독성이 강하다.

회원들은 결혼을 하거나 아이를 낳거나 생애 최초로 주택을 구입하는 것처럼 인생에서 중요한 이벤트가 있을 때 프라임 프로그램에 가입한다. 이럴 때에는 스트레스를 많이 받게 되는데, 프라임 계정을 갖고 있으면 삶을 단순하게 하는 데 도움이 된다. 무료로 신속하게 배송해주는 하나의 웹사이트에서 필요한 것을 주문함으로써 어머니가 되거나 신부가 되는 과정에서 발생할 수 있는 스트레스를 잘 조절할 수 있기 때문이다. 이 모델이 갖는 뛰어난 점은 프라임 회원이 시간이 조금 지나면 원클릭 구매와 무료 배송의 편의성에 중독되어서 더 이상 다른 전자상거래 사이트로 들어가려고 하지 않는다는 것이다. 다시 말해, 그들은 더 이상 다른 사이트에 더 저렴한 가격대의 제품이 있는지를 확인하려고 하지 않는다. 아마존은 가격에 민감하지 않은 쇼핑객들의 군단을 자신의 생태계에 가두어놓았다.

프라임 프로그램은 경영 컨설턴트들이 '단절 모델breakage model'이라고 부르는 서비스의 특성을 갖고 있지 않다. 단절 모델에서는 기업이 고객들에게 계약에 서명을 하게 만든 다음, 이에 따르는 서비스의 가치를 완전히 누리지 않도록 한다. 고객이 무엇이든 먹을 수 있는 뷔페가 단절 모델의 한 가지 예이다. 뮤직 스트리밍 회원도 또 다른 예이고, 헬스 회원권도 여기에 해당한다. 매년 1월이면 헬스클럽은 새해에는 몸매를 가꾸겠다는 결심을 하고서 회원권을 구매한 사람들로 넘친다. 이들 중 4분의 1은 헬스클럽에서 각오를 단단히 하고서 몸을 열심히 단련하기 위해 일주일에 서너 번은 이곳에 나타난다. 또 다른 4분의 1은 자신에게 매우 너그러운 사람들로, 일주일에 한 번 정도 이곳을 찾는다. 나머지는 어떤가? 2월이 되면 그들은 전혀 나타나지 않는다. 그들은 자신의 게으름을 인정할 수 없기 때문에 아직은 회원권을 취소할 생각이 없다. 헬스클럽은 회원들에게서 회비를 받았지만, 그들에게 서비스를 제공할 필요가 없다. 당신이 서비스를 받았다면 다행이다.

프라임 프로그램은 이와는 정반대이다. 시베이는 이렇게 말한다. "프라임 프로그램에서 특별한 점은 무엇이든 누릴 수 있는 모델이기는 하지만, 여기서 중요한 사실은 고객이 모든 종류의 서비스를 최대한으로, 그리고 그들이 원하고 필요한 만큼 자주 경험한다는 것입니다. 우리가 프라임에 대해 갖는 비전은 회원들에게 최선의 쇼핑과 엔터테인먼트, 최고의 가치를 제공하는 것입니다. 이것은 우리가 어떻게 하면 매일 더 많은 고객들이 아마존을 경험하게 하고, 이런 긍정적인 경험이 고객들로 하여금 더욱 자주 아마존을 찾게 할 수 있는가에 관한 문제입니다." 고객이 혜택을 얻으면, 이것 역시 아마존 플라이휠이 돌아가게 한다. 이것이야말로 진정한 윈윈 모델이다.

프라임 회원들을 위한 혜택을 지속적으로 확대해나가는 것은 쉬운 일이 아니다. 바로 이런 이유로 아마존의 직원들은 엄청난 요구를 감당해야 하고, 때로는 스트레스도 많이 받는다. 베조스는 정체되는 것을 참아주지 않는다. 특히, 자신이 가장 매력적으로 여기는 프라임에 대해서는 더욱 그렇다. 그는 2017년에 주주들에게 보내는 편지에서 불만이 가득한 아마존 고객들을 즐겁게 해주는 것에 대하여 잠깐 언급했다. "그들의 기대는 결코 정체되어 있지 않습니다. 항상 커져가고 있습니다. 이것이 인간의 본성입니다. 수렵 채집을 하던 시대부터 우리는 만족이라는 것을 통해 발전하지는 않았습니다. 사람들은 더 나은 것에 대해서는 왕성한 식욕을 갖습니다. 어제 우리를 열광하게 했던 것들이 오늘은 평범한 것이 됩니다."[9] 아마존 관리자들의 선택지에는 자기만족이라는 것이 없다. 그들은 가장 충성스러운 고객을 단 한 번이라도 실망시키는 순간, 그 고객들이 다른 사이트로 갈 수도 있다는 것을 잘 알고 있다. 시베이는 이렇게 말한다. "네이비 실에는 한 가지 좌우명이 있습니다. 그것은 '너는 항상 삼지창Trident(네이비실을 상징하는 핀이다.-옮긴이) 값은 해야 한다'입니다."

고객이 만족하면(이것이 항상 베조스의 주요 목표이다), 그들은 아마존에서 더 많은 것을 구매할 것이다. 이것이 바로 일이 전개되는 방식이다.[10] 현재 프라임 회원은 아마존에서 연평균 1,300달러 정도를 지출한다. 이에 비해 일반 회원은 700달러 정도를 지출한다. 아마존은 고객이 프라임 회원에 가입한 직후에 지출이 급격하게 증가한다고 말한다. 프라임 회원에 가입하는 이유는 대부분 무료로 제공되는 빠른 배송 서비스 때문이다. 그러나 일단 프라임 생태계에 들어오면, 그들의 눈에는 '영화나 음악을 처음으로 다운로드받기' 혹은 '트위치 비디오 게임에 접속하기'와 같은 또 다른 혜택들이 보이기 시작한다.

프라임 중독은 반대 방향으로도 일어난다. 어떤 고객은 영화나 쇼를 스트리밍하기 위해 아마존 파이어 TV를 구매한 다음, 프라임 회원에 가입하면 목요일 밤 NFL 미식축구경기를 포함하여 아마존 영화와 TV 오리지널 프로그램을 무료로 시청할 수 있다는 것을 알게 된다. 뿐만 아니라 아마존 비디오 및 뮤직 라이브러리의 대부분을 무제한으로 이용할 수 있고, 할인 혜택을 제공하는 책, 오디오북, 잡지도 많다는 것을 깨닫는다. 그리고 일단 프라임 회원에 가입한 사람은 아마존의 고객이 될 가능성이 높다. 시베이는 이렇게 말한다. "과거에는 주로 미디어 구매자였던 고객이 프라임 회원이 된 후에는 아마존에서 치약과 화장지를 주문하여 이틀 이내에 받을 수 있게 되었습니다. 이런 방식으로 회원들은 연관 상품(서로 다른 범주의 상품을 하나의 테마, 용도, 상황, 고객층 등에 맞게 함께 진열하는 것을 연관 상품 진열Cross Category Merchandising이라고 한다.-옮긴이)을 발견하고, 이것이 또다시 플라이휠에 기여합니다." 언젠가 베조스가 잘 요약했듯이, "우리가 골든 글러브상을 받을 때마다 신발이 더 잘 팔립니다."[11]

아마존은 프라임 회원들의 습관을 놀라울 정도로 자세하게 추적한다. 시베이는 자기가 사용하는 가장 적절한 지표 중 하나가 자신이 "터치 포인트의 빈도frequency of touch points"라고 부르는 것이라고 말했다. 이것은 아마존의 데이터 분석 기술이 프라임 회원이 아마존 서비스를 몇 번 이용하는가, 쇼핑을 위해 이용하는가, 클라우드에 가족 사진을 저장하기 위해 이용하는가, 게임을 즐기기 위해 이용하는가, 미디어 스트리밍을 위해 이용하는가를 측정할 수 있는 지표이다. 아마존 고객이 프라임 서비스와 더 많은 관계를 가질수록, 그들은 이 서비스를 더욱 자주 이용하게 된다. 그리고 마치 군침을 흘리며 알래스카뒤쥐 주변을 맴도는 물수리처럼 쇼핑객들의 지표를 관찰하고 있는 시베이의 터치 포인트 수치는 더욱 커지게 된다. 터치 포인트 수치가 작아지면(혹은 충분히 빠르게 상승하지 않으면), 그것은 아마존이 프라임 회원들에게 아주 매력적인 서비스를 충분히 제공하지 못하고 있다는 것을 의미한다. 또한 아마존 직원들이 더 좋은 영화와 TV 시리즈물을 제작하고, 배송 속도를 높이고, 홀푸드에서 판매하는 식료품에 대하여 더 나은 할인 혜택을 제공하기 위하여 분발해야 한다는 신호이기도 하다.

고객들이 프라임 회원으로 가입하는 가장 커다란 이유가 무료 배송이라고 하지만(아마존은 이러한 고객들이 정확하게 몇 퍼센트나 되는지 공개하지 않는다), 무료 영화와 TV 쇼 프로그램도 새로운 고객들을 엄청나게 많이 끌어들이는 요인이다. 앞에서 살펴봤듯이, 2019년 아마존은 프라임 비디오 스트리밍 서비스를 위한 자체 프로그램 제작에 70억 달러를 지출했다. 프라임 회원들에게 지속적인 만족을 주기 위해 엄청난 금액을 투자한 것이다. 프라임 비디오는 2011년에 프라임 회원들에게 혜택을 제공하기 위한 사업을 시작했고, 불과 몇 년 만에 할리우드의 주요 경쟁자가 되었다. NBC 엔터테인먼트 사장 출신인 제니퍼 살케Jennifer Salke가 아마존의 할리우드 영화 제작소로서 프라임 비디오에 콘텐츠를 공급하는 아마존 스튜디오를 맡고 있다. 2018년에는 아마존 스튜디오가 존 로널드 로얼 톨킨의 〈반지의 제왕〉 속편에 대한 저작권료로 2억 5,000만 달러를 지출한 것으로 알려졌다(이 프로젝트 비용은 제작비와 마케팅 비용을 합쳐서 5억 달러에 육박한다). 또한 아마존은 이러한 스트리밍 서비스를 통해 스릴러 TV 시리즈물 〈홈커밍〉을 통해 일약 스타가 된 줄리아 로버츠, 〈웨스트월드〉의 제작을 맡았던 조너선 놀란Jonathan Nolan, 소설가 윌리엄 깁슨William Gibson의 작품에 바탕을 둔 종말론적 공상과학 시리즈물 〈주변기기〉의 극본을 쓰게 될 리사 조이Lisa Joy 와 같은 최고의 거장들을 유치하기 위한 비용을 마련하고 있다.[12]

외부인들이 보기에는 아마존이 할리우드에서 최고의 창의적 인재를 영입하고, 다른 모든 스튜디오와 마찬가지로 그것이 탁월한 선택이 되기를 바라는 것처럼 보인다. 그러나 아마존은 이보다 훨씬 더 먼 미래를 바라보고 있다. 아마존이 영화와 TV 쇼 프로그램을 제작하는 목표는 프라임 프로그램이 플라이휠을 계속 회전하도록 지원하는 것이다. 아마존은 그 이면에서 제작비와 마케팅 비용을 프라임 회원들에게 세심하게 할당하고, 각각의 영화와 TV 쇼 프로그램이 아마존의 수익 증가에 기여했는지 그렇지 않는지를 계산한다.

2018년 로이터는 아마존의 대외비에 해당하는 재무 보고서를 입수했는데, 이 보고서는 아마존이 프라임 비디오 사업부를 어떻게 생각하고 있는지를 잘 보여준다.[13] 이 보고서에 따르면, 프라임 비디오는 2014년 말부터 2017년 초까지 프라임 회원 500만 명을 유치했다. 이것은 같은 기간에 프라임 프로그램에 가입한 총인원의 약 4분의 1에 해당한다. 또한 이 보고서에 따르면, 프라임 비디오의 시청자는 약 2,600만 명으로, 넷플릭스의 1억

3,000만 명에 비하면 훨씬 적은 수이지만 프라임 회원들에 대한 혜택으로 시작했던 스트리밍 서비스라는 점을 고려하면 엄청나게 많은 숫자이다.[14]

이번 비밀 보고서를 통해 분명히 알 수 있는 것은 아마존이 프라임 비디오를 새로운 프라임 회원을 유치하기 위한 강력하면서도 수익성 높은 수단으로 인식하고 있다는 것이다. 이제 이 수단이 어떻게 작동하는지를 살펴보자. 아마존은 프라임 회원이 프라임 프로그램에 가입하고 나서 가장 먼저 이용하는 서비스가 영화 혹은 TV를 보는 것이라면, 프라임 비디오가 프라임 프로그램에 가입하게 되는 계기라고 판단한다. 이번 비밀 보고서에서 이러한 점을 가장 잘 보여주는 사례가 〈더 맨 인 더 하이 캐슬〉이다. 이것은 제2차 세계대전에서 나치 독일과 일본 제국이 승리하여 미국을 두 개의 서로 경쟁하는 적대적인 식민지국가로 분할 통치한다는 내용의 일종의 판타지 드라마이다. 이 드라마는 2017년 초에 미국에서만 약 800만 명의 시청자를 끌어들였다. 그러나 이보다 훨씬 더 중요한 것은 〈더 맨 인 더 하이 캐슬〉이 전 세계에서 프라임 회원을 115만 명이나 유치했으며, 이들이 프라임 프로그램에 가입하여 최초로 이용한 서비스가 바로 〈더 맨 인 더 하이 캐슬〉을 시청하는 것이었다는 사실이다. 아마존은 이 시리즈물의 제작과 마케팅에 7,200만 달러를 지출했는데, 이것을 회원 1인당 모집 비용으로 환산하면 63달러이다. 당시 프라임 회원의 연회비는 99달러로, 모집 비용을 충당하고도 남는다. 아마도 가장 중요한 것은 프라임 회원들이 아마존에서 연평균 1,300달러를 지출한다는 사실이다. 이 금액은 일반 회원이 지출하는 금액의 거의 두 배에 이른다. 이런 관점에서 보면, 〈더 맨 인 더 하이 캐슬〉에 투자하기로 하기로 한 것은 손쉬운 결정이었다.

이와는 반대로, 이번 비밀 보고서는 성 평등 문제를 다루어서 좋은 평판을 얻었던 〈굿 걸즈 리볼트〉에 8,100만 달러를 지출했지만, 이 시리즈는 프라임 회원을 겨우 5만 2,000명 유치하는 데 그쳤다. 이들이 프라임 회원이 되어서 최초로 이용한 서비스가 바로 〈굿 걸즈 리볼트〉를 시청하는 것이었다. 이 시리즈물에 투자한 금액을 신규 프라임 회원 1인당 비용으로 환산하면 1,500달러가 넘는다. 결국 아마존은 첫 번째 시즌이 끝나고 이 시리즈를 접기로 결정했다. 물론 〈더 맨 인 더 하이 캐슬〉과 같은 시리즈물의 장기적인 수익성을 측정하기는 불가능하다. 신규 프라임 회원들이 얼마나 오랫동안 아마존 주변을 맴돌며 얼마를 지출할 것인지 알 수 없기 때문이다. 그러나 로이터가 입수한 보고서는 아마존이 플라이휠의 중요한 요소들을 얼마나 자세하게 측정하고 있는지를 보여준다.

프라임 비디오의 부사장 그레그 하트는 실제 상황은 외부로 유출된 보고서의 내용보다 더 복잡하다고 경고한다. 그는 다음과 같이 말한다. "아마존은 다양한 지표를 가지고 상황을 바라보고 있습니다. 하나의 콘텐츠에 대하여 하나의 지표만으로 훌륭하다거나 훌륭하지 못하다고 평가하지는 않습니다. 예를 들어, 아마존은 신규 프라임 회원을 많이 유치하지는 않지만, 기존 프라임 회원들이 좋아할 만한 오리지널 프로그램을 제작할 수도 있습니다. 이런 프로그램을 폐지해서는 안 될 것입니다. 우리가 바라는 것은 시청자들을 끌어들일 만한 프로그램을 개발하여 프라임 회원들이 다시 돌아오고 싶게 만드는 것입니다. 그리고 그들은 신규 회원일 수도 있고, 기존 회원일 수도 있습니다."

아마존은 인공지능을 활용해 회원들이 프라임 비디오를 절대 끊을 수 없도록 하기 위한 다양한 방법을 찾고 있다. 가장 효과적인 방법은 각각의 시청자에 맞게 텔레비전 쇼를 추천하는 것이다. 인공지능 알고리즘은 아마존이 회원들의 과거 시청 습관을 반영함으로써 시청자들이 가정에서 프라임 비디오로 볼 수 있는 프로그램의 목록을 지속적으로 최적화할 수 있다. 무엇보다 인공지능 알고리즘에서는 각각의 프라임 회원 시청자들을 위해 이러한 작업을 개별적으로 진행하기도 한다. 이 작업을 인간에게 맡긴다면 엄청나게 많은 시간과 인력, 예산이 소요될 것이다. 아마존은 아마존닷컴에서 도서를 대상으로 추천 서비스를 제공하기 시작했고, 이것을 다른 상품으로도 확대했다. 그리고 지금은 각각의 회원이 다음에 어떤 프로그램을 시청하기를 원할지를 지속적으로 예측하고 있다. 누군가가 영국 드라마를 좋아한다면, 그 사람의 프라임 비디오 취향은 시간이 지나면서 조금씩 변할 것이고, 영국에서 제작한 다양한 콘텐츠와 드라마를 제공하는 에이콘TV나 브릿박스(영국 양대 방송사인 BBC와 ITV가 제공하는 스트리밍 서비스-옮긴이)를 추천받을 수 있다. 혹은 PBS의 〈마스터피스〉를 추천받을 수도 있다. 여기에는 18세기 영국 군인의 이야기를 다룬 〈폴다크〉가 있기 때문이다. 하트는 이렇게 말한다. "우리는 당신이 잘 알지 못할 수도 있지만, 알고 나서 시청하기 시작하면 좋아하게 될 프로그램을 소개하기를 바랍니다. 그러면 당신은 시간을 절약할 수 있고, 살면서 느끼는 불편함도 사라집니다. 더 수월하게 비디오를 고를 수도 있습니다." 파이어 TV를 가지고 있으면, 알렉사에게 영화나 텔레비전 쇼를 찾아달라고 부탁하는 것도 도움이 된다. 그리고 플라이휠은 한 단계 더 빠르게 회전한다.

베조스가 말했듯이, 소비자들은 불만에 가득하다. 한 가지 걱정스러운 점은 오늘날의 디지털 라이프 스타일이 이런 불만을 사상 유례가 없는 수준으로 끌어올리고 있으며, 그 선두에는 아마존 프라임 회원들이 있다는 것이다. 소비자들은 스마트폰을 두드리거나 알렉사에 부탁하면 쇼핑을 하거나 볼 만한 영화를 찾거나 처방약을 주문할 때, 가격, 후기, 배송 정보 등을 금방 확인할 수 있다. 오늘날의 소비자들은 이전보다 더 많은 권리를 가지고 있고, 최선의 선택권과 가격, 서비스를 원한다.

물론 이러한 서비스와 선택권이 아마존이 수억 명의 쇼핑객들에게 사랑받는 이유이다. 그러나 디지털 라이프 스타일이 사회적으로나 심리적으로 우리에게 예고하는 것은 무엇일까? 앞에서 지적했듯이, 미국 쇼핑객들이 10달러를 소비할 때, 그중에서 겨우 1달러만을 온라인 쇼핑에서 지출한다. 그러나 이 수치는 앞으로 수십 년 동안에 빠르게 증가할 것이다. 오프라인 매장이 점점 사라지고 주로 사무실이나 가정에서 쇼핑을 하는 세상은 어떤 모습일까?

많은 사람들이 사회적 소외감을 점점 더 많이 느끼게 될 것이다. 가정에서는 이미 디지털 오락기기들이 가득하여 우리가 세상 속으로 나가는 것을 꺼리게 만든다. 좋은 영화를 고화질의 65인치 스크린과 고품질의 입체음향 시스템으로 볼 수 있다면, 무엇하러 극장에 가겠는가? 킨들에서 책을 다운로드받거나 아마존에서 종이책을 구매할 수 있는데, 왜 도서관에 가겠는가? 아직도 식료품 구매는 주로 오프라인 매장에서 이루어지고 있다. 그러나 아마존과 월마트가 2시간 안에 배송을 해주거나 집과 가까운 곳에서 제품을 받아갈 수 있게 한다면, 토마토와 연어를 집 앞까지 배달시키지 않고 직접 매장까지 가서 이웃사람들을 만날 이유가 있겠는가? 이제 세상은 광장공포증이 만연하게 될 것이다. 그리고 우리는 공동체 의식이 사라지게 되는 대가를 치러야 할 것이다. 커피숍에서 친구와 만나기를 꺼리게 될 수도 있다. 구글이 오스트레일리아에서 하고 있듯이, 드론이 따뜻한 커피를 집까지 배달해주는데 왜 커피숍까지 가려고 하겠는가? 또한 농부가 경영하는 작은 가게에서 파는 맛있는 염소치즈, 대형 슈퍼마켓에서 파는 잘 익은 망고를 발견하는 기쁨을 누리지 못할 것이다. 이런 것들은 집에서 알렉사에게 정기 쇼핑 목록에서 배달을 부탁하더라도 찾기가 힘들 것이다. 유일한 해결 수단은 (아무리 편리하더라도) 온라인으로 모든 것을 하려는 유혹을 뿌리치는 것이다. 이것은 힘든 싸움이 될 것이다.

Chapter 7

알렉사가 가져올 유토피아
혹은 디스토피아

인류는 오랜 세월 동안 말하는 기계에 집착해왔다.[1] 기원후 1000년, 박식했던 교황 실베스테르 2세Pope Sylvester II가 알 안다루스(현재 스페인과 포르투갈이 위치한 이베리아 반도를 차지하고 있던 중세 무슬림 국가의 영토-옮긴이)를 여행하며 비밀 지식이 담겨 있는 책 한 권을 몰래 가져와서, (신화에 따르면) 사람들이 묻는 질문에 "예" 혹은 "아니요"라고 대답하는 황동제 기계 헤드를 제작했다고 한다. 이 황동제 기계 헤드는 그에게 교황이 될 것이라고 대답했다. 그리고 그가 예루살렘에서 미사를 마치고 자신이 죽게 될 것인지를 물어봤을 때 "예"라고 대답했다. 실베스테르 2세는 예루살렘의 어느 교회에서 미사를 집전하던 중에 독살당했다.

말하는 헤드가 더 이상 신화에만 존재하지 않고 현실이 되기까지 1,000년에 가까운 세월이 흘렀다. 1950년대에 벨연구소가 1부터 9까지의 숫자음을 인식하는 시스템 '오드리Audrey'를 개발한 것이 첫 번째 업적이었다.[2] 그 무렵에 스탠퍼드대학교의 컴퓨터 과학자 존 매카시John McCarthy 교수가 '인공지능Artificial Intelligence'이라는 개념을 만들어냈다.[3] 그는 이것을 언어를 이해하고 사물과 음성을 인식하고 학습을 하며 문제를 해결하는 것과 같은, 인간에게 주어진 과제를 수행할 수 있는 기계라고 정의했다.

1980년대에는 장난감 회사 월즈 오브 원더에서 아이들이 묻는 간단한 질문에 대답할 수 있는 말하는 인형 줄리를 제작했다.[4] 그러나 음성 인식이라는 명칭에 걸맞는 음성 인식 소프트웨어가 처음 출시된 것은 이후로 10년이 지나서였다. '드래곤Dragon'이라고 불린 이 제품은 말하는 사람이 어색하게 각각의 단어를 분리해서 띄엄띄엄 말하지 않아도 간단한 표현을 인식할 수 있었다.[5] 이러한 발전에도 불구하고 이후로 20년 동안 음성 인식뿐만 아니라 다른 형태의 인공지능 프로그램도 대부분 후원자들을 실망하게 만들었다. 학계에서 말하는 이른바 인공지능의 침체기에 주기적으로 빠져들면서 이 시기에 인공지능의 발전을 위한 자금 지원도 함께 중단되었다. 이렇게 된 근본 원인은 과학자들이 더 똑똑한 프로그램을 만드는 방법을 몰라서가 아니었다. 인공지능 프로그램은 많은 예산이 소요되는 엄청난 규모의 컴퓨팅 능력을 요구하기 때문이었다.

컴퓨터의 처리 능력과 속도가 2년마다 두 배로 증가한다는 무어의 법칙으로 음성 인식 인공지능에 필요한 엄청난 양의 데이터를 저렴한 비용으로 처리할 수 있게 되면서 이 기술의 운명이 바뀌었다. 2010년에는 컴퓨팅 비용이 저렴해지면서 애플이 아이폰에 적용되는 음성 인식 비서 '시리Siri'가 내장된 모바일 앱을 발표했다.[6] 키보드가 작은 스마트폰은 음성 인식을 위한 이상적인 장치이다. 전화기에다 무엇인가를 해달라고 말하는 것이 엄지손가락으로 키보드를 두드리는 것보다는 더 쉽기 때문이다. 곧이어 구글이 '보이스 서치Voice Search'를 내놓으면서 애플의 뒤를 좇았다.

이와 같은 음성 앱은 대부분의 단어는 물론이고 심지어는 속어까지 이해하여 대화체로 반응한다. 그러나 지금까지 이러한 소프트웨어들은 프로그래머가 한 번에 한 줄씩 힘들여서 프로그램을 작성하는 만큼만 기능했다. 바로 이 지점에서 인공지능이 중요한 역할을 한다. 이제 이러한 앱들은 스마트 장치에 내장되어 있을 뿐만 아니라 인터넷을 통해 거대한 컴퓨터 데이터 센터에 접속되어 있기 때문에 더욱 똑똑해지고 있다. 데이터 센터에서는 복잡한 수학 모델을 이용해 (노트북이나 스마트폰에 저장할 수 있는 양보다 훨씬 많은) 엄청난 양의 데이터를 추려내고 다양한 말투를 인식한다. 시간이 지나면서 이런 수학 모델은 단어, 지역 사투리, 구어체뿐만 아니라 대화의 내용을 분석하여(예를 들어 콜 센터에서 고객과의 대화를 녹음한 것을 분석한다) 대화의 맥락까지도 능숙하게 인식한다. 기계가 학습을 하고 있는 것이다.

베조스는 음성 인식 분야에서 빠르게 전개되는 발전을 가만히 보고 있지만은 않았다. 2010년대 초에 아마존의 프라임 프로그램이 좋은 반응을 얻었고, 많은 고객들을 아마존의 세계로 끌어들였다. 하지만 그는 인공지능 플라이휠이 훨씬 더 빠르게 돌아가게 해줄 성장 동력을 찾고 있었다. 그는 음성 인식 기술을 커다란 기회로 보았다.

〈스타 트렉〉의 팬들이(그리고 그들은 〈스타 트렉〉의 진정한 팬인 베조스를 뒤따르게 된다) 넘쳐나는 회사 아마존은 엔터프라이즈호(TV 시리즈 〈스타 트렉〉에 나오는 우주선-옮긴이)의 말하는 컴퓨터를 복제하는 꿈을 꾸기 시작했다. 대화하는 인공지능과 그 밖의 주제에 관한 과학 논문 100여 편을 발표했던 아마존의 알렉사 AI 수석 개발자인 로힛 프라사드Rohit Prasad는 이렇게 말한다. "우리는 음성을 통해 어떠한 서비스도 받을 수 있는 미래를 상상했습니다." 아마존 고객들이 단지 말로 책과 그 밖의 제품을 주문하고 영화와 음악을 다운로드할 수 있는 세상은 어떤 곳일까? 더 이상 컴퓨터 앞에 앉아서 키보드를 두드릴 필요가 없을 것이고, 스마트폰을 찾으려고 주머니에 손을 넣거나 집 전체를 뒤지는 일도 없을 것이다. 2014년 11월에 아마존은 인공지능 음성 인식 비서 알렉사가 내장된 스마트 스피커 에코를 출시했다. 이것은 소비자들이 아마존과 더욱 쉽게 소통할 수 있도록 지원하는 장치이다.

알렉사와 에코는 대박을 터뜨렸고, 2019년까지 1억 개가 넘는 알렉사 내장 장치가 팔렸다.[7] 아마존 장치들의 인기는 대단했고, 아마존이 제품을 최대한 빨리 배송하기 위해 홍콩에서 보잉 747에 실어서 운송을 했는데도 2018년 연말 휴가철부터 이듬해 1월까지 29달러짜리 '에코 닷Eco Dot' 스마트 스피커는 계속 매진된 상태였다.[8] 아마존은 현재 에코뿐만 아니라 전자레인지, 보안 카메라를 포함하여 알렉사가 내장된 수백 종류의 제품을 판매하고 있다. 또한 아마존은 가전 기기 제조업체들을 상대로 전구, 온도 조절기, 보안 시스템, 음향 시스템과 같은 제품에 알렉사를 내장하도록 설득하고 있다. "알렉사, 스포티파이로 니키 미나즈의 노래를 틀어서 거실 소노스 스피커에 연결시켜." 알렉사는 주인이 시키는 대로 해준다.

아마존의 스마트 스피커는 인공지능을 사용하여 인간이 하는 질문을 듣고서 평범한 내용은 물론이고 심오한 질문까지도 인터넷에 연결된 데이터베이스에서 수백만 개의 단어를 조사하여 대답을 해준다. 2019년 알렉사는 알바니아에서 잠비아에 이르기까지 80개가 넘는 국가에서 소비자들로부터 매일 평균 5억 개의 질문을 받고서 대답을 해준다.[9] 알렉사는 음악을 틀어주고, 교통 상황을 업데이트해주고, 보안 시스템을 끄게 해줄 것이다. 또한 아이클라우드 캘린더에 가정에서 벌어지는 각종 이벤트를 기록해줄 것이다. 농담도 하고 잡다한 질문에도 대답하고 산문도 쓰고 심지어는 미숙하게나마 요령을 피우기도 할 것이다(굳이 그러고 싶다면, 알렉사에게 역겨움을 나타내는 말을 한번 해보게 하라).

아마존 에코 스마트 스피커와 알렉사 음성 인식 엔진이 널리 퍼지면서, 아마존은 스티브 잡스가 아이폰을 발표한 이래로 퍼스널 컴퓨팅과 커뮤니케이션에서 그야말로 가장 거대한 변화를 가져왔다. 그리 멀지 않은 미래에 아마존의 에코와 같은 '스마트한' 가정용 장치가 퍼스널 컴퓨터나 스마트폰처럼 중요해질 것이다. 키보드나 스마트폰 화면이 아니라 음성 명령이 우리가 인터넷에서 소통하는 가장 흔한 방법이 될 것이다. 아마존의 프라사드는 이렇게 말한다. "우리는 고객들이 삶에서 느끼는 불편을 제거하기를 원합니다. 그리고 가장 자연스러운 수단은 바로 음성입니다. 이것은 단지 여러 종류의 결과들을 보여주며 그중 하나를 골라보라고 말하는 검색 엔진의 역할만 하는 것이 아닙니다. 당신에게 답을 제시해줍니다."

아마존의 인공지능 플라이휠에 음성이 얼마나 중요한 역할을 하는지 알려면, 아마존이 음성 인식 기술에 수십억 달러를 투자했다는 사실을 생각해봐야 한다. 아마존이 정확한 금액을 공개하지는 않지만, 투자회사 루프 벤처스의 진 먼스터Gene Munster는 아마존과 그 밖의 거대 기술 기업들이 음성 인식 기술에 연간 전체 연구개발비의 약 10퍼센트를 지출하고 있는 것으로 추정한다. 베조스가 알렉사를 얼마나 중요하게 생각하고 있는지에 대해 여전히 의문이 있다면, 앞에서 말했듯이 약 1만 명의 직원들이 아마존의 음성 인식 요정과 그녀의 마법의 램프인 에코의 개발에 매진하고 있다는 사실을 생각해보라.[10] 아마존의 이들 군단은 알렉사의 인공지능 소프트웨어가 더 빠르고 똑똑하고 능숙하게 사람들과 대화할 수 있도록 하기 위해 열심히 일하고 있다. 그들의 목표는 알렉사가 최대한 많은 질문에 대답하고 한 번만 질문해도 즉시 대답하게 하는 것이다. 알렉사는 늘 곁에 있는 친구처럼 느끼도록 설계된다. 따라서 알렉사를 이용하는 프라임 회원들은 아마존의 소용돌이에 더욱 깊이 빨려들 것이다.

컴퓨팅 능력이 더 빨라지고 저렴해지는 것은 물론이고 점점 더 많은 곳에서 활용되면서 음성 인식 기술이 계속 발전하고 있고, 아마존은 음성으로 자사의 스마트 가전 기기와 다른 시스템을 연결하여 끊어짐이 없이 작동하는 네트워크를 쉽게 구축할 수 있게 되었다. 컴퓨터광들 사이에서는 이것을 '생활 환경 컴퓨팅ambient computing'(언제 어디서나 생활 환경에 있는 기기를 연결하여 컴퓨팅하는 것-옮긴이)이라고 한다. 우리는 언제 어디서든 인터넷에 연결될 수 있을 것이다. 알렉사는 소노스 사운드바(이탈리아의 스피커 전문 회사 소노스 파베르에서 제작한 긴 막대 형태의 신개념 음향기기-옮긴이), 자브라 헤드폰, BMW, 포드, 도요타 자동차에 내장되어 있다. 자동차 운전자들은 알렉사에게 집에 있는 에어컨을 켜고, 알람을 해제하고, 전등을 켜고, 퇴근 길에 받아갈 수 있도록 홀푸드에 주문을 해두라고 말할 수 있다. 2019년 가을, 아마존은 알렉사가 훨씬 더 많은 곳에서 활용될 수 있도록 설계된 여러 종류의 신제품들을 출시했다. 여기에는 에코 프레임Echo Frames 안경, 에코 버즈Echo Buds 이어폰, 티타늄 반지인 에코 루프Echo Loop도 포함되어 있다. 이 모든 장치에는 마이크로폰이 내장되어 있을 뿐만 아니라 블루투스를 통하여 스마트폰과 연결되어 있어서, 길을 가다가도 영화 상영 시간이나 가장 가까운 곳에 있는 아마존 고 매장의 위치를 확인할 수 있다. 아마존의 알렉사와 경쟁하는 음성 시스템, '구글 어시스턴트Google Assistant'의 성능과 디자인을 책임지는 구글 부사장 닉 폭스Nick Fox는 이렇게 말한다. "이제는 스마트폰을 켜서 앱으로 들어갈 필요가 없습니다. 장치에다 대고 말만 하면 됩니다. '현관에 누가 있는지 보여주세요'라고 말만 하면 금방 보여줄 것입니다. 이 모든 것이 하나로 통합되어 간편하게 작동합니다."[11]

물론 어떤 의미에서는 이런 장치가 우리 삶을 간편하게 해준다. 그렇지만 또 다른 의미에서는 삶을 복잡하게 만들기도 한다. 모든 스마트 장치들을 설치하고 연결하는 방법을 골치를 썩여가면서 이해해야 하니까 말이다. 그리고 처음에는 많은 사람들이 인터넷에 말을 건네는 것을 혼란스럽고 이상하게 생각할 것이고, 심지어는 조금은 어리석은 짓이라는 생각도 들 것이다. 내 아내는 자기가 하는 말을 알렉사가 한 번에 못 알아들으면 알렉사에 대고 목소리를 높이기도 했다. 그리고는 "나는 알렉사가 싫어"라고 소리치면서 화를 냈다. 때로는 그녀(내 아내가 아니라 알렉사)가 조금은 우둔해 보였다. 무슨 이유인지는 모르겠지만, 그녀는 간조 시간이 언제인지는 알려주면서도 내가 만조 시간을 물어보면 때로는 혼란스러워한다. 알렉사에게 리온 브릿지스(미국의 소울 가수 겸 작곡가—옮긴이)의 노래를 틀어달라고 하면 그렇게 해줄 것이다. 하지만 "거실에서"라는 말을 빼먹으면, 알렉사는 그 음악이 거실에 있는 더 나은 음질의 소노스 스피커가 아니라 부엌에 있는 에코 스피커에서 나오게 할 것이다. 시간이 지나면서 이 시스템에 내장된 인공지능이 알렉사가 더욱 똑똑해지도록 도와줄 것이다. 그리고 아마도 그녀는 대부분의 경우에 굳이 "거실에서"라는 말을 하지 않더라도 우리가 거실에 있는 더 나은 음질의 소노스 스피커를 통하여 음악을 듣기를 원한다고 예상하게 될 것이다.

어쩌면 젊은 세대가 알렉사와 소통하는 방법을 정확하게 알게 될지도 모른다. AWS에서 머신러닝을 담당하는 스와미 시바수브라마니안Swami Sivasubramanian은 이렇게 말한다. "저한테는 3살짜리 딸이 있는데, 이 아이는 집에서 인터넷과는 음성으로만 소통합니다. 제 딸은 알렉사가 있는 세상에서 자라고 있습니다. 알렉사가 있는 세상만을 알고 있죠. 방에 들어가서는 알렉사를 가지고 텔레비전을 켜고 불도 켭니다." 이 아이에게는 알렉사에게 말하는 것이 밀레니얼 세대가 친한 친구에게 엄지손가락으로 문자를 보내는 것만큼이나 자연스럽다.

인공지능은 오랫동안 디스토피아를 그린 대중문화의 주제가 되어왔다. 특히, 〈터미네이터〉와 〈매트릭스〉와 같은 영화에서는 사악하고도 영리한 기계가 폭동을 일으켜서 인류를 위협한다. 고맙게도 우리는 아직은 그 지경이 되지는 않았다. 지금까지 인류가 이룩한 기술 발전에도 불구하고, 음성 인식 기술은 걸음마 단계에 있다. 음성 인식의 적용 범위는 과학자들이 기대하는 수준과 비교하면 초보적인 수준에 있다. 워싱턴대학교 전기공학과 교수로 음성 및 언어 기술 분야의 세계적인 권위자인 마리 오스텐도르프Mari Ostendorf는 이렇게 말한다. "인공지능 음성 인식에서 우리는 겨우 복엽기(날개가 2조로 되어 있던 초창기의 비행기-옮긴이) 시대에서 제트기 시대로 넘어왔을 뿐입니다." 그녀는 컴퓨터가 간단한 질문에는 대답을 잘하고 있지만, 실제 대화를 하는 수준에 이르려면 아직은 절망적이라고 하면서 이렇게 말한다. "음성 인식 인공지능이 상당히 많은 단어를 인식하고 꽤 많은 명령을 이해할 수 있는 것을 보면 거대 기술 기업이 대단한 공헌을 해왔다고 생각합니다. 그러나 우리는 아직 로켓 시대에 있지 않습니다."

음성 인식 시스템은 우리가 하는 말을 인식하기 위해 컴퓨터 과학에 의존하는 만큼 물리학에도 의존한다. 음성은 공기에서 진동을 일으킨다. 음성 엔진이 공기의 진동을 아날로그 음파로 포착하여 디지털 형식으로 변환한다. 그다음에 컴퓨터가 디지털 데이터를 분석하여 의미를 포착한다. 인공지능은 '알렉사'와 같은 '웨이크 워드wake word'(일반적으로 음성 인식 스피커들은 계속 음성 인식을 하는 것이 아니라, 사람이 '알렉사'와 같은 자신을 일깨워주는 특정 단어를 말하면 이때부터 명령을 기다린다.–옮긴이)를 감지함으로써 이 소리가 자신에게 하는 말임을 인식하고, 음성 분석의 속도를 높인다. 그다음에는 수백만 명의 다른 사람들이 자신에게 했던 말을 들으면서 스스로 학습해온 머신러닝 모델이 상대방이 무슨 말을 하는지를 정확하게 추측해낸다. 이와 관련하여 '구글 어시스턴트'의 엔지니어링 담당 부사장 요한 샬쿠이크Johan Schalkwyk는 이렇게 말한다. "음성 인식 시스템은 우선 소리를 인식합니다. 그다음에는 문맥에 맞게 단어를 찾습니다. 만약 제가 '… 날씨가 어때?'라고 물어보면, 인공지능은 빈칸에 나오는 단어가 국가 이름이나 도시 이름이라는 것을 인식합니다. 우리 데이터베이스에는 500만 개의 영어 단어가 저장되어 있습니다. 문맥을 모르는 상황에서 500만 개의 단어 중 하나를 인식하는 것은 매우 어려운 일입니다. 하지만 인공지능이 당신이 도시 이름에 관해서 묻고 있다는 것을 알게 되면, 이제는 3만 단어 중에서 하나를 인식하면 됩니다. 그러면 훨씬 쉽게 단어를 찾을 수 있습니다."

저렴한 비용으로 컴퓨팅 능력을 얻게 되면서 음성 인식 시스템은 학습할 수 있는 기회가 훨씬 더 많아졌다. 알렉사에게 전자레인지를 켜라고 말하려면(이것은 실제 사례이다), 먼저 음성 엔진이 이 명령을 이해해야 한다. 이것은 남부 사람들의 억센 사투리, 어린이의 고음, 영어권 국가 출신이 아닌 사람의 말투를 알아듣기 위해 학습해야 하고, 이와 함께 라디오에서 흘러나오는 노래 가사와 같은 배경 소음을 걸러낼 줄 알아야 한다는 것을 의미한다.

음성 인식 시스템이 어느 정도는 인간의 명령을 능숙하게 실행하는 단계에 있기 때문에 이러한 기술은 커다란 발전을 해왔다고 볼 수 있다. 구글의 샬쿠이크는 자기 회사의 음성 엔진은 2013년에는 80퍼센트의 정확성을 가지고 반응했지만, 지금은 보통 사람의 듣기 능력과 거의 비슷한 95퍼센트의 정확성을 가지고 반응한다고 말한다. 그러나 이러한 수준의 정확성은 예를 들어, "언제 〈미션 임파서블〉이 방영되지?"라고 묻는 것처럼 질문이 간단한 경우에만 해당된다. 알렉사에게 어떤 의견을 물어보거나 이런저런 대화를 길게 해보라. 그러면 이 머신은 미리 저장된 장난스러운 대답을 하거나 불만스럽게 "글쎄요, 잘 모르겠습니다"라고 말할 것이다.

소비자들에게는 음성으로 작동되는 장치가 도움이 되고 때로는 재미난 '비서'가 되기도 한다. 이것을 만들고 자사 데이터 센터의 컴퓨터에 연결시켜야 하는 아마존과 그 밖의 거대 기술 기업의 입장에서 이런 장치는 크기는 작으면서도 매우 효율적으로 데이터를 수집할 수 있도록 해야 한다. 시장조자 기관인 컨슈머 인텔리전스 리서치 파트너스CIRP, Consumer Intelligence Research Partners에 따르면, 아마존 에코와 구글 홈(구글에서 만든 스마트 스피커-옮긴이) 사용자의 거의 70퍼센트가 온도조절기, 보안 시스템과 같은 가전기기 혹은 각 회사의 컴퓨터에 연결되어 있는 장비를 적어도 한 대는 보유하고 있다고 한다.[12] 음성으로 작동되는 가전 기기는 사용자의 일상생활에 관한 수많은 정보를 기록할 수 있다. 그리고 아마존, 구글, 애플이 데이터를 더 많이 축적할수록, 이들이 또 다른 장치나 구독 서비스 혹은 다른 판매자들을 대신해서 광고를 해줌으로써 소비자들에게 더 나은 서비스를 제공할 수 있다.

광고 기회는 쉽게 생길 수 있다. 스마트 온도조절기에 에코를 연결한 소비자는 스마트 조명 시스템을 구매하라는 제안에 호의적인 반응을 보일 수 있다. 사생활 보호를 중요하게 생각하는 사람들에게는 섬뜩한 이야기이지만, 아마존은 개인 정보의 새로운 보고寶庫로서 최고의 자리에 있다. 소비자에 대한 정보가 많을수록, 그들에게 더욱 효율적으로 상품을 판매할 수 있다. 아마존은 알렉사를 통해 얻은 데이터는 소프트웨어를 더욱 똑똑하고 유용하게 만들기 위한 목적으로만 사용된다고 말한다. 그들은 알렉사가 더욱 발전할수록, 프라임 회원을 비롯한 더 많은 고객들이 아마존 제품과 서비스의 가치를 경험하게 될 것이고, 이에 따라 인공지능 플라이휠이 한 단계 더 빠르게 돌아갈 것이라고 생각한다. 아마존의 대변인은 비록 아마존이 디지털 광고 부문에 공격적으로 뛰어들고는 있지만, 현재 광고를 위한 목적으로 알렉사를 통해 얻은 데이터를 사용하지는 않는다고 말했다. 광고 부문이 아마존에서 가장 빠르게 성장하고 수익성도 가장 높은 새로운 사업 중 하나라는 점을 감안하면, 아마존이 알렉사를 통해 수익을 올리면서도 프라임 회원들을 화나게 하지 않는 방법을 찾고 있지 않다는 말은 믿기 어렵다. 일부 소비재 기업들은 '알렉사'라는 검색어에 대한 대답으로 조리법, 청소 팁을 제공하는 유료 콘텐츠 서비스를 이미 실험하고 있다.

아마존이 처음부터 제품의 장점이라고 강조했음에도 사람들이 아마존 장치에 대고 쇼핑을 도와달라는 요구를 하지 않는다. 아마존은 에코 사용자들 중에서 이것을 가지고 쇼핑을 하는 사람들이 몇 명이나 되는지 발표하지는 않을 것이다. 그러나 전략 컨설팅 회사 코덱스 그룹이 최근에 도서 구매자에게 조사한 바에 따르면, 이런 방식의 쇼핑은 여전히 초기 단계에 머물러 있다. 코덱스 그룹은 알렉사를 보유한 사람 중에서 겨우 6퍼센트 만이 이것을 이용하여 온라인으로 제품을 구매한다는 것을 확인했다. 기술 기업을 주로 연구하는 리서치 회사 카날리스의 애널리스트 빈센트 티엘케Vincent Thielke는 이렇게 말한다. "사람은 습관의 동물입니다. 커피 컵을 구매하려고 할 때 스마트 스피커에 대고 당신이 원하는 것을 설명하기는 어렵습니다."

아마존은 에코가 쇼핑 도우미의 역할을 해줄 것이라고는 크게 기대하지는 않는다고 말한다. 특히 이 장치가 음악과 비디오처럼 아마존이 프라임 프로그램을 통해 제공하는 다른 서비스에 끼워넣기식으로 제공되는 것을 고려하면, 그럴 만도 하다. 그렇다고 하더라도, 아마존이 고객들의 가정에 설치한 아마존식의 최적화된 컴퓨터가 아마존의 소매 사업을 촉진시켜줄 것이라고 기대하는 것은 당연하다. 아마존의 자연 언어 처리 전문가 프라사드는 이렇게 말한다. "당신이 더블A 배터리를 구매하고 싶다면, 그것을 직접 확인할 필요가 없습니다. 어떤 것이 더블A 배터리인지를 기억할 필요가 없습니다. 당신이 이전에 배터리를 구매한 적이 없더라도, 우리가 당신을 위하여 배터리를 찾아줄 것입니다." 물론 이렇게 찾아준 물건

중에는 때때로 아마존의 자사 브랜드 제품이 포함되어 있다.

코덱스 그룹의 사장 피터 힐딕 스미스[Peter Hildick-Smith]는 이렇게 말한다. "아마존이 이러한 장치를 가지고 미국에 융단 폭격을 가하고 있습니다. 행동을 바꾸는 것은 상당히 어려운 일입니다. 그리고 기업들은 그렇게 하기를 싫어합니다. 그러나 쇼핑객들이 식료품과 그 밖의 제품들의 목록을 알렉사에게 말하기만 하면 그 제품들이 당일에 배달된다는 사실을 깨닫게 되는 때가 오면, 이것은 해당 산업에 놀라울 정도로 파괴적인 영향을 미치게 될 겁니다. 경쟁 기업들이 아마존이 이런 쇼핑 목록을 보유하고 있다는 사실을 알게 되더라도, 이미 때는 너무 늦습니다. 이것은 베조스가 하는 장기적인 체스 게임의 전형입니다. 알렉사가 쇼핑을 해주는 것이 오늘날에는 아무런 가치가 없어 보이지만, 5년 뒤에는 수십억 달러의 가치를 지닐 것입니다."

최근의 연구는 알렉사와 그녀의 가족들이 실제로 베조스가 요구하는 수준에 도달했을 수도 있음을 시사한다.[13] 리서치 회사 OC&C 스트러티지 컨설턴트[OC & C Strategy Consultants]는 2018년에 겨우 20억 달러였던 음성 쇼핑을 통한 매출이 2022년에는 400억 달러에 이를 것으로 예상한다. 스피커 부문에서의 중대한 발전이 이러한 전망을 가능하게 한다. 지금 아마존과 구글은 스크린이 부착된 가정용 스마트 장치를 판매하고 있다. 소형 컴퓨터와 텔레비전 세트를 이종 교배한 전자 기기처럼 보이는 이 장치로 소비자들은 더욱 편리하게 온라인 쇼핑을 할 수 있게 되었다. 2017년에 아마존은 10인치 스크린이 부착된 에코 쇼를 230달러에 출시했다. 이것은 다른 에코 장치와 마찬가지로 알렉사가 내장되어 있지만, 사용자들이 물건의 이미지를 볼 수 있다. 에코 쇼를 통해 사람들은 버튼을 누르거나 컴퓨터 마우스를 조작하지 않고서도 자신이 주문하고 있는 제품뿐만 아니라 쇼핑 목록, 텔레비전 쇼, 노래 가사, 보안 카메라에 찍힌 영상, 몬태나에서 휴가를 보내면서 찍은 사진을 볼 수 있다.

사물 인식 기술(이것은 음성 인식 기술의 형제 격이라 할 수 있는데, 군중 속에 있는 범죄자의 얼굴을 인식하는 데 오랫동안 사용되었다)이 발달하면서, 이와 같은 장치를 사용하여 쇼핑을 하는 것이 훨씬 더 편리해질 것이다. 2018년 말 아마존은 스냅챗과 함께 한 가지 앱을 테스트하고 있다고 발표했는데, 고객들이 스냅챗에서 카메라로 제품 혹은 바코드의 사진을 찍으면 아마존 제품 페이지를 화면으로 볼 수 있게 해주는 앱이다. 그다음 단계는 쉽게 예상할 수 있다. 고객들은 에코 쇼 혹은 스마트폰에 내장된 카메라를 사용하여 구매하고 싶은 제품의 사진을 찍고, 이와 같거나 비슷한 제품을 스크린으로 살펴볼 수 있게 하는 것이다. 물론 가격, 평가 등급, 프라임 배송의 제공 여부도 함께 스크린에 나타난다.

한번은 이 책을 쓰는 작업을 미적거리던 중에 이미지 인식 기술을 실제로 체험해본 적이 있다. 내 아이폰에 영국의 패션 사이트 ASOS 앱을 깔고서, 갈색 톱사이더(미국 보트슈즈 메이커인 스페리 톱사이더사의 상품명-옮긴이) 보트슈즈의 사진을 찍었다. 스크린에서는 비슷한 색상과 스타일의 보트슈즈 여섯 개가 불쑥 튀어나왔다. 내가 해야 할 일은 마음에 드는 보트슈즈의 사진을 클릭하는 것 외에는 아무것도 없었다. 이 기술은 잘 작동했다. ASOS에는 미안한 일이지만, 사실 나는 또 다른 보트슈즈가 필요하지는 않았다.

구글은 지금 반격을 하고 있고, 아마존이 음성 쇼핑을 차지하도록 내버려두지 않을 것이다. 검색 엔진 부문의 거대 기업인 구글은 아마존처럼 제품을 직접 판매하지는 않지만, 구글 쇼핑 사이트가 소매업체들을 구글 검색 엔진에 연결시켜 놓았다. 구글은 이미 '구글 홈'이라는 장치를 쇼핑 도구의 반열에 올려놓았다. 예를 들어, 구글은 스타벅스와 파트너십을 체결하여 디카페인 커피를 마시는 직장인이 '구글 어시스턴트'에게 "평소에 마시던 것"을 주문하고서 매장에 도착하는 즉시 그란데 카푸치노를 즐기게 할 수 있다. 중국에서는 알리바바가 '티몰 지니Tmall Genie'라는 스마트 스피커를 개발하여 자동차에 적용하고 있다(예를 들어, 중국의 BMW 고객들은 이 시스템을 사용하여 온라인 주문을 하고, 영화 목록을 보고, 좋아하는 음악을 듣고, 목적지의 날씨를 확인할 수 있다). 또한 '티몰 지니'는 레스토랑이나 일반 매장에서 주문을 하거나 대금을 지불하는 데에도 사용된다.

알리바바의 물류 자회사인 차이냐오는 연간 250억 개의 제품 패키지를 배송하는데, 이것을 정해진 시간에 정해진 장소에 배송하는 것은 엄청나게 힘든 과제이다. 2018년 말에 개최된 신경정보처리시스템학회Neural Information Processing Systems에서 알리바바 부설 연구소는 자사의 300만 택배 배달원들이 작업을 편하게 할 수 있도록 설계된 가상의 고객 서비스 직원을 선보였다.[14] 알리바바 측은 음성 인식 소프트웨어가 완전히 보급되면, 자사의 택배 배달원들이 전화 통화를 하느라고 보내는 시간을 연간 16만 시간가량 줄일 수 있을 것으로 추정했다. 가상 서비스 직원은 고객을 응대하면서 "누구세요?"라는 식의 예상치 못한 반응으로 작업이 중단되는 상황까지도 감당하며 배송과 관련하여 사람처럼 추론을 한다. 고객이 집에 없다고 하면 이 가상의 직원은 다른 배송 방법을 제시해야 한다는 것을 인식한다. 아래에는 이 머신과 고객과의 대화가 어떻게 진행되는지 나와 있다.

가상 서비스 직원 : 여보세요, 차이냐오 음성 서비스입니다.

고객 : 여보세요.

가상 서비스 직원 : 네, 오늘 오전에 컬처 웨스트 로드 588번지로 우편물을 배달할 예정입니다. 그 시간에 우편물을 받을 수 있으세요?

고객 : 누구시라고요?

가상 서비스 직원 : 차이냐오 음성 서비스입니다. 오늘 오전에 컬처 웨스트 로드 588번지로 우편물을 배달하러 가도 되는지를 확인하고 싶습니다. 괜찮으세요?

고객 : 오늘 오전에 집에 없어요.

가상 서비스 직원 : 그러면 다른 주소를 알려주시겠습니까?

가상 서비스 직원은 "오늘 오전에 집에 없어요"라는 말을 듣고는 우편물을 다른 주소로 배달해야 한다고 추론해야 한다(그러면 기계치고는 상당히 똑똑하다는 소리를 듣는다). 물론 인공지능 음성 서비스 직원도 인간과 마찬가지로 분명 실수를 할 것이다. 그러나 이 기계의 장점은 계속 똑똑해지고 있다는 것이다. 알리바바가 스마트 음성 인식 비서에게 수백만 건의 고객과의 통화 기록을 계속 제공하기 때문에, 이 서비스의 알고리즘은 상대방의 말투, 질문하는 방식, 배송과 관련된 다양한 요구와 이를 해결하는 방법이나 해결하지 못하는 원인을 지속적으로 학습할 수 있다.

기술적으로 눈부신 이 모든 업적에 불구하고, 음성 인식과 관련하여 상당히 우려스러운 요소가 남아 있다. 기술 기업이 고객의 대화를 얼마나 엿듣고 있는가, 그들이 수집한 대화를 통해 얻어낸 정보를 데이터로 활용하여 얼마나 많은 권력을 축적하고 있는가에 대한 정당한 우려가 계속 남아 있다. 아마존과 알리바바와 같은 권력 기관이 막대한 양의 개인 정보를 관리하고 있다는 사실은 사람들을 불안하게 만들 수 있다. 특히, 사생활 보호를 중요하게 생각하면서 이러한 기관들이 가정, 자동차, 사무실에서 우리가 나누는 대화를 엿듣게 될까봐 걱정하는 사람들이라면 더욱 그렇다. 이러한 걱정을 하는 데에는 그만한 이유가 있다. 스마트 스피커는 "알렉사", "헤이 구글"과 같은 웨이크 워드를 감지할 때에만 듣기 모드에 들어가게 되어 있다. 2018년 5월에 아마존은 오리건주 포틀랜드에 거주하는 회사원이 부인과 나누는 성적인 내용의 은밀한 대화를 같은 회사 직원에게 잘못 전달한 적이 있었다.[15] 아마존은 이와 같은 대소동이 알렉사가 두 사람의 대화 내용을 잘못 이해해서 빚어진 일이라고 하면서 공식적으로 사과했다.

2018년 말에는 독일에 거주하는 아마존 고객이 자신의 개인적인 활동에 관한 데이터를 요청했는데(유럽에서 새로 제정된 사생활 보호법에 따라 이런 권리를 행사할 수 있다), 모르는 사람의 알렉사 음성 기록 1,700건이 담긴 파일을 받았다.[16] 이 고객은 그 사람이 자신의 사생활이 침해된 사실을 모르고 있다는 것을 우려하여 이런 사실을 알려야겠다는 생각에, 독일의 컴퓨터 매거진 《체 아포스트로프 테》와 이 파일을 공유했다. 《체 아포스트로프 테》의 편집자는 파일 내용을 듣고서 대화 속에 나오는 단편적인 정보들을 끼워 맞춰 에코와 파이어 TV를 소유한 사람의 자세한 모습을 그려보고 그 사람의 개인적인 습관을 추론할 수 있었다. 이 잡지사는 다음과 같은 기사를 썼다. "우리는 우리가 전혀 모르는 사람의 사생활을 그 사람이 전혀 알지 못하는 가운데 들여다볼 수 있다. 그리고 우리가 하고 있는 부도덕하고 관음증에 가까운 짓이 결국에는 우리 자신을 소름끼치게 할 것이다. 데이터를 통해 알 수 있는 알람 시각, 스포티파이 명령어, 대중교통 조회가 이 피해자의 개인적인 습관, 직업, 좋아하는 음악에 대해 많은 것을 알려준다. 이러한 파일을 갖고 있으면, 관련 당사자는 물론이고 그 사람의 여자 친구의 신원도 쉽게 알 수 있다. 날씨에 대한 질문, 이름, 심지어는 성을 통해 우리는 금세 그 사람의 주변 친구들에게 초점을 맞출 수 있다. 페이스북과 트위터에 공개된 데이터가 사용자에 대한 상세한 내용까지 알려주기 때문이다."

그 사람은 이 잡지사로부터 연락을 받고는 심한 충격을 받았다. 아마존은 급히 사과를 하고는 이번 일이 직원 한 사람이 저지른 일회성의 잘못이라고 말했다.

사람들이 걱정하는 것은 사생활 보호만이 아니다. 입으로 하는 말은 키보드로 입력하는 명령어보다 잘못을 저지를 가능성이 훨씬 더 많고, 때로는 재정적으로도 심각한 영향을 미칠 수 있다. 2017년에는 댈러스에 사는 6살 소녀가 알렉사에게 과자와 인형의 집에 관해 말을 걸었는데, 며칠이 지나서 과자 4파운드와 160달러짜리 인형의 집이 이 소녀의 집으로 배달된 사건이 있었다. 당시 아마존은 부모들이 알렉사에게 이 소녀가 주문한 것을 취소하라는 말을 했어야 했다고만 말했다.

1억 개가 넘은 이러한 장치들이 이미 설치되어서 듣기 모드에 들어가 있는 상황에서, 음성이 기계와 사람이 서로 소통하기 위한 지배적인 방식이 되는 것은 시간문제이다. 따라서 알렉사와 그녀의 경쟁자들은 '짧게 대답하는 세상, 주의를 집중하는 시간이 아주 짧아지는 세상, 문자 언어를 잊어버리는 세상을 향해 가고 있는가?'라는 질문에 대한 대답을 촉구한다. 알렉사가 길고 복잡한 대화를 할 만큼 똑똑해지더라도, 그리고 그녀가 수십 년이 아니라 수년 이내에 그렇게 되더라도, 우리가 가장 자극적인 대화를 어떤 알고리즘과 함께 하는 것은 분명히 이상하게 여겨질 것이다. 언어학자 존 맥워터John McWhorter는 자신의 저서 《바벨의 위력》에서 글쓰기는 인간의 진화 과정에서 일시적으로 나타나는 현상이라는 무서운 추측을 했다. 그는 인간이 딱딱한 글쓰기보다는 말하기와 이모티콘과 약칭으로 문자를 주고받기를 선호한다고 주장했다.

다양한 이유로 우리는 음성을 통해 소통하게 될 것으로 예측된다. 예를 들어, 음성은 전문가와 초보자를 구분하는 산업에 민주화의 바람을 일으킬 것으로 보인다. 음성을 이용하면 교육 수준이 높지 않은 사람도 음성으로 작동되는 시스템을 사용할 수 있고, 키보드를 조작할 수 없는 파킨슨병 환자도 인터넷을 사용할 수 있다. 음성은 온라인 접속이나 컴퓨터 조작을 할 줄 모르는 사람도 가정의 보안 시스템을 작동시키는 것 같은 작업을 할 수 있게 해준다. 음성은 낯선 기술을 두려워하는 나이든 사람도 운전을 하면서 웹과 소통할 수 있게 해준다. 결론적으로 음성은 아마존의 세계에 들어올 수 있는 사람을 확대하고 있다.

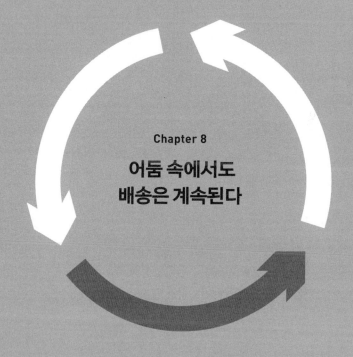

Chapter 8

**어둠 속에서도
배송은 계속된다**

인터넷의 역사 전반에 걸쳐서, 거대 기술 기업은 주로 사이버 공간이라는 무형의 세계를 다루어왔다. 페이스북과 텐센트의 소셜 미디어 플랫폼은 수많은 서버 팜을 통하여 빛의 속도로 이동하는 전자의 거대한 흐름에 지나지 않는다. 구글과 바이두의 검색 엔진도 마찬가지이다. 이 기업들의 사업 모델이 갖는 특성을 감안하면, 이들은 (상대적으로 말하자면) 많은 사람들에게 일자리를 제공하지 않는다. 아마존이 65만 명을 고용하고 있지만, 구글의 모회사 알파벳은 9만 8,000명을 고용하고 있다.[1] 이에 반해 페이스북은 겨우 3만 6,000명을 고용하고 있다. 그리고 이러한 일자리의 대부분은 기술 수준이 높고 임금을 많이 받는 프로그래머와 데이터 과학자에게 돌아간다. 알파벳, 페이스북, 바이두를 비롯하여 그 밖의 거대 기술 기업들은 자동화로 위협받지 않는 일을 하는 사람들을 주로 고용한다.

이에 반하여, 아마존은 사이버 공간에서 활동할 뿐만 아니라 유형의 공간에서도 활동한다. 아마존은 (본질적으로는 우리가 현실 세계에서 경험하는 것들의 대부분을 디지털화하는) 사물 인터넷을 가장 앞장서서 채택하고 있다. 휴대폰, 아마존 에코 스마트 스피커, 아마존 전자레인지, 이어폰, 온도조절기와 같은 장치들이 인터넷에 접속되면서 이 장치들은 더욱 똑똑해질 뿐만 아니라 조작도 수월해진다(그리고 7장에서 보았듯이, 이러한 장치를 만드는 기업이 우리의 구매 습관에 관한 데이터도 더욱 쉽게 수집할 수 있다). 사업 영역에서는 센서 비용이 저렴해지고 알고리즘이 똑똑해진 덕분에, 창고 로봇, 스캐너, 자율주행 배달용 밴도 인터넷에 접속된다. 2022년이 되면, 세계적으로 인터넷에 접속된 장치가 290억 개가 넘을 것으로 예상된다. 이것은 세계 인구의 네 배가 넘는 숫자이다.[2]

지금 알리바바, 제이디닷컴, 텐센트 그리고 스마트 가전 기기와 자율주행 자동차를 만드는 구글의 모회사 알파벳과 같은 거대 기술 기업들은 우리 삶의 구석구석까지 인공지능이 파고들도록 만들기 위해 아마존과 같은 길을 가고 있다. 이것은 세계 고용 시장에 암울한 그림자를 드리운다. 이러한 기업들이 창고 운영을 자동화하고, 드론과 자율주행 트럭을 사용하여 제품을 배달하면, 육체노동자들이 찾는 좋은 일자리는 급속도로 사라질 것이다. 게다가 아마존과 그 밖의 글로벌 거대 기술 기업들이 새로운 산업으로 옮겨가면서, 헬스케어, 은행 등 경제의 다른 부문에서도 디지털화를 가속화하고, 고용에 훨씬 더 커다란 충격을 가할 것이다.

아마존의 소매 사업이 유형의 특성을 갖는다는 사실은 앞으로 우리의 일터에서 벌어질 엄청난 혼란에서 중점적인 문제가 될 것이다. 이러한 혼란은 우리 사회가 전혀 경험해보지 못했던 것이다. 베조스는 지난 역사를 통틀어 로봇공학, 빅데이터, 인공지능 기술을 가장 공격적이고 성공적으로 실행에 옮기는 기업을 설립했다. 이 회사가 지금까지는 수십만 개의 일자리를 창출했지만, 인공지능과 로봇의 성능이 향상되고 전 세계의 점점 더 많은 기업들이 베조노믹스를 채택하기 시작하면서 이런 추세는 곧 역전될 것이다.

베조노믹스를 사업을 하기 위한 새로운 패러다임의 출발점이라고 생각해보라. 1913년에 헨리 포드가 조립 라인을 통한 생산이 효율적이라는 것을 입증하면서, 몇몇 다른 자동차 제조업체들도 이러한 생산 방식을 채택했고, 결과적으로 세계에서 가장 규모가 큰 자동차 산업을 일으키게 되었다.[3] 숙련된 기술자들이 한 번에 부품 한 개씩 공들여서 조립하던 수백 개의 소규모 자동차 제조업체들은 잠시 사업을 유지했지만, 결국에는 완전히 문을 닫고 말았다. 1961년에 캘리포니아주의 스타트업 페어차일드 반도체가 최초로 마이크로칩을 판매하기 시작했다.[4] 마이크로칩의 개발로 전자 기기들이 소형화되었고, 컴퓨터를 사용하는 기업들이 과거에는 전혀 생각지도 못했던 수준으로 세계 시장을 향해 뻗어나갈 수 있었다. 이처럼 획기적인 발전은 수많은 경리직원, 중간 관리자, 전화 교환원들을 일터에서 쫓아냈다. 스위스에 위치한 유럽입자물리연구소CERN, Conseil Européen pour la Recherche Nucléaire의 컴퓨터 과학자 팀 버너스리Tim Berners-Lee는 1989년에 웹에서 서버와 클라이언트의 커뮤니케이션을 용이하게 해주는 HTTP 인터넷 표준을 개발했다.[5] 이후로 몇 년 동안 많은 기업들이 웹을 하나의 사업 모델로 채택했다. 이것이 우리에게 노트북, 스마트폰, 검색 엔진, 온라인 쇼핑, 소셜 미디어라는 것을 가져다주지만, 다수의 신문사, 서점, 소매업체들이 폐업을 하게 만들었다.

지금은 인공지능 기술이 등장했고, 제프 베조스가 인공지능이 자신의 플라이휠 사업 모델과 결합되었을 때 얼마나 가공할 만한 힘을 가질 수 있는지를 몸소 보여주고 있다. 모든 기업들이 조악한 형태로든, 자신들만의 변형을 찾아내든, 인공지능을 적용하려 노력하면서, 베조노믹스는 모든 부문에 스며들고 있다. 그러나 한 가지 분명한 사실이 있다. 이 모든 발전에는 막대한 희생이 따른다는 것이다. 아마존과 그 뒤를 따르는 여러 기술 기업들은 사회와 경제에 역사상 유례가 없는 엄청난 혼란을 일으키게 될 것이다. 당신이 아마존, 알파벳 혹은 알리바바의 주식을 보유하고 있지 않다면, 이러한 혼란이 당신에게 결코 좋은 일은 아닐 것이다.

베조노믹스가 널리 보급되면 승자독식의 경제가 훨씬 더 극명하게 펼쳐지고 세계적으로 빈부격차가 확대될 것이다. 인공지능이 탑재된 로봇이 확산되면서 창고와 항만 노동자, 택시와 트럭 운전사, 계산대 점원에 이르기까지, 세계적으로 수억 명의 근로자들이 실직 상태에 빠질 것이다. 그리고 궁극적으로는 기업들이 베조노믹스를 채택하면서, 가장 먼저 베조노믹스를 적용한 기업들은 어느 누구도 넘볼 수 없는 경쟁력을 갖게 될 것이다. 아마존의 온라인 가격 정책과 배송 방식, 서비스에 맞추려 노력해온 소매업체들은 이 점을 잘 이해하고 있다.

롱아일랜드시티의 주민들이 아마존의 제2본사 설치에 반대하든, 미국 대통령이 트위터로 베조스를 비난하든, 아마존은 빈부격차를 심화하고 미래의 고용을 위협하고 일반 상점들을 폐업하게 만든 것에 대하여 다양한 방식으로 비난을 받고 있다. 아마존을 비난하는 사람들의 주장은 일정 부분 사실이다. 아마존은 분명 사회와 세계 경제를 혼란에 빠뜨리고 있으며, 그 혼란의 강도는 앞으로 더욱 거세질 것이다. 그러나 이러한 현상을 중단시킨다고 해서 많을 것을 얻을 수 있을 것 같지는 않다. 정치인들이 내일이라도 당장 아마존을 폐업시킬 수도 있다. 그러나 인공지능으로 탄력을 받은 베조노믹스가 고용에 계속 위협을 가할 것이고, 빈부격차를 심화할 것이고, 가장 기민하게 움직이는 기업들이 경쟁자를 쉽게 압도하고 권력을 차지하는 데 도움을 줄 것이다. 아마존은 유형의 세계에서 인공지능이 대규모로, 그리고 성공적으로 적용될 수 있다는 것을 처음으로 보여준 기업에 불과하다. 다른 기업들도 분명히 아마존의 뒤를 따를 것이다.

대량 실업의 공포로 인해 미래를 걱정하는 근로자들의 우려와 그를 비난하는 사람들이 베조스를 자본주의의 병폐의 핵심이라고 주목한다면, 그 이유를 이해하는 것은 그다지 어렵지 않다.[6] 컨설팅 기업 맥킨지가 제시한 최악의 시나리오에 따르면, 2030년까지 자동화로 인하여 세계 노동인구의 30퍼센트에 해당하는 8억 명이 일자리를 잃게 될 것으로 추정한다. 이에 대해 맥킨지는 헬스케어 부문에서의 지출 증가와 인프라, 에너지, 기술 부문의 투자 증가로 경제가 성장하며 고용 감소를 상쇄하게 될 것이라는 보고서를 재빨리 내놓았다.[7] 궁극적으로는 경제 성장이 대체할 수 있는 일자리를 제공해줄 것이라는 주장이 옳을 수도 있지만, 이 과정에서 세계 노동자의 거의 3분이 1이 새로운 일자리를 찾아야 할 것이라는 시나리오는 등골을 오싹하게 한다. 이 시나리오는 자동화로 일자리를 잃은 수많은 창고 근로자, 콜 센터 직원, 식료품점 계산원, 소매점 점원, 트럭 운전사들이 기술을 금방 쉽게 배워서 컴퓨터 프로그래머, 태양열 패널 설치자, 요양 보호사가 될 것이라는 착각을 하게 만든다. 언젠가는 세계 경제가 일자리를 잃어버린 8억 명을 위한 새로운 일자리를 창출할 수도 있다. 그러나 이 과정에서 발생하는 혼란은 엄청날 것이다.

지금까지 기술은 노동자가 일을 좀 더 편하게 할 수 있도록 도움을 주는 역할을 했다. 조립 노동자들을 위해 엄청난 무게의 자동차 후드를 들어

올리는 로봇 팔을 생각해보라. 일부 경제학자들은 지금까지 상당히 다양하고 효율적인 기술이 많이 개발되었기 때문에, 기술이 이제 더 이상 예전처럼 좀 더 편하게 일할 수 있도록 하는 데에는 사용되지 않을 것이고, 이미 임계점을 지나서 자동화로 인한 혼란에 가장 취약한 제조업, 트럭 운송, 물류, 소매, 관리 부문의 노동을 대체하게 될 것이라고 생각하기 시작했다. 옥스퍼드대학교의 대니얼 서스킨드Daniel Susskind 교수는 자신이 "선진자본advanced capital"이라고 일컫는 새로운 종류의 자본에 초점을 맞춘 경제 모델을 제안했다.[8] 이것은 노동을 완전히 대체하기 위한 투자를 의미한다는 점에서 선진적이다. 그의 모델에 따르면 임금이 제로 수준으로 떨어지는 시나리오까지 도출된다. 그의 제안이 아직은 주류로 자리를 잡지는 않았지만, 생각만 해도 끔찍하다.

나는 아마존의 자동화가 미래의 일자리를 얼마나 위협하는지를 더 잘 이해하기 위해 워싱턴주 켄트에 위치한 거대한 창고를 방문했다. 아마존의 풀필먼트 센터(아마존에서는 이렇게 부른다)에서 시간을 보낸 사람이라면, 그곳에서 하는 일이 결코 성취감을 가져다주지는 않는다는 사실을 알 수 있다. 시애틀 외곽에 있고 81만 5,000스퀘어피트(2만 2,904평)에 걸쳐서 조성된 켄트의 창고 시설에서는 2,000명의 근로자들이 일하고 있다. 그러나 이 숫자를 곧이곧대로 받아들여서는 안 된다. 창고가 4개 층으로 운영되기 때문이다. 다시 말해 창고의 실제 규모는 200만 스퀘어피트(5만 6,206평)로, 46에이커가 넘는다.

창고 내부에서 아주 멀리까지 바라보면, 높이 솟아 있는 하얀 벽 위로 밝은 흰색의 수술실 조명등 여러 개가 길게 매달려 있는 격자 모양의 검정색 대들보와 천장이 보인다. 각 층들은 18마일(29킬로미터)에 달하는 컨베이어벨트에 의해 연결되어 있고, 이 컨베이어벨트 위에서 아마존의 스마일 박스가 다음 목적지를 향해 쉬지 않고 빠르게 움직인다. 이처럼 거대한 공간에는 안전을 표시하는 노란색의 철제 난간과 계단이 거미줄처럼 일정한 간격으로 배치되어 있다. 이런 난간에서 티셔츠, 반바지, 런닝화 차림으로 제품을 바구니에 집어넣거나 꺼내거나 박스에 넣고 포장하는 아마존 창고 근로자들을 볼 수 있다. 컨베이어벨트는 마치 제트 엔진같은 굉음을 낸다. 이러한 굉음은 때로는 지게차의 경고음 혹은 로봇 팔이 휙 하고 지나가는 소리에 묻혀버리기도 한다.

세계 도처에 퍼져 있는 175개의 아마존의 풀필먼트 센터는 세계에서 가장 자동화된 곳이다.[9] 2012년 아마존은 키바 로봇들을 총 7억 7,500만 달러에 매입했고, 이후 자사 창고를 로봇으로 채우기 시작했다. 그리고 지금은 약 20만 대에 달하는 로봇들이 예전에는 사람이 하던 일을 하면서 아마존의 시설 주변을 윙윙 소리를 내며 움직이고 있다. 어떤 의미에서 이것은 좋은 현상이다. 지금 로봇은 사람을 대신하여 제품 패키지와 바구니를 들어올리는 것을 포함해 아주 힘든 일들을 해주고 있다. 예를 들어, 대형 로봇 팔은 제품을 가득 실은 무거운 화물 운반대를 아래층에서 위층으로 들어올려줄 수 있다. 어느 기관이 추정한 결과에 따르면, 이러한 로봇을 사용하는 아마존의 창고가 롯봇이 없는 풀필먼트 센터와 비교할 때 재고를 1스퀘어피트당 평균 50퍼센트 더 많이 수용할 수 있고, 운영비를 20퍼센트나 절감할 수 있다고 한다.[10]

인공지능은 각각의 제품이 아마존 창고에서 어떻게 흘러가게 할지를 통제한다. 이때 데이터 과학자들이 소프트웨어를 지속적으로 업데이트하고, 각 층마다 로봇이 몇 대가 필요한지, 로봇이 어느 노란 바구니를 집어야 하며, 어디로 가서 제품을 포장하기에 가장 적당한 위치에 있는 근로자가 가장 적당한 위치에 있는 제품을 집을 수 있게 해줘야 하는지를 최적화하기 위해 시뮬레이션을 실시한다. 이 시스템은 정교하게 짜인 발레 공연처럼 움직인다. 로봇이 신속하게 움직이지 않으면, 근로자는 그냥 빈둥거리면서 서 있어야 한다. 지나칠 정도로 신속하게 움직이면, 바구니들이 밀리고 정체되면서 작업 속도가 느려진다. 중요한 것은 움직임을 최적화하는 것이다. 바로 인공지능 알고리즘이 이것을 해준다.

아마존은 이처럼 로봇을 배치한 후에도 풀필먼트 센터에서 여전히 12만 5,000명의 정규직 직원을 고용하고 있고, 휴가철에 일이 몰릴 때에는 적어도 10만 명의 비정규직 직원을 고용한다.[11] 아마존닷컴의 전체 비용에서 창고 운영과 배송에 소요되는 비용이 가장 많은 부분을 차지한다. 따라서 극단적인 효율성을 추구하기로 소문난 아마존이 데이 원 정신에 입각해서 비용을 절감하고 운영을 합리화하려고 하는 것은 당연한 일이다. 그 과정이 계속 진행되면 로봇은 점점 많아지고 사람은 점점 줄어들 것이다.

아마존 창고에 산더미 같이 쌓여 있는 제품을 옮기는 사람들에게는 여기서 하는 일이 힘들고 반복적이고 스트레스가 될 수 있다. 정규직원들은 주 4일에 하루 10시간을 힘들게 근무한다. 매일 30분의 점심시간과 15분의 휴식이 두 차례 주어진다. 화장실에 갈 시간도 없어서 회사가 가혹할 정도로 빠른 작업 속도를 요구한다며 불만을 표시하는 직원들도 있다. 아마존 제품 패키지를 약속된 이틀 혹은 이보다 더 짧은 시간 안에 배송하려면, 직원들이 항상 압박을 받으면서 현기증이 날 정도로 신속하게 작업을 해야 한다. 이런 현상을 바라보는 한 가지 시각은 아마존이 (최저 임금 15달러로 업계에서 최고라는 사실을 차치하면) 제품 패키지를 저렴하고 신속하게 배송하기 위해 사회에서 가장 밑바닥에 있는 계층을 쥐어짜고 있다는 것이다. 뿐만 아니라 아마존이 높은 수준의 작업 기준을 정하면서, 세계 전역의 나머지 물류업체들도 아마존과 같은 정도로 신속한 작업을 강요하게 되었고, 이에 따라 노동자들이 더 심한 압박을 받고 있다.

아마존 창고에서 가장 중요한 작업은 두 가지로 나눌 수 있다. 들어오는 제품을 바구니에 집어넣는 작업과 박스에 넣어 배송하기 위해 제품을 바구니에서 꺼내는 작업이다. 대부분의 창고에서는 이 과정이 이미 상당히 자동화되어 있다. 아마존의 컴퓨터는 바구니에 제품을 집어넣는 사람에게 어느 바구니에 제품을 저장할 공간이 있는지를 말해준다. 예를 들어, 당근 껍질 벗기는 칼이 제조업체에서 도착하면, 제품을 바구니에 집어넣는 사람이 그것을 스캔하고, 작업 장소에 설치된 스크린이 어느 바구니가 제품을 집어넣기에 가장 적합한지를 알려준다.

고객이 당근 껍질 벗기는 칼을 주문하면, 아마존의 발판 크기의 오렌지색 로봇이 어느 바구니에 그것이 있는지를 알고서, 바구니가 가득하게 쌓여 있는 6피트(183센티미터) 높이의 황색 선반을 향해 달려간다. 그다음에는 그 선반 밑으로 미끄러지듯이 들어가서 선반을 싣고서 제품을 꺼내는 직원에게 가져다준다. 그 직원의 작업 장소에 설치된 스크린이 어느 바구니에 당근 껍질 벗기는 칼이 있는지를 알려준다. 그러면 그 직원은 그것을 집어서 스캔을 하고 토트백에 넣는다. 그다음에 이 토트백은 컨베이어벨트 위에서 포장하는 곳으로 이동한다. 이곳에서 포장 직원이 제품들을 배송 박스에 넣고 포장을 한다. 로봇이 박스에 라벨을 붙이면, 제품이 선적장으로 갈 준비가 끝난다.

이 모든 과정이 〈내 사랑 루시〉에서 루실 볼(미국의 유명 코미디언-옮긴이)이 초콜릿 본본을 내보내는 컨베이어벨트의 속도를 맞추려다가 결국에는 그것을 자기 주머니와 모자에 집어넣는 장면이 떠오를 정도로 엄청나게 빠르게 진행된다. 작업 속도는 사람마다 다르지만, 아마존에서 제품을 집어넣는 사람들과 꺼내는 사람들 중 일부는 평균 24초마다 1개씩 제품을 꺼내고 집어넣는다. 이렇게 하면 하루에 1,300개를 처리할 수 있다. 나는 아마존 창고를 시찰하다가, 조라는 사람(실명은 아니다)을 무작위로 골라서 대화를 하려고 잠깐 멈추었다. 홍보팀 직원이 사전에 그 사람을 지정해서 나한테 소개해준 것은 아니었다. 조가 회사에 대한 비판적인 이야기를 꺼내지 못하도록 홍보팀 직원이 내 곁에 있기는 했다. 30대에 청색 티셔츠 차림의 조는 회사 생활에 아주 만족하는 것처럼 보였다. 그리고 내가 어떻게 매일 똑같은 일을 9시간씩이나 할 수 있는지를 묻자, 그는 그 일을 비디오 게임처럼 생각하면서 한다고 했다. 실제로 그는 비디오 게임을 하고 있는 중이었다. 아마존은 전국에서 제품을 꺼내는 선수들이 작업 속도를 서로 비교할 수 있도록 시범 프로그램을 설치해놓았고, 조는 작업 장소에 설치된 스크린을 통해 자신의 수준이 어느 정도인지를 확인할 수 있었다. 그는 자기가 전국의 수천 명에 달하는 선수들 중에서 26번째로 빠르게 작업한다고 말했다.

"그러면 윗사람들이 아주 좋아하지 않습니까?"

"저는 윗사람이 어떻게 생각하든 관심이 없습니다. 다만 동료들에게 우쭐댈 수 있다는 사실에만 관심이 있습니다. '그래, 26등이라고. 훌륭해'라는 문자를 받죠."

물론 조 한 사람만이 회사 생활에 만족하는 것은 아니다. 하지만 조와 같은 사람이 일반적이라고 판단하기도 어렵다. 인디드닷컴이라는 구인구직 사이트에서 2018년까지 아마존 창고 근로자들이 올려놓은 2만 8,000건에 달하는 직장 생활에 관한 후기를 살펴보면 좀 더 자세한 모습을 알 수 있다 (구직자들이 이 사이트에 자기 이력서를 게시하려면, 현재 근무하는 직장에 관한 후기를 써야 한다. 이런 이유 때문에 이 사이트에는 후기가 상당히 많이 있다). 전체적으로 보면, 아마존 창고 근로자들은 고용주에게 별점 5개 만점에, 평균 별점 3.6점을 주었다. 이것은 월마트가 받은 평점과 같다. 다시 말하면, 근로자들은 아마존 창고를 평균 이상의 일터로 생각한다는 것이다.

인디드닷컴에 등장하는 아마존 근로자의 대다수가 회사가 생산성과 목표를 강하게 밀어붙이는 데서 비롯되는 힘든 작업 환경에 대하여 이야기했다. 텍사스주 해슬릿에 위치한 아마존 창고에서 제품을 집어넣는 일을 담당하는 근로자는 다음과 같이 적었다.

나는 아마존이 기회의 직장이라고 말하고 싶다. 복지 혜택도 많고, 관리자들은 공정하여 모든 직원들에 대하여 올바른 판단을 한다. 작업장 분위기는 주로 당신이 속한 팀에 따라 차이가 나지만, 대체로 동기 부여가 되는 편이다.

반면에 해슬릿에서 근무하는 또 다른 근로자는 일을 군대식으로 한다고 했다. 모두가 그런 것은 아니고, 많은 사람들이 몹시 빠른 속도로 일을 해야 하는 압박 때문에 길게 근무하지는 않으려고 한다.

이 일을 하려면 끈기가 있어야 하고, 정신적으로 강인해야 하고, 자신이 하는 일에 대해 한결같아야 한다. 자신의 잠재력을 완전히 보여주는 것은 좋지 않다는 것을 나는 개인적인 경험을 통해 배웠다. 내가 이런 말을 하는 이유는 그들은 작업 목표를 지속적으로 달성하기 위해 당신을 이용할 것이고, 그러면 당신은 자신이 가진 에너지를 모두 다 쏟아붓고는 지쳐버릴 것이기 때문이다. … 일을 할 때에 가장 힘든 부분은 관리팀이 15분 휴식을 마치고 늦게 오는 것을 감시하는 상황에서, 자기가 맡은 일에 항상 집중하면서 의식해야 한다는 것이다. 실제로 모든 면에서 부당한 검사가 이루어지기 때문에 15분 중에서 5분은 휴게실로 가는 데 쓰고 5분은 휴게실에서 오는 데 쓰게 되어, 결국 휴식 시간은 5분밖에 되지 않는 셈이다. 점심시간은 30분인데, 음식이 잠깐 목구멍에 걸려 있는 상태에서 끝나는 것처럼 느껴진다. 이것은 정신적, 육체적으로 힘든 일을 하는 곳으로 돌아오기 전까지 음식을 소화시키기에 충분한 시간이 아니다.

인디애나주 제퍼슨빌에서 아마존 직원으로 일했던 사람은 자기가 직장을 잃게 되는 것을 얼마나 끊임없이 두려워했는지에 대해 적었다.

이곳은 직장이다. 이것은 내가 말할 수 있는 유일하게 좋은 점이다. 중간 관리자들은 대학을 갓 졸업한 사람들이라서 자기가 직장에서 무슨 일을 하는지를 아직 잘 모른다. 회사는 직원들에게 거짓말을 하여 작업 기준을 끊임없이 변경한다. 이것은 혼란을 일으킨다. 평가 과정은 무시무시하다. 작업장에는 기계들이 엄청나게 많고 기술적인 오작동이 개인의 실적에 영향을 미칠 수 있다. 그러나 그것이 기계의 오작동 때문임을 입증하지 못하면, 평가 점수가 떨어지고, 심지어는 해고될 수도 있다. 이것이 엄청난 스트레스이다. 모든 일들이 육체적으로 힘들게 한다. 10~12시간을 콘크리트 바닥에서 빠르게 걷거나 계단을 오르내려야 한다. 주변 기계 때문에 소음도 심하다. 관리자들은 항상 데이 원을 강조한다. 이것은 확실히 문제를 일으킨다. 당신이 회사에 충성했고 열심히 일했고 과거에 뛰어난 성과를 달성했더라도, 그런 것이 중요하지는 않다. 중요한 것은 지금 보여주는 성과이다. 지금 성과가 좋지 않으면, 직장에서 쫓겨나게 될 것이다. 나는 단 한 번도 즐거운 마음으로 출근했던 적이 없다. 이곳은 단지 직장일 뿐이다. 오래 있을 곳은 전혀 아니다. 이곳은 당신의 정신을 망가뜨리고 육체를 병들게 한다.

이보다 훨씬 더 무시무시한 이야기를 하는 사람도 있다. 영국인 작가 제임스 블러드워스James Bloodworth는 '노동자 자유 동맹Alliance for Workers Liberty'이라는 트로츠키주의자 그룹의 구성원이자, 좌파 웹사이트 '레프트 풋 포워드Left Foot Forward'의 편집자로 일한 적도 있다.[12] 그는 자신의 저작《고용된 자: 저임금 영국 6개월을 잠행하다》에서 2016년에 영국 루겔레이에 위치한 아마존 창고에서 3주 동안 일했던 경험을 자세히 서술했다. 그는 이 창고에는 대략 1,200명이 고용되어 있었고, 대다수가 동유럽 출신의 이민자들로 하루에 10시간 30분을 일하면서 시간당 9달러를 받는다고 했다. 그들이 맡은 일을 완수하려면 하루에 15마일(24킬로미터)을 걸어야 한다.

그는 작업장에서는 '예의', '존중', '품위' 같은 것은 전혀 찾아볼 수가 없다고 적었다.[13] 이곳은 보안 수준이 낮은 감옥과도 같아서, 근로자들은 점심을 재빨리 먹어야 하고, 병가를 내면 불이익을 받고, 생산성 목표를 달성하지 못하면 벌점을 받는다. 어느 날 그는 제품을 꺼내는 일을 하면서, 소변이 든 코카콜라 병이 선반에 놓여 있는 것을 본 적이 있다. 아마도 어떤 근로자가 화장실에 가는 것이 두려워서 그곳에 두었을 것이다.

아마존은 당연히 블러드워스의 주장에 강력하게 반발했다. 아마존의 대변인 애슐리 로빈슨 Ashley Robinson 은 나에게 보도해도 좋다는 전제로 아마존 창고에서는 어느 누구도 병에다 소변을 보지 않는다고 분명히 말했다. (이 주장이 틀렸다는 것을 입증하기는 어렵다.) 그녀는 아마존 근로자에게는 충분한 휴식 시간이 주어지고, 그들이 정당한 이유로 초과 근무를 원하면, 이를 신청할 수 있다고 덧붙였다.

아마존은 창고 근무에 대한 평판이 나쁜 데에는 두 가지 이유가 있다고 말했다. 첫째, 그동안 아마존은 고객을 먼저 생각하면 다른 모든 것들이 그 결과로 따라온다고 믿었기 때문에 이에 대해서 변명할 필요성을 느끼지 못했다. 그러나 작업 여건에 대한 공격이 점점 거세지면서, 아마존은 방침을 바꾸어서 언론의 부정적인 기사에 대해서는 문제를 제기하기 시작했다. 둘째, 아마존은 유니언 숍(근로자를 채용할 때 사용자가 노동조합원이든 아니든 자유롭게 채용할 수 있으나, 일단 채용된 자는 일정 기간 내에 조합에 가입하지 않으면 해고되며, 또한 제명 혹은 탈퇴 등으로 조합원 자격을 상실한 이들은 해고되는 공장 사업장을 말한다.-옮긴이)이 아니다. 그리고 아마존이 12만 5,000명의 정규직 창고 노동자들을 목표를 달성하기 위한 훌륭한 도구로만 생각한다면서 아마존을 소리 높여 비난하는 일부 노동운동가들과 대립했다.

코카콜라에서 오랫동안 근무한 적이 있는 아마존의 헬스케어, 안전, 지속가능성 담당 부사장 칼레타 우톤Carletta Ooton은 이렇게 말한다. "저는 많은 사람들이 아마존에 대하여 잘못 인식하고 있다고 생각합니다. 우리는 많은 것들을 올바르게 처리하고 있습니다. 저는 이런 것들을 제대로 처리하는 기업에서 오랫동안 근무했습니다. 만약에 아마존이 그런 일들을 제대로 처리하고 있지 않다고 생각했다면, 저는 이곳에 오지 않았을 것입니다." 우톤은 아마존의 창고 안전 기록이 다른 기업들과 대등하고, 최근에는 새로운 안전 대책을 수립했으며, 작업장 설계도 바꾸고, 안전을 개선하기 위해 새로운 기술을 도입했다고 말했다. 풀필먼트 센터의 특정 장소에서 근무하는 직원들은 창고 바닥을 달리는 로봇이 직원들을 피해가도록 신호를 보내는 무선 주파수 인식 조끼를 입고서 작업한다. 또한 로봇 팔 주변에는 라이트 커튼을 설치했다. 누구라도 손으로 이 평면을 건드리면, 로봇은 멈추게 되어 있다. 직원들의 신분증에 지게차 운전을 위한 훈련을 받은 사실이 입력되어 있지 않으면, 지게차는 작동하지 않는다.

아마존은 분명 작업장의 문제를 처리하기 위한 관리자 교육에 아쉬운 점이 있었고, 스트레치 타깃stretch target(점진적인 개선이 아니라 획기적인 도약을 위해 과감하게 목표를 설정하는 것-옮긴이)을 설정하는 데 좀 더 관대했을 수도 있다. 그리고 적어도 이러한 목표를 어떻게 달성할 것인지에 대해 근로자들에게 더 많은 교육했어야 했다. 분명한 사실은 창고 근무가 정신적으로나 육체적으로 원래 힘들다는 것이다. 아마존에서 창고 문제와 관련하여 미디어 접촉을 담당하고 있는 또 다른 대변인은 풀필먼트 센터의 작업이 힘들다는 것을 잘 알고 있지만, 직원들이 아마존에서의 경력을 더 나은 삶을 위한 징검다리로 활용하기를 바란다고 말했다. 예를 들어, 그곳에서 1년 근무한 직원에게는 회사가 교육비의 95퍼센트를 지원한다. 아마존은 현재 수요가 있는 일을 할 사람만을 뽑는다. 타로카드 점술가는 지원할 필요가 없다. 당신이 창고 로봇을 관리하거나 로봇 프로그램을 만들기 위한 교육을 받고 싶다면, 아마존이 그 비용을 지원해준다. 당신이 아마존을 떠나 간호사 혹은 트럭 운전사가 되고 싶다면, 그 교육비 또한 아마존이 지원해준다. 2012년에 이 프로그램을 도입한 이후 약 1만 6,000명의 직원들이 혜택을 받았다. 이 프로그램의 목적은 부자가 되고 싶어 하는 직원들이 새로운 직업을 찾기 위해 기술을 배우는 동안 높은 임금에 복지 혜택도 많은 창고 업무를 징검다리로 이용하도록 하는 데 있다.

이런 혜택을 차치하면, 많은 사람들이 창고 업무가 힘들고 스트레스가 많으며 때로는 비인간적이라는 점에서 오히려 이런 업무를 자동화하는 것이 비용이 적게 들고 더욱 인간적이라는 점을 인정한다. 그렇게 하는 것이 사업상 좋은 선택이다. 아마존이 하는 모든 것들은 고객에게 혜택을 주려는 생각에서 비롯된 것이다. 아마존의 로봇공학 프로그램을 담당하는 수석 엔지니어이자 부사장 브래드 포터Brad Porter는 이렇게 말한다. "제가 아마존에 대해서 배운 것 한 가지는 판매량을 지속적으로 증가시키고, 고객들에게 제품을 매우 신속하게 배송해야 한다는 것입니다. 이것은 더 적극적으로 자동화를 추진해야 한다는 것을 의미합니다."

MIT 출신의 엔지니어로 2007년에 아마존에 합류한 포터는 아마존닷컴의 소프트웨어를 원활하게 작동시키는 업무를 담당했고, 아마존의 드론 배달 프로젝트와 로봇공학에 많은 기여를 했다. 언젠가 그는 나에게 아마존 창고에서 로봇이 널리 확산되지 못하는 한 가지 중요한 원인이 바로 "깊은 바구니에서 물건을 꺼내는 문제"에 있다고 말했다. 로봇은 물건들이 제멋대로 뒤섞여 있는 바구니 안에서 이상하게 생긴 것을 꺼내야 할 때에는 솜씨가 서툰 멍청이가 되고 만다. 이런 경우에는 인간이 훨씬 더 낫다. 인간은 수백만 년에 걸친 진화의 과정에서 눈과 손의 조화가 엄청난 수준으로 발달했다. 인간의 조상들 중에서 맹수가 오기 전에 나무에서 열매를 가장 신속하게 따서 안전하게 내려올 수 있는 이들만이 살아남을 수 있었다. 인간이 "깊은 바구니에서 물건을 꺼내는" 데 타고난 능력이 있다는 것을 입증하는 데에는 4살짜리 어린아이가 핼러윈 가방에서 자기가 받은 40개의 다른 캔디 중에서 미니 스니커즈 바를 재빨리 꺼내는 모습만 봐도 충분히 알 수 있다.

포터는 이렇게 말한다. "현재로서는 로봇을 조작하여 깊은 바구니에서 특정한 물건을 찾는 것은 상당히 어려운 문제입니다. 바구니에서 휴대폰 박스와 같은 일정한 물건을 꺼내는 시스템은 구축할 수 있습니다. 그러나 아마존에 들어오는 새로운 제품의 양이나 다양성을 감안하면, 아직 그런 알고리즘은 존재하지 않습니다." 아마존이 거의 100퍼센트의 정확성을 요구하기 때문에, 포터는 아마존이 "깊은 바구니에서 물건을 꺼내는 문제"를 해결하기까지 얼마나 오랜 시간이 걸릴지에 대해서는 굳이 말을 하려고 하지 않았다. 또한 포터는 이렇게 말한다. "시험적으로 운영하는 실험실에서 좋은 결과가 나오지 않는 것은 큰 문제가 아닙니다. 그러나 실제로 창고에 투입했을 때 실패율이 15퍼센트에 달한다면, 아주 끔찍한 상황이 벌어질 겁니다."

이처럼 기술적으로 앞서가는 창고에서 작업하는 기업이 아마존만은 아니다. 유럽과 중국에서도 이러한 기업들을 찾아볼 수 있다. 영국에서 온라인으로만 판매하는 슈퍼마켓으로 스스로를 "최초의 인공지능 조직"이라고 일컫는 오카도Ocado는 미래의 단면을 엿보게 한다. 오카도는 2018년에 잉글랜드에서 축구장 몇 개를 합쳐놓은 크기의 앤도버 창고를 개장했다.[14] 창고 내부로 들어가면, 거대한 체스판과 같은 격자 모양의 금속 레일들이 보인다. 흰색 세탁기에 바퀴를 단 것처럼 보이는, 배터리로 작동하는 1,000대가 넘는 로봇들이 격자 레일 위에서 시속 9마일(14킬로미터)의 속도로 이곳저곳을 누비고 다닌다. 4G 네트워크가 항공 교통 관제사의 역할을 하며 로봇들이 서로 충돌하지 않도록 신호를 보낸다. 정사각형 모양을 한 격자 아래로는 식료품을 담아 놓은 바구니들이 17피트(5미터) 높이로 쌓여 있다.[15] 마치 혼잡한 시간대의 시카고 오헤어 국제공항처럼, 이곳에서 로봇들은 격자 주변을 날아다니면서 집게발을 가지고 원하는 바구니를 자기 복부 높이까지 들어올린다. 그런 다음 사람들이 배송을 위해 제품을 집어서 쇼핑백에 집어넣는 자리에 이 바구니를 떨어뜨린다. 제품을 광활한 공간에 펼쳐놓는 전통적인 창고에서는 고객들이 주문한 제품을 모으는 데 1시간이 넘게 걸릴 수 있다. 하지만 로봇은 이 작업을 불과 몇 분만에 할 수 있다. 오카도의 시스템은 매주 6만 5,000건의 식료품 주문을 소화해낼 수 있다. 2019년 2월, 로봇 충전소에서 전기 고장으로 화재가 발생하여 오카도 창고가 큰 피해를 입었지만, 지금 이 창고는 재건 중에 있다.[16]

오카도는 온라인 식료품 사업만 하고 있지는 않다. 오카도는 세계의 대형 소매업체들에게 자사의 로봇 시스템을 판매할 계획을 가지고 있다. 지금까지 오카도는 2018년 미국 슈퍼마켓 체인 크로거와 자동화된 '고객 풀필먼트 센터'를 20개소에 건설하기로 한 계약을 포함하여, 글로벌 소매업체와의 창고 건설 계약에 대해서는 대외적으로 알리지 않고 있었다. 이러한 거래 사실이 대외적으로 발표된 날 오카도의 주식 가격은 45퍼센트나 상승했다.[17]

로봇에 의해 원활하게 작동하는 창고를 건설한 중국의 온라인 소매업체 제이디닷컴도 미래의 단면을 보여주는 또 다른 사례이다.[18] 고객 규모가 3억 1,000만 명으로 중국에서 가장 규모가 큰 온라인 소매업체 중 하나인 제이디닷컴은 2017년에 휴대전화나 세탁비누처럼 제품 모양과 크기가 일정한 제품 패키지를 꺼내는 데 로봇을 사용하는 창고를 개장했다.[19] 그곳은 이런 종류의 창고 시설 중에서 세계에서 가장 자동화된 곳이다. 상하이 외곽에 있는 흰색의 거대한 건물은 외부에서 보면 중국의 여느 창고와 다르지 않게 보인다. 웃음 짓는 개가 나오는 제이디닷컴의 거대한 붉은색 로고 외에 눈길을 끄는 것은 그곳에서 근무하는 직원들을 위한 대형 주차장이 없다는 사실이다. 그 이유는 매일 거의 20만 개의 제품 패키지를 실어 보내는 이처럼 거대한 창고에서 근무하는 인원이 고작 네 명이기 때문이다.[20]

갤럭시 스마트폰과 같은 주문이 들어오면, 이 제품이 들어 있는 밝은 회색의 플라스틱 바구니가 선반에서 자동으로 미끄러지듯이 내려와서 컨베이어벨트에 실려 포장하는 곳으로 옮겨진다. 이곳에서 초록색 작은 흡입컵이 부착된 길이 6피트(1.8미터)의 유백색 로봇 팔이 이것을 집어올린다. 펼쳐진 판지 박스가 미끄러져 나오면 커다란 로봇 팔이 스마트폰을 이 판지 박스 위에 올려놓는다. 그러면 판지 박스가 접혀지며 제품을 둘러싸고, 밀봉되어, 발송 라벨이 부착된다.

그다음에는 또 다른 팔이 이 박스를 집어서 붉은색의 작은 발판처럼 보이는 로봇에 올려놓는다. 그리고 수십 대의 모바일 로봇이 자기 짐을 내려놓을 적절한 장소를 찾아서 창고에서 확 트인 곳을 향하여 쌩하고 소리를 내며 움직인다. 그 모습은 마치 혼잡한 시간에 콩코드 광장을 재빨리 빠져나가기 위하여 속도를 내면서 달리는 자동차들 같다. 로봇에 의해 운반된 제품 패키지는 배송 바구니로 미끄러져 내려간다. 그리고 이 바구니는 자동으로 적재 구획으로 정확하게 옮겨진다. 제품 패키지를 꺼내거나 분류하는 사람도 없고, 따라서 점심시간, 병가, 휴가, 소변을 보기 위한 콜라병도 없다. 이론적으로 보면, 제이디닷컴에서 로봇을 관리하는 직원 네 명이 일하는 시간을 제외하고는 이 창고는 어둠 속에서도 작동할 수 있다. 로봇은 앞을 볼 필요가 없다.

제이디닷컴의 창고는 표준 사이즈의 제품만 취급하기 때문에 지금까지 설명한 방식으로 작동할 수 있다. 하지만 아마존은 이런 사치를 누리지 못한다. 아마존의 포터는 이렇게 말한다. "로봇은 비닐 백이나 플라스틱 용기에 담겨 있는 물건을 금방 인식하기 어렵습니다." 제품 패키지 속에 들어 있는 모양, 색상, 재질이 조금씩 다른 당근 껍질 벗기는 칼과 굴 까는 칼, 볼펜 한 세트의 차이를 로봇이 구분하려고 하는 모습을 상상해보라. 로봇에게 이것은 엄청나게 까다로운 작업일 것이다.

아마존은 이 문제를 해결하기 위해 2015년에 '아마존 로보틱스 챌린지 Amazon Robotics Challenge'라는 대회를 개최했다. 이후로도 매년 개최되는 이 대회에서는 물건을 꺼내는 최고의 피킹 로봇을 개발한 사람을 선발하여 포상한다. 아마존은 제품을 식별하고 토트백에서 가져와서 저장용 바구니에 집어넣고, 그다음에는 이 바구니에서 다시 제품을 꺼내서 박스에 넣을 수 있는 로봇을 찾는다. 이 대회에 출전한 로봇은 빠른 속도로 제품을 정확한 위치에 두면 점수를 얻고, 제품을 떨어뜨리거나 망가뜨리는 등의 잘못을 저지르면 점수를 잃는다.

2017년 여름에 일본 나고야에서 개최된 대회에서는 10개국에서 16팀이 참가하여 열띤 경연을 벌였다. 우승은 오스트레일리아의 퀸즐랜드공과대학교와 애들레이드대학교, 오스트레일리아 국립대학교의 엔지니어로 구성된 팀이 만든 로봇 '카트맨'에게 돌아갔다.[21] 카트맨은 특별 주문이 아닌 재고 부품으로만 제작되어서, 제작비가 2만 4,000달러에 불과했으며, 데카르트 좌표에서 90도의 각도로 교차하는 세 개의 축을 따라 전후, 상하, 좌우로만 움직이도록 설계되었다. 3차원의 체스판을 생각하면 된다. 카트맨은 카메라가 바구니에 있는 제품을 식별하면, 긴 팔을 움직여서 끝부분에 흡입 컵이 부착된 회전식 그리퍼와 두 개의 손가락 모양의 집게발을 사용하여 그것을 거머쥔다. 카트맨이 완벽하지는 않았지만, 경연대회에서는 최고의 피킹 로봇으로 선발되어 상금으로 8만 달러를 받았다.

그러나 피킹 로봇은 많은 사람들이 생각하는 것보다 훨씬 더 빨리 현장에 등장할 수도 있다. 2014년 DARPA가 주최하는 로봇경연대회에서 상을 받았던 하버드대학교, MIT, 예일대학교로 구성된 팀이 라이트핸드로보틱스RightHand Robotics라는 회사를 설립하고 매사추세츠주의 서머빌에서 사무실을 열었다. 설립자 중 한 사람인 레이프 젠토프트Leif Jentoft는 자신의 회사에서 로봇이 다양한 크기, 모양, 색상의 제품 패키지가 뒤섞여 있는 바구니에서 원하는 제품을 식별하여 꺼내도록 하는 방법을 생각해냈다고 말했다. 그는 이렇게 말했다. "우리는 사람의 손이 어떻게 움직이는가를 살펴봅니다. 물체를 정확히 식별하기 위해 3차원 카메라 데이터와 센서를 이용하여 로봇에 기계적인 정보를 입력합니다. 그다음에는 사람들이 하는 것과 마찬가지로, 로봇이 손을 물체의 모양에 맞게 구부립니다. 로봇이 어떤 대상을 집어 올리려고 시도하다가 실패하면, 이것을 학습하고 다른 방식으로 집어 올리려고 합니다."

젠토프트는 자기가 만든 피킹 로봇이 상용화가 가능할 만큼 정확하다고 말한다. 일본에서 가장 규모가 큰 일용품 도매업체 팔탁Paltac은 2018년 휴가철에 수만 개의 제품 패키지를 처리하면서 비누와 칫솔과 같은 제품을 포장하는 데 라이트핸드로보틱스의 로봇을 사용했다. 젠토프트는 이렇게 주장한다. "기술은 이미 확보되었습니다. 아직은 시작에 불과하지만, 우리가 예상하는 것보다 더 빠른 속도로 발전하고 있습니다."

아마존의 자동화로 사라지는 일자리에 창고 업무만 있는 것은 아니다. 아마존은 홀푸드 식료품 체인을 인수하고 소수의 소규모 매장을 개장하여 전통 소매업으로도 진출했다. 이에 대해서는 업계 전문가들은 이미 오래 전에 검토했어야 했다고 말한다. 아마존이 효율성과 비용 절감을 위해 치열하게 고민하는 과정에서, 계산원들이 하는 일이 눈에 확 들어왔다. 줄을 서서 기다리다가 계산대에 물건을 내려놓고 계산대의 직원이 물건을 스캔하고 포장하는 동안 우두커니 서 있다가 가게를 떠나기 전에 신용카드를 꺼내 계산을 하는 것을 누가 좋아하겠는가?

베조스는 이런 불편함을 없애기 위해 2018년에 데이 원 시애틀 본사 건물에 아마존 고 매장을 최초로 개장했다. 보도에 따르면, 커다란 판유리 너머로 퀴노아 케일 샐러드, 지중해식 치킨 랩, 중동식 베지 플랫 브레드 샌드위치, 라벤더향 소다수, 프랜즈 초콜릿 바를 선반 위에 전시해놓은 이 매장은 도시의 고급 카페처럼 보인다.

지난 여름에 내가 이곳을 방문했을 당시에는 이 매장이 언론으로부터 커다란 관심을 끌고 있었고, 당연히 손님들로 붐비고 있었다. 놀라운 것은 카운터가 없다는 것이었다. 고객이 자신의 스마트폰에 아마존 고 앱을 다운로드해놓고, 매장에 들어올 때 스마트폰을 꺼내서 회전식 출입문에 갖다 댄다. 그런 다음 자기가 원하는 물건을 집어서 백에 넣은 다음 매장을 나오기만 하면 된다. 물건 값은 아마존 계좌로 청구될 것이다. 아마존 고 앱은 매장 시스템에 누가 들어오고 있는지를 알려준다. 고객이 매장을 돌아다닐 때에는 천장에 설치된 카메라가 고객의 동선을 추적한다. 이 시스템은 사생활 보호를 이유로 개인의 특징을 판별하지 않도록 설계되었다. 고객은 카메라에 검정색 덩어리처럼 잡힌다.

고객이 선반에서 샌드위치를 집으면, 두 가지 일이 벌어진다. 천장에 설치된 카메라가 샌드위치를 거머쥔 검정색 덩어리를 추적한다. 그리고 정확성을 기하기 위해 각 선반 아래에 설치된 저울이 제품들의 무게 변화를 감지하여 매장 시스템에 샌드위치가 몇 개 빠져나갔는지 알려준다. 고객이 회전문을 통해 매장에서 나갈 때에, 그들의 아마존 계좌에 샌드위치 값이 청구된다. 매장에는 여전히 음식을 준비하고 이리저리 돌아다니면서 고객의 질문에 대답하는 직원이 있다. 아마존은 맥주와 와인도 판매하는데, 주법에 따라 신분증을 확인하는 직원도 있다(이 작업을 자동화하는 것도 어렵지 않다). 하지만 금전 등록기나 계산원은 없다. 언젠가 내가 이 매장을 방문하여 선반에서 초코칩 쿠키를 집어서 회전문을 통해 나온 적이 있었다. 나중에 아마존 계좌로 4달러가 청구된 것을 스마트폰을 통해 알기 전까지는 마치 매장 물건을 훔친 것만 같았다.

고객들은 이런 매장을 좋아하는 것처럼 보인다. 소비자 후기를 제공하는 사이트 옐프Yelp에 따르면, 2018년 말에 이 매장은 173명의 고객들에게서 별점 5점 만점에 평균 별점 4.5점을 받았다(사람들이 가장 많이 제기하는 불만은 아마존 고가 관광객들로 붐비게 된다는 것이었다). 그러나 앞에 놓여 있는 난관도 있다. 이 기술을 이용하는 데에는 비용이 많이 들고, 일부 지방자치단체가 계산원이 없는 매장이 은행 계좌(혹은 아마존 계좌)가 없는 가난한 사람들을 차별하게 된다는 이유를 들어 이런 종류의 매장이 들어서는 것을 반대하고 있다. 그럼에도 아마존은 시카고, 뉴욕, 샌프란시스코에 아마존 고를 개장하면서 이런 매장을 확대하고 있다. 이 기술은 고객에게 기쁨을 주기 위한 아마존의 또 다른 노력 이상이다. 이 기술로 아마존은 매장에서 보행자가 움직이는 패턴을 더 잘 이해하고, 어떤 제품이 얼마에 가장 잘 팔리는가에 대한 데이터를 신속하게 얻을 수 있다. 또한 이 기술은 고객의 선호와 습관에 관한 분석을 가능하게 한다.

세계 전역의 매장에서 일하는 수천만 명의 계산원들에게 이것이 좋은 소식이 아니다. 미국에는 360만 명의 계산원들이 있고, 이들은 가장 규모가 큰 직업 범주 중 하나에 속한다.[22] 아마존이 아마존 고 기술을 수백 개의 홀푸드 매장을 포함하여 다른 매장으로 확대하여 적용하면, 계산원들은 커다란 위협을 받게 될 것이다. 월마트와 크로거와 같은 다른 대형 소매업체들도 또 다른 위협을 가하고 있다. 예들 들어, 2019년 월마트는 텍사스에서 계산원이 없는 샘스클럽을 개장했다.

창고 근로자, 트럭 운전사, 계산원의 미래 전망이 어둡기는 하지만, 역사적으로 보면 경제는 일자리를 잃은 사람들을 위한 새로운 기회를 창출해왔다. 19세기 후반부터 20세기 초반까지 미국이 농경 사회에서 산업 사회로 넘어가던 시절에 농부 수백만 명이 일자리를 잃었지만, 그들의 아들과 딸은 도시로 이주하여 섬유, 신발, 자동차 공장 근로자 혹은 매장 점원으로 새로운 일을 찾았다. 이러한 우려는 현대 제조업 사회에서도 계속 이어졌다. 노벨상 수상자 두 명이 포함된 뛰어난 전문가 그룹이 작성한 〈삼중 혁명 보고서〉(삼중 혁명이란 자동화가 이끄는 기술 혁명, 핵폭탄으로 대표되는 무기 혁명, 인권 혁명을 말한다.-옮긴이)에서는 제조업 자동화로 인하여 미국 내의 일자리 수백만 개가 사라지게 되면서 경제적으로나 사회적으로 격심한 변동이 눈앞에 다가와 있다고 주장했다. 이 보고서는 1964년 3월에 린든 존슨Lyndon Johnson 대통령에게 제출되었다. 하지만 어느 누구도 이러한 혁명에 대비하려고 하지 않았다.[23]

앞으로 수년 동안 자동화로 일자리 수억 개가 사라지면서, 일부는 '코보트^{cobots}'(인간과 로봇이 함께 일하는 것이 인간 혹은 로봇 혼자서 일하는 것보다 얼마나 더 효율적인가를 설명하기 위하여 사용하는 용어)가 되어 로봇과 함께 일하게 될 것이다. 과거에 제품을 들어올리거나 쌓아두던 창고 근로자들이 로봇 조작원이 되어 작업 흐름을 감시하거나, 드론을 관리하고 작동하거나, 기계가 고장이 일으킬 때에 수리하는 작업을 하게 될 것이다. 그리고 새로우면서도 창의적인 직업이 등장할 것이다. MIT 교수 에릭 브리뇰프슨^{Erik Brynjolfsson}은 이렇게 말한다. "인간이 기계보다 더 잘할 수 있는 것들이 엄청나게 많습니다. 창의적인 분야에서 새로운 직업들이 더 많이 등장할 것입니다. 기계보다 인간이 서로 더 많은 관계를 맺고 더 많은 생각을 할 수 있습니다. 저는 우리 경제에서 인간만이 할 수 있는 일이 부족해질 것이라고는 생각하지 않습니다. 저의 이런 주장은 앞으로 수십 년이 지나도 유효할 것입니다. 심대한 혼란이 있을 것입니다. 그러나 인간이 할 수 있는 일자리가 부족하지는 않을 것입니다."

물론 새로운 직업이 등장할 것이다. 그러나 이번에는 혼란의 규모와 속도가 예전과는 다르다. 로봇이 모든 일자리를 차지하고 실업자들이 떼를 지어 돌아다니면서 음식을 찾아 쓰레기 더미를 뒤지고 쉴 곳을 찾는, 폴 버호벤^{Paul Verhoeven} 감독이 그리는 디스토피아가 되지는 않을 것이다. 그러나 이번에는 혼란의 규모가 엄청나게 커서, 그 영향을 받은 경제가 (우리가 상상하지 못했던 종류의 일자리를 창출하든, 정부가 최저 생활 임금을 지급하든) 실업 문제를 해결하는 데에는 수십 년이 걸릴 것이다.

2020년까지는 세계적으로 약 300만 대의 산업 로봇이 공장에서 사용될 것이다.[24] 이것은 불과 7년 전과 비교하여 두 배가 넘는 규모이다. 이러한 사실이 공장과 창고 근로자에게 좋은 소식은 아닐 것이다.[25] 산업 전문가들은 자율주행 자동차가 미국의 350만 트럭 운전사들과 이보다 몇 백만 명이 더 많은 택시 운전사들의 일자리를 앗아갈 것을 오랫동안 걱정해왔다. 아마존이 자율주행 배달용 밴을 개발하기 위해 도요타와 파트너십을 체결한 것은 이러한 변화를 더욱 촉진할 것이다. 호텔 산업에서는 2018년에 아마존이 매리엇 호텔에 알렉사로 움직이는 에코 스마트 스피커를 공급하면서, 고객들이 이 스피커를 통해 룸서비스로 햄버거를 주문하고 시설관리팀에 수건을 요청하고 저녁 식사를 추천받을 수 있게 되었다.[26] 이 모든 것들이 호텔 직원들의 도움이 없이 진행된다. 앞으로 로봇 카트가 객실로 수건을 전달하기까지 얼마나 걸리게 될까?

인공지능은 이보다 훨씬 더 큰 피해를 줄 수 있다. 이제 인공지능은 기술 발전에도 끄떡없다고 여겨지던 일자리까지 대체할 정도로 똑똑해지고 있다. 예를 들어, 지금 인공지능 프로그램은 보통 1년차 변호사, 은행원, 보도 자료 작성자, 심지어 때로는 의사들에게 배당되는 업무의 일부분까지도 처리할 수 있다. 스탠퍼드대학교 연구원들은 폐렴을 진단하기 위한 가슴 엑스레이 사진을 영상의학 전문의보다 더 잘 판독할 수 있는 알고리즘을 개발했다.[27] 2017년에 도이체뱅크의 CEO 존 크라이언John Cryan은 은행 직원 9만 7,000명 중에서 절반이 자기 업무를 결국에는 기계에 넘겨줄 수도 있으리라고 예상했다.[28] 또한 2017년에는 텐센트의 뉴스 기사 작성 로봇인 드림라이터Dreamwriter가 매일 2,000개의 금융 혹은 스포츠 관련 뉴스 기사를 작성했다.[29]

예술가와 음악가도 인공지능의 표적이 될 수 있다. 룩셈부르크의 스타트업 아이바 테크놀로지$^{AIVA\ Technologies}$는 영화, 비디오 게임, 광고 등의 사운 드트랙으로 사용되는 재즈, 팝, 클래식 음악을 작곡하는 인공지능 소프트 웨어를 개발했다. 예를 들어, 이 소프트웨어는 바흐, 베토벤, 모차르트를 비롯한 거장들이 작곡한 클래식 작품의 거대한 데이터베이스를 처음부터 끝까지 읽고서 음악 이론의 콘셉트를 포착한 다음에, 악보에 작품을 써 내 려갔다.[30] 이렇게 하는 것이 효과가 있을까? 아이바 테크놀로지에 따르면, 다수의 전문 음악가에게 자사 인공지능이 작곡한 작품을 들려주었더니, 어느 누구도 컴퓨터가 작곡했으리라고 짐작하지 못했다고 한다. 그러면 일자리를 잃은 작곡가들은 앞으로 어떻게 해야 할까? 영상의학 전문의가 되려고 열심히 공부했던 사람이 컴퓨터가 자기 영역을 침범한 사실을 알 면 어떤 기분이 들까?

아마존 고 매장, 자동화된 창고, 자율주행 배달용 밴은 세계적으로 수억 명의 일자리를 앗아가게 될 신기술의 흐름을 알리는 조기 경보 신호에 불 과하다. 대부분의 사람들에게 해고를 알리는 로봇은 아직 등장하지 않았 다. 사람들과 몸으로 부딪히는 일이나 감성적인 요소를 가지고 있는 직업 에 종사하는 몇몇 사람들을 제외한 모든 사람들에게 경보 신호가 울리게 될 날이 머지않았다.

일자리를 잃은 사람들 중 일부는 새로운 일을 찾을 것이고, 다른 사람들 은 정부가 지원하는 보편적 기본소득으로 살아갈 것이고, 또 다른 사람들 은 부족한 생활비를 벌기 위하여 긱 경제$^{gig\ economy}$(빠른 시대 변화에 대응하기 위해 비정규직 프리랜서 근로 형태가 확산되는 경제 현상-옮긴이)에 적응하면서 살아갈 것이다. 물론 이를 위한 한 가지 방법은 아마존에서 제품을 판매하는 사업을 시작하는 것이다.

그러나 그것은 아마존의 무자비한 인공지능 플라이휠과 직접 경쟁해야
한다는 것을 의미한다.

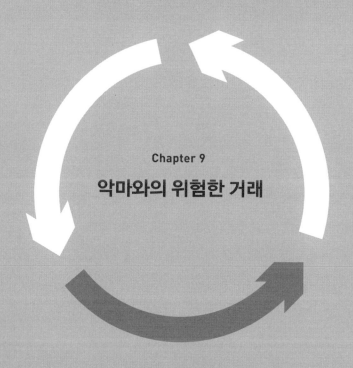

Chapter 9

악마와의 위험한 거래

존 모건은 스페인 해안에서 카이트서핑숍을 운영하던 지난 시절을 그리움에 젖어서 되돌아보았다. 쏟아지는 햇빛 속에서 12년이라는 세월 동안 작은 소매업체를 운영하던 그에게 가장 큰 걱정거리는 노스페이스와 파타고니아 제품을 제대로 선택하여 비치해놓았는가, 서핑하는 사람들이 해변에 위치한 자기 매장을 찾아올 만큼 파도가 충분히 높게 치는가였다. 어느 날 어떤 친구가 모건(그는 아마존의 눈 밖에 나는 것이 두려워서 자신의 실명을 사용하지 말 것을 부탁했다)을 찾아와서 아마존에서 제품을 판매하는 방법에 대한 강좌가 있다고 알려주었다. 그것은 아주 쉬워 보였다. 아마존에서 가장 잘 팔리는 제품 100가지를 골라서 디자인을 약간 변경하고, 중국에서 저렴한 비용으로 생산할 제조업체를 찾고, 그다음에는 아마존닷컴에 당신의 브랜드 이름으로 그 제품을 판매하는 것이었다. 이후로는 약간의 시간을 투자하여 고객이 당신의 제품 페이지로 들어오도록 온라인 검색어를 가지고 실험을 하고, 돈이 얼마나 들어왔는지를 살펴보는 것이 전부였다. 모건은 완전히 낚였다.

그는 스페인의 서핑숍을 정리하고 자기가 살던 런던으로 돌아왔다. 그리고 2013년부터 아마존에서 여행용품을 판매하기 시작했다. 그는 200만 명에 달하는 아마존 제3자 판매자 중 한 명으로 아마존에 소정의 납부금을 내고서 아마존 사이트에서 자기 제품을 판매할 권한을 가진 소규모 소매업자가 되었다. 처음에는 모든 일이 모건이 기대하는 대로 진행되었다. 2016년에 그는 여행자들이 여행 가방에 물건을 약 3분의 1정도 더 채워 넣을 수 있게 해주는 여행용 큐브, 의류와 세면도구를 담는 플라스틱 용기를 판매하여 100만 달러의 매출을 올렸고, 많은 수익을 얻었다.

아마존에서 이루어지는 거래를 계속 주의 깊게 감시하는 인공지능 알고리즘이 모건의 성공을 그냥 흘려보내지 않았다. 아마존을 비난하는 사람들은 이 회사가 아마존 사이트에서 어떤 제품이 잘 팔리는지를 지속적으로 감시하다가 괜찮다는 판단이 드는 제품을 발견하면 그 제품과 경쟁하기 위해 자사 브랜드의 제품을 내놓는다는 점을 지적한다(아마존은 이러한 지적에 대해 그렇지 않다고 주장한다). 2016년 어느 날 모건이 정신을 차려보니 아마존이 여행용 세면도구 한 세트를 22달러에 판매하고 있었다. 모건은 이것을 35달러에 판매하고 있었다. 모건은 이렇게 기억한다. "하루 아침에 그들이 저의 제품 라인을 침탈했습니다." 세면도구 한 세트를 만드는 데 15달러가 든다. 모건이 이것을 아마존과 같은 가격인 22달러에 판매한다면, 한푼도 남지 않는다. 그가 아마존닷컴에서 이 제품을 판매할 권한을 갖고 아마존이 창고 보관과 프라임 배송을 관리해주는 대가로 이 온라인 거대 기업에 한 세트당 7달러의 납부금을 내야 하기 때문이다.

모건의 고통은 시작에 불과했다. 아마존이 여행 가방 제품 라인을 자체적으로 판매하면서, 자신의 제품들을 모건의 제품 페이지(이것은 모건에게 가장 중요한 재산이다) 위쪽에 배치했다. 이렇게 배치하면, 고객의 시선이 모건의 제품에서 아마존의 제품으로 옮겨갈 수밖에 없다. 모건이 아마존 사이트에서 자기 제품이 고객의 눈에 띄게 하려면, '여행 주머니', '세면도구', '여행 가방 공간 절약' 등과 같은 자체 온라인 검색어를 갖는 대가로 아마존에 수천 달러를 지불해야 한다. 그러면 고객이 이러한 검색어 중 하나를 입력할 경우에 모건의 제품이 위쪽에 배치될 수 있다. 반면에 아마존은 공짜로 자기 제품을 좋은 자리에 배치할 수 있다. 따라서 이런 종류의 우위를 점한 판매자와 경쟁하기란 무척 어렵다. 모건은 이렇게 말한다. "그들은 모든 데이터를 가지고 있습니다. 그들은 당신이 중국의 어느 공장을 이용하고 있는지를 알고 있고, 당신의 배송 데이터도 갖고 있습니다. 당신이 제품을 어느 시장에서 매일 얼마나 많이 판매했는지도 알고 있습니다. 그들 자신의 광고 플랫폼을 가지고 있고, 그것을 이용하여 당신보다 뛰어나게 제품을 포지셔닝하고 당신보다 유리하게 입찰을 하는 데 사용할 수 있습니다. 기본적으로 그들은 당신의 트래픽으로부터 단물을 빼먹습니다."

모건은 살아남기 위해 용기 있는 기업가들이 실패할 운명에 처했을 때에 할 수 있는 조치를 취했다. 비용을 절반으로 낮추는 것이다. 그는 자기가 판매하는 가방에 소요되는 비용을 크게 절감했다. 우선 고객 응대 서비스를 위해 필리핀에 있는 두 사람에게 전화를 받도록 위탁을 했는데, 이들에게는 이전에 다른 사람들에게 지급하던 금액의 절반을 지급했고, 웹 그래픽 디자인은 동유럽에 있는 디자이너를 저렴한 비용으로 고용했다. 또한 그는 아마존에 빼앗긴 수익을 판매량으로 보충하기 위해 전략을 바꾸었다. 그는 재고를 더 많이 확보하기 위해 아마존으로부터 30만 달러를 빌렸다(아마존은 제3자 판매자들에게 은행의 역할도 한다. 2018년에는 10억 달러가 넘는 금액을 이들에게 빌려주었다). 이러한 전략이 효과를 발휘했다. 모건의 매출은 2016년 100만 달러에서 2017년 250만 달러로 증가했고, 그는 또다시 수익을 올릴 수 있게 되었다. 그런데 2018년 1월에 아마존의 알고리즘이 갑자기 모건의 신용을 더 이상 인정하지 않기로 결정하고, 아무런 예고도 없이 대출 연장을 거부했다. 이것은 블랙박스 속의 기계가 결정한 일이라서, 항의해도 소용이 없었다. 모건은 당시 상황을 회상하면서 이렇게 말한다. "저는 그 알고리즘이 왜 그런 결정을 했는지 이해할 수가 없습니다. 그리고 붙잡고 얘기할 대상도 없습니다. 나를 미치게 하는 것은 바로 이런 점입니다. 그들은 나를 다시 한 번 가지고 놀았습니다."

모건이 가장 많은 스트레스를 받던 해에, 그는 수입의 대부분을 이자가 연 12퍼센트나 되는 아마존의 대출금을 갚는 데 썼다. 자기한테 들어오는 현금의 대부분을 대출금을 갚는 데 썼기 때문에, 매출을 계속 늘리는 데 필요한 새로운 재고를 구매할 현금이 없었다. 그러나 그의 이야기는 이것으로 끝나지 않는다. 모건이 이 대출금을 갚는 데 9개월이 걸렸다. 그다음에 그는 아마존의 제3자 판매자인 친구에게서 50만 달러를 빌렸고, 그의 사업은 또다시 번창하기 시작했다.

모건은 이렇게 말한다. "제가 참을 수 없는 것은 아마존이 놀이터의 깡패같은 짓을 하면 우리는 그들을 당해낼 재간이 없고, 결국 그들이 부당한 이익을 챙겨간다는 것입니다." 모건은 지금도 자기가 하는 사업을 좋아한다고 말한다(아마존이 아니면 세계 3억 명의 고객에게 다가갈 수 있는 작은 사업을 어디서 할 수가 있단 말인가?). 그리고 이 일을 스페인의 햇볕이 내리쬐는 해변에서 서핑숍을 운영하는 일과 바꿀 마음도 없다. 그는 지금까지 아마존에서 경험한 것을 이렇게 요약한다. 아마존에서 제품을 판매하는 것은 "악마와 함께 춤을" 추는 것과 같다.

아마존이 정말 소규모 사업체를 전멸시키고 있는가에 관한 열띤 논쟁의 중심에는 모건과 같은 사람들이 있다. 아마존이 온라인에서 상당한 영향력을 가지고 있다는 점에서 종종 소규모 자영업체들이 겪는 고통의 원인으로 지목되기도 한다. 2018년 3월 트럼프 대통령은 아마존이 수많은 소매업체들이 문을 닫게 만들고 있다는 트윗을 날렸다.[1] 강력한 지역 공동체를 표방하는 좌파 싱크탱크인 지역자영업연구소The Institute for Local Self-Reliance는 베조스를 "어느 기업이 시장에 들어오고 시장에 들어오려면 얼마를 내야 하는가를 결정하는 19세기의 철도왕"에 비유하면서, 아마존이 독립 소매업체의 수가 급격하게 감소하는 것을 부채질하고 있다고 주장했다.

통계를 가지고 이러한 주장을 입증하거나 반박하는 것은 쉽지 않다. 어떤 연구에서는 수년 전의 데이터에 근거하고 있기는 하지만, 미국에서 소규모 자영업체의 수가 증가하고 있는 것을 보여준다.[2] 그리고 이런 연구에서는 아마존과 경쟁하는 소규모 일반 소매업체들을 따로 떼어내서 분석하지는 않는다.

그러나 일화적 증거에 따르면, 일부 소규모 자영업체들이 아마존이라는 전자상거래 거대 기업에 의해 정말 피해를 입는 것으로 나타난다. 뉴욕의 상위 1퍼센트를 위한 해변 리조트인 이스트 햄프턴에는 부유한 쇼핑객들이 많이 몰려든다. 그러나 최신 유행의 캐주얼하고도 스포티한 신발을 판매하는 스니커롤로지라는 일반 상점은 손님이 없어서 2018년 말에 문을 닫았다. 도대체 무슨 일이 있었는지를 묻는 질문에, 매장 관리자는 스니커롤로지가 인터넷 판매업체와 경쟁이 되지 않았고, 이곳의 판매량이 얼마

되지 않았기 때문에 제조업체들도 가장 인기 있는 모델을 보내주지 않으려고 했다고 말했다. 일반 상점 중에서 이런 어려움을 겪고 있는 곳은 수없이 많다. 이런 상점들이 자신을 차별화하여 웹에서 강력한 존재감을 보여주지 못한다면, 문을 닫아야 하는 운명을 맞게 될 것이다.

　이러한 스펙트럼의 다른 쪽 끝에는 뉴욕 돕스 페리에 위치한 리더스 하드웨어라는 철물점이 있다. 이 가게는 가업을 이어 꾸준히 번창해온 철물점으로, 지난 수십 년에 걸쳐서 지역 사람들에게 제품을 판매해왔다. 리더스 하드웨어는 홈 디포Home Depot(미국에 본사를 둔 건축 자재 및 인테리어 디자인 도구 판매 업체-옮긴이)와 불과 몇 마일 떨어져 있다. 고객들은 리더스가 판매하는 제품들의 대부분을 아마존에서 더 저렴한 가격으로 구매할 수 있지만, 작은 동네 철물점인 리더스 하드웨어에서는 홈 디포나 아마존에서는 얻을 수 없는 것, 즉 지식에 입각한 서비스를 제공한다. 홈 디포에서 도움을 얻기 위해 (찾을 수 있다면) 직원에게 물어보라. 기대할 수 있는 최선의 반응은 사람들이 붐비는 통로를 가리키는 듯한 애매한 몸짓이다. 그곳에 당신이 말한 제품이 있을 수도 있고, 없을 수도 있다. 리더스 하드웨어에서는 친절한 점원이 당신과 함께 걸으면서 당신이 원하는 제품을 찾아줄 뿐만 아니라 물이 새는 수도꼭지를 고치는 데 필요한 적절한 종류의 와셔나 부엌 수납장에 가장 적합한 페인트의 질감, 그리고 그것을 적용하는 방법에 대해 끈기 있게 설명해줄 것이다. 비록 리더스 하드웨어에서 판매하는 제품의 가격은 홈 디포나 아마존과 비교하여 대체로 조금 더 비싸지만, 이 작은 상점의 충성스러운 고객들은 이런 훌륭한 경험을 하기 위해 그 차액을 기꺼이 지불하고 있다.

지식에 입각한 서비스를 제공하든, 농가에서 직접 만든 수제 치즈처럼 아마존에서 대량으로 판매할 수 없는 제품을 제공하든, 자기만의 우위가 있는 소규모 소매업체는 그럭저럭 생존할 수 있을 것이다. 아마존이 계속 성장하여 소매업 환경에서 더 많은 산소를 빨아들이더라도 말이다. 일부 서비스 업체도 영향을 받지 않을 것이다(아마존으로 이발을 하고 문신을 새긴다고 생각해보라). 그렇다고 하더라도 아마존이 온라인 판매의 거의 40퍼센트를 차지하는 상황에서, 살아남아야 할 대다수의 소규모 소매업체들은 아마존이라는 거대 기업의 플랫폼에서 판매하기 위한 방법을 찾아야 할 것이다. 그러나 존 모건이 힘든 과정을 겪으며 알게 되었듯이, 이것은 살벌한 게임이다. 소규모 소매업체들은 아마존과 경쟁해야 할 뿐만 아니라 아마존닷컴에서 자기 제품을 판매하는 전 세계의 200만 개가 넘는 다른 소매업체들과도 경쟁해야 한다.[3]

아마존은 자신을 변호하기 위해 아마존닷컴에서 제품을 판매하는 200만 개가 넘는 중소 규모의 소매업체들이 세계적으로 160만 개의 일자리를 창출하고, 이들 중 2만 5,000개가 100만 달러가 넘는 매출을 기록하고 있다고 주장한다.[4] 이들 판매자들이 아마존의 온라인 비즈니스에서 중요한 부분을 차지한다는 말은 대단히 절제된 표현이다.[5] 2018년 베조스는 주주들에게 보내는 편지에서 1999년 이후로 제3자 판매자들의 매출이 아마존의 온라인 매출과 비교하여 두 배나 빠르게 증가했다고 했다. 이런 수치를 보면, 아마존을 비난하는 사람들이 주장하는 것처럼 아마존이 소규모 소매업체들을 전멸시키고 있다고 보기는 어렵다. 그리고 그들은 이런 소규모 판매자들을 죽이는 것이 아마존이 가장 원치 않은 결과라는 사실을 제대로 이해하지 못한다. 소규모 판매자들이 아마존이 전자상거래 사업에서 얻는 이익보다 더 많은 이익을 아마존에 가져다주기 때문이다. 아마존은 존 모건과 같은 판매자들에게 대부분의 제품에 대해 고액의 수수료를 부과한다. (평균적으로 보면, 제품 소매가격의 15퍼센트를 수수료로 부과하고, 창고와 배송 서비스 등 '아마존이 제공하는 풀필먼트'에 대하여 또다시 15퍼센트의 수수료를 부과한다.) 어느 사모펀드 투자자는 (익명을 조건으로) 독립 판매자들이 아마존에서 제품을 팔게 하는 것이 베조스에게는 가장 큰 성장 사업 중 하나라고 말하며 향후 10년 동안 이 사업이 10배는 넘게 성장할 것으로 내다봤다.

제3자 판매자들에게는 이러한 수수료가 큰 부담이 된다. 그러나 그들은 그 대가로 엄청난 수의 고객들에게 접근할 수 있을 뿐만 아니라, 아마존이라는 브랜드가 갖는 신뢰를 얻을 수 있다. 언젠가 나는 정원을 꾸미려고 삼나무로 만든 문을 아마존에서 주문한 적이 있다. 제품이 도착해서 보니, 내가 바라던 것이 아니었다. 그것은 아마존의 제3자 판매자가 판매하는 제품이었다. 그것을 반품하려고 하자, 그 판매자는 제품 값 140달러를 환불해줄 수 없다고 했다. 당장 아마존에 전화를 했는데, 그들은 판매자가 환불해주지 않는지를 다시 한 번 확인하면서, 그 문에 어떤 문제가 있는지 물었다. 나는 그 문이 마음에 들지 않는다고 말했다. 아마존 직원은 지체하지 않고 내 아메리칸 익스프레스 카드로 140달러를 입금해줄 것이고, 내가 그 문을 가져도 된다고 했다. 그 문은 지금도 내 집 지하실에 있다(누구라도 삼나무 문을 갖고 싶다면, 나한테 연락하기 바란다).

일부 소규모 소매업체는 아마존이 제품을 살리기도 하고 죽이기도 한다는 것을 깨닫는다. 음식을 찌거나 압력을 가해 조리하거나 볶을 수 있는 전기 멀티쿠커 인스턴트팟을 개발한 로버트 왕Robert Wang은 2010년부터 이 제품을 아마존에서 판매하기 시작하고 나서야 매출이 증가하기 시작했다. 음식 평론가와 요리사들이 육류와 콩류를 요리하는 데 걸리는 시간을 줄일 수 있다는 식으로 이 제품에 관하여 좋은 내용의 후기를 써주기 시작했다. 그후 매출이 급격하게 증가하기 시작했고, 결과적으로 인스턴트팟은 대히트를 쳤다. 2019년 초까지 이 제품에 관한 후기는 3만 1,021개에 달했고, 평점은 별점 5점 만점에 4.5점이었다. CEO인 로버트 왕은 《뉴욕 타임스》와의 인터뷰에서 이렇게 말했다. "한때는 제품 판매의 약 90퍼센트가 아마존을 통해서 이루어졌습니다. 아마존이 없었더라면, 지금 우리가 여기에 있지는 못했을 겁니다."[6]

로버트 왕과 같은 사람이 한 사람이라면, 아마존에서 성공하지 못한 사람은 수백 명이다. 자기 일을 하면서 남는 시간에 아마존에서 제품을 판매하는 자영업을 희망하는 사람들이 대부분 후자에 속한다. 일부는 아마존이 그들과 비슷한 제품을 출시하여 직접 경쟁하기 시작하면 금방 망하고 만다. 또 다른 일부는 경쟁을 위해서라면 (윤리적이든 그렇지 않든) 판매자들이 물불을 가리지 않는 삭막하기 그지없는 서부 시대와 마주하게 된다. 그곳에서는 가짜 후기, 가짜 상품, 웹사이트 하이재킹(홈페이지나 기타 설정이 자신도 모르는 사이에 변경되거나 갑자기 화면에 광고창이 뜨거나 원하지 않는 웹페이지로 자동 연결되도록 하는 것-옮긴이)이 난무한다. 일부 비양심적인 제3자 판매자들은 경쟁 기업에 대한 근거 없는 불만을 제기하여, 아마존으로 하여금 그 문제가 해결될 때까지 경쟁 기업의 계좌를 동결하게 만들기도 한

다. 판매자들에게는 아마존이 그들의 계좌를 동결하는 것은 사형 선고와
도 같다.

아마존에서 제품을 판매하는 수많은 소규모 소매업체들은 이미 아마존
사이트에 들어와 있는 200만 명이 넘는 다른 제3자 판매자들과 경쟁해야
할 뿐만 아니라, 생활용품, 의류, 식료품, 전자 제품과 같이 아마존이 제작
한 것으로 보이는 끝도 없는 제품들과도 경쟁해야 한다는 것을 깨닫게 된
다. 이런 제품들은 다양한 이름으로 판매된다. 쇼핑객들은 종종 자신들이
아마존이 제작해서 판매하는 제품을 구매하고 있다는 사실조차 인식하지
못하기도 한다.

아마존이 누리는 우위(이러한 요인이 아마존의 권력에 대한 가장 커다란 불만
의 원인이다)는 아마존이 자체 전자상거래 플랫폼을 통하여 들어오는 제품
과 가격 정책 데이터를 모두 가지고 있다는 것이다. 아마존의 인공지능 소
프트웨어는 데이터를 거의 실시간으로 처리하면서 경쟁 기업의 가격 정
책, 제품의 입수 가능성, 제품 선호도, 주문 이력, 예상되는 수익률 등에 따
라 자사 제품의 가격과 재고 수준을 결정한다.

아마존은 경쟁 우위를 얻기 위한 수단으로 개별 판매자의 데이터를 사
용하지 않는다고 주장한다. 그러나 이러한 주장이 아마존이 다양한 범주
의 제품에 대한 데이터를 자세히 관찰하지 않는다는 의미는 아니다(AAA
배터리가 어떻게 팔리고 있는가? 남자들에게 회색 후디 스웨트 셔츠가 어떤가?).[7] 아
마존은 다른 우위도 확보하고 있다. 2018년 말에 아마존은 경쟁 기업 페
이지 하단에 "우리 브랜드와 비슷한 제품"이라는 표제를 가지고 자사 브
랜드를 홍보하기 시작했다. 쇼핑객들이 이곳을 클릭하여 들어가면, 아마

존 상표가 붙은 제품들이 나온다. 지금까지 아마존 상표가 붙은 제품들이 전체 매출에서 차지하는 부분은 적었지만, 이러한 제품들이 점점 더 많아지고 있고 이것은 다른 판매자들에게는 위협이 된다.

물론 아마존은 자사 상표가 붙은 제품뿐만 아니라 다른 제조업체와 도매업체로부터 제품을 직접 구매하여 판매한다. 이것이 아마존의 핵심적인 소매업이다. 아마존은 이러한 영역에서 독립 판매자들과 경쟁한다. 그리고 일부 사람들이 비난하듯이, 공정하지 않게 경쟁한다. 2016년에 비영리 신문사 프로퍼블리카ProPublica는 아마존의 가격 정책 알고리즘에 대한 탐사 보도를 진행한 적이 있다. 프로퍼블리카는 몇 주 동안에 많이 팔리는 품목 250개를 추적하여, 어떤 제품이 아마존의 가상 선반에서 가장 눈에 띄는 자리(구매를 제안할 때 가장 먼저 등장하는 이른바 바이박스buy box를 말한다)에 배치되었는지를 살펴보았다. 바이박스는 오늘날 인터넷에서 제품을 판매하는 소매업체들의 가장 소중한 자산이다. 프로퍼블리카는 아마존이 아마존닷컴에서 자사가 직접 판매하는 제품을 독립 판매자들이 판매하는 것보다 유리하게 배치한 경우가 75퍼센트에 달한다는 것을 확인했다. 일례로, 아마존이 직접 판매하는 록타이트 순간접착제가 '바이박스'에 7.80달러로 올라오는데, 제3자 판매자들은 같은 제품을 이보다 10퍼센트 낮은 가격에 무료로 배송해준다. 쇼핑객들이 아마존이 판매하는 순간접착제를 구매하려고 클릭하면, 프라임 회원이 아닌 경우에는 배송료를 6.51달러까지도 지불해야 하기 때문에, 확실히 바가지를 쓰게 된다. 프로퍼블리카는 아마존의 알고리즘이 공정하지 않고, 아마존이 직접 판매하는 제품에 유리하게 작동하고 있다는 결론을 내렸다. 또한 이 알고리즘은 고객들이 프라임 회원에 가입하도록 독려하기 위해 설계되었다.[8] 아마존은 프로퍼블리카에 '바이박스' 알고리즘에는 고객이 전체적으로 최상의 경험을 할 수 있도록 가격만이 아니라 이보다 훨씬 더 많은 내용이 들어간다고 설명했다.

아마존에서 제품을 판매하는 것이 너무나도 복잡하고 위험하기 때문에, 판매자들에게 아마존의 정글에서 살아남는 법에 대한 조언을 해주는 아마존 전담 컨설턴트와 로펌이 우후죽순으로 등장하는 것은 전혀 놀랍지 않다. 아마존에서 6년 동안 근무했던 크리스 맥카베Chris McCabe는 제3자 판매자들을 위한 조언을 해오다가 보스턴을 근거지로 하여 아마존 전담 컨설팅 회사를 설립했다. 전자상거래 부문의 거대 기업이 정한 규정 때문에 어려움을 겪는 판매자들이 엄청나게 많기 때문에 일감이 넘쳐났다. 가짜 제품을 취급하거나 잘못된 제품 혹은 위험한 제품을 배송하거나 가짜 후기 작성팀을 운영하는 판매자가 있다는 불만을 접수하면, (이것이 사실이든 그렇지 않든) 아마존은 문제가 해결될 때까지 해당 판매자의 계좌를 동결한다. 맥카베는 이렇게 말한다. "아마존에서는 당신이 결백하다는 사실이 입증될 때까지 당신은 유죄입니다. 그리고 때로는 이런 문제 때문에 사업을 접어야 할 수도 있습니다. 하지만 유죄라는 사실이 입증될 때까지 당신은 무죄로 추정되어야 합니다." 아마존은 고객을 보호해야 하기 때문에 우선 발표를 해놓고 나서 나중에 자신의 정당성을 확인하려고 했다(고객 보호는 아마존의 성전聖戰이다). 불행하게도 경쟁자를 거꾸러뜨리기 위해 아마존에 거짓 보고를 하는 불량한 판매자들 때문에 선량한 판매자가 피해를 보는 결과가 발생했다.

제3자 판매자들에게 조언을 해주는 본 로 그룹Vaughn Law group의 J. C. 휴이트J. C. Hewitt에 따르면, 아마존이 매출 수백만 달러를 기록하는 어떤 화장품 판매자에게 아무런 연락이나 설명도 없이 그가 운영하는 사이트를 폐쇄한 적이 있다고 한다. 휴이트는 이렇게 말한다. "그 판매자가 여러 개의 계좌를 보유한 것으로 드러났기 때문입니다(이것은 아마존 규정에서 금지된 일이다)." 이 판매자는 지방의회 의원에게 도움을 요청하러 갔다. 아마존이 자의적으로 사이트를 폐쇄하는 것에 대한 불만이 널리 퍼지면서, 2019년 여름에 독일 연방 카르텔청은 '아마존이 세계의 모든 제3자 판매자들의 사이트를 폐쇄하기 30일 이전에 그 사실을 통지해야 한다'라는 조항에 합의했다.[9] 이러한 조치가 아무런 잘못이 없는 판매자들의 사이트가 폐쇄되는 것을 막는 데 분명 도움이 되었을 것이다. 그러나 이런 정책은 비양심적인 판매자들이 30일이라는 기간을 악용하여 가짜 상품 혹은 미끼 상품을 가지고 소비자들을 현혹하는 결과를 낳을 수도 있다.

판매자들이 어떤 어려움을 겪는다면, 아마존 고객 지원 센터로 연락을 해야 한다. 그러나 그 결과가 항상 좋은 것은 아니다. 아마존의 눈 밖에 나는 것을 두려워해서 익명을 요구한 어떤 판매자는 자신의 경험에 대해 이렇게 말했다. "당신이 아마존에서 상품을 판매하며 어떤 어려움을 겪고 있다면, 해외에서 근무는 아마존 직원과 이야기해야 합니다. 하지만 그들은 자기가 무슨 말을 하고 있는지도 잘 모릅니다. 아마도 그들보다는 당신이 더 많은 것을 알고 있을 겁니다. 당신은 그들에게 무엇을 해야 하는지 알려주고 그들이 그것을 해주기를 기대하지만, 그들은 그것을 해줄 능력조차 없어 우리를 괴롭힙니다."

가장 성공한 판매자들만이 아마존으로부터 훌륭한 고객 서비스를 받을 여유가 있다. 판매자들이 매달 5,000달러를 지불하면, 제대로 된 영어를 구사하고 현재 벌어지고 있는 상황을 이론적으로 이해하고 있을 뿐만 아니라 업무 지식을 갖춘 고객 서비스 직원과 전화로 이야기할 수 있다. 이것은 아마존의 조촐한 부업이다. 아마존이 이런 서비스 직원에게 연간 5만 달러를 지급하고, 이들은 각각 평균 25개의 판매자 계좌를 관리한다. 서비스 직원에게 지급하는 5만 달러당 연간 100만 달러가 넘는 수입이 발생한다. 엄청난 수익률이다. 아마존의 방침에 좌절했던 앞의 판매자는 이에 대해 다음과 같이 말한다. "아마존은 그들이 당연히 무료로 해야 하는 일에 대해 우리에게 매달 수천 달러를 청구합니다." 판매자들은 왜 이처럼 터무니없이 비싼 수수료를 기꺼이 내려고 하는 걸까? 그 이유는 그들이 이것을 일종의 보험증서라고 생각하기 때문이다. 규모가 큰 계좌가 다만 몇 주라도 동결되면, 수십만 달러의 매출을 날려버릴 수도 있다.

아마존에서 중국인 판매자들이 급증하면서 이러한 보험증서가 더욱 빛을 발하게 되었다. 불량한 판매자들은 세계 곳곳에서 나올 수 있다. 그리고 중국인 판매자들의 대다수는 정직하고 성실하다. 그렇지만 내가 이 책을 쓰기 위해 만난 아마존의 판매자와 컨설턴트들에게 대다수의 중국인 제3자 판매자들은 원칙을 무시하는 것으로 악명이 높았다. 일부 판매자들은 중국인들이 법을 지키지 않고 무책임하며 아마존에서 다른 판매자들을 공격하기 위해 나쁜 짓만 골라서 한다고 말했다. 중국에서는 판매자들을 위해 아마존에서 상품을 판매하는 요령들(이런 내용 중 일부는 떳떳하지 못한 행동이다)을 알려주는 세미나가 성대하게 열리기도 한다.

이 세미나에 참석하는 사람들 중 대다수는 미국과 유럽의 아마존 판매자들을 위해 제품을 생산했던, 중국에서 나름대로 자금력이 있는 공장의 소유주들이다. 그러나 이들은 아마존 판매자들이 하는 것을 보고는 그들과 거래를 끊고서 자신이 직접 아마존에서 제품을 판매하기로 결정했고, 그 결과 더 많은 돈을 벌었다. 아마존은 이런 판매자들을 적극적으로 모집했다. 1장에서 설명했듯이, 아마존은 그들이 만든 제품을 미국으로 실어 오기 위해 드래곤 보트라는 전용 배편을 제공하는데, 요금은 미국 판매자들이 이전의 수송선을 이용할 때 납부하는 금액보다 더 저렴하다.[10] 아마존이 왜 그들에게 이처럼 세심한 서비스를 제공하는 걸까? 베조스는 아마존이 미국 시장으로 진출하려는 수많은 중국인 판매자들을 위한 플랫폼이 되기를 원했다. 이 부문에서 아마존의 주요 경쟁자는 알리익스프레스 Aliexpress라는 플랫폼을 통해 미국에서 상품을 판매하는 중국의 온라인 거대 기업 알리바바이다.

베조스의 전략은 중국인 판매자들에게는 기쁨을 주고 있지만, 중국인들이 자신의 시장을 침입하는 것을 그저 바라보고만 있어야 하는 미국과 유럽의 판매자들을 실망하게 했다. 중국인들은 처음에는 실패를 겪기도 했지만, 제품 디자인과 온라인 검색, 제품 차별화에서 점점 수준이 높아지고 있다. 2019년에 들어서며 그들은 아마존에서 수백 만 달러의 자금력을 갖춘 브랜드를 출시하며 상당한 경쟁력을 갖췄다. 2018년에는 아마존에서 활동하는 판매자의 약 3분의 1이 중국인이었고, 10대 최고 판매자들 중 네 명이 중국인이었다. 2017년만을 놓고 보면, 아마존에서 새롭게 판매를 시작한 중국인이 25만 명이 넘었다.[11]

미국과 유럽의 아마존 판매자 포럼은 회원들끼리 정보를 교환하는 사적인 온라인 모임인데, 주로 규정을 어기는 중국인 판매자들에 대한 불만을 토로하는 자리이다. 물론 미국과 유럽의 극악무도한 판매자들에 대한 불만도 있지만, 중국인 판매자들에 대한 불만이 대부분을 차지한다. 가장 많이 나오는 불만이 하이재킹이다. 어떤 판매자는 아마존에서 경쟁자의 계정에 침입하여 그들의 페이지를 접수한다. 그것이 이 판매자의 페이지처럼 보일 수도 있지만, 사실은 그렇지 않다. 해커들은 다른 판매자들의 웹 디자인, 이미지 사진, 제품 설명을 베껴서 자신들이 그 페이지를 관리한다. 이 페이지에서 제품을 구매하는 아마존의 고객들은 진짜 판매자가 누구인지 모른다.

어떤 판매자가 중국인 판매자에 의해 하이재킹당한 사실을 발견하고는 이에 대하여 항의하는 내용의 편지를 보낸 적이 있었다. 그는 이렇게 기억한다. "그 사람들은 나를 조롱하기만 했습니다. 중국에 와서 자신들을 찾아보라는 거죠." 그가 아마존에 연락해서 가짜 중국 사이트를 내리게 하라고 말하면 되지 않을까? 그렇게 할 수도 있었지만, 그는 보복이 두려웠다. 그리고는 이렇게 말했다. "그들은 아마존에 내가 가짜 상품을 판매하고 있다고 보고할 겁니다. 그건 사실이 아닙니다. 그렇지만 아마존은 내 사이트를 폐쇄할 겁니다. 아마존은 우선 발표를 해놓고 나서 나중에 자신의 정당성을 확인하려고 합니다. 아마존은 당장 내 계좌를 2주 내지 4주 동안 동결할 것이고, 저는 심사를 받아야 합니다." 이것은 생각조차도 하기 싫은 상황이다. 전통 소매업계에 종사하는 사람이 번화가에서 잘나가는 가게를 운영하고 있는데, 조사관이 찾아와서 특정한 불만사항이 해결될 때까지 가게 문을 닫으라고 한다면 어떤 기분이 들까?

해커들이 경쟁자의 사이트를 접수하는 주된 목적은 매출을 가로채는 데 있지는 않다(실제로 그렇기는 하지만 말이다). 그들의 궁극적인 목적은 다른 판매자의 영업 데이터를 훔쳐오는 것이다. 이것은 아마존 세계에서 아주 소중하다. 그들은 해킹된 제품이 얼마나 많이 팔리고, 어떤 색상 혹은 어떤 스타일의 제품이 가장 많이 팔리며, 어떤 광고 검색어가 가장 효과가 있는지 알 수 있다. 이런 비양심적인 판매자들은 온라인 광고 전략을 성공적으로 입안하기 위해 엄청난 시간과 돈을 들이기보다는 그냥 사이트를 해킹하여 데이터를 훔쳐오려고 한다.

이것이 여의치 않은 경우에 일부 수상한 판매자들은 아마존 직원들을 매수하여 데이터를 입수한다. 중국 광저우의 센젠에서는 아마존이 경쟁자들보다 우위를 점하거나 그들을 압도하기 위해 데이터를 이용하려는 중국인 판매자들에게 80~2,000달러의 뇌물을 받고서 데이터를 팔아넘긴 직원들을 해고했다. 이러한 데이터에는 판매량에 대한 내부 분석 자료, 후기 작성자들의 이메일 주소가 포함되어 있다.[12] 무엇보다도 판매자들은 이렇게 훔쳐온 데이터를 가지고 경쟁자들이 주요 광고 검색어에 얼마를 지출할 계획인지를 정확하게 알 수 있고, 그들보다 다만 몇 원이라도 더 비싼 값을 매겨서 이런 검색어를 자기 것으로 만들 수 있다. 데이터 절도자들은 이런 식으로 아마존에서 잘나가는 경쟁자들에게 심각한 피해를 입힐 수 있다.

유럽의 어느 아마존 판매자는 중국인 경쟁자들이 보트[bot](인터넷상의 정보 검색을 위해 다른 사이트의 페이지도 자동적으로 연달아 검색하고 수집하는 프로그램-옮긴이)를 통해 자기 사이트를 공격하면서 매출이 절반으로 줄어든 것을 확인했다. 이러한 사이버 파괴자들은 그녀가 비싼 가격에 사들인 광고 검색어를 가지고 끊임없이 검색하여 그녀의 사이트를 클릭하지만, 그녀의 제품을 구매하지 않는다. 또한 경쟁자들은 그녀의 제품을 대량으로 구매한 다음, 그것을 반품한다. 이런 상황에 대해 아마존의 감시 알고리즘은 "이 판매자가 이런 검색어들을 사들였고, 다수의 쇼핑객들이 그녀의 사이트를 클릭했지만, 어느 누구도 구매하지 않았다. 따라서 그녀의 제품에 대한 평판은 몹시 나빠졌다"라는 결론을 내렸다. 항상 고객을 최우선시하는 이 알고리즘은 결국 그녀의 제품에 대한 순위를 강등시켜, 쇼핑객들이 거의 찾지 않는 3면에 그녀의 제품이 나오도록 했다. 그녀는 이렇게 말한다. "일단 3면으로 넘어가면, 셔터를 내리고 다른 일을 알아봐야 합니다."

판매자들이 아마존에서 경쟁하기 위해서는 후기를 확보해야 한다. 이것은 돈으로 매수하지 않고서는 쉽지 않은 일이다. 일부 판매자들은 자기 제품에 대한 별점 5개짜리 가짜 후기를 사들인다. 실제로 프리랜서닷컴, 파이버닷컴, 페이스북에 상주하면서 소정의 수수료를 받고서 좋은 내용의 후기를 기꺼이 써주는 블랙 햇black hat(이해관계나 명예를 위해 다른 사람의 컴퓨터 시스템이나 네트워크에 침입하는 해커나 파괴자cracker를 일컫는 용어–옮긴이) 활동을 하는 사람들도 상당히 많이 있다. 누군가가 아마존에서 식이보충제를 판매하는 회사를 상대로 공정거래위원회에 제소한 사건에서는 이 회사 대표가 주로 비밀 활동을 하는 업체에 1,000달러에 긍정적인 내용의 가짜 후기 30개를 생성시키고, 자사 제품의 평점이 별점 4.3점을 계속 유지하게 해주는 장기적인 파트너십을 제안하는 이메일이 증거로 제출되기도 했다.[13]

가장 심각한 피해를 주는 가짜 후기는 경쟁자가 가짜 상품을 판매한다고 거짓 주장을 하는 것이다. 많은 경우에 아마존은 영문도 알지 못하는 판매자가 자신이 진품을 판매한다는 것을 입증할 때까지 가짜 상품을 판매한 혐의로 그 사이트를 폐쇄한다. 아마존이 가짜 후기를 작성하는 프리랜서를 상대로 소송을 제기하지만, 그들의 이런 활동은 여전히 아마존에 커다란 문제로 남아 있다.[14]

한편으로는 판매자들이 후기 작성자들에게 이에 대한 대가로 제품을 무료로 제공하는 후기 교환 클럽이 있다. 이러한 후기들 중 일부는 양심적으로 작성되지만, 선물에 대한 대가가 그대로 반영되는 것이 현실이다. 또한 무료로 받은 제품이 너무 많은 탓에 각각의 제품을 제대로 평가하는 것이 불가능하다. 또한 이러한 후기 작성자들은 부정적인 평가를 한다는 평판을 얻으면 공짜로 제품을 얻을 수 있는 길이 막혀버리기 때문에, 긍정적인 내용의 글만을 써주는 경향이 있다.

전혀 예상치 못하게도, 일부 부정한 판매자들이 후기를 훔치기 위해 다른 판매자의 사이트를 하이재킹하는 경우도 있다. 클린트 헤딘Clint Hedin은 잔디 통풍용 슈즈에서 정원용 호스 노즐, 영양 보충제에 이르기까지 거의 모든 것을 판매하는 성공한 제3자 판매자이다. 어느 날 갑자기 어떤 중국인 판매자가 자신이 아마존으로부터 허가를 받아서 판매하는 정원용 호스 노즐 사이트에 나오는 사진과 제품 설명을 HD 안테나 광고로 교체한 사실을 확인했다. 그는 이렇게 말한다. "중국인 판매자가 어떤 페이지를 접수하면, 그 페이지의 제품에 대한 후기를 빼앗고 싶어 합니다. 제가 판매하는 정원용 호스에 대해서는 별점 5점 만점에 평점 4.5점의 후기 590

개가 있었습니다. 중국인 판매자는 안테나를 판매하기 위해 600개의 후기를 훔쳐갈 수 있고, 그러면 그 판매자의 성공 가능성은 더 높아집니다. 고객을 대상으로 판촉 활동을 힘들게 할 필요가 없는 겁니다. 이건 말도 안 됩니다. 그들이 판매하는 것은 HD 안테나이지만, 실제 후기에 올라오는 동영상이나 사진은 정원용 노즐에 관한 것입니다." 틀림없이 많은 쇼핑객들은 대부분 별점과 후기가 몇 개인지만을 확인할 뿐, 굳이 스크롤 다운하여 실제 후기가 HD 안테나에 대한 것이 아니라 정원용 노즐에 관한 것이라는 사실을 확인하지는 않을 것이다.

이런 하이재킹은 혼란을 일으킨다. 안테나를 구매하려고 생각했던 일부 고객들은 노즐을 받게 될 것이고, 이것은 판매자로서의 헤딘의 평판에 해롭게 작용할 것이다. 그는 아마존에 이 문제를 해결해달라고 부탁했지만, 아마존은 아무런 조치도 취하지 않았다. 헤딘은 이렇게 말한다. "아마존이 이런 블랙 햇 사이트를 폐쇄하더라도, 이 중국인이 당장은 사라졌다가 그 다음 날에 유령 계좌를 가지고 다른 이름으로 등장하여 활동합니다." 결국 헤딘은 자기 제품을 삭제하기로 결정했다. 그러자 아마존이 창고에 있는 팔다 남은 재고에 대하여 보관료가 발생할 것이라고 했다. 헤딘은 아마존에 배송료를 납부하고 이 노즐을 배송받아서 지역 자선 단체에 기부했다. 한 중국인의 장난으로 수천 달러의 손해를 본 셈이다.

가짜 후기의 문제는 매우 심각하여 과거에 골드만삭스에서 트레이더로 일했던 사우드 칼리파Saoud Khalifah와 같은 사람이 가짜 후기를 판별해주는 사업을 구상하기에 이르렀다. 그는 아마존에서 별점 5점을 받은 운동 기구를 주문했지만, 1주일 사용하고 나서 기어가 고장나는 것을 보고는 페이크스팟FakeSpot이라는 회사를 차렸다. 그는 후기를 자세히 검토하고는 마치 자기 재산을 되찾는 데 후원금을 보내주면 나중에 자기 재산을 되찾아서 그것을 당신과 나누겠다며 나이지리아 왕자를 사칭하는 이들이 보낸 이메일처럼, 그 후기에 엉터리 영어와 어색한 표현이 난무하다는 것을 확인했다. 2015년에 칼리파는 자신과 주변 친지들을 위하여 어색한 표현과 그 밖의 사기성이 있는 표현(예를 들어, 한 줄짜리 별점 5점의 후기는 가짜일 가능성이 상당히 높다)을 중심으로 아마존 후기를 분석하는 사이트를 개설했다. 칼리파는 아마존에서 쇼핑을 할 때 후기가 가짜인지를 판별하기 위해 후기가 나오는 페이지의 웹페이지 주소를 복사해서 자신의 소프트웨어 프로그램에 붙여넣는다.

칼리파가 개설한 사이트는 입소문을 타고 널리 알려지게 되었고, 2019년에는 아마존과 그 밖의 온라인 소매업체 사이트에 등장하는 40억 개가 넘는 후기를 분석했다. 그가 지금까지 분석한 바에 따르면, 아마존에 나오는 후기 중에서 약 30퍼센트는 의심스럽다고 한다. 아마존은 가짜 후기를 근절하기 위해 머신러닝을 사용한다. 그러나 아마존 사이트에 매일 올라오는 후기의 양이 빠른 속도로 증가하고 있어, 이를 모두 단속하기가 어렵다. 그러면 어떻게 해야 할까? 현명한 소비자라면, 제품에 별점 5점짜리 후기가 너무 많이 달려 있거나 후기의 분량이 아주 짧거나, 비슷한 내용으로 칭찬 일색인 경우에는 일단 의심을 해봐야 한다. 별점 3점짜리 후기를 보는 것도 괜찮은 방법이다. 이것은 제품의 장점과 단점에 대해 가장 정직한 평가를 담고 있을 가능성이 많다. 정직하지 못한 판매자들이 좋지도 나쁘지도 않은 별점 3점짜리 후기를 확보하려고 후기 공장에 돈을 내지는 않을 것이고, 별점 1점짜리 후기는 배송 박스가 움푹 들어가 있거나 제품이 자기가 기대했던 청색을 띠지 않는다(이것이 무엇을 의미하든 말이다)는 식으로 매사에 불만이 많은 상당히 까다로운 사람이 작성한 경우가 많다.

물론 때로는 가짜 상품을 판매하는 사람을 비난하는 후기가 실제로 진실인 경우도 있다. 가짜 상품을 판매하는 행위는 아주 나쁜 짓이기 때문에, 아마존이 2018년 재무 보고서에서 이것이 심각한 문제가 되고 있다는 점을 처음으로 지적하기에 이르렀다. 다수의 판매자들이 아마존이 가짜 상품을 방지하기 위한 조치를 제대로 취하고 있지 않다고 주장하면서 아마존을 상대로 소송을 제기하고 있다. 일례로 메르세데스 벤츠와 같은 명품 자동차를 생산하는 다임러는 아마존이 아마존 사이트에서 벤츠 바퀴의 판매를 허용하고 있는데, 이는 자사의 디자인 특허권을 침해하는 것이라고 주장하면서 아마존을 상대로 소송을 제기했다. 그리고 테네시주의 어느 가정에서도 가짜 호버보드를 구매했는데, 여기에 불에 붙기 시작하면서 집에 화재가 났다고 주장하면서 소송을 제기했다.[15] 아마존은 아마존 사이트에서 판매되는 가짜 상품을 더욱 쉽게 찾아주는 인공지능 알고리즘 개발에 힘을 쏟고 있다. 그러나 이러한 프로그램이 더욱 똑똑해질 때까지는 정직한 판매자와 고객이 가짜 상품 판매자들로부터 사기를 당할 위험이 여전히 존재한다.

아마존이 웹에서 존재감이 없는 소규모 판매자들에게 위협을 가한 것은 틀림없는 사실이지만, 아마존 사이트에서 판매하는 200만이 넘는 판매자들에게 활기찬 시장을 열어준 것도 사실이다. 판매자들이 아마존뿐만 아니라 서로 간에 펼치는 경쟁은 더욱 심화되고 있다. 그렇지만 판매자들의 수는 계속 증가하고 있고, 이들 중에 잘나가는 판매자들도 많다. 아마존이 다양한 의뢰인 겸 판매자와 어떻게 상호작용하는가에 대한 전후 사정을 고려하지 않고서 (도널드 트럼프 대통령이 대통령에 취임하고 나서 2년차에 했던 것처럼) 아마존 때문에 수많은 소규모 소매업체들이 문을 닫게 되었다고 주장하는 것은 적어도 상황을 왜곡하는 것이다.

아마존이 대규모의 전통 소매업체에 가하는 압박이야말로 더욱 크고 직접적인 위협이 될 것이다.

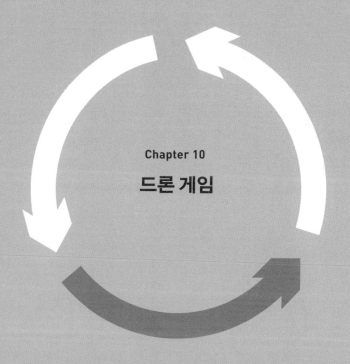

Chapter 10

드론 게임

2017년 6월 16일, 아마존이 홀푸드 식료품 체인을 137억 달러에 인수하기로 선언한 것은 업계 전체를 전율케 했다. 소매업체들의 주가가 곤두박질쳤고, CEO들은 애를 태웠으며, 전문가들은 그다음 차례는 누가 될 것인지를 두고 이런저런 말들을 늘어놓았다. 아마존은 20년이 넘는 시간에 걸쳐 세계 최강의 온라인 소매업체로 등극했다. 그렇다면 아마존은 왜 수익률이 얼마 안 되고 시대에 뒤떨어진 산업으로 여겨지는 전통 소매업체에 투자하려고 했을까? 또한 아마존은 이러한 산업의 종말에 대하여 어떻게 이해하고 있을까?

이 두 가지 질문에 대한 대답은 아마존 내부 사람들에게는 분명하다. 첫째, 미국에서 아마존의 온라인 사업의 성장률이 떨어지고 있고(이는 시장 점유율이 그처럼 높은 기업에서 불가피하게 나타나는 현상이다), 따라서 아마존은 향후 거대한 미개척 영역 중 하나가 될 전통 소매업으로 진출하지 않고서는 빠른 속도의 성장을 유지할 수가 없다. 아마존은 온라인 거대 기업이지만, 소매 시장의 규모(미국의 경우 연간 4조 달러)가 엄청나게 크기 때문에 전체 시장에서 아마존이 차지하는 부분은 얼마 되지 않는다. 세계 전체로 보면, 소매 시장의 규모가 이보다 훨씬 더 커서 연간 25조 달러에 달한다. 그리고 아마존이 차지하는 부분은 이보다 훨씬 작아서 1퍼센트 정도밖에 되

지 않는다.[1]

둘째, 베조스와 각 사업부의 부서장들은 새로운 일을 벌이기를 좋아한다. 전자상거래, 프라임, 홀푸드를 총괄하는 제프 윌케는 겸손하게도 최고급 식료품 체인을 인수하기 전에는 아마존이 식료품 사업에 대해 아는 것이 거의 없었다고 말한다. 인수 발표가 있고 나서 그는 홀푸드 전직원이 참석하는 회의에서 아마존이 어떤 생각을 가지고 이러한 결정을 하게 되었는지를 설명하기 위해 오스틴으로 날아갔다. 홀푸드의 CEO 존 매키[John Mackey]와 함께 무대에 오른 윌케는 홀푸드와 같은 최고급 식료품 체인이 유기농 식품 부문에 투자한 것에 대하여 대단한 경의를 표하는 동시에 매키와 직원들에게 감사의 마음을 전했다. 그리고 이런 식품 덕분에 장수할 수 있을 것 같다는 말도 잊지 않았다. 어느 순간 그는 매키를 돌아보면서 자기가 머무는 호텔에서 퀴노아 채소 요리를 먹었는데, 15년 전에는 텍사스에서 그런 것을 찾을 수 없었다고 말했다. 그러자 매키가 윌케를 바라보면서 이렇게 말했다. "제프, 퀴노아는 채소가 아닙니다."

윌케는 나하고 인터뷰를 하는 동안에 그 당시를 회상하면서 얼굴에 미소를 머금고는 아마존이 전통 소매업에 대하여 너무나도 몰랐고, 홀푸드를 인수한 것이 아마존이 그 부문을 빠른 속도로 배워나가는 데 도움이 될 것이라는 점을 인정했다. 온라인 소매 부문에서는 판매하는 제품 품목에 아무런 제한이 없다. 아마존이 아마존 사이트에 수억 종류에 달하는 제품 품목을 올려놓은 데 드는 비용은 얼마 되지 않는다. 그러나 전통 소매업체의 경우에는 제품을 올려놓을 수 있는 선반 공간에 제약이 있고, 수백만 종류는 고사하고 수천 종류의 품목만을 올려놓을 수 있을 뿐이다. 관리자들은 무엇을 선반에 올려놓을지를 결정해야 한다. 잘못된 결정을 하면 매출에 큰 타격을 준다. 2018년 8월 윌케는 나와의 인터뷰에서 이렇게 말했다. "우리가 지난 1년 동안 홀푸드를 경영하면서 판촉 활동과 물리적 매장의 설계, 물건을 적절하게 구매하고 제한된 선반에 무엇을 올려놓을 것인지를 결정하는 데 필요한 전문 지식을 엄청나게 많이 얻을 수 있었습니다."

지금 전통 소매업은 거대한 변화를 겪고 있다.[2] 1962년에 월마트의 설립자 샘 월튼Sam Walton이 아칸소주 로저스에 매장을 처음 개장하면서 월마트는 수많은 소규모 자영업체들을 문 닫게 만들며 슈퍼마켓의 시대를 열었다. 그 이후로 이 산업이 직면하고 있는 가장 커다란 변화가 지금 일어나고 있다. 오늘날에는 온라인 판매자가 되는 것만으로는 충분하지 않다. 또한 전통 소매업 매장만으로도 충분하지 않다. 온라인 쇼핑에서 최선의 것과 전통 소매업에서 최선의 것을 결합할 수 있는 기업만이 우위를 확보할 수 있다. 이것은 물리적 매장과 사이버 공간을 결합하여 소비자들이 쇼핑을 하기 위한 다양하고도 편리한 방법을 창출하는, 일종의 경계가 없는 소매 모델이다. 이것은 앞으로 베조스의 소매 인공지능 플라이휠에 강력한 힘을 가하게 될 것이다.

이러한 추세의 이면에는 편리함을 추구하는 수많은 고객들이 있다. 그들은 온라인으로 구매하는 방법, 온라인으로 구매해서 매장에서 직접 실어가는 방법, 온라인으로 구매하고 매장에서 배달해주는 방법, 그냥 예전처럼 직접 매장에 가서 구매하는 방법을 모두 원한다. 하지만 고객이 자신이 주문한 것을 충분히 신속하게 이행하도록 만들 수는 없어 보인다. 2018년에 사기 방지 스타트업인 트러스티브Trustev가 실시한 설문조사에 따르면, 18~34세 사이의 쇼핑객들 중 56퍼센트가 하나의 선택지로서 당일 배송을 원하는 것으로 나타났다.[3] 이것은 고객이 언제 어디서든 당일 배송을 원한다는 것을 의미한다. 단, 계란이 깨져서도 안 되고, 빠진 품목이 있어서도 안 되며, 아이스크림이 녹아서도 안 된다. 배가 고파서 짜증이 난 가족들이나 주문한 유기농 닭가슴살이 빠져 있어서 화가 난 사람과 마주하기를 바라는 소매업체는 아무도 없을 것이다. 그럴 경우 해당 브랜드는 돌이킬 수 없는 상처를 입게 된다.

아마존의 윌케는 이렇게 말한다. "내가 아는 고객 중에는 아침에 일어나서 '지금 어디에 가서 사야 하지?'라고 묻는 사람은 아무도 없습니다. 그들은 깨어나서 '어떻게 주문을 하면 되지?'라고 묻습니다. 옆에 컴퓨터나 전화기가 있다면, 그것을 가지고 주문을 할 수 있습니다. 자동차를 운전하면서 매장 근처를 지나가고 있다면, 매장에서 직접 실어가면 됩니다. 시간이 지나면서 우리 매장이 다른 소매업체의 매장과 점점 더 비슷해지고 있습니다. 그리고 그들의 매장도 우리 매장을 닮아가고 있습니다. 결국 고객이 결정하게 될 것입니다." 어떤 고객은 새로운 신발 혹은 멋진 운동기구를 찾기 위해 매장에서 시간을 보내는 것을 좋아하지만, 우리는 대부분 우유, 쌀, 세제와 같은 일상 생활용품을 사려고 매장에서 필요 이상으로 많은 시간을 보내지는 않는다. 바로 이런 이유에서 소매업자들은 경계가 없는 쇼핑이 대세가 되리라고 생각한다.

온라인 매장과 물리적 매장이 만나는 새로운 소매 모델은 소매업계를 근본적으로 재편성하는 계기가 될 것이다. 우선 (가까운 미래에 이러한 변화를 가장 극심하게 겪게 될) 미국에는 너무나도 많은 매장들이 있는데, 다른 선진국과 비교하여 1인당 소매점 매장의 면적이 거의 네 배에 달한다. 게다가 밀레니얼 세대는 쇼핑몰로 가지 않고 재량 소득discretionary income(실수입에서 생활 필수품의 구입 등 기본적인 생활비와 수업료 등의 계약적 지출, 생명보험료 등의 계약적 저축을 제외한 잔액을 말한다.-옮긴이)의 상당 부분을 휴대폰, 스트리밍 미디어, 건강 관리, 학자금 대출 상환에 지출한다. 그리고 그들은 온라인 쇼핑을 선호한다. 이것은 점점 더 오프라인 매장이 필요하지 않게 된다는 것을 의미한다. 둘째, 대부분의 전통 소매업체들은 하이브리드 형태의 소매업체에 요구되는, 원활하게 작동하는 온라인 사이트와 신속한 배송 시스템을 구축하여 아마존과 경쟁할 수 있도록 해줄 컴퓨터 전문가들을 보유하고 있지 않다. 그들이 원하더라도, 대다수는 그런 전문가들을 확보할 여력이 없다. 최근에는 대형 소매업체들 중 일부가 채권자인 사모펀드 회사 혹은 헤지펀드에 의해 인수되었다. 이것이 오랫동안 소매 부문의 거대 기업으로 존재했던 시어스와 토이저러스가 파산하게 된 주요 원인 중 하나였다. 2017년에는 미국에서 6,000개가 넘는 매장이 문을 닫았고, 파산 신청을 한 소매업체도 최소한 50개나 되었다. 2019년에 현재 니먼마커스(미국의 대표적인 고급 백화점-옮긴이), 더 갭, GNC(미국 건강 기능 식품 브랜드-옮긴이), 기타 센터(세계 최대의 악기 판매 업체-옮긴이)를 포함하여 다수의 널리 알려진 소매업체들이 심각한 채무에 시달리고 있다.[4]

전통 소매업체들이 부채의 파도를 헤쳐나가면서 가격을 의식하는 변덕스러운 소비자들과 씨름하고 있을 때, 아마존은 홀푸드를 인수한 지 2년 만에 또다시 업계를 충격에 빠뜨렸다. 2019년 3월 3일,《월스트리트 저널》이 이 거대 전자상거래 기업이 로스앤젤레스와 시카고, 워싱턴 D.C.를 포함한 주요 도시에서 수십 개의 새로운 식료품 체인점을 개장할 계획이라고 보도한 것이다. 홀푸드는 주로 건강식품을 판매하기 때문에, 제품 라인이 제한적일 수밖에 없었다. 홀푸드의 특징을 잘 모르는 고객들이 "오레오 쿠키는 어디 있죠?"라고 물으며 불만을 표시하기도 한다. 이에 대한 대답으로 아마존의 새로운 식료품 체인은 맛은 있지만 건강에는 썩 좋지 않은 음식과 음식보다 수익률이 더 높은 화장품을 포함하여 다양한 제품을 제공할 것이다.

이번 조치는 아마존이 월마트와 싸워보지도 않고서 식료품 시장을 양보하지는 않을 것이라는 강력한 신호였다. 온라인 소매업의 제왕이 힘의 중심을 전통 소매업으로 옮기자, 미국 최대의 식료품 잡화점이자 세계 최대의 소매업체인 월마트는 아마존의 온라인 사업과 경쟁하기 위해 디지털 소매업을 구축하는 데 수십억 달러를 지출하고 있다. 이에 관한 자세한 이야기는 다음 장에서 다룰 것이다.

아마존은 전통 소매업계와의 전투를 준비하면서, 식료품을 뛰어넘으려는 야심을 가졌다. 2019년에 아마존은 아마존 고, 아마존 4스타, 아마존 북스라는 이름의 소규모 소매점 42개 지점을 운영했다. 출발은 순탄치 않았다. 고객들의 시선을 사로잡는 방식으로 매장을 운영하는 것은 세계 최대 규모의 온라인 매장을 운영하는 것과는 많이 달랐다. 아마존이 뉴욕의 패션 소호 지구(맨해튼 남부의 화랑이나 아틀리에가 많은 지역-옮긴이) 인근에서 아마존 4스타(온라인 고객 후기에서 별점 4점 이상의 평점을 받은 품목을 취급하는 매장-옮긴이) 매장을 개장했을 때, 《뉴욕 타임스》는 혹독한 논평을 내놓았다. "암울하기 그지없다. 이곳은 황폐하고 무미건조한 분위기의 상설 매장이다. 점포 정리 세일을 한답시고 급하게 꾸며놓은 듯하다. 차라리 롯 레스 크로스아우츠(미국의 소매 체인점-옮긴이) 매장이 이보다는 더 생기와 매력이 넘친다."[5]

2019년에 아마존은 아마존 고 매장을 15개 지점에서만 개장했는데, 이곳에서는 고객들이 계산대를 거치지 않고서 샌드위치, 샐러드, 음료와 같은 조리 식품을 구매할 수 있다. 그러나 아마존 고 매장은 아마존 4스타 매장보다 더 인기가 있고, 아마존은 당연히 아마존 고 매장을 더욱 신속하게 확대할 계획이다. 시장 분석 기관인 RBC 캐피탈 마켓의 애널리스트들은 아마존 고 매장 한 곳에서만 연간 150만 달러의 매출을 창출할 수 있을 것으로 추산했다. 2021년까지 아마존이 아마존 고 매장을 3,000개까지 확대할 예정이라고 했던 블룸버그의 보도대로 진행된다면, 아마존 고의 연간 매출은 45억 달러에 달할 것이다.[6]

그러나 아마존이 지금까지 전통 소매업에서 가장 큰 도박을 한 곳은 식료 잡화점 부문이다. 바로 여기에 현금이 있기 때문이다. 2017년 미국인들은 슈퍼마켓에서 음식이나 그 밖의 품목에 7,000억 달러 넘게 지출했다. 그중에서 온라인 매출이 차지하는 비중은 아주 작다. 그러나 시장조사업체 칸타월드패널은 미국에서 식료품과 주류의 온라인 매출이 2017년 141억 달러에서 2021년에는 약 400억 달러까지 성장할 것으로 예상한다.[7]

지금까지 월마트는 미국 식료품 산업에서 전체 매출의 56퍼센트를 차지하며 제왕으로 군림했다.[8] 월마트의 뒤를 이어 크로거가 17퍼센트를 차지한다. 아마존의 홀푸드는 2퍼센트가 조금 넘는다. 베조스는 왜 이런 웰터급의 식료품 체인을 인수했을까? 아마존은 홀푸드의 500개가 넘는 매장을 인수함으로써 주요 도시와 교외 지역에서 가장 필요한 자산을 얻은 셈이다. 또한 아마존은 아마존 프라임 회원들의 인구 통계와도 잘 맞아떨어지는 고객들을 보유한 최고급 식료품 체인을 얻은 것이다. 인수가 진행되던 당시에, 홀푸드 고객의 거의 절반 정도가 이미 프라임 회원들이었고, 약 80퍼센트가 아마존에서 쇼핑을 한 적이 있었다.[9] 아마존은 홀푸드에서 프라임 회원 할인 혜택을 제공하기 시작했다. 이것은 고객들을 아마존의 생태계에 가두어놓기 위한 또 다른 방법이었다. 홀푸드의 입장에서 보면, 아마존과의 결합이 행동주의 헤지펀드인 자나 파트너스의 적대적 인수 위협으로부터 자신을 보호하는 길이었다. 또한 이것은 월마트가 지배하면서도 점점 더 치열해지는 식료품 산업에서 경쟁하는 데 필요한 자본과 기술적 전문성을 얻기 위한 방법이기도 했다.

아마존 때문에 애를 태우면서 아마존의 놀랄 만한 기술적 역량을 의식하는 소매업계 종사자들은 당연히 앞날을 걱정할 수밖에 없다. 식료품 시장을 장악하기 위한 전투에서는 가장 신선한 식재료를 가장 신속하게, 거의 실수 없이 배달할 수 있는 자에게 승리가 돌아간다. 베조스는 "알렉사, 지금 나는 우유와 바나나가 필요해"라고 말하면 몇 시간 이내에 우유와 바나나가 집에 도착하는 것처럼, 음식을 신속하고도 간단하게 주문하는 발상으로 식료품 업계를 뒤흔들 계획을 가지고 있었다. 간단하게 들리지만, 이것을 잘 해내는 것은 결코 단순한 문제가 아니다. 이 과제를 해결하기 위해서는 강력한 인공지능이 필요할 것이다.

배송 속도를 높이기 위해 경쟁하면서 아마존은 제품이 이동하는 모든 단계에서 혁신을 기했다. 아마존이 판매하는 모든 품목이 농장, 목장 혹은 제조 공장에서 나와서 아마존 창고로 이동한다. 그리고 아마존의 알고리즘이 어떤 제품을 수요가 있는 곳과 좀 더 가까운 다른 창고로 운송해야 하는지를 결정한다. 소매 사업을 확장함에 따라 아마존은 (앞에서 언급했듯이) 스스로 거대한 해운사가 되어야 한다. 그리고 아마존이 지금과 같은 속도로 선박, 트럭, 점보제트기와 같은 운송 수단을 확대한다면, 해운업계까지도 뒤흔들 주요 경쟁자가 될 것이다.

동기를 부여하는 요소는 비용 절감에 있다. 2018년에 아마존은 전 세계에서 44억 개에 달하는 제품 패키지를 배송했다.[10] 이 모든 제품을 중국, 인도를 비롯한 여러 국가의 생산자로부터 미국과 유럽의 창고로 가져오는 데 드는 비용을 낮추기 위해, 아마존은 컨테이너 수송선, 화물 수송용 점보제트기, 견인 트레일러 트럭으로 구성된 자체 선단을 구축하고 있다. (UPS, 페덱스, DHL 이야기처럼 들리지 않는가?) 시티 그룹에 따르면, 아마존이 제품 패키지의 장거리 배송을 직접 처리함으로써, UPS나 페덱스를 사용할 때보다 연간 11억 달러를 절감할 수 있다고 한다.[11]

아마존은 이러한 절감 효과를 정확하게 이해하고, 이것을 달성하기 위해 많은 투자를 하고 있다. 2019년에 아마존은 양면에 아마존 스마일 모양을 그려놓은 트럭을 1만 대 넘게 운용하고 있다. 또한 아시아 지역에서 출발하는 화물 운송을 처리하기 위해 컨테이너 수송선 적하 장소를 빌리고, 2021년에는 70대의 화물 수송용 제트기를 운용할 예정이다. (이에 대한 이해를 돕자면, 페덱스는 항공기 681대를 보유 혹은 임차하여 운용한다.[12]) 아마존은 텍사스주, 일리노이주, 오하이오주 그리고 켄터키주의 북부에서 지역의 에어 허브를 열어가고 있다. 아마존의 자체 선단이 계속 확대되고 있다는 것은 부정할 수 없는 사실이다.

해운 전문가들 중에는 아마존이 페덱스, UPS와 경쟁할 만한 배송 시스템을 구축한다는 것을 회의적으로 보는 사람들도 많다. 페덱스, UPS는 지금까지 거대한 자체 네트워크를 구축하기 위해 수십 년 동안 막대한 금액을 투자해왔던 기업이기 때문이다. 그리고 해운업계에 종사하는 이들 중 대다수가 아마존의 위협을 무시해왔다. 페덱스의 CEO 프레드 스미스^{Fred} ^{Smith}는 2018년 말에 열린 투자자들과의 만남에서 "현재 우리는 그들을 대등한 경쟁자로 보고 있지 않습니다"라고 말했다.[13] 그러나 아마존이 도서 시장을 뒤흔들 수 있다는 데 회의적이었던 보더스(2011년에 파산한 미국 대형 서점 체인-옮긴이), 반스앤드노블(미국의 최대의 서점 체인으로, 2019년 사모펀드인 엘리엇에 인수되었다.-옮긴이)과 같은 대형 서점들에 지금까지 어떤 일이 일어났는지를 우리는 똑똑히 보았다. 아마존은 인공지능에 의해 움직이는 물류 부문의 최강 기업이다. 아마존이 클라우드 컴퓨팅 기업 AWS의 사업을 확대한 것과 상당히 비슷한 방식으로 장거리 배송 서비스를 기존 기업보다 저렴하게 제공하고, 다른 기업들에게도 이와 같은 배송 서비스를 제공하는 방법을 당연히 생각해내리라고 예상할 수 있다.

드디어 페덱스가 아마존을 심각한 위협으로 인식한 것을 보여주기라도 하듯이, 2019년 중반에 페덱스는 이제부터는 미국에서 아마존 제품 패키지를 더 이상 취급하지 않을 것이라고 발표했다.[14] 실제로 페덱스는 미국 증권거래위원회에 제출하는 기업실적보고서(10-K filing, 10-K는 미국증권거래위원회가 요구하는 연례 보고서로, 회사의 재무 성과를 종합적으로 요약한 것이다.-옮긴이)에서, 아마존이 지난 몇 년 동안에 자체 선단을 구축하기 위해 엄청나게 많은 자본을 투자한 것을 고려할 때, 이제는 이 거대 전자상거래 기업을 경쟁자로 생각하게 되었다는 사실을 밝혔다.[15]

어떤 쇼핑객이 식료품을 온라인으로 주문하면, 주문한 상품이 그 사람의 집까지 도착하는 과정은 복잡할 뿐만 아니라 비용도 많이 소요되는데, 업계에서는 배송의 마지막 단계를 '마지막 마일the last mile'(원래 전화나 케이블 시스템 중 수요자의 가정이나 사무실 등으로 끌어온 최종 부분을 의미한다.-옮긴이)이라고 한다. 아마존을 포함한 많은 기업들이 오랫동안 중앙에서 관리하는 창고를 통해 식료품 주문을 처리하려고 했다. 하지만 배송 부문의 거대 기업인 프레시 디렉트FreshDirect를 제외하고는 이 방법이 성공을 거두지 못했다. 창고에서는 대형 슈퍼마켓과는 다르게 제품의 신속한 교체가 이루어지지 않았고, 따라서 신선식품이 도착할 때에는 신선하지 못한 경우가 많았다. 이러한 모델을 시도했던 웹밴Webvan은 2001년에 파산하여 아마존에 흡수되었다. 그리고 아마존의 자체 배송 서비스업체인 아마존 프레시AmazonFresh는 지금 어려움을 겪고 있다. 회원들에게 매달 14.99달러의 회비를 부과하는 이 온라인 식료품 업체는 뉴욕, 시카고, 댈러스, 런던, 도쿄, 베를린을 포함하여 23개 도시에서 영업을 하고 있는데, 자매 회사인 아마존이 가장 중요하게 여기는 고객 서비스를 제대로 해내지 못하고 있다. 《비즈니스 인사이더》에 따르면, 일부 고객들이 제품의 품질이 형편없고, 식재료가 상했고, 주문과는 다른 제품이 왔고, 배송을 아예 하지 않았거나 늦게 했고, 어김없이 몇 가지 품목을 빠뜨린 것에 대하여 불만을 제기했다고 한다.[16] 2018년에 템킨 익스피리언스 레이팅스Temkin Experience Ratings가 실시한 평가에 따르면, 아마존 프레시가 고객 만족도에서 13퍼센트가 떨어지면서 식료 잡화점 중 최하위를 기록했다고 한다.

홀푸드는 아마존이 직면한 식료품 배송 문제에 대한 한 가지 해법이 되었다. 미국 인구의 40퍼센트는 자동차로 한 시간 이내에 홀푸드 매장에 도착할 수 있다. 미래에는 이러한 입지가 창고로서 두 가지 역할을 하게 될 것으로 보인다. 홀푸드 매장에서는 야채, 과일을 포함하여 그 밖에 상하기 쉬운 식료품들을 신속하게 교체해놓기 때문에 정시에 배송이 이루어질 뿐만 아니라 고객이 기대하는 만큼의 신선도를 유지할 가능성이 높다. 아마존이 홀푸드를 위하여 실시하는 배송 서비스인 프라임 나우는 두 시간 이내 배송을 약속하고, 최소 35달러 이상 식료품을 주문하는 프라임 회원에게는 (배달원에게 주는 팁을 제외하고는) 무료로 배송된다. 일부 지역에서는 고객이 식료품을 온라인으로 주문한 다음, 홀푸드 매장에 들러서 자동차로 싣고 올 수도 있다.

아마존을 비롯한 다른 모든 식료품 잡화점이 직면한 문제는 식료품 배송에 비용이 많이 든다는 것이다. 그리고 배송에 착오가 없어야 한다. 베조스가 아마존의 인공지능 플라이휠을 계속 회전시키기 위해서는 높은 배송료를 받을 수밖에 없다는 점은 인정하지만, 아마존이 배송에 많은 비용을 지출하고 있다는 것은 사실이다. 2018년 아마존은 배송에만 270억 달러를 지출했는데, 이는 지난해와 비교하여 23퍼센트 증가한 금액이다. 최고급 제품의 경우에는 1회 배송에만 7~10달러가 소요된다.[17] '마지막 마일'에서는 비용이 크게 올라간다. 이 부분이 제품 패키지의 배송에 소요되는 총비용의 절반 이상을 차지할 수 있다.

식료품 배송에는 완전히 새로운 차원의 비용이 더해진다. 직원들을 대상으로 신선한 식재료를 고르고 이것을 포장하고 배송할 수 있도록 훈련을 하거나, 이러한 훈련이 되어 있는 사람을 고용하는 데 많은 비용이 든다. 이 지점에서 아마존이 강점을 보이는 기술이 들어올 여지가 있다. 아마존이 개발하고 있는 로봇 기술이 식품을 주문하는 데 사용되면서 노동 비용을 상당 부분 절감할 수 있다. 그러나 주문한 식품을 고르는 데에는 어려움이 있다. 고객이 완전히 익은 딸기를 주문할 경우, 로봇이 어떻게 아직은 완전히 익지 않은 딸기 중에서 완전히 익은 딸기를 골라낼 수 있단 말인가? 하지만 아마존이 비밀리에 운영하는 실험실의 머신러닝팀이 어떤 딸기가 더 신선한지를 식별하는 방법을 내놓았다. 이것은 기계가 어떤 딸기가 먹기에 가장 적합한지를 배우도록 하는 사물 인식 기술을 사용하는 것이다. 기술은 안면 인식 소프트웨어가 군중 속에서 특정한 개인을 골라내는 것과 같은 방법으로 가장 빨갛고 잘 익은 딸기를 골라낸다.

아마존은 비용을 절감하고 배송 속도를 높이기 위해 여러 해에 걸쳐서 지역 배송의 일부를 페덱스나 UPS보다 비용이 저렴한, 규모가 작고 독립적인 택배회사에 외주를 주려고 했다. 아마존 플렉스는 아마존이 제공하는 당일 배송 서비스인데, 자기 소유의 자동차를 가지고 제품을 배송하고 배송료를 받는 독립 계약자를 활용한다는 점에서 우버와 비슷한 방식으로 운영된다. 실제로 아마존 플렉스 배달원들 중 일부는 야간에 부업으로 일하는 우버 운전자들이다. 긱 경제에서 일하는 많은 사람들이 흔히 그렇듯이, 이러한 배달원들은 생계를 유지하는 데 어려움을 겪고 있다. 그들은 아마존 제품 패키지를 일반 주택과 아파트 건물로 배달하면서 시간당 18~24달러를 벌 수 있다. 그러나 연료비, 보험료, 각종 유지비를 제외하면, 실제로 버는 돈은 이보다 훨씬 적다. 또한 플렉스 운전자들은 독립 계약자들이기 때문에, 일부는 아마존 유니폼을 입고 아마존 관리자에게 보고를 하더라도 아마존이 직원들에게 주는 각종 혜택을 받을 수가 없다.

그리고 일도 힘들다. 《더 애틀랜틱》에서 기자로 일하는 아라나 세무엘스Alana Semuels는 샌프란시스코에서 아마존 플렉스 운전자로 하루 일한 적이 있다.[18] 그녀는 일반 자가용을 가지고 도심에서 주차하는 것이 악몽과도 같았다고 말한다. 결국 무게가 30파운드(13.6킬로그램)나 나가는 제품 패키지를 들고는 100보를 걸을 때마다 숨을 고르기 위해 잠시 멈춰가면서 두 블록을 걸어야 했다. 그녀는 이렇게 말한다. "제가 제품 패키지를 끌고서 직원들에게 공짜 음식과 엄청난 보수를 제공하는 기술 기업의 사무실로 들어갈 때에는 끓어오르는 분노를 참아야 했습니다. 그들은 물건을 온라인으로 주문하면서 일상을 보내는 것처럼 보였습니다. 기술은 이런 사람들에게 멋진 인생을 선물했습니다. 그렇지만 그것이 저를 힘들게 하고 짜증나게 합니다. 저는 고장이 날 수 있고 그렇지 않을 수도 있는 화물용 엘리베이터를 기다리기가 지겨워서 9층의 계단을 걸어서 내려와서는 저의 노트에 '좋은 거래가 아니야'라고 휘갈겨 적었습니다. 그리고 제 차로 돌아와서 다른 제품 패키지를 한 아름 안았습니다."

아마존은 긱 경제에서 살아가기 위해 제품 패키지를 배달하며 동네를 돌아다니는 많은 사람들을 고용했을 뿐만 아니라, 끊임없이 증가하고 있는 당일 배송을 처리하기 위해 소규모의 운송 회사와도 계약을 맺었다. 이렇게 하면 아마존이 비용을 절감할 수 있지만, 골치 아픈 일이 많이 발생한다. 2018년 《비즈니스 인사이더》는 이런 회사에서 일하는 일부 운전자들이 "창문이 깨지고, 거울에 금이 가고, 문이 고장나고, 브레이크에 결함이 있고, 타이어의 마찰력이 불량인 트럭을 가지고 배송을 한다"라고 보도했다.[19] 거의 비슷한 시기에, 200명이 넘는 배송 기사들이 아마존과 아마존의 외주를 받은 택배회사들 중 한 곳을 상대로 임금 체불에 대해 소송을 제기했다.[20] 아마존은 이번 사건이 배송 운전자들에게 임금을 더욱 투명하고도 공정하게 지급하기 위한 중요한 계기가 될 것이라고 했다.[21]

아마존의 외주를 받은 택배회사에 대한 좋지 않은 내용의 기사가 언론에 보도된 이후로, 아마존은 2018년에 '딜리버리 서비스 파트너즈Delivery Service Partners'라는 새로운 프로그램을 발표했다. 이것은 아마존이 배송 부문의 최강 기업이 되기 위한 노력에서 나온 또 하나의 조치였다. 이 프로그램이 작동하는 방식은 다음과 같다. 아마존은 메르세데스 스프린터 밴 2만 대를 구매하여 지역 배송 기업의 창업을 원하는 사람들의 신청을 받는다. 2019년까지 창업을 꿈꾸는 사람들이 100명이 넘게 지원했고, 이들 중 일부는 아마존 직원이었다.

아마존은 새로운 배송 프로그램의 일환으로, 고객에 집착하고 사람들과 어울리기를 좋아하는 성향을 가지고 있으며, 끊임없이 빠르게 변화하는 환경에 있는 배송팀의 일원이 되기를 원하는 사람을 찾는다고 발표했다. 이러한 자격을 갖춘 사람은 1만 달러만 투자하면 사업을 시작할 수 있다 (기업가가 되기를 원하는 아마존 직원들의 경우에는 아마존이 사업 자금을 1만 달러까지 지원하고, 그들이 사업을 순조롭게 시작할 수 있도록 3개월치의 월급을 제공한다). 이러한 기업가들은 각각 밴을 40대까지 관리할 수 있다. 이들이 기업을 성공적으로 운영하면, 연간 7만 5,000달러에서 30만 달러까지 벌 수 있다. 이 프로그램이 효과가 있을 것이라고 말하기에는 너무 이른 감이 있지만, 이것은 타이어가 밋밋하게 닳고 창문이 깨진 채로 달리는 밴의 문제를 해결하기 위한 것이었다. 그리고 아마존이 스프린터 밴을 임대하고 운송 사업체의 설립을 지원하기 때문에(이 과정에서 새로 설립된 운송 사업체는 당연히 아마존의 기술력을 활용할 수 있다), 아마존은 문제가 많은 사업체에 과도한 금액을 지급하는 것을 방지하고, 안전 운행을 지원하기 위해 해당 사업체를 면밀하게 감시할 수 있다.

아마존은 이러한 변화에도 불구하고 여전히 비용 문제를 안게 될 것이다. 아마존은 페덱스와 UPS와 같은 회사에 대한 지출을 줄이면서 비용을 상당히 절감했지만, '마지막 마일'에서 여전히 많은 비용이 들었다. 이 부분에서 활동하는 운송 사업체들은 메르세데스 밴의 임차료를 납부해야 하고, 직원을 고용하여 훈련시켜야 하고, 이들에게 각종 복지혜택을 제공해야 하고, 자신을 위해서는 수익을 남겨야 한다. 바로 이런 이유 때문에 아마존이 자율주행 밴, 제품 패키지를 현관에 놓고 가는 로봇, 뒷마당에 보스 헤드폰 박스를 던져줄 드론을 포함하여 장기적으로 '마지막 마일' 배송에서 혁신을 이루어줄 새로운 기술에 수십억 달러를 투자하고 있는 것이다. 아마도 이러한 투자는 엄청난 성과를 가져올 것이다. 컨설팅 회사 맥킨지 앤드 컴퍼니는 자율주행 배송으로 소매업체들이 배송 비용을 40퍼센트 넘게 절감할 수 있을 것으로 내다봤다.[22] 이것이 가능해진다면 아마존이 연간 100억 달러 이상 비용을 절감하여 경쟁기업을 상대로 또 다른 우위를 확보할 수 있을 것이다. 베조스는 거의 틀림없이 이러한 절감액을 가지고 고객을 위하여 가격을 인하하는 데 사용할 것이다. 그 결과 판매자들을 더 많이 유치하게 될 것이고, 그다음에는 비용을 더욱 절감하게 될 것이며, 다시 더 많은 고객을 유치하게 될 것이다. 그리고 그의 인공지능 플라이휠은 더욱 빠르게 돌아갈 것이다.

베조스는 눈앞에 드러난 절감액을 투자해 자율주행 자동차 경쟁에 저돌적으로 뛰어들었다. 아마존의 거대한 컴퓨팅 능력과 인공지능 기술이 아마존을 이 분야에서 막강한 경쟁자가 되게 할 것이다. 2016년에 아마존은 자율주행 자동차가 적절한 차선으로 안전하게 진입할 수 있도록 어떠한 차선에서도 도로상의 자동차들이 달리는 방향을 인식하게 해주는 시스템에 대한 특허를 확보했다.[23] 또한 아마존은 도요타와의 파트너십을 맺고, 사람 혹은 제품 패키지를 이동시킬 수 있는 미니밴으로 '이 팔레트e-palette'라는 자율주행 콘셉트카를 개발하고 있다. 그리고 이 두 기업은 2020년 도쿄에서 개최되는 하계올림픽에서 이것을 선보일 계획이다.[24]

2019년 초반기에 아마존은 미시간에 위치한 기업으로 전기 픽업트럭과 스포츠 유틸리티 자동차를 개발하는 리비안(미국의 전기차 스타트업 기업-옮긴이)에 대한 7억 달러 규모의 투자 라운드를 주도했다. 그해 후반기에 포드 자동차가 이 회사에 다시 5억 달러를 더 투자했다.[25] 거의 비슷한 시기에 아마존은 실리콘밸리의 자율주행 자동차 스타트업에서 떠오르는 3대 스타 스털링 앤더슨Sterling Anderson과 드류 배그넬Drew Bagnell, 크리스 엄슨Chris Urmson이 공동으로 설립한 오로라Aurora에 대해 5억 3,000만 달러 규모의 투자 라운드를 주도했다. 앤더슨은 테슬라에서 자동조종장치 프로그램을 담당했고, 배그넬은 우버에서 자율 및 인식 팀을 담당했다. 그리고 엄슨은 구글에서 자율주행 프로젝트를 담당했는데, 이것이 나중에 주요 자율주행 자동차 회사 중 하나인 웨이모^{Waymo}로 발전했다. 오로라가 자동차를 만들지는 않겠지만, 자율주행 자동차의 이면에서 작동하는 인공지능을 개발하고 있다. 또한 최첨단의 자율주행 자동차를 개발하기 위해 아마존과 같은 소매업체는 물론이고 주요 자동차 회사와 협력할 예정이다.

아마존만이 자율주행 자동차 경쟁에 뛰어든 것은 아니다.[26] 리서치 회사 CB 인사이츠에 따르면, 전 세계에서 적어도 46개 회사가 자율주행 자동차 기술을 개발하고 있다. 이들 중에는 GM, 포드, BMW, 아우디와 같은 주요 자동차 회사도 있고, 알파벳, 바이두, 마이크로소프트, 시스코와 같은 기술 기업도 있다. 이뿐만이 아니다. 우버와 중국의 디디 같은 인터넷 자동차 서비스 회사도 있고, 월마트, 크로거, 알리바바와 같은 소매업체도 있으며, 오로라, 우델브와 같은 다수의 스타트업도 있다.

한 가지 거의 확실한 것은, 의미가 있을 만큼 충분히 많은 자율주행 자동차가 운행된다면, 그 시작은 바로 배달용 밴이 될 거라는 사실이다. 인간이 아니라 제품 패키지를 자동차에 실어야 자율주행 자동차가 갖는 위험을 크게 줄일 수 있기 때문이다. 주문한 닥터 브로너스의 카스티야 비누가 접촉 사고로 으깨진다면, 안타까운 일이기는 하지만 비극적인 사건까지는 아니다. 자율주행 밴은 사고가 날 경우에는 보행자, 자전거 타는 사람, 다른 자동차의 운전자에게 상해를 입히지 않도록 자기희생을 하게 설계될 것이다. 다시 말해서, 자율주행 밴은 보행자나 다른 자동차에 부딪히기보다는 나무와 충돌하게 될 것이다. 이처럼 자율주행차를 가장 먼저 도입하는 분야로 배달용 밴이 선호되는 이유는 배달용 밴이 주로 예측 가능한 길을 주행하고 따라서 복잡한 도시의 구석구석을 쉽게 익힐 수 있기 때문이다(결과적으로 주행상의 오류나 사고의 가능성을 줄여준다).

규모가 큰 소매업체와 협력하는 다수의 혁신 기업들이 이미 자율주행 배달용 밴을 가지고 예비 프로그램을 운영하고 있다. 2018년 1월 30일 실리콘밸리의 스타트업 우델브는 캘리포니아주 샌머테이오에서 드래저스 마켓Draeger's Market(미국의 지역 상점 체인─옮긴이)을 위해 처음으로 자율주행 자동차를 이용한 배달을 실시했다. 이 자동차의 두뇌 부분은 중국의 검색 엔진 기업인 바이두가 개발한 아폴로 소프트웨어 플랫폼에서 만들어졌다. 바이두는 자율주행 자동차를 위한 안드로이드와 같은 산업 표준을 만들기 위해 알파벳의 웨이모를 비롯한 그 밖의 기업들과 경쟁하고 있다. 이후로 우델브는 애리조나주에서 제품을 배송하기 위해 월마트와 파트너십을 체결했다.[27] 2019년에는 누로Nuro라는 스타트업이 애리조나주 스코츠데일에서 크로거를 위해 무게 1,500파운드(680킬로그램)에 식료품을 250파운드(113킬로그램)까지 실을 수 있는 자율주행 밴을 이용하여 배송 서비스를 시작했다.[28] 이 밴의 모양은 1960년대 폭스바겐의 미니버스를 축소해놓은 것과도 많이 닮았다. 배송료는 5.95달러이고, 최소 주문액은 따로 정해져 있지 않다.

이 모든 기업들이 자율주행 배송에 대하여 조금씩 다른 접근 방법을 채택하고 있기는 하지만, 기본 개념은 고객이 스마트 앱을 사용하여 일정한 시간 안에 제품을 받을 수 있도록 배송을 신청하는 것이다. 이 앱은 우버와 거의 동일하게 설계되어 있어서 자동차가 목적지를 향해 갈 때 그 위치를 추적할 수 있다. 밴이 집 앞에 도착하면, 고객에게 (식료품이든, 드라이클리닝한 옷이든, 처방약이든 상관없이) 암호와 함께 제품 패키지가 도착했다는 내용의 문자를 보낸다. 고객이 밴을 향해 걸어가서 밴의 측면에 있는 스크린에 암호를 입력하면, 밴의 짐 싣는 곳의 문이 열린다. 고객이 제품 패키지를 꺼내면 문이 닫히고, 밴은 다음 목적지로 이동한다.

자율주행 배달용 자동차는 크기와 모양이 다양하다. 2019년 초에 아마존은 워싱턴주 스노호미쉬에서 스카우트Scout라는 배달용 자동차 여섯 대를 인도에 풀어놓았다. 무게가 2톤에 달하고, 밝고 부드러운 느낌의 푸른색과 검정색을 띠며, 전기로 가는 이 장치는 작은 냉각기에 바퀴를 달아놓은 것처럼 보였다. 이들은 인도를 걸어다니는 보행자와 애완동물을 잘 피해갔다. 스카우트는 길을 건너고 장애물 주변을 지날 때에 여러 대의 센서를 이용한다. 목적지를 인식하면 멈춰서서 고객에게 문자로 주문한 물건이 도착했음을 알리고 뚜껑을 연다. 고객이 제품 패키지를 집어올리면, 뚜껑을 닫고 그다음 목적지로 향한다. 지금까지 아마존은 스카우트의 작업 방식이 마음에 들었다. 그리고 2019년 여름에는 이 프로그램을 캘리포니아주 남부로 확대하기로 결정했다.

스카우트가 간단한 배송에는 적합해 보이지만, 아직은 사람을 대체할 정도로 훌륭한 수단은 아니다. 로봇은 적어도 아직까지는 현관문을 열 수 없고, 계단을 오를 수도 없고, 초인종을 울릴 수도 없으며, 비 오는 날 조그마한 제품 패키지가 젖지 않도록 중문과 현관문 사이로 안전하게 밀어넣을 수도 없다. 스카우트는 고객이 집에 있을 때만 맡은 일을 하기 때문에 용도가 제한적이다. 고객이 나타나지 않으면 어떻게 할까? 스카우트는 얼마나 기다려야 할까? 아마존을 비롯한 여러 기업들은 이 문제를 부분적으로나마 해결할 수 있는 방법은 로봇이 제품 패키지를 넣을 수 있도록 자물

쇠가 달린 개인용 상자를 설치하는 것이라고 생각한다. 그러나 이런 인프라를 구축하려면, 몇 십 년은 아니더라도 몇 년은 걸릴 것이다. 그리고 짓궂은 아이가 스카우트를 넘어뜨리면 어떻게 될까? 혹은 스카우트 부대가 도시의 인도에서 정체되면 어떻게 될까? 스카우트가 '마지막 마일'의 문제를 해결할 수는 있겠지만, 마지막 50피트(15미터)에서 문제를 일으키게 될 것이다.

자율주행 배달용 운송 수단이 모두 육지에서만 굴러다니는 것은 아니다. 2013년 베조스는 CBS의 탐사보도 프로그램 〈60분〉에 출연하여 진행자인 찰리 로즈Charlie Rose에게 아마존의 드론이 어떻게 5파운드(2.3킬로그램)짜리 제품 패키지를 30분 이내에 고객에게 배송할 수 있는지 설명했다.[29] 베조스에 따르면, 아마존이 배송하는 모든 제품 패키지의 86퍼센트가 5파운드 이하라는 데 의미가 있다. 드론 배송으로 아마존은 또다시 수십억 달러를 절감할 수 있고, 인간의 노동을 배제할 수 있다.

드론에는 여러 가지 바람직한 특징이 있다. 이론적으로는 드론이 휘발유를 연료로 이용하는 배달용 밴보다 온실가스를 덜 배출한다. 그리고 아주 중요한 의약품을 배송하기 위해 멀리 떨어진 곳까지 갈 수 있다. 드론은 송전선을 감시하고 재난 지역에 긴급 구호물품을 전달하는 데에도 도움이 될 수 있다. 또한 드론은 농촌 지역 소비자들이 더 나은 가격에 더 많은 선택을 할 수 있게 해준다. 중국에서는 온라인 소매업체 제이디닷컴이 드론을 사용하여 멀리 떨어진 산간 마을까지 며칠이나 걸리던 배송 시간을 단 몇 분으로 단축하는 동시에 비용도 크게 절감했다. 그리고 이것은 드론을 포함한 그 밖의 배송 기술에서 시작에 불과하다.[30] 제이디닷컴의

CEO 리처드 리우Richard Liu는 향후 10년 간 드론과 그 밖의 인공지능 기술의 진화는 지난 100년보다 더욱 빠르게 전개될 것이라고 말했다.

베조스는 〈60분〉에 출연하여 드론 기술은 아직 걸음마 단계에 있지만, 2019년까지는 널리 사용될 것이라고 낙관했다. 그가 말했던 2019년이 왔지만, 미국에서 드론을 이용한 배송을 아직은 흔히 볼 수는 없다. 2018년 미국연방항공국FAA, Federal Aviation Administration은 드론이 영공에 미치는 영향에 관한 데이터를 모으고 조사를 하기 위해 2년 반에 걸친 예비 프로젝트를 요구하면서, 드론 도입의 속도를 늦추었다.[31] 그해 어느 민수용 드론이 영국의 개트윅 공항을 몇 시간 동안 폐쇄하게 만들었고, 이 사건은 미국연방항공국이 무엇을 우려하는지를 분명히 알려주었다. 그러나 미국연방항공국의 계획은 순조롭게 진행되고 있다. 2019년 4월, 미국연방항공국은 구글의 모회사 알파벳이 버지니아주에서 드론을 이용한 시험 배송 서비스를 미국 최초로 시작하도록 허용했다. 그리고 아마존이 곧 그 뒤를 이었다.

아마존은 이 과정에서 속도를 높이기 위해 할 수 있는 모든 것들을 하고 있다. 아마존의 드론 개발 사업부인 아마존 프라임 에어에서 이사로 근무하는 밥 로스Bob Roth는 400피트(122미터) 이하의 저고도에서 드론 비행의 안전을 확보하기 위한 교통 관리 시스템을 개발하고 있다.[32] 시애틀, 텔아비브, 잉글랜드의 케임브리지, 파리에 사무실을 둔 아마존 프라임 에어의 로스와 그의 팀원들은 드론이 비행기와 헬리콥터, 다른 드론의 비행에 방해가 되지 않도록 하는 (항공 교통 관제관이 없이도 돌아가는) 완전 자동화된 시스템을 개발하고 있다. 이 시스템은 미국연방항공국이 드론을 추적하고 비상시에 비행 금지 구역을 설정할 수 있게 해줄 것이다.

드론이 하늘에 자주 출몰하기 시작하면, 아마존이 지역 사회로부터 심각한 역풍을 맞이할 것이다. 어떤 사람은 사생활 보호를 걱정한다. 드론에 장착된 카메라가 사람들을 염탐하는 데 쓰이지 않을까? 드론 제작자들은 카메라의 해상도가 낮고, 운항 시에 도움을 주고 드론의 성능을 개선하려는 목적으로만 쓰인다고 한다. 지금은 그럴 수도 있다. 그러나 카메라의 성능이 더 좋아지지도 않고 남의 비밀을 캐내지도 않으리라는 보장은 없다.

이보다 더 큰 걱정거리는 소음이다. 2017년에 발간된 나사NASA의 연구 보고서에 따르면, 주거 지역에서 발생하는 극심한 교통 정체가 드론이 왔다갔다하면서 일으키는 높고 날카로운 소리보다는 훨씬 덜 짜증스러울 것이라고 한다.[33] 알파벳의 윙 사업부는 오스트레일리아 캔버라의 교외 지역인 보니쏜에 거주하는 고객에게 따끈한 커피와 음식을 3분 이내에 배달하기 위해 드론을 사용하기 시작했는데, 이때 드론 소리가 좋은 반응을 일으키지는 않았다. 이 지역 주민이면서 드론에 반대하는 단체인 배드BAD, Bonython Against Drones의 멤버이기도 한 제인 길레스피Jane Gillespie는 드론의 높고 날카로운 윙윙거리는 소리는 포뮬러 원(F1)에 출전하는 경주용 자동차 소리와도 같다고 말한다. 이 지역 주민들은 지방자치단체에 드론 배달에 제재를 가하라는 내용의 청원서를 제출했다.[34] 길레스피를 비롯한 BAD 멤버들의 주장은 설득력이 있었다. 소음이 끔찍할 정도라는 것이다. 그러나 이것이 드론 배달을 중단하게 만들 만큼 충분한 이유가 되지는 않았다.[35] 2019년 초에 캔버라 시청은 많은 시민들이 소음에 불만을 품고 있었지만, 드론 배달을 공식적으로 허용했다.

드론 지지자들은 사람들이 드론이 일으키는 종류의 소음에 익숙하지 않을 뿐이라고 주장하지만, 이런 주장이 크게 위안이 되지는 않는다. 신경을 거슬리게 하는 수십 대의 드론들이 교외 지역이나 농촌 지역의 평화를 깨뜨리는 디스토피아적 미래를 상상하는 것은 어렵지 않다. 미국에서 드론 소음의 희생자들은 미국연방항공국에 도움을 기대해서는 안 된다. 미국연방항공국은 항공 운항을 조정하고 장려하는 역할을 한다. 미국연방항공국이 민수용 드론을 승인하면(그럴 가능성이 높다), 이를 철회하지는 않을 것이다.

드론이나 스카우트 혹은 자율주행 배달용 밴과 같은 자율주행 배송 수단이 인간이 자동차를 운전하여 배달하는 것보다는 분명 경제적으로 이익이 된다. 이는 미래에는 자율주행 배달용 자동차가 주류가 될 것이고, 사람들은 이런 자동차들이 거리를 오가는 데 익숙해질 필요가 있다는 것을 의미한다. 우선, 이런 기계를 본다는 것 자체가 특이한 만남이 될 것이다. 미시간주 앤아버에서 실시한 예비 프로그램에서는 포드 퓨전 하이브리드 자율주행 자동차가 도미노 피자를 교외 주택의 현관까지 배달했다.[36] 비디오테이프에 찍힌 화면을 보면, 피자를 받고서 자동차에 "감사합니다"라고 말을 건네는 고객들도 있었다. 그 사람들이 왜 그런 행동을 했는지 그 속을 알 길은 없다. 어쩌면 그들이 로봇 대군주께서 집권하면, 맨 먼저 예전의 운행 파일을 확인하여 누가 자기에게 친절했고, 누가 그렇지 않았는지를 확인할 것이라고 생각했는지도 모른다.

로봇, 머신러닝, 자율주행 배송에 전문성을 가지고 있는 아마존이 고객들이 쇼핑을 매장에서 하거나 온라인으로 하거나, 혹은 이 두 가지 방식을 결합하여 하는 하이브리드 소매 부문을 주도하게 될 것이다. 소매업은 이 방향으로 가고 있고, 아마존은 게임의 법칙을 근본적으로 바꾸기 위해 자체 기술력을 활용하고 있다. 아마존은 하이브리드 소매업체로 변신함으로써 식료품 시장과 같은 새로운 시장에서 성장 동력을 찾을 뿐만 아니라 투자 자본을 더 많이 얻게 해줄 새로운 효율성을 발견할 것이다. 일례로, 맥킨지는 아마존이 자율주행 운송 수단으로 눈을 돌리면서 100억 달러 이상을 절감할 것이라고 예측했다. 아마존은 이러한 절감액을 가지고 자본을 훨씬 더 많이 확보할 것이고, 이것을 고객을 위해 가격을 인하하고 전통 소매업 매장을 신설하거나 인수하는 데 사용할 것이다. 어쩌면 소문대로 아마존이 타깃(미국의 대형 마트 체인점-옮긴이)까지 인수할지도 모른다. 이렇게 되면, 베조스의 인공지능 플라이휠은 더욱 빠르게 회전하게 될 것이다.

지금까지 미국에서는 아마존과 경쟁할 수 있을 정도로 규모가 크고 똑똑하게 활동하고 있는 기업은 단 하나뿐이다.

Chapter 11

아마존 vs. 월마트,
배송 전쟁이 시작되다

2016년 여름, 마크 로어는 이전의 다른 수많은 기업가들과 마찬가지로 자기 회사가 아마존과 경쟁하기 위한 화력이 부족하다는 것을 깨달았다. 로어가 설립한 전자상거래 스타트업 제트닷컴은 '예스 투 그레이프프루트 페이스 마스크', '핏빗 아이오닉 스마트 시계'(2019년 구글에 인수된 스마트 워치 업체인 핏빗에서 제작한 스마트 시계-옮긴이)와 같이 상류층을 대상으로 하는 최신 유행 제품을 밀레니얼 세대에 판매하여 총매출이 10억 달러가 될 정도로 빠르게 성장하고 있다. 로어는 이 분야를 선도하는 다른 기업가들과 마찬가지로 소매업체들의 게임은 고객에게 경계가 없는 경험을 제공하는 방향으로 변모하고 있다는 것을 알고 있었다. 오프라인에서 매장을 운영하거나 온라인으로 주문을 받는 것만으로는 더 이상 충분하지 않았다. 소매업체로 성공하려면 고객들에게 훌륭한 선택을 (고객의 선호에 따라 매장에서 구매하거나, 온라인으로 주문하고 매장에 와서 직접 가져가거나, 온라인으로 주문한 제품이 며칠이나 몇 시간 이내에 배송되게 하는 식으로) 다양하게 제공해야 했다. 이런 생각은 조만간 현실이 될 것이다. 그러나 이것을 실행하기는 상당히 어렵다. 로어는 이처럼 하이브리드한 경험을 제공하려면, 규모를 키워야 한다고 생각했다. 하지만 이를 위해서는 엄청난 자본이 필요하다. 그는 벤처자금으로 2억 2,500만 달러를 모았지만, 턱없이 부족한 금액이었다. 그는 아마존의 주요 경쟁사인 월마트를 찾아갔다.

그해 가을에 월마트가 제트닷컴을 (로어와 함께) 33억 달러에 인수했다.[1] 당시 애널리스트들은 제트닷컴의 가치를 10억 달러 정도로 평가했다. 따라서 월마트가 로어를 사기 위해 20억 달러도 넘게 지출했다는 이야기도 나돌았다. 세계 최대 규모의 소매업체 월마트는 로어가 전자상거래 부문에서 아마존보다 우위를 차지할 만한 재능을 가지고 있다고 생각했다. 2018년에 아마존은 미국 온라인 판매의 거의 40퍼센트를 차지하고 있었는데, 이는 월마트의 온라인 판매와 비교하여 10배에 달하는 규모였다.[2] 월마트가 젊고 진보적인 온라인 기업을 인수하는 것이 중년의 남자가 중년의 위기를 맞이하여 큰돈을 들여서 모발 이식 수술을 하는 것과 같다면서 빈정거리는 사람도 있었다.

로어는 월마트에서 아마존을 따라잡는 데 필요한 규모와 자본을 보았다. 아칸소주 벤턴빌에 본사가 있는 월마트는 약 4,700개에 달하는 매장을 가지고 있으며, 미국 국민의 90퍼센트가 월마트 매장과는 10마일(16킬로미터) 이내에 거주한다. 이것은 당일 배송을 위한 이상적인 조건이다. 월마트는 아마존이 프라임 회원에게 제공하는 무료 배송 프로그램과 경쟁하기 위해 35달러 이상의 주문에 대해서는 하루 이내에 무료 배송을 제공하기 시작했다. 중요한 것은 월마트 매장이 미국 곳곳에 존재한다는 사실이었다. 로어는 월마트의 매장들을 온라인으로 주문한 제품을 길가에서 실어갈 수 있도록 해주거나, 주문을 받고 몇 시간 이내에 배송할 수 있도록 해주는 거대한 지역 창고로 이용할 수 있다고 보았다. 로어는 이렇게 말한다. "우리는 미국 전역에 이와 같은 작업을 할 수 있는 120만 명의 매장 직원들이 있습니다. 바로 이 때문에 신선한 식품과 냉동식품, 일반 식품을 두 시간 이내 혹은 늦어도 당일에 어느 누구보다도 저렴한 가격으로 배송할 수 있습니다." 월마트 고객들은 온라인으로 식료품을 주문하고 자동차로 가까운 곳에 있는 슈퍼 스토어로 가서 주문한 것을 실어올 수 있다. 2019년 1월 코웬의 애널리스트에 따르면, 월마트 고객의 약 11퍼센트가 자기가 주문한 제품을 길가에서 실어간다고 한다.[3] 그들이 월마트의 슈퍼 스토어로 가기만 하면, 월마트 직원이 주문한 제품을 자동차 트렁크에 실어준다.

로어는 무엇을 가지고 아마존과 맞서야 하는지를 잘 알고 있다. 앞에서 말했지만, 그는 아마존에서 일한 적도 있었다. 2005년에 로어와 비닛 바라라[Vinit Bharara]는 뉴저지에서 퀴드시[Quidsi]라는 온라인 소매업체를 설립했다. 퀴드시는 '무엇[what]'이라는 의미의 라틴어 '퀴드[quid]'와 '만약[if]'이라는 의미의 라틴어 '시[si]'의 합성어로, '어떻게 될까[what if]'라는 뜻이다. 퀴드시는 다이어퍼스닷컴을 개설하면서, 밤에 곤란한 일을 겪은 부모들을 위해 기저귀와 그 밖의 유아용품을 야간에 무료 배송하기로 약속했다. 벤처 캐피탈 기업들이 5,000만 달러를 투자하여 이 스타트업을 지원했다.[4] 로어와 바라라는 어느 누구에게도 간섭을 받고 싶지 않았다. 그럼에도 그들은 멀리서 베조스의 온라인 역량을 음모하면서, 그를 일본어로 무술 사범을 의미하는 '센세이'라고 불렀다.

새롭게 부모가 된 사람들이 다이어퍼스닷컴을 즐겨 찾았고, 2008년 퀴드시의 연간 매출은 3억 달러까지 증가했다. 브래드 스톤의《아마존, 세상의 모든 것을 팝니다》에 따르면, 퀴드시가 베조스의 레이더에 포착되었고,

아마존은 다이어퍼스닷컴을 약화하기 위해 기저귀 가격을 급격하게 인하하기 시작했다고 한다. 한번은 로어와 그의 팀원들이 계산을 해보았는데, 아마존이 분기마다 기저귀에서 1억 달러의 손실을 보기로 작정했다는 결론을 얻었다. 로어와 그의 파트너는 미래가 암울하다고 판단하고, 월마트와 아마존에 매입 의사를 타진했다. 스톤에 따르면, 베조스가 월마트가 다이어퍼스닷컴에 관심이 있다는 사실을 파악한 후, "아마존의 임원들은 훨씬 더 강하게 압박을 하면서, 퀴드시 설립자들에게 그들이 월마트와 함께 한다면 '센세이'께서 강력한 경쟁자가 되어 기저귀 가격을 제로까지 인하할 거라고 위협했다고 한다."[5] 2010년에 로어와 그의 파트너는 항복을 선언하고 퀴드시를 5억 5,000만 달러를 받고서 아마존에 넘겼다. 로어는 그 당시를 회상하면서, 자기가 퀴드시를 어쩔 수 없이 매각하게 된 이유는 아마존이 가격을 급격하게 인하했기 때문이 아니라, 일단 베조스가 퀴드시를 공격 목표로 정하자 투자자들이 퀴드시가 거대 전자상거래 기업과 장기적인 가격 전쟁을 하는 데 필요한 자본을 투자하기를 꺼렸기 때문이라고 말했다.

로어가 아마존에서 재직한 기간은 그리 길지 않았다. 계약 조건 중 하나는 아마존이 퀴드시를 아마존 내의 독립적인 사업 단위로 운영하는 것이었다. 그러나 아마존은 결국 이 사업을 흡수하여 자체적으로 운영했다. 그렇게 다이어퍼스닷컴은 영원히 사라지고 말았다.

월마트가 제트닷컴을 인수한 이후, 월마트의 CEO 더그 맥밀런^{Doug McMillon}은 로어에게 미국에서의 전자상거래 부문을 맡기고 월마트닷컴과 제트닷컴을 관리하게 했다. 그리고 그에게 아마존의 물류 시스템에 필적하는 혁신적이고도 빠르게 성장하는 온라인 사업을 구축하도록 완전한 재량권을 주었다. 또한 맥밀런은 앞으로 치열한 싸움을 하게 될 로어에게 충분한 보상을 해줄 것을 분명히 했다. 2016년《우먼즈 웨어 데일리》(미국 섬유업계 전문 신문-옮긴이)가 조사한 바에 따르면, 그해 로어는 임금과 보너스 140만 달러와 함께 2억 4,200만 달러 상당의 주식을 받아서 소매업, 패션, 미용 부문의 임원 중에서 가장 많은 보수를 받았다.[6] 월마트는 이처럼 많은 보수를 지급한 대가로, 과거에 기업가였던 로어가 월마트의 매장과 물류 역량, 풍부한 자본을 활용하여 아마존을 혼내줄 것을 기대했다.

월마트는 베조스가 아마존을 설립한 지 몇 년 후인 1999년에 온라인 판매를 시작했다. 월마트가 당시 온라인 판매를 시작한 이유는 고객들에게 하이브리드 쇼핑의 경험을 제공하기 위해서였다. 이런 표현이 익숙하게 들리는가? 2011년 당시 월마트닷컴의 CEO 조엘 앤더슨Joel Anderson은 애널리스트와의 대화에서 이 전략을 통해 "다양한 경로를 활용한 접근 방식을 구축"하게 될 것이라고 설명했다.[7] 이 전략에 따라 월마트는 제품 범위를 확대하고, 온라인 쇼핑객에게 매장에서 보유한 제품 품목에 대해 익일 배송을 제공했으며, 세 가지의 무료 배송 옵션을 제공하기 위해 웹을 이용하기 시작했다. 앤더슨은 이 전략에 "빠르게, 더 빠르게, 가장 빠르게"라는 구호를 달았다. 이 전략은 당시 월마트 경영진에게는 의미가 있어 보였지만, 고객들에게는 그렇지 않았다. 결국 이 프로그램은 성공하지 못했다.

로어는 월마트가 온라인 소매 게임에 늦게 뛰어들었고, 기술에 많은 투자를 하지 않았고, 따라서 이를 만회하기 위해서는 할 일이 많다는 점을 인정했다. 월마트닷컴에는 아마존닷컴이 제공하는 다양한 선택권과 직관적 편의성, 고객 친화적인 요소가 없었다. 프라임 회원들에게 영화, 텔레비전, 책, 음악, 이틀 이내의 무료 배송이라는 혜택을 제공하는 회원 프로그램도 없었다. 월마트의 입장에서는 인터넷이 자신을 전형적인 혁신자의 딜레마에 빠뜨린 셈이다. 다시 말해, 이 소매업체는 전자상거래 부문에 대규모의 투자를 하기가 어렵다. 그렇게 할 경우 이미 성공한 전통 소매업이 붕괴되기 때문이다.

로어가 아마존과의 전투 준비를 할 때, 월마트는 한 가지 점에서 뚜렷한 우위에 있었다. 그것은 전통 소매업에서 전문성을 갖고 있다는 것인데, 이것이 하이브리드 소매 부문을 실현하는 데 상당히 중요한 요소였다. 아마존이 전통 소매업의 제국을 건설하기 위해 질주하는 것처럼, 월마트는 매력적인 온라인 쇼핑의 경험과 자신이 이미 가지고 있는 전통 소매업에서의 강력한 존재감을 융합하기 위해 분투하고 있다. 월마트는 데이터 과학자들을 대거 모집하고, 월마트닷컴에서 판매하는 제품 품목을 확대하고 있다. 또한 이 사이트에서 판매할 소규모 소매업체들을 모집하고, 고객들에게 더 나은 쇼핑 경험을 제공하기 위해 인공지능과 머신러닝을 통합하여 배송 속도를 높이기 위한 방법을 실험하고 있다. 미국에서 아마존에 정면으로 맞설 만한 전문성과 자본을 가진 기업으로는 월마트가 유일하다.

아마존이 세계를 장악할 것이라는 소문이 무성한 가운데, 많은 사람들이 월마트의 규모가 아마존과 비교하여 거의 두 배에 달한다는 사실을 간과하고 있다. 2018년 월마트의 매출은 5,000억 달러로, 세계에서 가장 큰 소매업체일 뿐만 아니라 세계에서 가장 큰 기업이었다.[8] 4,700개에 달하는 미국 매장을 가진 월마트는 매장이 550개에 불과한 아마존을 작아 보이게 만든다. 또한 해외에도 6,000개에 달하는 매장을 가지고 있어서, 몇 안 되는 매장을 가진 아마존을 더욱 작아 보이게 한다. 이것은 대단한 주도권이다. 여기서 이런 질문이 나올 수 있다. 월마트가 아마존이 자신을 능가하지 못하게 하고, 수익성이 높은 식료품 라인에 심각한 흠집을 내지 않으면서 하이브리드 소매업체로 신속하게 자기 변신을 할 수 있을까? 월마트는 어떤 기업보다도 아마존과의 경쟁에서 승리할 가능성이 높지만, 월스트리트는 그렇게 예상하지 않았다. 월마트의 규모가 아마존과 비교하여 두 배는 되지만, 2019년 월마트의 주식 가치는 아마존의 절반에 불과했다.

월마트는 자신이 가장 잘하는 것(공격적인 소매 활동)을 함으로써 아마존을 능가할 수 있다고 생각하고, 그것을 더욱 빠르고 똑똑한 방식으로 진행하고 있다. 로어는 이렇게 말한다. "아마존이 왜 성공하고 있는지에 대해 말하고 싶다면, 기술을 잊어버려야 합니다. 그리고 아마존 AWS의 클라우드 서비스와 디지털 엔터테인먼트를 포함하여 사람들이 말하는 그 밖의 모든 것들도 잊어버려야 합니다. 결국에는 소매업이 모든 것을 결정합니다." 로어의 생각에 따르면, 이는 당신이 원한다면 무엇이든 훌륭한 가격에 빠르고 예측 가능한 방식으로 구매할 수 있다는 것을 의미한다. 그는 이렇게 말한다. "아주 좋습니다. 이런 것이야말로 우리가 정말 잘하는 방법을 알고 있는 게임이기 때문입니다. 물류 사업과 판촉 활동 말입니다."

월마트와 아마존은 크게 충돌할 것이고, 이들의 경쟁은 치열하게 전개될 것이다. 그러나 이것이 누군가가 전쟁터에서 죽어야 한다는 것을 의미하지는 않는다. 아마존과 월마트는 하이브리드 소매업체로 변신하기 위한 전문성, 자본, 견실한 대차대조표를 가지고 있다. 아마존과 월마트가 두 개의 지배적인 쇼핑 플랫폼이 되는 시나리오도 생각할 수 있다. 이 두 거대 기업이 미국을 두 개의 영향권으로 분할하여 지배하는 것이다.

이에 대해 로어는 이렇게 설명한다. "결국에는 (내가 어떻게 분할이 이루어질지 예상해야 한다면) 아마존이 해안과 도시 지역을 차지할 것이고, 월마트가 내륙을 차지할 것입니다. 지금도 이런 방식으로 전개되고 있습니다. 아마존은 도시 지역을 차지하고, 월마트는 중부 지역을 차지하고 있습니다." 월마트는 대체로 아마존보다 더 나은 가격 정책을 가지고 있다(이것은 농촌 지역 중하위 소득 계층의 쇼핑객들에게 제품을 판매할 때 유리한 요소로 작용한다). 그리고 월마트의 매장과 창고는 농촌 지역의 고객에게 더 가까이 위치하고 있는 반면에 아마존의 창고는 대도시 근처에 자리잡고 있다. 이런 이유에서 아마존이 미국 중부 지역에서 주문받은 제품을 그 지역에 배송하는 데 시간이 더 걸릴 수도 있다.

뉴욕시에 월마트 매장이 없다는 사실을 생각해보라(2019년에 월마트가 식료품 배송을 위해 브롱크스에 창고를 개장할 계획이라고 발표하기는 했다). 이 지역에 홀푸드 매장은 13개가 있다. 이 두 회사들은 고객들에게 다양한 제품 선택권과 빠른 배송 서비스를 제공하며 지리적으로 엄청난 범위에 영향력을 미치고 있기 때문에 다른 소매업체들은 이들과 경쟁할 엄두도 내지 못한다. 세계적으로 볼 때, 경쟁은 다른 양상으로 전개될 것이다. 우리는 소수의 거대 소매 기업들이 과거의 식민제국처럼 세계를 각자의 영향권으로 분할하는 시나리오를 상상할 수 있다. 알리바바와 제이디닷컴은 중국을 지배하는 플랫폼이 될 것이고, 아마존은 영국의 테스코, 프랑스의 까르푸, 독일의 슈바르츠 그룹 혹은 알디와 함께 유럽을 지배하게 될 것이다. 그리고 아마존, 알리바바, 월마트가 13억 명의 소비자가 있는 인도를 놓고 한판 싸움을 크게 벌일 것이다.

경계가 없는 소매업에서 벌어지는 다양한 판촉 활동에도 불구하고, 2019년 현재 온라인으로 식료품을 구매하는 쇼핑객의 비중은 얼마 되지 않는다. 다른 제품이 아닌 식료품을 주문하여 좋은 상태의 제품을 받는 것은 상당히 어려운 일이다. 이전 장에서 설명했듯이, 과일, 야채, 생선, 육류를 비롯하여 상하기 쉬운 식료품은 선반에 둘 수 있는 기간이 짧다. 창고에 보관해두면, 일부는 쉽게 으깨지거나 상할 수 있다. 아마존과 비교하여 월마트가 갖는 장점은 엄청나게 넓고 곳곳에 분포해 있는 매장을 이용해 신선한 식료품을 더 많은 지역으로 더 빠르게 배송할 수 있다는 것이다. 월마트는 슈퍼 스토어의 널찍한 공간을 이용하여 식료품을 신속하게 교체함으로써 소매업체에게는 특히나 골치 아픈 문제인 식료품을 폐기하는 것을 줄일 수 있다.

월마트 슈퍼 스토어가 수익성이 있기 때문에, 고객이 온라인으로 식료품을 주문할 때 간접비(매매 상품 또는 서비스와 직접 관련되지 않은, 기업 경영 시 발생하는 비용. 전기료, 보험료, 복리비용 등이 간접비에 해당한다.-옮긴이)를 충당할 수 있다. 가정에 배송하게 될 식료품을 창고에 보관해두는 프레시 디렉트 혹은 아마존 프레시와 같은 기업은 이런 비용을 감당해야 하는데, 이것이 비용 면에서 불리하게 작용할 수 있다. 로어는 이렇게 말한다. "매장을 직접 찾아오는 것과 가정으로 배송하는 것 간의 조화는 마법과도 같습니다." 로어가 생각하기에 미래의 매장은 고객이 쇼핑을 하는 작은 공간과 함께, 온라인으로 주문한 제품을 배송하기 위한 장소, 그리고 고객들이 주문한 제품을 길가에서 실어가도록 하기 위해 뒤편에 마련된 대형 창고로 이루어지게 될 것이다. 그러나 이것이 아마존이 몸집을 두 배로 불리는 것을 중단시킬 수는 없다. 앞에서 말했듯이, 아마존이 홀푸드보다 낮은 가격으로 다양한 선택권을 제공할 전국 식료품 체인을 구축하기 위해 슈퍼마켓 체인인 타깃을 인수하려고 한다는 소문이 떠돌고는 있지만, 결국 이것은 월마트와의 직접적인 경쟁을 목표로 하는 것이다.

월마트와 아마존의 경쟁이 과열되고 많은 투자가 이루어지고 있지만, 가정을 대상으로 하는 식료품 배송에서 이 두 소매업체가 가야 할 길은 아직 멀다. 한 가지 문제는 온라인 쇼핑객들이 자신이 주문하고 있는 것을 정확하게 알기 어렵다는 것이다. 고객은 홀푸드 사이트를 검색하면서 제품을 보여주는 작은 사진, 가격, 사이즈, 무게를 확인할 수 있지만, 이것은 고객을 혼란스럽게 할 수 있다. 나는 홀푸드에서 코울슬로가 담겨 있는 작은 용기처럼 생긴 것을 주문했지만, 막상 그것을 받고 보니 얇게 썬 양배추와 당근은 있지만, 마요네즈와 양념이 없는 코울슬로 '믹스'라고 부를 만한 것이 커다란 플라스틱 용기에 들어 있었다. 누가 이럴 줄 알았겠는가? 홀푸드가 이런 착오에 대해 분명히 배상을 하겠지만, 세상에 누가 이것을 바로잡으려고 수고스럽게 홀푸드 담당자에게 연락을 하겠는가? 쇼핑객들은 시간이 지나면서 나름대로 학습하게 될 것이다. 결국 홀푸드 시스템이 고객의 호감과 비호감을 더 잘 알게 될 것이다. 아마도 미래에는 알렉사가 나에게 이렇게 말해줄 것이다. "정말 코울슬로 믹스를 원하십니까? 이것은 얇게 썰어놓은 양배추와 당근을 담아놓은 것에 불과합니다.

아무 맛을 느낄 수가 없습니다."

월마트와 아마존은 인공지능과 머신러닝으로 이러한 혼란을 없애려고 노력하고 있다. 여기서는 아마존이 우위에 있다. 아마존은 여러 해에 걸쳐서 아마존 사이트에서 쇼핑을 하는 수억 명의 쇼핑 습관에 관한 데이터를 축적해놓았다. 전자상거래에 뒤늦게 뛰어든 월마트와 같은 전통 소매업체는 그만한 데이터를 가지고 있지 않다. 월마트는 현재 뉴욕에서 추진 중인 제트 블랙^{JetBlack}이라는 예비 프로젝트를 통해 이 문제를 개선하려고 한다. 제트 블랙 회원들은 600달러의 연회비를 납부하면, 제품 추천과 신속한 배송 서비스와 함께, 월마트 제품이나 구찌 제품, 티파니 제품, 룰루레몬 제품 등 원하는 것이라면 무엇이든 주문해서 당일 배송 서비스를 받을 수 있다. 월마트 직원들은 제트 블랙 회원들의 쇼핑 습관을 더 잘 이해하기 위해 그들의 가정을 방문하여 그들이 어떤 경우에 호감을 느끼고, 어떤 경우에 그렇지 않은지에 대해 이야기를 들을 것이다. 그리고 그다음에는 고객이 온라인으로 우유를 주문할 때에는 호라이즌 오가닉 제품 저지방 2퍼센트 우유 0.5갤런(1.9리터)을 원한다는 것을 알게 될 것이다. 로어는 고객들이 월마트가 추천한 제품을 80퍼센트 정도로 받아들이게 될 것이라고 말한다.

제트 블랙의 아이디어는 월마트가 모든 고객을 찾아간다는 것이 아니라, 그들의 습관에 대해 더 많은 것을 배우고 이것을 인공지능 알고리즘으로 전환한다는 것을 의미한다. 이 시스템은 시간이 지나면서 점점 더 자동화될 것이다. 로어는 이렇게 말한다. "이것은 장기적인 프로젝트입니다. 이 아이디어는 미래에는 인간의 상호작용이 존재하지 않는다는 데에서 비롯됩니다. 당신이 누구이고, 무엇을 요구하며, 어떤 것을 좋아하는지 아는 것은 다른 누구도 아닌, 기계가 될 것입니다." 이 알고리즘이 그 정도로 향상되면, 음성 쇼핑이 더욱 정확해지고 간편해질 것이다. 그렇다고 해도 음성 인식 기술을 완벽하게 구현한다는 점에서 아마존은 월마트보다 많이 앞서 있다. 알렉사가 내장된 스마트 장치는 세계 전역으로 빠르게 전파되어, 경쟁 기업과의 격차를 크게 벌리고 있다. 월마트는 음성 쇼핑에 구글 어시스턴트를 사용한다. 이것은 월마트와 고객과의 거리를 한 걸음 멀어지게 할 뿐만 아니라 월마트가 소중한 판매 데이터를 수집하는 것을 더 어렵게 만든다.

월마트 또한 아마존과 마찬가지로 식료품 배송에서 '마지막 마일'의 문제를 해결하기 위해 고심하고 있다. 월마트는 자율주행 배달용 밴을 개발하기 위해 바이두, 웨이모, 우델브와 같은 기술 기업과 협력하고 있다. 또한 자율주행 밴이 실현되기 전까지, 기존의 배송 시스템을 최적화하기 위한 노력을 기울이고 있다. 2019년에 월마트는 고객이 온라인으로 주문한 식료품을 매장 직원이 직접 고객의 냉장고에 넣어주는 프로그램을 시작했다. 카메라를 휴대한 배달 직원은 고객 집의 현관에 설치된 스마트 도어락에 1회용 암호를 입력하고 집으로 들어가서 우유, 아이스크림, 야채와 같은 상하기 쉬운 식료품을 냉장고에 채워넣는다. 고객은 절도나 기물 파손을 방지하기 위해 배달 직원이 집에 들어가서 식료품을 놓고 가는 과정을 실시간으로 혹은 녹화 시차를 두고 확인할 수 있도록 스마트폰에 앱을 깔아둔다. 처음에는 고객들이 자기가 집에 없을 때 낯선 사람이 집에 들어가는 것을 꺼려했다. 그러나 많은 사람들이 에어비앤비로 낯선 사람이 자기 아파트에 들어오는 것에 익숙해지듯이 월마트의 이 프로그램에도 익숙해지게 될 것이다. 지금까지는 월마트에 불만을 제기하는 고객은 없었다. 비록 공격적인 로트와일러(목축, 경비, 경찰견으로 쓰이는 독일산 개-옮긴이)가 이상한 낌새를 알아채지 못하는 배달 직원을 공격하는 날이 오게 되더라도 말이다.

로어는 고객의 냉장고에 제품을 직접 넣어주면 비용이 더 절약된다고 생각한다. 이렇게 하면, 월마트가 우유와 아이스크림을 더 이상 냉장 포장할 필요도 없고, 배송 시각에도 훨씬 더 융통성을 가질 수 있기 때문이다. 월마트는 주로 오후 4시부터 8시까지의 배송 시간대에 병목 현상이 일어난다. 이 시간대에 사람들이 일을 마치고 집에 돌아와서 식료품이 도착하기를 기다리기 때문이다. 월마트의 새로운 시스템은 고객이 집에 없을 때에 제품을 배송하게 되어 있다. 이 프로그램을 통해 이동 횟수를 줄이고 비용을 절감함으로써 바람직한 방식으로 배송을 일괄 처리할 수 있다. 2019년에 시작된 이 프로젝트는 특정한 한 지역에서만 실험 중이다. 로어는 이렇게 말한다. "그러나 우리는 원대한 계획을 가지고 있습니다. 여기에 우리의 미래가 달려 있습니다. 우리는 먼저 얼리 어답터(최첨단 제품을 먼저 구입해 사용하는 사람들-옮긴이)들을 끌어들이고, 그다음에 규모를 키워갈 것입니다."

월마트와 아마존이 그들의 하이브리드 쇼핑 모델을 가지고서 미국 소매 시장을 분할하기 위한 싸움을 벌이고 있지만, 다른 소매업체들의 미래는 불투명하다. 그러나 용기 있는 소매업체들은 이 두 거대 기업들의 세력에서 벗어나기 위한 길을 찾고 있다.

Chapter 12

아마존이
하지 못하는 것을 하라

어떤 매장이라도 문을 열기만 하면 고객이 들어와서 제품을 구매하리라고 생각하던 시절이 있었다. 오늘날 소매업체들은 무엇을 매장으로 간주해야 하는가에 대한 실존적인 문제에 대해 고심하고 있다. 매장이 마케팅을 위한 플랫폼인가? 자주 찾아가서 서성거리는 곳인가? 온라인으로 주문한 제품을 실어가는 곳인가? 2019년《뉴요커》에 실린, 젊은 부부가 빈손으로 매장을 떠나는 모습을 표현한 만화는 이러한 고민을 잘 보여준다.[1] 남편이 아내에게 이렇게 말한다. "그 사람들에게 우리가 단지 온라인으로만 구매하지는 않을 거라는 희망을 갖게 해준 것만으로도 내 마음이 편해."

　이런 상황이 진부한 소매업체들에게는 암울하게 보이겠지만, 아마존에 정면으로 맞서려고 하기보다는 측면을 공격하는 방법을 생각하는 소매업체들의 미래는 어둡지만은 않다. 아마존이 제공하는 다양한 제품, 저렴한 가격, 신속한 배송의 측면에서 경쟁 상대가 안 되는 소매업체들이라면, 다른 방법으로 자신을 차별화해야 한다. 아마존이 경쟁하기 어려운 전략을 추구해야 하는 것이다. 이 말은 무엇을 의미할까? 미래의 소매업자들은 다음과 같은 네 가지 주요 영역에서 집중하게 될 것이다. 첫째, 온라인 경험과 디지털 방식으로 통합된 멋진 매장 경험을 창출한다. 둘째, 배타적인 제품에 대하여 정선된 선택을 제공한다. 셋째, 소셜 미디어를 지배하는 것을 포함하여 기술 개발에 적극 투자한다. 넷째, 고객이 자사 제품을 구매하면서 만족감을 느끼도록 사회적 책무를 다하기 위해 이전보다 두 배의 노력을 기울인다.

이번 장에서 다루는 기업들은 이 네 가지 기조 중에서 한 가지를 자기 것으로 만들어 번창하고 있다. 그러나 장기적으로 보면, 전통 소매업체들에 대한 아마존의 침략이 활발하게 진행되고 있는 상황에서 아마존과 경쟁하는 데 이 네 가지 전략 중에서 한 가지만을 실천하는 것으로는 충분하지 않을 것이다. 아마존이 지배하는 세상에서 살아남으려는 소매업체들은 결국에는 이 네 가지 중에서 적어도 두 가지 혹은 세 가지를 자기 것으로 만들어야 할 것이다. 아마존도 그들이 건설하고 있는 전통 소매업 제국에서 이 네 가지를 자기 것으로 만들기 위해 노력할 것이 분명하기 때문이다.

나이키와 세포라Sephora(프랑스를 대표하는 화장품 전문 매장-옮긴이) 같은 일부 기업들은 쇼핑이 고객들에게 더욱 보람찬 일이 될 수 있도록 온라인과 매장 경험을 끊임없이 통합하고 있다. 윌리엄스 소노마와 같은 기업은 다른 곳에서 흔히 볼 수 없는 최고급의 취사도구와 주방용품을 취급하고 있다. 스티치 픽스, ASOS, 루루스와 같은 패션 소매업체들은 고객들이 아마존에서는 느낄 수 없는 특별한 기분을 즐기게 하기 위한 자신들만의 기술을 확보하고 있다. 스티치 픽스는 다수의 데이터 과학자들을 고용하여 온라인 고객들이 자기가 원하는 스타일에 잘 어울리는 옷을 찾을 가능성을 획기적으로 높였다. 영국의 ASOS는 패션을 사랑하는 세계의 20대 젊은이들을 디지털 방식으로 겨냥하면서 가파르게 성장하고 있다. ASOS는 일상적인 패션과 라이프 스타일 콘텐츠에 대한 정보를 제공하고 자사 제품들을 고객 스타일에 맞게 엄선하여 고객과의 정서적 유대를 강화하고 있다. 루루스는 인스타그램과 그 밖의 소셜 미디어를 창의적으로 활용하여 다수의 열성 팬들을 확보했다. 와비파커는 안경 한 개를 판매할 때마다 개발 도상국 국민에게 안경 한 개를 제공하여 사회적 책무를 충실히 이행한다는 측면에서 지명도를 높임으로써 가파른 성장을 이어갔다. 이러한 기업들 각자가 자기만의 독특한 방식으로 그들의 전략을 실행하고 있지만, 이러한 전략의 밑바탕에는 특별한 온라인과 매장 경험을 개발하려 고민하는 기업들에게 도움이 될 만한 훌륭한 조언이 숨어 있다.

아마존과의 경쟁에서는 종종 아마존이 잘하지 못하는 것들을 깊이 생각해보는 것이 바람직하다. 물론 전자상거래 부문의 이 거대 기업은 다양한 선택권, 훌륭한 서비스, 매력적인 가격 그리고 신속한 배송 서비스를 제공한다. 그러나 고객들에게 제품을 그들이 원하는 때에 원하는 장소로 제공하는 상당히 효율적인 공익사업체로서 아마존에 대해 좀 더 생각해 보라. 월마트와 알리바바를 제외한 대다수의 기업들이 가격과 속도의 측면에서 아마존을 능가하기란 무척 어려울 것이다. 아마존이 잘하지 못하는 것은 강력한 브랜드 정체성을 형성하는 것(어느 누가 아마존의 치노 바지 브랜드나 미드 센추리 모던 가구 브랜드의 이름을 기억할 수 있겠는가?)과 고객들이 특별한 기분을 느끼게 하는 것이다. 아마존의 사업 규모를 생각할 때, 아마존이 개별 고객의 요구에 맞춘 제품을 판매하고 수많은 고객들을 대상으로 저마다의 독창적인 경험을 제공하려고 한다면, 자기 무게를 견디지 못하고 쓰러지고 말 것이다.

아마존 정글에서 성공한 기업으로는 오리건주 비버톤에 본사를 둔 신발과 의류 제조업체 나이키가 있다. 나이키는 고객이 매장 경험과 온라인 경험 사이를 자유롭게 넘나들 수 있도록 온라인 경험과 연결된 매장 경험을 창출했다. 이것은 한 사람의 개인 정보(이 사람이 집에서 온라인으로 구매하든, 스마트폰으로 구매하든, 매장에서 구매하든 관계없다)를 끊임없이 통합할 것을 요구한다. 이러한 방식으로 데이터를 관리하면, 상당히 개별화된 경험을 만들어낼 수 있다. 2018년에 나이키가 뉴욕시 5번가에 개장한 최신식의 주력 매장에서 할 수 있는 경험이 바로 그 예이다. 이 매장은 단순한 매장이 아닌 '나이키 하우스 오브 이노베이션 000'이라고 불린다. 여기서 000은 '원천origin' 혹은 나이키가 말하듯이, "주력 매장이 그 도시를 위하여 무엇이 될 수 있는가?"에 대한 출발점을 의미한다.

연면적이 6만 8,000스퀘어피트(1,911평)에 달하는 매장은 6개 층에 걸쳐서 불규칙하게 퍼져 있고, 흰색의 실험실 복장을 한 직원들이 고객을 응대하기 위해 각 층을 바쁘게 움직인다. 나이키는 이런 아이디어가 직원들이 공동체 구성원들을 잘 이해하여 그들의 변화하는 취향과 요구를 따라갈 수 있도록 하는 데에서 나온 것이라고 말한다. 이를 위해 '나이키 스피드 숍'이라고 불리는 뉴욕시 5번가의 나이키 매장은 한 개 층 전체를 지역 마케팅 데이터와 소셜 미디어가 알려주는 피드백을 바탕으로 선반을 채우고, 이 지역 쇼핑객들의 요구를 반영하여 신속하게 제품을 보충하고 있다. 고객들은 매장의 "스포츠맨"이라고 불리는, 신발에 대해 해박한 지식을 가진 직원들에게서 조언을 얻거나 매장에 설치된 디지털 안내판에서 필요한 정보를 얻는다. 이 안내판은 주말에 집중적으로 운동을 하는 사람들이 무엇을 구매했는지를 보여준다. 나이키는 '나이키 플러스'라는 회원 프로그램을 운영한다. 여기에 가입한 회원들은 스마트폰 앱으로 제품을 예약할 수 있고, 이것을 매장 사물함에 보관할 수도 있으며, 언제라도 편리한 때에 와서 신어보거나 실어갈 수 있다. 또한 고객들은 계산대에서 줄을 설 필요도 없이 스마트폰을 이용해 계산할 수도 있다.

나이키는 운동화가 단지 제품 이상의 의미를 갖도록 하기 위해 고객들이 맞춤 버전을 주문할 수 있도록 했다. 그러면 고객들은 윗덮개의 소재, 신발 끈의 색상, 심지어는 천사 날개 모양의 나이키 스우시 로고를 새겨 넣는 것까지 미리 지정할 수 있다. 나이키 플러스 회원만이 (예약을 하고서) '나이키 엑스퍼트 스튜디오Nike Expert Studio'라고 불리는 이 매장의 꼭대기층에 입장할 수 있다. 이들은 배타적인 제품, 개별화된 스타일 연출을 위한 지도, 마라톤을 위한 최선의 복장에 대한 조언을 포함하여 VIP 대우를 받는다. 이 정도로 주목을 받고 선택권을 가질 수 있다면, 운동화 한 켤레에 200달러를 지불하고도 충분히 즐거울 수 있다. 지금까지 나이키의 하이브리드 전략은 효과가 있었다. 나이키의 주식 가격은 2019년 초까지 5년 동안에 S&P 500 주가지수와 비교하여 두 배나 더 올랐다.[2]

나이키만이 (매장에서 엔터테인먼트를 제공해야 하고 라이프 스타일의 본질을 포착해야 하는) 경험적 소매가 확대되는 흐름을 형성하는 데 선구자 역할을 한 것은 아니다. 캘리포니아주의 신발 및 의류 제조업체 반스는 경쟁 기업에 뒤지지 않으려고 런던에서 '하우스 오브 반스House of Vans' 매장을 열었다.[3] 이곳은 연면적이 3만 스퀘어피트(843평)에 달하는 엔터테인먼트 매장으로, BMX 자전거를 타거나 스케이트보드를 타는 사람들이 찾아와서 영화를 보고, 록 밴드의 음악을 라이브로 듣고, 카페에서 청량음료를 마시고,

거리의 예술가 톰 뉴먼Tom Newman과 함께 드로잉 워크숍에 참가 신청을 하여 옛날 영광의 날들을 상징하는 반스 스케이트보드의 이미지를 스케치하는 법을 배운다. 그러나 가장 매력적인 것은 회사 사람들이 스케이트보드를 타는 사람들을 위해 만들어놓았다는 그릇 모양의 콘크리트 경사로이다. 하우스 오브 반스에서의 활동은 인스타그램, 텀블러, 페이스북을 가득 채우고는 공동체와의 긴밀한 유대를 형성하여 새로운 고객들을 이곳으로 유혹한다.

뉴욕시의 침대 제조업체 카스퍼Casper는 매트리스를 판매하는 회사가 아니라 편안한 잠을 선사하는 회사로 자리매김을 하기로 결정했다.[4] 카스퍼는 매장에 9개의 수면 캡슐을 갖춘 '드리머리Dreamery'라는 곳을 설치했다. 이곳에서 쇼핑객들은 25달러를 내고 카스퍼 매트리스, 시트, 베개에 누워서 45분 동안 낮잠을 잘 수 있다. 회사 관계자는 이 시간이 기분 전환을 하기에는 아주 적합하다고 말한다. 고객들은 온라인으로 드리머리에 자리를 예약할 수 있으며, 이곳에서는 가운과 수면 마스크와 귀마개가 제공된다. 그들은 낮잠을 자고 나서 휴게실로 나와서 커피 한 잔을 마시고, 물론 영업사원과 담소를 나눈다. 이것이 효과가 있냐고? 회사 관계자에 따르면, 이 프로그램을 도입한 이후로 처음 3년 동안에 매출이 6억 달러가 넘었다고 한다.[5]

카스퍼, 나이키를 비롯하여 그 밖의 소매업체들은 매장에서 고객들을 위한 강렬한 경험을 창출했다. 아주 가까운 미래에 소매 기술이 훨씬 더 세련된 모습을 갖출 것이고, 온라인 쇼핑과 오프라인 쇼핑은 더욱 통합될 것이다. 예를 들어, 페이스 퍼스트FaceFirst라는 스타트업은 2019년에 라스베이거스에서 개최된 숍토크 컨퍼런스^{Shoptalk conference}에서 매장으로 들어오는 고객을 확인하기 위해 안면 인식 기술을 사용한 새로운 시스템을 선보였다. 매장에서는 매장 직원이 고객에게 쇼핑 이력을 다운로드하는 것을 허가해줄 것을 문자로 요청한다. 쇼핑 이력에는 고객이 매장을 몇 번이나 방문했는지, 지난번 방문했을 때 매장에서 몇 분이나 머물렀는지, 무엇을 구매했는지, 지금까지 매장 웹사이트에서 무엇을 구매했는지에 대한 정보가 포함되어 있다. 고객은 이런 개인 이력을 매장과 공유하는 대가로 전자 쿠폰을 받거나 특별 할인 행사에 참가할 수 있다. 그러면 고객이 매장에 들어올 때마다 카메라가 고객을 인식하고 매장 직원의 스마트폰에 고객의 쇼핑 이력이 뜬다. 페이스 퍼스트의 CEO 피터 트렙^{Peter Trepp}은 시장조사기관인 이마케터^{eMarketer}의 팟캐스트에 출연하여 페이스 퍼스트와 협력하고 있는 큰 규모의 소매업체에 대해 이야기했는데, 그 업체 매출의 55퍼센트가 4퍼센트의 고객에게서 나온다고 한다.[6] 피터는 또한 다음과 같이 말했다. "그 회사는 매출을 올려줄 4퍼센트의 고객이 언제 매장에 들어오는지 모르고 있습니다." 페이스 퍼스트는 이 문제에 대한 해답을 찾는 데 안면 인식 기술을 이용했다.

사생활 보호 문제가 실제로 존재하지 않는 중국에서는 알리바바가 이미 안면 인식 기술을 사용하여 쇼핑객들이 제품 값을 수월하게 지불할 수 있도록 했고, 소중한 고객 정보도 수집했다. 알리바바의 결제 부문이라고 할 수 있는 안트 파이낸셜은 2017년 말에 '스마일 투 페이^{Smile to Pay}'라는 결제 시스템을 개발하여, 다른 어느 곳보다도 항저우에 있는 차이니즈 KFC 레스토랑에서 사용할 수 있도록 했다.[7] 안트 파이낸셜은 중국에서 KFC를 소유한 얌차이나의 투자자이다. 스마일 투 페이 시스템이 작동하는 방식을 설명하면, 다음과 같다. 손님이 냉장고만 한 키오스크의 스크린에서 메뉴를 스크롤 다운하여 프라이드 치킨과 코카콜라를 포함하여 자기가 먹고 싶은 것들을 선택한다. 결제할 준비가 되어 있다면, 스크린에 나오는 원을 보면서 미소를 짓는다. 그러면 음식값이 고객의 계좌로 청구된다. 지갑도 신용카드도 현금도 스마트폰도 필요 없다. 단지 KFC 요리가 배고픈 고객에게 전달될 뿐이다.

처음에는 많은 사람들이 자기가 카메라에 찍힌다는 사실에 화를 낼 것이다. 2018년에 리서치 회사 리치 렐러번스RichRelevance가 쇼핑객들을 대상으로 실시한 설문조사에 따르면, 응답자의 61퍼센트가 매장에서 자신을 확인하기 위해 안면 인식 기술을 사용하는 데 두려움을 느낀다고 했다.[8] 이러한 두려움의 원인은 두 가지이다. 우선, 그들이 공통적으로 느끼는 불만은 소매업체가 얼굴의 특징을 가지고 개인을 인식할 수 있고, 그다음에는 개인 정보에 접근해서 사생활을 침해할 수 있다는 데 있었다. 또 다른 우려는 이 시스템이 안전하지 않을 것이라는 데 있다. 사이버 악당이 페이스북에서 누군가의 사진을 훔쳐서 안면 인식 스크린에 보여주면 KFC에서 공짜 식사를 할 수 있다. 훨씬 더 나쁜 예를 든다면, 은행 현금 자동 입출금기에서 돈을 훔칠 수도 있다.

대부분의 소비자들이 안면 인식 기술이 제기한 사생활 보호 문제를 결국에는 극복할 것이다. 기업과 정부는 이미 모든 개인에 대하여 거의 모든 것을 알고 있고, 개인의 쇼핑 이력을 다운로드하는 기업은 개인의 은밀한 병력까지도 알고 있는 보험회사나 고용주보다는 훨씬 덜 사악하다. 새로운 기술이 등장하면 흔히 그랬듯이, 얼리 어답터들이 쇼핑을 위해 안면 인식 기술을 사용할 것이고, 이것이 얼마나 편리한지를 친구들에게 알려줄 것이다. 그리고 대중들이 그 뒤를 따를 것이다. 아이폰X의 사용자들이 이 장치의 안면 인식 패스워드 시스템을 금세 기꺼이 받아들였던 것처럼 말이다.

　안면 인식 시스템은 다른 형태의 결제 방식보다 안전에 더욱 만전을 기할 것이라고 약속하면서 소비자들을 안심시키려고 한다. 신용카드번호, 운전면허 정보, 여권은 도난당하거나 위조되어 신원 도용으로 엄청난 손실을 발생시킬 수 있다.[9] 하지만 안면 인식 결제 시스템을 속이기는 아주 어려운 것으로 밝혀졌다. 알리바바는 젊은 중국 여성에게 금발 가발을 쓰고 화장을 진하게 하고서, 분홍 가발과 푸른 가발을 쓰고 외모가 비슷한 젊은 여성 네 명과 함께 서 있게 하여 KFC 패스트푸드점에 설치된 시스템을 속이려고 했지만, 그럴 때마다 안면 인식 카메라는 이 여성을 정확하게 인식했다. 페이스북에서 훔친 사진을 보여주면, 안면 인식 시스템이 3D 카메라를 사용하기 때문에 카메라에 찍힌 사람이 실물인지 2차원의 이미지인지를 알아차릴 수 있다. 또한 안면 인식 카메라는 눈을 깜박이거나 고개를 돌리는 것과 같은 생명의 징후를 포착하도록 설계되어 있다. 그래도 이 기술이 미덥지 못하다면, 더 높은 수준의 보안을 위해 고객이 KFC 치킨 버킷을 주문하면서 스마트폰 번호를 입력하게 할 수도 있다. 얼마 지나지 않아서 안면 인식 시스템이 자동차 열쇠, 집 열쇠, 컴퓨터 패스워드를 대체하게 될 것이다. 그런 날이 온다면, 은행, 케이블 요금, 쇼핑 계정에 쓰이는, 제각각이어서 기억하기도 힘든 수십 개의 패스워드를 적어놓은 탁

상용 파일을 쓰레기통에 집어넣을 수 있을 것이다.

경험 중심의 소매업체는 고객을 매장으로 끌어들이는 데 도움이 될 것이다. 그리고 안면 인식 기술과 같은 새롭게 떠오르는 기술은 소매업체들이 고객을 더 잘 추적하고 그들에게 더 나은 서비스를 제공하는 데 도움이 될 것이다. 일단 그들이 매장으로 들어온다면 말이다. 그러나 이러한 사실이 전통 소매업체가 온라인 판매를 무시할 수 있다는 것을 의미하지는 않는다. 명품, 맞춤복, 최고급 가구와 주방용품과 같이 매장에서 취급하기에 적합한 종류의 제품을 판매하는 일부 전통 소매업체들도 온라인으로 고객에게 직접 판매하며 높은 매출을 올릴 수 있다. 이제 우리는 까르띠에 탱크 스테인리스 남성용 시계를 제3자 판매자를 통해 아마존에서 2,726달러에 구매할 수 있다. 하지만 명품 경험의 한 부분에는 쇼핑객들이 이런 제품을 구매했을 때에 느끼는 기분도 포함된다. 솔직히 말해서, 펜 테니스공 한 캔을 2.99달러에 구매할 수 있는 사이트에서 명품 시계를 구매하면서 얼마나 대단한 기분을 느낄 수 있겠는가? 아마존 페이지에는 이 시계가 어떻게 작동하며, 어떤 내력을 갖고 있는지와 같은 시계에 대한 설명이 거의 없다. 고객들은 이 시계를 다른 까르띠에 시계와 비교할 수도 없다. 이 시계를 까르띠에 사이트가 아니라 아마존에서 구매하면 54달러를 절약할 수 있지만, 이 독립 판매자가 까르띠에 시계를 아마존에서 혹은 다른 사이트에서도 판매할 수 있는 인가를 받았는지도 분명하지 않다. 혹시 위조품은 아닐까? 이 사이트가 제조업체의 보증도 없이 판매가 이루어지는 그레이마켓^{gray market}(제조업체의 허락 없이 물건을 수입해서 파는 곳-옮긴이)은 아닌가?

꽁파니에 피낭시에르 리슈몽은 까르띠에를 소유한 스위스의 명품 그룹으로, 세계에서 가장 부유한 소비자들에게 최고급 제품을 판매하여 명성을 얻었다. 지금 이 그룹은 온라인으로 명품을 구매하는 것이 가치 있는 경험이 되도록 만들기 위해 노력하고 있다. 아마존을 견제하면서 말이다. 리슈몽이 보유한 브랜드로는 까르띠에 이외에도 IWC(스위스에서 설립된 남성용 고급 시계 브랜드-옮긴이), 몽블랑, 반클리프 아펠(알프레드 반 클리프와 샤를 아펠, 줄리앙 아펠이 1906년에 공동 설립한 보석 브랜드-옮긴이)이 있다. 이 그룹은 주로 뉴욕, 파리, 도쿄, 상하이의 번화가에서 최고급 명품 매장을 운영하는 방식으로 사업을 하지만, 지금은 부자들의 쇼핑 습관이 변하고 있다는 사실을 인식하고 있다. 요즘에는 시간이 부족한 상위 1퍼센트가 신속하고도 편안하게 스마트폰 화면을 두드리면서 쇼핑을 하기를 바란다. 리슈몽은 이렇게 변해가는 시장을 따라잡기 위해 2018년에 34억 달러를 들여서 온라인 명품 패션업체 육스 네타포르테에 대한 완전한 지배권을 확보하고는 최고급 명품 인터넷 소매업에 대한 투자를 늘리고 있다고 선언했다. 육스 네타포르테는 인터넷 소매업체 네타포르테와 미스터 포터, 더 아웃넷과 육스를 소유하고 운영하며, 스텔라 맥카트니, 돌체 앤드 가바나, 끌로에를 포함해 30개가 넘는 명품 브랜드의 전자상거래 사이트도 운영한다.

리슈몽이 기술, 물류, 온라인 마케팅에 공격적인 투자를 한 것은 명품 시장에서 전자상거래가 더욱 중요해지고 있다는 것을 시사한다. 컨설팅 회사 베인 앤드 컴퍼니의 연구 결과에 따르면, 2017년에 명품의 온라인 판매가 24퍼센트 증가했고, 지금은 전체 명품 거래의 9퍼센트가 온라인에서 이루어지고 있다고 한다. 베인 앤드 컴퍼니는 2025년까지 이러한 비중이 25퍼센트로 증가할 것으로 추정했다.[10] 리슈몽의 회장 요한 루퍼트Johann Rupert는 이렇게 말한다. "우리는 새로운 방식으로 리슈몽의 존재감을 강화하고 디지털 채널에 집중하려고 합니다. 이렇게 하는 것이 명품 소비자들의 요구를 충족시키는 데 결정적으로 중요해지고 있습니다."[11]

물론 베조스가 명품 제조업체들이 아무런 경쟁도 없이 온라인 사업을 확장하도록 내버려두지는 않는다. 아마존 역시 최고급 패션 산업에 많은 투자를 해오고 있다. 아마존은 브루클린, 도쿄, 뉴델리, 영국의 혹스턴에 대규모 패션 포토 스튜디오를 개장하여 자체의 패션 제품 라인을 보유하기 시작했고, 메트로폴리탄 미술관에서 열리는 멧볼Met Ball(세계적인 스타들이 한자리에 모이는 대형 패션 행사-옮긴이)과 같은 화려한 행사를 후원했다. 또한 아마존은 최고급 브랜드를 찾는 고객들을 끌어들이기 위해 자체 사이트에 '럭셔리 뷰티 상점'을 개설했다. 더욱 최근에는 마이애미 히트(미국 플로리다주 마이애미를 연고지로 하는 프로 농구 팀-옮긴이)의 슈팅 가드 출신의 드웨인 웨이드Dwyane Wade와 계약을 체결하고는 아마존 사이트에서 명품 스포츠 의류와 운동화 상점을 운영하게 했다. 그러나 아마존이 폭넓은 고객층을 갖추고서 대체로 값싼 제품을 취급한다는 이미지를 가지고 있기 때문에, 베조스가 아마존닷컴에서 맞춤형 명품 경험을 성공적으로 창출하는 데에는 커다란 어려움이 따를 것이다. 명품 소매업체들은 궁극적으로는 화려한 매장에서 가질 수 있는 우아하고도 소중한 사람으로 대접받는 경험을 온라인에서도 창출하고, 고객들이 아마존에서 느낄 수 없는 특별한 기분을 느끼게 함으로써 자신을 차별화하여 온라인 명품 시장을 지배할 것이다.

아마존이 수억 종류의 제품을 판매한다고 해서 쇼핑객들이 아마존에서 모든 것을 찾을 수 있는 것은 아니다. 아마존이라는 온라인 거대 기업과 경쟁하기 위한 또 다른 방법은 고객에게 최고급 제품에 대해 다른 곳에서는 찾기가 힘든 특별한 선택권을 제공함으로써 즐거움을 주는 것이다. 이것은 2017년 윌리엄스 소노마를 미국에서 13번째로 큰 규모의 온라인 판매자로 만들어준 바로 그 방식이다.[12]

아마존에서 '냄비와 팬'이라고 입력하면 43.99달러의 눌어붙지 않는 브레미 15피스 조리기구 세트가 첫 번째로 등장한다. 물론 전체 세트가 이 가격에 판매된다. 여기에는 2,227명의 후기 작성자들이 별점 4.5점을 주었다. 훌륭한 거래라는 뜻이다. 윌리엄스 소노마 사이트에 들어가서 같은 내용을 입력하면, 소매가격이 800달러인 '드 부이에 프리마 마테라 동냄비'가 포함된 페이지가 등장한다. 이 냄비는 1810년에 설립된 프랑스 회사가 만든 것이다. 여기서 중요한 사실은 윌리엄스 소노마가 자체 제품 목록을 관리하고 있고, 여기에 나오는 대부분의 제품을 자체 유통 경로와 브랜드를 통해서만 판매한다는 것이다.[13]

일부 고객들은 당장 43.99달러짜리 세트를 구매할 것이다. 그러나 독특한 최고급의 제품에 관심이 있는 고객들은 아마존에서 구매하지 않는 경향이 있다. 윌리엄스 소노마는 소매 부분에서 온라인 판매를 가장 활기차게 추진하여(온라인 판매가 전체 매출에서 절반 이상을 차지한다) 자신을 차별화했고, 6,000만 명에 달하는 고객의 데이터베이스를 축적했다. 윌리엄스 소노마가 고급스럽게 제작한 카탈로그와 함께 "우리 브랜드의 광고판"이라고 부르는 전통 소매업 매장은 이곳에서 판매하는 것보다 수익이 엄청나게 많이 발생하는 온라인 판매를 촉진하는 데 도움이 된다.[14]

맞춤형 선택도 소매업체들이 바닥치기 경쟁race to the bottom(정부의 규제 완화 또는 비용 절감을 통한 업체들 간의 경쟁으로 수익이 감소하는 상황-옮긴이) 식의 가격 전쟁으로 유명한 아마존과의 정면 대결을 피하는 데 도움이 된다. 다시 말하자면, 아마존과 가격 경쟁을 하기 위한 한 가지 방법은 가격을 가지고 경쟁하지 않는 것이다. 이것은 크레이트 앤드 배럴의 CEO 닐라 몽고메리Neela Montgomery가 매장을 현대식으로 꾸미고 소셜 미디어에 많은 투자를 하면서, 부유층을 대상으로 한 독일 가구 체인점을 업그레이드하는 과정에서 깊이 깨달은 교훈이다. 아마존은 웨이페어(대형 온라인 가구 쇼핑몰-옮긴이)와 오버스톡(미국 온라인 소매 업체-옮긴이)과 같은 소매업체들과 마찬가지로 가구를 온라인으로 판매한다. 그러나 몽고메리는 이러한 소매업체들보다 더 나은 디자인과 고객 서비스를 바탕으로 훌륭한 구매 경험을 제공함으로써 더 높은 가격을 부과할 수 있다고 생각한다. 그녀는《월스트리트 저널》과의 인터뷰에서 이렇게 설명했다. "고객들은 우리 제품에서 어떤 점을 매우 높이 평가하는지를 말해줍니다. 그들은 우리에게 더욱 차별화된 수준의 서비스, 더욱 개별적인 경험을 기대합니다." 이런 방식으로 고객에 집착하는 것이 몽고메리에게 많은 도움이 되었다.

크레이트 앤드 배럴이 더 높은 가격을 책정할 수 있게 된 한 가지 이유는 제품의 95퍼센트가 독특하다는 데 있다. 그리고 고객들은 특별한 제품에 대해서는 대체로 더 높은 가격을 지불할 의사가 있다. 소매업체는 와인잔이나 은그릇과 같은 제품에서는 가격 경쟁을 해야 한다. 그러나 몽고메리는 이렇게 말한다. "우리는 다른 업체와의 가격 경쟁에서 반드시 승리하려고 하기보다는 차별화, 충성 고객에 대한 보답에 집중해야 한다고 생각합니다."[15] 이 회사는 전 세계의 125개 매장 덕분에 높은 가격을 정당화할 수 있다. 이곳을 찾은 고객들은 가구에 앉아볼 수 있고, 시트 천의 감촉을 느껴볼 수 있다. 크레이트 앤드 배럴은 고객이 자기가 원하는 디자인을 볼 수 있도록 매장에 디자인 스튜디오를 설치했다(이런 것은 아마존에서는 찾아보기가 어렵다). 온라인으로만 제품을 판매하는 가구 소매업체들은 이러한 장점을 가질 수 없다. 결과적으로 반품 요구(예를 들어, 소파 같은 제품의 반품과 관련된 언쟁)가 많아지고, 불만을 느끼는 고객도 많아진다.

지금까지 몽고메리의 공식은 효과가 있었다. 2017년에는 크레이트 앤드 배럴의 매장 매출이 8퍼센트 가까이 증가했다. 아마존이 소매업체들을 배제하고 직접 제조업체로 가는 방식으로 시장에 더욱 깊이 파고들기 시작하면서, 크레이트 앤드 배럴과 같은 소매업체들에 시련이 닥쳤다. 이제 베조스는 가구 제조업체들을 위해 세심한 제품 배송 서비스를 제공하고 있다. 여기에는 소비자들의 반품 요구를 군소리 없이 받아주는 것도 포함된다. 이제 가구 제조업체는 아마존에서 자기 제품을 판매하기만 하고, 배송이나 서류 작업, 반품과 같은 복잡한 문제는 아마존에 넘기면 된다.

아마존과의 바닥치기 경쟁을 피하기 위한 또 다른 방법은 손이 많이 가는 제품을 판매하는 것이다. 가전 기기 소매업체 베스트 바이는 아마존 때문에 거의 망하기 직전까지 갔던 회사였다. 미네소타주에 본사가 있는 이 회사는 2000년대 초반에 주로 교통량이 점점 감소하는 상가에 위치한 매장을 운영하면서, 텔레비전, 소형 전자 기기, 컴퓨터를 판매했다. 그런데

이러한 제품들의 대부분은 아마존에 주문하면 더욱 저렴한 가격에 더욱 신속하게 배송받을 수 있는 것들이었다. 고객들은 소매 산업에서 '쇼루밍 showrooming'이라고 부르는 행위를 했다. 이는 베스트 바이에 가서 가장 마음에 드는 텔레비전을 찾고, 그다음에는 집에 와서 온라인으로 주문하여 베스트 바이 매장보다 더 저렴한 가격에 구매하는 것이다. 당연히 베스트 바이의 매출과 수익이 감소했다.[16]

2012년부터 2019년까지 베스트 바이의 CEO를 역임했던 휴버트 졸리 Hubert Joly는 리뉴 블루Renew Blue라는 전략을 구사하여 아마존을 뛰어난 솜씨로 압도했다. 이것은 홈시어터, 가정용 와이파이, 보안처럼 복잡한 시스템에 대한 조언과 설치가 필요한 제품으로의 대대적인 전환을 수반하는 매장 전략과 개선된 온라인 경험을 결합하는 것이었다. 베스트 바이에서 이러한 서비스와 설치를 담당하는 부문인 긱 스쿼드는 가정과 사무실을 찾아가서 복잡한 설치 작업을 지원한다. 맥킨지의 디지털 앤드 어낼리틱스 Digital & Analytics 부문의 글로벌 부서장 로드니 젬멜Rodney Zemmel은 소매업에 대하여 다음과 같이 설명한다. "당신은 자기 자신에게 이런 질문을 해봐야 합니다. 당신이 제대로 지켜낼 수 있는 것은 무엇입니까? 매장 혹은 사람이 의존할 수 있는 어떤 것을 가지고 있습니까? 고객에게 제공하는 경험의 품질에 대해 어떤 방식으로 경쟁하고 있습니까?"

물론 베스트 바이는 아마존과 경쟁하기 위해 가격을 인하해야 했다. 베스트 바이는 가격을 동일하게 책정하고 무료로 배송하거나 고객이 매장에서 직접 실어가게 했다. 베스트 바이가 비용을 낮추기 위한 또 한 가지 방법은 매장 내에 매장을 두는 것이었다. 구글, 마이크로소프트, 삼성을 포함한 가전 기기 제조업체들이 베스트 바이 매장 안에 자체 매장을 개장하게 하여, 매장 공간을 유지하는 데 드는 비용을 절감했다. 2016년 초부터 시작하여 3년 동안에 베스트 바이의 주식은 두 배가 넘게 올라서 S&P 500 주가지수가 오르는 속도를 훨씬 뛰어넘었다.

크레이트 앤드 배럴, 윌리엄스 소노마, 베스트 바이, 리슈몽은 온라인으로 직접 판매하는 것과 매장에서 판매하는 것 간의 균형을 찾았고, 이것이 바로 미래의 승자가 되기 위한 공식이다. 그렇다고 해도 이런 기업과 그 밖의 기업들이 아마존과 대등하게 경쟁하기를 원한다면, 기술적 전문성을 끌어올려야 한다. 기술에 대한 아마존의 장악력은 가공할 만하다. 아마존은 고객 친화적인 플랫폼에서 신속하고 쉽게, 그리고 직관적으로 쇼핑을 할 수 있도록 했다. 아마존이 온라인에 대한 지배력을 높이기 위해 자체 인공지능 플라이휠을 돌릴 때, 아마존과 경쟁하려는 소매업체들은 반드시 알고리즘이 왕이라는 사고방식을 가진 기술 기업이 되어야 할 것이다. 여기서 핵심은 기술적 우월성을 지닌 자기만의 독특한 브랜드를 개발하는 것이다.

기술을 사용하여 뛰어난 우위를 확보한 기업으로는 파리에 본사가 있는 명품 그룹 루이비통 모엣 헤네시가 소유한 글로벌 뷰티 체인, 세포라가 있다. 2017년에 이 화장품 소매업체는 시장 점유율을 높이고 기록적인 매출 증가를 달성했다. 트위터, 세일즈포스닷컴, 우버와 마찬가지로 샌프란시스코에 본사가 있는 세포라는 뷰티 브랜드로서는 물론이고 기술 기업으로도 확실하게 자리를 잡았다.

세포라는 고객에게 즐거움을 주기 위해 다양한 기술 시스템을 끊임없이 실험한다. 미국 전역의 1,100개가 넘는 장소에서 실시하는 컬러 IQ라는 프로그램에서는 디지털 장치를 이용하여 쇼핑객의 얼굴을 스캔하고 정확한 피부색을 포착한 다음, 립스틱, 파우더, 아이 라이너, 파운데이션에 대한 최적의 색조를 계산한다. 일단 고객을 위한 정확한 조합을 찾아내면, 이러한 정보가 데이터베이스에 기록되고, 나중에 더 많은 품목을 온라인으로 주문받을 수 있다. 또한 세포라는 뷰티 인사이더 커뮤니티라는 소셜 네트워크를 구축하여 세포라의 충성 고객 프로그램의 회원들이 후기와 사진을 공유하고 제품 추천을 받을 수 있게 했다. 세포라는 대화식 페이스북 카탈로그를 통해서도 팬들에게 다가갔다. 또한 고객들이 자기 얼굴의 3D 라이브 뷰live view(카메라에서 촬상소자撮像素子의 영상이 실시간으로 모니터나 전자식 뷰파인더에 표시되는 기능-옮긴이)를 스마트폰 화면으로 가져와서 화장품을 가상으로 사용해볼 수 있도록 세포라 버튜얼 아티스트Sephora Virtual Artist라는 앱을 개발했다. 이 앱에서는 마치 거울처럼 사용자가 얼굴을 움직이면 고객 얼굴의 라이브 뷰도 움직인다. 고객들은 여러 종류의 화장품을 디지털 방식으로 사용해볼 수 있고, 단계별 자습서를 보면서 더 나은 화장법을 배울 수 있다. 세포라는 전통 소매업체와 온라인 매장 사이에서 원활한 경험을 창출하기 위해 이런 모든 기술을 축적해왔다.

세포라가 보유한 아마존을 능가하는 핵심 역량은 고객을 자체 앱과 사이트에 가두어놓기 위한 알고리즘을 개발하는 데 있다. 고객에게 적절한 화장품을 추천하고, 그것이 바로 세포라 제품이라는 사실을 데이터를 통해 확인하게 하는 것이다. 이러한 방식을 아마존 혹은 아마존에서 화장품을 판매하는 제3자 판매자의 것과 비교해보라. 그들은 이 사이트에 등장하는 수십 개의 다른 브랜드와 경쟁해야 한다.

아마존보다 한 수 앞선 방법을 개발한 또 다른 소매업체로는 여성 의류 온라인 매장인 스티치 픽스가 있다. 2011년에 카트리나 레이크^{Katrina Lake}는 하버드 경영대학원을 다니면서 매사추세츠주 케임브리지에 위치한 자기 아파트에서 스타트업을 설립했다. 이 회사는 2017년 말에 주식 상장을 마쳤고, 지금은 시가총액이 20억 달러에 이른다. 그녀의 비결은 무엇일까? 그것은 온라인 고객들에게 아마존이 꿈꾸기만 했던 일종의 실제 체험 서비스를 제공하기 위한 데이터를 모으는 것이었다.

의류 판매는 항상 힘든 사업이었고, 아마존은 강력한 경쟁자이다. 2018년에 모건 스탠리는 아마존이 미국에서 가장 규모가 큰 의류 소매업체가 되려는 월마트와 타깃을 누르고 미국 의류 시장의 거의 10퍼센트를 장악하게 될 것이라고 예측했다.[17] 아마존은 다양한 선택, 부담 없는 가격, 부담 없는 반품이라는 달성하기 힘든 조합으로 그해 의류 매출에서 두 자릿수의 성장을 기록했다. 반면에, 메이시스^{Macy's}, 노드스트롬^{Nordstrom}, 제이시페니^{JCPenney}와 같은 소매업체들은 매출이 실제로 감소했다. 가격과 선택권만을 가지고서는 아마존과 경쟁하기는 어렵다. 그리고 아마존이 고객 서비스를 자신이 가진 최고의 강점으로 생각하는 것도 당연하다. 그러나 고객을 향한 집착이 베조노믹스의 주요 기조라고 하더라도, 아마존이 할 수 없는 것은 고객과 함께 공감할 수 있는, 상당히 개별화된 고객 경험을 창출하는 것이다. 이와 관련하여 어느 사모펀드 회사의 임원은 나에게 이런 말을 했다. "전통 소매업계에서는 판매자의 안목에 대해서 이야기합니다. 안목을 가진 판매자들은 패션을 예상할 수 있습니다. 아마존에는 그런 안목이 없습니다. 아마존 페이지를 열면, 조잡하기 이를 데가 없습니다. 베조스가 고객에 집착하라고 말하는 것은 상당히 편협합니다. 그것은 최선의 효용을 말하는 것이지, 패션이나 실제 체험 서비스에서 능숙한 면모를 보이라는 것은 아닙니다." 정말 그렇다. 재무적인 면에서 봤을 때, 아마존은 고객에게 맞는 개별화된 조언을 해줄 사람들을 대규모로 고용하는 것이 타당하지 않을 만큼 엄청난 규모로 영업하고 있다.

이러한 약점이 어떠한 부문에서든 크고 작은 다른 기업들이 자신을 차별화할 수 있는 기회를 열어준다. 레이크는 이제는 소매업체들이 일반적인 사용자 경험을 제공하지 않으면서도 여전히 성공할 수 있다는 사실을 깨닫고는 대량 맞춤 제작과 브랜드에 대한 집착이라는 무기를 가지고 소매 운동에 앞장서고 있다. 그녀는 시장 연구를 통해 사람들이 자기 마음에 드는 옷을 찾기 위해 반드시 매장에 가서 수백 종의 옷 중에서 하나를 골라내는 것은 아니라는 사실을 확인했다. 또한 많은 사람들이 온라인 쇼핑을 따분하게 생각한다는 사실도 확인했다. 그녀는 《로스앤젤레스 타임스》와의 인터뷰에서 이렇게 말했다.[18] "소비자인 당신은 수백만 종의 청바지 중에서 하나를 선택하는 것을 원하지 않습니다. 당신은 단지 당신에게 잘 맞고 입어서 폼이 나는 청바지 하나만을 원합니다. 여기서 엄청난 기회가 있습니다. 소비자들이 바라는 것은 시장에 반영되지 않고 있습니다." 레이크는 새롭고도 상당히 개별화된 서비스로 이러한 빈틈을 채우기로 결심했다.

스티치 픽스의 작업 방식은 다음과 같다. 고객들이 자세한 자신의 프로필을 작성한다. 여기에는 예산, 신체 치수, 고객이 원하는 스타일, 색상, 상표, 옷을 어떻게 입을 계획인가 등에 관한 내용이 포함되어 있다. 그리고 다섯 종류의 옷과 신발과 장신구를 담은 상자를 매월이나 격월 혹은 분기별로 받는다. 상자 속에 있는 품목은 스티치 픽스의 스타일리스트들이 고객 프로필을 통해 수집한 데이터를 이용하여 고객이 가장 좋아할 만한 옷으로 엄선한 것이다. 스티치 픽스는 각 상자마다 20달러를 부과한다. 이 돈은 고객이 옷을 구매할 때 옷값의 일부로 충당된다. 고객은 옷값을 치르고 그 옷을 가질 수도 있고, 마음에 들지 않을 때에는 편하게 반품하면 된다.

레이크의 비밀 무기는 데이터 분석 이론(그녀에게는 약 100명의 컴퓨터 과학자들이 있다)과 고객이 주문한 것을 마음에 들어 할 가능성을 높이기 위해 옷을 엄선하는 노련한 의상 스타일리스트의 역량을 잘 결합한 데 있었다. 레이크는《마켓 워치》와의 인터뷰에서 이렇게 말한다. "기본적으로 우리가 제공하는 것은 개별화된 서비스입니다. 예를 들어, 우리가 보유한 데이터는 이 고객이 이 데님을 구매할 가능성이 50퍼센트라고 말해줍니다."[19]

스티치 픽스가 제공하는 상당히 개별화된 경험은 아마존이 결코 따라갈 수 없는 영역이다. 아마존의 사업 모델은 사람보다는 알고리즘에 의해 움직인다. 아마존의 목표는 비용을 절감하기 위해 소매 방정식에서 사람을 최대한 배제하는 것이다. 바로 여기서 스티치 픽스가 강점을 가질 여지가 생긴다. 레이크의 약속은 고객들에게 (그들의 재정 상황과는 무관하게) 데이터 분석 이론으로 무장한 개인 쇼핑 도우미를 제공하겠다는 것이었다. 이것은 전통 소매업 매장으로서는 재정적으로 불가능한 일이고, 특히 아마존처럼 규모를 추구하고 저가의 기준 소매가격을 제시하는 온라인 매장으로서는 아주 힘든 일이다. 그녀의 방식으로 스티치 픽스는 엄청난 성장을 이루어냈다. 샌프란시스코에 본사가 있는 스티치 픽스는 2018 회계연도에 매출이 12억 달러에 달했고, 고객의 취향에 맞는 옷을 고르기 위해약 3,500명의 정규직 및 비정규직 스타일리스트들을 고용하고 있다.

아마존과 경쟁하는 다른 모든 기업가들과 마찬가지로, 레이크도 제프베조스가 가만히 있지는 않으리라고 생각했다. 전자상거래 부문의 거대기업 아마존은 2018년 초에 고객이 옷을 구매하기 전에 미리 입어볼 수있게 하는 (익숙하게 들리지 않는가) 프라임 워드로브Prime wardrobe라는 새로운서비스를 내놓았다. 고객은 다수의 품목을 주문하여 그중에서 무엇을 구매하고 무엇을 반품할 것인가를 결정할 수 있다. 고객은 프라임 워드로브서비스와 함께 새로운 스타일의 비서 에코 룩Echo Look을 활용할 수도 있다. 그러면 알렉사의 내장 카메라가 고객이 옷을 입은 모습을 모든 각도에서사진으로 찍거나 비디오로 촬영하여 보여준다. 이런 방식으로 고객들은이미지를 친구들과 공유하고 중요한 미팅이나 데이트에 어떤 옷이 어울리고 어떤 옷이 어울리지 않는지에 대한 의견을 들을 수 있다.

아마존이 바짝 뒤쫓아오는 상황에서 스티치 픽스는 판돈을 많이 걸 필요가 있었고, 지금 그렇게 하고 있다. 스티치 픽스는 재투자를 계속하여데이터 과학자들을 더 많이 고용하고, 자체 알고리즘을 개선하고, 영국과같은 새로운 시장으로 진출하고 있다. 2018년에 스티치 픽스는 300만 명에 달하는 새로운 고객을 확보했다.

아마존이 설치한 함정을 피해가는 방법을 찾아낸 또 다른 소규모 기업으로는 여성 패션업체 루루스가 있다. 데브라 캐논Debra Cannon과 콜린 윈터Colleen Winter로 구성된 모녀 팀이 설립한 이 온라인 소매업체는 보헤미안 블라우스에서 스웨이드 뮬, 시퀸으로 장식한 분홍색 맥시 스커트에 이르기까지, 거의 모든 것을 합리적인 가격에 판매하고 있다. 윈터는 이렇게 말한다. "당신이 아마존에서 검정색 드레스를 검색하면, 1만 개에 달하는 선택지가 나옵니다. 우리는 상당히 엄선된 선택지를 제공합니다. 우리는 고객에게 그들이 원하는 때에 원하는 것을 제공합니다. 우리는 상당히 일관된 브랜드를 제공합니다. 그들이 '스몰' 사이즈를 주문하면, 꼭 맞는 옷을 받게 될 것입니다." 캘리포니아주에 본사가 있는 루루스는 76개 국가에서 자신의 제품을 판매하고 있고, 주로 패션을 중시하는 10대와 밀레니얼 세대를 주 고객층으로 삼고 있다. 루루스가 소셜 미디어 전략을 재빠르게 구사한 것이 성장을 확대하고, 2018년에 1억 2,000만 달러의 벤처자본을 추가로 유치하는 데 도움이 되었다.[20]

원터는 소매업체가 아마존의 세력권에서 빠져나오려면 고객이 가장 많이 있으리라고 예상되는 곳에서 그들을 직접 만나야 하고, 그들이 쇼핑을 하는 것을 편리하고 즐겁게 느끼도록 해주어야 한다고 생각했다. 이것은 소셜 미디어의 추세를 정확히 이해해야 하고, 고객의 움직임에 따라 다른 플랫폼으로 신속하게 갈아타야 하며, 회사의 사용자 인터페이스가 고객 친화적인지를 확인해야 한다는 것을 의미한다. 윈터의 경우에는 주요 고객이 인스타그램 앱을 통해 소셜 미디어 활동과 쇼핑을 하는 밀레니얼 세대라는 것을 잘 알고 있었다.

원터는 소셜 미디어에서 영향력을 행사하는 수천 명의 홍보 대사들에게 의지하고 있다. 그들은 루루스가 판매하는 의류에 대하여 온라인으로 입소문을 퍼뜨리는 역할을 한다. 그들 중 일부는 온라인 콘텐츠를 제작하는 대가로 루루스에서 보수를 받는다. 또 다른 일부는 루루스라는 브랜드의 열성 팬들로, 패션의 최신 동향에 관한 글을 올리는 것을 좋아한다. 홍보 대사들이 핀터레스트와 인스타그램과 같은 사이트에 올리는 아름다운 사진과 좋은 내용의 코멘트는 브랜드에 대한 인식을 강화하고 새로운 고객을 유치하는 데 도움이 된다. 이것이 효과가 있을까? 윈터는 이것이 과학이라기보다는 예술이라고 말한다. 그녀는 포스팅 한 건당 자기가 얼마를 지출하는지를 계산하고는 여기에 '좋아요'나 코멘트가 몇 건이나 발생하는지 살펴보았다. 그러나 이것이 모든 것을 말해주지는 않는다. 소셜 미디어에서 하룻밤 사이에 포스팅마다 '좋아요'나 코멘트가 몇 건이나 발생했는지를 가지고 양적으로 평가하기는 어렵다. 윈터는 이렇게 말한다. "우리가 매일 인스타그램에 15건을 포스팅하면, 수익이 얼마나 발생할까요? 당신은 결국에는 수익을 낳기 때문에, 그냥 그렇게 하는 것이 좋다고 믿어야 합니다." 그녀는 샤넬, 구찌와 함께 루루스가 인스타그램에서 가장 인기가 있는 소매 부문의 해시태그가 되었다고 주장한다. 이와 관련하여, 루루스의 마케팅 담당 부사장 노엘 새들러^{Noelle Sadler}는 《애드위크》와의 인터뷰에서 이렇게 말한다. "루루스 고객의 거의 대다수가 친구를 통해서든 소셜 미디어를 통해서든 입소문을 통해서 우리 브랜드를 발견하게 되었습니다. 그리고 인스타그램이 계속 우리를 발견하는 주요 플랫폼이 되고 있습니다."[21] 새들러는 루루스 제품에 대하여 더 많은 것을 알기 위해 인스타그램으로 들어오는 사람들의 거의 33퍼센트가 루루스 사이트를 방문하게 된다고 주장한다. 그리고 이것이 사업에 도움이 되었다. 2019년 현재 루루스는 130만 명의 팔로워를 확보하고 있다.

루루스는 인스타그램이 제공하는 새로운 기능, 즉 소매업체들이 사진 공유 사이트를 이용하는 8억 명의 사용자들에게 직접 판매할 수 있는 기능을 십분 활용한다. 누군가가 루루스가 인스타그램에 올려놓은 엄선된 광고를 보게 되면, 이 앱에서 직접 쇼핑을 시작할 수 있다. 더욱 자세한 내용과 가격을 알려면 '탭 투 뷰tap to view' 아이콘을 클릭할 수 있다. 그다음에는 루루스 제품을 구매하기 위해 '숍 나우Shop Now'를 선택하면 된다.

아마존에 대해서는 많은 것들이 알려져 있다. 그러나 특히 알려지지 않은 한 가지는 아마존의 사회적 양심이다. 아마존은 창고 노동자의 근로 조건에 대하여 많은 비판을 받았고, 에너지를 엄청나게 많이 소비하는 거대한 서버 팜을 탄소 제로로 전환하기 위한 게임에 너무 늦게 참여했다. 와비파커라는 스타트업은 사람들이 기쁨을 가장 많이 느끼는 본능에 호소하는 사업을 추진하면 아마존 세계에서 성공할 수 있을 것이라고 생각했다. 와비파커는 2010년 설립 이후로 줄곧 패션을 추구하는 안경업체의 길을 걸어오면서, 100만 개가 넘는 안경을 판매했다. 그들은 안경 한 개를 판매할 때마다 개발도상국의 가난한 사람에게 안경 한 개를 기부했다(아마존은 처방 안경을 판매한다. 그러나 고객이 렌즈를 얻기 위해 처방 안경을 가지고 안경점을 찾아가야 한다).

자기 제품을 기부하는 사업 모델이라고? 설립자인 닐 블루멘탈Neil Blumenthal과 데이비드 길보아David Gilboa는 나에게 이것이 똑똑한 사업 모델이라고 말했다. 사회적 대의에 참여하는 것이 브랜드 이미지와 고객 서비스를 강화하는 데 도움이 된다는 것이다. 와비파커는 고품질의 안경을 제작하여 약 100달러에 판매한다. 이 가격은 이전과 같은 방식으로 안경을 구매할 때와 비교하면 얼마 되지 않는다. 이것은 와비파커가 안경을 자체 제작하고, 이들 대부분을 온라인으로 판매하며, 제조원가의 10배 혹은 그 이상으로 가격을 책정하는 안경점과의 가격 경쟁에서 승리할 수 있기 때문에 가능한 일이다. 탁월한 고객 서비스와 멋진 매장으로 유명세를 띠면서 뉴욕을 거점으로 빠르게 성장하는 와비파커는 3억 달러의 자본금을 모집했고, 2018년에는 기업가치가 18억 달러에 달했다.

소셜 미디어의 설득력과 사회적으로 각성한 밀레니얼 세대의 기대 때문에, 모든 기업의 기업 가치가 완전히 공개되고 있다. 이것은 와비파커가 설립 초기부터 인식하고 있는 교훈이다. 와비파커는 이윤을 추구할 뿐만 아니라 고객들이 받아들이게 될 방식으로 사회적 선행을 실천하려고 한다. 이러한 점에서 와비파커는 아마존보다 우위에 있다. 아마존은 사회적, 환경적 평판을 개선하기 위해 노력하고는 있지만, 이러한 쟁점에 있어서는 강력한 정체성을 가지고 있지 않다.

와비파커의 설립자들이 펜실베이니아대학교 와튼스쿨 학생 시절에 식탁에서 대화를 하다가 안경 사업에 대한 아이디어가 우연히 나왔다고 한다. 데이비드 길보아가 안경을 잃어버렸는데, 안경을 다시 맞추는 데 700달러라는 거금을 지출해야 한다는 사실이 황당하기가 그지없었다. 그는 최신 유행의 안경을 이보다 저렴한 가격으로 판매할 수 있는 사업의 가능성이 있는지에 대해 친구인 닐 블루멘탈과 대화를 나누었다.

사업 계획에는 처음부터 사회를 위한 자선 활동이 포함되어 있었다. 블루멘탈은 나에게 이렇게 설명했다. "우리의 사회적 책무는 결코 부가물이 아니었습니다. 우리들 마음속에는 아침에 알람이 울렸을 때 벌떡 일어나고 싶게 하는 회사를 만들고자 하는 생각이 자리를 잡고 있었습니다."

그러나 기업가가 어떻게 하면 중심을 잃지 않고서 세상에 긍정적인 영향을 미칠 수 있는가? 그들이 먼저 해야 할 것은 이해관계자stakeholder (기업, 행정 등에 직간접적인 이해관계를 갖는 개인이나 그룹, 주주, 고객, 노동자, 하청업자 등을 통칭하는 단어-옮긴이) 중심의 모델을 만드는 것이다. 이것은 회사가 고객, 투자자 그리고 넓게는 공동체를 위해 봉사한다는 것을 의미한다. 와비파커는 저렴한 안경을 판매하고 훌륭한 서비스를 제공하는 방식으로 고객에게 봉사했다. 그리고 그렇게 함으로써 투자자들에게는 높은 수익으로 보답했다.

와비파커는 자사 브랜드의 특징으로 매장에서나 온라인으로나 최고의 서비스를 제공하려는 동기가 충만한 팀을 만들기 위해 사회적 책무를 활용했다. 블루멘탈은 이렇게 말한다. "가장 커다란 혜택은 직원 쪽에서 나타났습니다. 우리는 세상에서 가장 유능하고 열정이 충만한 사람들을 모집할 수 있었습니다." 와비파커는 이러한 열정을 계속 이어가기 위해 회사에서 3년 동안 근무한 직원들을 개발도상국으로 보내서 회사의 안경 기부 프로그램이 가난한 사람들에게 미치는 효과를 직접 볼 수 있도록 했다.

블루멘탈은 이렇게 말한다. "세상을 위해 좋은 일을 하면서 사업 규모를 키울 수 있다는 것을 세상 사람들에게 보여주고 싶습니다. 제품 가격을 인상하지 않고서 말입니다." 와비파커의 매출이 증가한 것을 보면, 와비파커가 사회적 책무를 다하고 회사 직원들이 열정을 쏟는 모습에 소비자들이 반응을 보이고 있는 것이 분명하다. 와비파커는 아마존과 경쟁하면서 세상을 더 나은 곳으로 만들기 위한 좋은 방법을 찾은 것이다.

이번 장에 나오는 기업들은 서로 다르면서도 중요한 강점을 보여주었다. 나이키, 반스, 카스퍼는 훌륭한 매장 경험을 제공하고, 이것을 강렬한 온라인 경험으로 연결시켰다. 윌리엄스 소노마와 크레이트 앤드 배럴은 제품에 대해 상당히 엄선된 선택지를 제공했다. 세포라, 스티치 픽스, 루루스는 소매 기술과 소셜 미디어를 활용하는 데 있어서 선두에 있다. 와비파커는 강력하고도 분명한 사회적 책무를 실천하면서 수익을 올렸다.

이러한 전략의 대부분은 소매업체들에 분명히 적용되지만, 아마존에 의해 곧 공격을 받게 될 다른 산업에서도 마찬가지로 의미가 있을 것이다. 헬스케어, 은행, 광고 부문은 이런 공격에 취약하다. 이와 같은 부문에서 활동하는 기업들은 베조노믹스가 어떻게 작동하는지를 잘 이해해야 할 것이다. 얼마 지나지 않아서 아마존이 이러한 영역까지도 정복하기 위해 저가 정책, 훌륭한 서비스, 강력한 인공지능 플라이휠을 활용할 것이기 때문이다.

그리고 이러한 상황은 많은 사람들이 생각하는 것보다 더 일찍 찾아올 것이다.

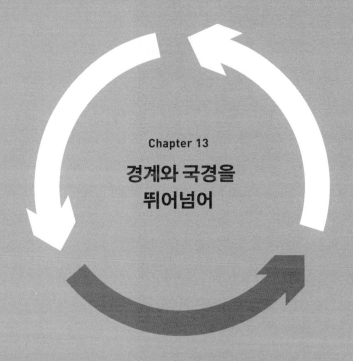

Chapter 13

경계와 국경을
뛰어넘어

눈이 부실 정도로 맑은 가을날에, 나는 가장 규모가 크고 아마도 세계에서 가장 영향력이 있는 컨설팅 회사인 맥킨지에서 전무이사로 재직 중인 친구와 함께 외교협의회 건물에서 열리는 회의에 참석하려고 매디슨 애버뉴를 걷고 있었다. 이 친구는 세계에서 가장 저명한 CEO들을 움직일 수 있을 만큼 막강한 영향력이 있다. 나는 오랫동안 기자이자 저술가로 일하면서, 기업 중역실의 시대정신을 상당히 잘 이해하고 있다고 자부한다. 나와 내 친구는 오늘날 가장 뜨거운 감자는 아마존이라는 데 생각이 일치했다. CEO, 관리자, 투자자들은 아마존이라는 전자상거래 거대 기업이 어떻게 5등급 허리케인처럼 시장을 집어삼키고 있는지에 대해 많은 이야기를 나누고 있다. 의류, 식료품, 가전 기기, 언론, 클라우드, 헬스케어, 해운…. 그다음 차례가 금융이다. 제프 베조스가 나의 산업으로 쳐들어오고 있다. 우리는 어떻게 해야 하는가? 우리는 아마존과는 가격을 가지고 경쟁할 수는 없다. 속도, 자금력, A-to-Z 스마일 로고가 갖는 브랜드 이미지에서도 상대가 되지 않는다. 어떻게 하면 우리가 아마존의 위력을 견뎌낼 수 있을까? 사방을 둘러봐도 모두 아마존에게서 충격을 받아서 휘청거리고 있다.

그날 나는 맥킨지에서 근무하는 친구에게 아마존과 경쟁하는 방법에 관한 책을 쓸 생각이 있는지를 물었다. 그 친구는 맥킨지가 바로 그 주제를 가지고 고객들에게 조언을 하면서 많은 돈을 벌고 있다고 대답했다. 그렇다, 무엇하러 영업 비밀을 그냥 주려고 하겠는가?

그날 내 친구와의 대화에서 알 수 있듯이, 컨설팅 산업은 아마존과 경쟁하는 방법을 조언하면서 호황을 누리고 있다. 왜 그처럼 많은 기업의 관리자들이 아마존을 두려워하는가? 어쨌든 아마존은 크게 성공한 온라인 소매업체이다. 그러나 아마존이 다른 산업에 대하여 얼마나 알고 있는가?

아마존을 (아직은) 두려워하지 않는 사람들은 지난 역사를 돌이켜보면 자신의 전문 분야가 아닌 곳으로 빠져들다가 실패한 기업들로 가득하다고 주장한다. 한때에 80개국에서 350개 기업을 지배했던 해롤드 제닌Harold Geneen의 ITT와 '삼켜버리고 먹어치운다Engulf and Devour'라는 문구로 알려진 찰리 블루돈Charlie Bluhdorn의 걸프 앤드 웨스턴과 같은 1960년대와 1970년대의 복합기업들은 한 개 혹은 두 개의 산업에서 스타로 출발했지만, 결국 자신의 무게를 견디지 못하고 주저앉고 말았다.[1] 아무리 역량이 뛰어난 CEO라고 해도 수십 가지의 완연히 다른 시장과 고객, 기술에서 비롯되는 복잡성을 제대로 다룰 수는 없을 것이다. 뿐만 아니라 여러 개의 사업들을 한데 모아놓은 데서 나오는 비용 절감과 효율성이 결국에는 사라지고, 복잡한 관료주의가 등장하여 이러한 집단적 기업Collective Enterprise이 중심을 잃게 만든다.

아무튼 이것이 그들의 주장이었다.

베조스에게서 위협받는 산업의 지도자들이 모두가 안도의 한숨을 쉬기는 했지만, 성급한 판단은 금물이다. 아마존은 한 가지 중요한 점에서 결정적으로 달랐다. 아마존은 홀푸드라는 예외가 있기는 하지만, 다른 산업에서 규모가 큰 기업을 인수하여 경영하려고 하지는 않았다. 아마존은 조직 내부에서 새로운 부문의 사업을 개발하는 대신에, 침략군이 쳐들어가는 데 필요한 인재나 기술을 획득하기 위해 때로는 (10억 달러 미만의) 비교적 작은 규모의 전략적 인수를 단행했다. 온라인 게임 채널 트위치, 디지털 초인종을 만드는 스타트업 링, 온라인 약국 필팩을 생각해보라. 아마존은 아무리 시간이 많이 걸리더라도 새로운 사업이 성과를 내는 데 필요한 인내와 자금을 가지고 있다. 아마존은 몇 년 동안 새로운 사업에서 손실을 볼 각오가 되어 있다. 그리고 월스트리트도 아마존의 그와 같은 전략을 허락했다. 아마존은 어떤 부문이든, 자기가 목표로 하는 부문을 선도하며 충분한 고객을 유치할 때까지 가격을 계속 인위적으로 낮출 수 있다. 베조노믹스 전략에서 나오는 이러한 전술은 다양한 산업에 걸쳐서 적용된다.

아마존과 경쟁하는 기업들이 이런 전략에 대하여 특별히 우려하는 것은 산업을 파괴하는 기술을 선별하는 데 있어서 베조스가 눈부신 성과를 보여주었다는 점이다.[2] 지난 수년 동안에 베조스는 구글, 우버, 트위터, 에어비앤비, 주노 테라퓨틱스(미국의 제약회사-옮긴이)의 초기에 개인적으로 투자했다. 또 다른 우려는 아마존이 기술적으로 막강한 화력을 보유하고 있어서, 아마존이 침략하는 어떠한 부문에도 이것을 적용할 수 있다는 사실이다. 아마존은 아마존 사이트에서 일어나는 거래를 어떠한 기업보다도 더 잘 조사할 수 있고, 잠재 고객이 누구인지, 그들의 욕구와 습관은 어떠한지를 더 잘 파악할 수 있다. 일단 아마존이 경제의 어느 한 부문을 목표로 정하면, 대량의 고객 데이터로 움직이는 아마존 인공지능 플라이휠을 가동한다. 그리고 천천히 압박을 가하면서, 더 많은 고객을 유치하기 위해 예상보다 훨씬 더 많은 것을 제공한다. 이것은 아마존이 더 나은 제품과 서비스를 더 낮은 가격으로 제공하는 데 필요한 수익을 발생시킨다. 그다음에는 더 많은 고객을 유치하고, 이에 따라 인공지능 플라이휠은 더 빠르게 회전한다.

　이것이 아마존이 1995년에 사업을 시작하면서 도서 산업에 적용했던 바로 그 방식이다. 아마존은 미국 도서 시장을 지배하기 전까지는 책값을 낮게 책정하여 계속 손실을 봤다. 그리고 책을 좀 더 편리하게 읽으려는 독자들이 있다는 것을 알고는 2007년에 킨들을 출시했다.[3] 수년에 걸쳐서 손실을 보고 시작 단계에서 몇 차례 실패를 경험했지만, 현재 전자책 단말기 시장의 80퍼센트를 장악했다. 그리고 이 과정에서 가전 기기 회사가 되었다.[4] 아마존의 최근 히트 상품인 알렉사 내장 아마존 에코가 세계 시장을 지배하고 있지만, 처음에는 손해를 보거나 기껏해야 본전치기에 불과했다. 이제 아마존은 스마트 가전 기기 산업으로 사업을 확장하여 와이파이 연결형 전자레인지, 시계, 보안 카메라 등을 만들고 있다. 2018년 초에 아마존은 규모가 작은 조립식 가옥 제조업체에도 투자했는데, 이것은 앞으로 아마존의 스마트 가전 기기의 종류가 많아지면서 그런 가전 기기에 적합한 주택을 건설할 계획을 가지고 있다는 것을 말해준다. 아마존은 이러한 계획의 일환으로, 미국에서 가장 규모가 큰 주택 건설 업체 레나와 벌써 계약을 체결하고는 이 회사가 새로 지은 모든 집에 알렉사를 미리 설치해두려고 했다.

　아마존이 새로운 산업으로 침입하는 또 다른 방법은 자신이 내부적으로 잘하는 것을 선택하여 이런 서비스를 다른 사업에 제공하는 것이다. 아마존이 온라인으로 책을 판매하는 과정에서 확보한 컴퓨터에 대한 전문 지식은 놀라울 정도였다. 당연히 이런 역량을 다른 사업에 써먹어야 하지 않겠는가? 그 결과 2006년에 AWS가 탄생했다. 아마존은 10년에 걸쳐서 웹 애플리케이션을 개발하고는 거대한 규모의 컴퓨터 인프라와 데이터 센터를 운영하기 위한 핵심 역량을 확보했고, 고객을 위해 클라우드 서비스를 아주 저렴한 가격에 제공할 수 있다고 생각했다. 오늘날 AWS는 세계에서 가장 규모가 크고 단연 두각을 나타내는 클라우드 컴퓨팅 기업이 되었다. 그리고 인공지능과 머신러닝 분야에서 뛰어난 역량을 가진 AWS는 당연히 고객들에게 이러한 지식을 합리적인 가격에 판매하려고 한다. AWS에서 머신러닝을 담당하는 스와미 시바수브라마니안은 이렇게 말한다. "우리가 지난 20년 동안 아마존에서 얻은 전문 지식을 하나로 묶어서 지금은 고객에게 제공하고 있습니다." 지금 아마존의 머신러닝 서비스 사업은 다른 기업들이 음성 인식 기술, 안면 인식 기술, 음성 문자 변환 기술을 포함하여 그 밖의 머신러닝 기술을 개발하기 위한 도구를 제공한다. 지금 이 부문은 AWS에서 작지만 빠르게 성장하는 사업이 되고 있다.

　지금까지 했던 이야기는 잘 알려져 있는 역사이다. 지금은 다음과 같은 질문이 중요하다. "베조스는 다음에 어느 산업을 목표로 하는가?" 이제 아마존의 레이더 화면에 등장할 새로운 목표물을 선별할 수 있는 소프트웨어 프로그램을 상상해보라. 이러한 가상의 알고리즘은 아마존이 쉽게 돌파할 수 있는 몇 가지 취약한 부분(예를 들어, 대량 판매 시장에서 제품을 판매하는 데 서비스가 형편없거나 제품 혹은 서비스의 생산에 비용이 많이 든다)을 공유하는 산업의 명단을 만들 것이다. 언젠가 베조스는 이런 명언을 남긴 적이 있다. "당신의 수익은 나에게 기회이다." 이 알고리즘에서 이렇게 초기 화면이 넘어가면, 정도의 차이가 있더라도 인공지능을 통해 붕괴될 시기가 된 산업(예를 들어, 비용이 많이 드는 인간의 노동과 사고가 스마트 머신으로 대체될 수 있는 산업)을 선별하여 그다음 화면을 보여줄 것이다.

이러한 특징에 가장 부합하는 산업이 광고, 헬스케어, 은행, 보험이다. 아마존은 이러한 부문에서 이미 몇 가지 조치를 취했는데, 이는 이런 산업들이 벌써 아마존의 목표가 되고 있다는 것을 의미한다. 비록 비밀스럽게 움직이는 아마존이 이와 같은 의도를 드러내지는 않는다. 에어버스 혹은 보잉 혹은 누코 스틸과 같은 중공업 제조업체들은 안심할 수 있다. 요식업이나 요양 서비스처럼 인간의 손길에 크게 의존하는 기업, 로펌이나 전략 컨설팅처럼 매우 숙련된 서비스를 제공하는 기업도 안심할 수 있다. 이를 제외한 나머지 다른 기업들은 모두 조심해야 한다.

아마존이 새롭게 침입하고 있는 산업 중에서 지금까지 아마존이 가장 주목하고 있는 부문이 바로 광고 산업이다. 지금 아마존닷컴에 들어가면, 페이지 상단에 후원 제품들이 어수선하게 널려 있는 것을 볼 수 있다. 이 것은 쇼핑객들에게 에어 쿠커 혹은 후디 스웨터를 구매해달라고 부탁하는 디지털 광고이다. 그러나 항상 이렇게 광고를 한 것은 아니다. 지난 수년 동안 항상 고객을 즐겁게 한다는 베조스의 견고한 기조 때문에 아마존은 자사 사이트에 나오는 광고가 고객을 성가시게 하거나 시선을 압도하는 것을 경계해왔다. 하지만 이제는 상황이 변했다. 아마존에서 글로벌 전자상거래 부문을 담당하는 제프 윌케는 이렇게 말한다. "우리는 한 번에 하나의 품목을 판매하면서 출발했습니다. 그리고 각각의 거래에서 약간의 이익을 남겼습니다. 우리는 고객에게 훌륭한 경험을 제공하는 데에만 집중한 나머지, 광고를 도입하면 고객들의 집중도를 방해할 수도 있다는 점을 걱정했습니다. 우리는 일단 시간을 가졌습니다. 그리고 고객에게 유용하면서도 제조업체와 브랜드가 입찰을 원하는 광고 배치를 확인하기 위해 여러 가지 방법을 실험했습니다. … 그리고는 지난 몇 년 동안에 실제로 효과가 있는 몇 가지 광고 배치를 우연히 생각해내게 되었습니다. 그다음에는 타협하기 시작했습니다. 우리는 고객이나 판매자의 경험을 어느 정도 개선할 수 있다면, 당연히 광고를 해야 한다고 생각합니다."

윌케는 아마존이 광고업계로 침입하는 것을 적절한 과업, 즉 고객에게 그들이 원하는 것을 제공하기 위한 자연스러운 서비스의 확장처럼 보이도록 했다. 자신이 하는 일의 대부분에서 디지털 전문성과 무자비한 면모를 보여준 아마존이 이제 규모가 3,270억 달러에 달하는 세계 디지털 광고 시장을 혼란에 빠뜨리는 작업에 몰두하고 있는 것이다.[5] 아마존의 목표는 무엇일까? 전체 광고 시장에서 3분의 2를 장악하고 있는 것은 구글, 페이스북, 알리바바이다. 2010년대 중반에 아마존 사이트에서는 광고 수입이 약간 발생하거나 전혀 발생하지 않았다. 아마존은 아마존닷컴에서 고객을 잃지 않고서도 전시 공간을 판매할 수 있다는 사실을 알고서는 광고 사업을 확장하여 2018년에 약 100억 달러의 광고 수입을 올렸다. 그러나 아마존은 규모가 1,290억 달러에 달하는 미국 디지털 광고 시장에서 구글과 페이스북과는 큰 격차를 보이면서 3위에 머물러 있다.[6] 이들 두 기업은 이 시장에서 1위와 2위를 차지하고 있고, 이들 기업의 매출을 합치면 시장의 거의 3분의 2를 장악하고 있는 셈이다. 그러나 아마존의 광고 수입은 빠른 속도로 증가하고 있다. 주니퍼 리서치Juniper Research는 2019년에 발간된 자체 연구 보고서에서 아마존의 광고 수입이 2023년에 400억 달러에 달할 것으로 예상했다.[7] 그리고 아마존의 소매 사업이 거대한 서버 팜을 가동하는 데 필요한 비용을 부담하고 있기 때문에, 아마존의 광고 수입에서 많은 부분이 순이익에 그대로 반영되어 광고는 수익률이 상당히 높은 사업이 될 것이다. 2019년에 모건 스탠리는 아마존의 광고 사업이 나이키 혹은 IBM의 주식시장 가치보다 더 높은 1,250억 달러의 가치를 지닌 것으로 추정했다.[8] 이로써 아마존의 광고 사업은 전자상거래, 클라우드 컴퓨팅에 이어 잠재력이 있는 세 번째 기둥으로 자리 잡았다.

아마존은 대다수의 마케터들이 꿈도 꾸지 못하는 고객에 대한 정보를 알고 있다. 아마존은 지난달에 누가 탐스 치약을 구매했는지, 누가 리복보다는 나이키를 선호하는지, 그들이 어디에서 제품을 구입하는지(물론 아마존은 배송지 주소를 확보하고 있다), 프라임 비디오로 무엇을 보는지, 프라임 뮤직으로 무엇을 듣는지, 판매하는 장난감의 종류를 통해 그들의 아이가 몇 살인지까지 모두 파악하고 있다. 이 모든 데이터를 통해 아마존은 고객이 무엇을 원하는지에 대해 많은 것들을 알 수 있다. 따라서 이제는 쇼핑 검색의 절반 이상이 과거에 쇼핑객들이 제품을 검색하기 위해 먼저 들어가던 구글이 아니라, 아마존에서 시작된다는 것은 전혀 놀랍지가 않다.[9]

그러나 경쟁 기업과 비교하여 아마존이 우위를 차지하고 있는 지점은 고객들이 제품을 사고 싶어 하는 바로 그 순간에 그들에게 접근할 수 있다는 것이다. 구글은 검색 히스토리에 근거하여 테니스화를 구매하는 데 관심을 가지고 있는 사람들을 찾아낼 수 있다. 그러나 이런 사람들이 단순히

백핸드 기술을 향상시키는 방법을 찾는 데에만 관심이 있고, 정작 테니스 화를 구매하는 데에는 관심이 없을 수도 있지 않을까? 페이스북은 광고업 자들에게 소셜 네트워크에서 유에스 오픈 혹은 로저 페더러Roger Federer의 서브 기술에 대하여 이야기할 수 있는 사람을 알려줄 수는 있다. 구글과 페이스북이 강력한 역량을 가지고는 있지만, 이들 사이트에 광고를 내더 라도 이러한 거대 기술 기업이 어떤 사람이 어떤 제품을 구매하는지 혹은 구매하지 않는지를 추적하기는 어려울 것이다. 그러나 아마존은 실제로 테니스화를 구매하려는 사람의 눈앞에다 테니스화 광고를 배치할 수 있 고, 이러한 광고가 실제로 매출을 발생시켰는지를 추적할 수 있는 기술을 확보하고 있다. 어떤 광고업자는 자사 광고를 클릭하는 아마존 쇼핑객의 20퍼센트가 자사 제품을 구매한다는 사실을 확인했다.[10] 광고를 클릭했을 때의 평균 구매율이 약 1퍼센트에 불과한데도 말이다.

　아마존은 미국에서 광고 사업에 뛰어들면서 세계 시장까지도 장악하려 는 희망을 품었다. 중국에서는 동양의 아마존이라 할 수 있는 알리바바가 이미 광고 사업에서 엄청난 영향력을 발휘하고 있다. 이마케터에 따르면, 2018년 알리바바의 중국 소매 사업이 디지털 광고 수입으로 220억 달러 를 벌어들이며 중국 전체 시장의 3분의 1을 차지했다고 한다.[11] 2019년에 아마존이 중국에서 자사 사이트를 폐쇄할 것이라고 발표했지만, 유럽과 인도를 포함한 세계 광고 시장에서 알리바바와 치열한 싸움을 벌일 것이 다. 중요한 것은 아마존에게는 세계 광고 시장을 주도하기 위한 규모, 기술 적 노하우, 충성 고객이 있다는 점이다. 이제 아마존의 광고 사업이 원하는 결과를 얻고, 경쟁 기업을 강하게 압박하는 것은 오직 시간문제이다.

광고 시장이 아마존에서 가장 빠르게 성장하는 새로운 부문이기는 하지만, 장기적으로는 아마존이 추진하는 또 다른 과업, 즉 헬스케어 산업에서 혁명을 일으키는 것에 비하면 광고 사업은 하찮게 보일 수도 있다.

존 도어John Doerr는 세계에서 가장 성공한 벤처자본가 중 한 사람이다. 그는 샌드 힐 로드(캘리포니아주 멘로 파크에 위치한 간선 도로로 벤처캐피탈 기업들이 모여 있어 서부의 월스트리트라고 불린다.-옮긴이)의 실세라 할 클라이너 퍼킨스Kleiner Perkins의 파트너로, 구글과 아마존의 초기투자자였다. 도어는 1995년부터 2010년까지 아마존 이사회 이사를 역임했고, 베조스의 친구이기도 하다. 2018년 말에 그는 뉴욕시에서 열리고 포브스가 주최한 헬스케어 컨퍼런스에서 놀라운 예측을 했다. 헬스케어 산업의 붕괴에 관한 질문을 받고서 그는 이렇게 말했다. "아마존은 프라임 구독자 1억 명이라는 엄청난 자산을 모았습니다. 베조스가 프라임 헬스를 내놓을 때 어떤 일이 일어날지를 생각해보십시오. 저는 베조스가 그렇게 할 것이라고 확신합니다."12

도어는 이미 다 알고 있었다. 이 벤처자본가가 자세한 내용을 파고들지는 않았지만, 아마존이 이 부문에서 초기 활동을 전개한 것을 바탕으로 프라임 헬스가 고객들에게 처방약, 홈 헬스케어 제품, 건강 기록 열람, 의사와 간호사의 원격 모니터링을 제공하게 되리라고 쉽게 예상할 수 있다. 바로 이런 사실이 오늘날 헬스케어 산업 경영자들을 초조하게 만든다. 2018년에 리액션 데이터Reaction Data가 헬스케어 산업 경영자들을 대상으로 이 산업에 새로 진입하는 기업 중에서 누가 가장 커다란 영향을 미칠 것인지를 물어보았다.13 그들 중 59퍼센트가 아마존을 지목했다. 그다음으로 개인의 건강을 모니터링하는 아이워치를 판매하는 애플을 지목한 사람들이 14퍼센트였고, 헬스케어에 침입할 가능성이 있는 다른 모든 기업들은 한 자릿수에 그쳤다.

이번 조사에 따르면, 헬스케어 산업 경영자들 중 원격 의료가 이 산업에 가장 큰 영향을 미칠 것으로 보는 사람들이 29퍼센트에 달하는 것으로 나타났다.[14] 인공지능이 20퍼센트로 그 뒤를 이었다. 이 두 가지는 아마존에 아주 적합한 분야다. 아마존은 인공지능을 선도한다. 그리고 스크린이 부착된 에코 쇼와 알렉사를 가지고 있는 아마존이 인터넷을 통해 요양 서비스를 제공하는 데 최상의 위치에 있다고 할 수 있다. 여기서 아마존은 또 다른 장점이 있다. 헬스케어에서 신뢰는 중요한 요소이다. 세상에 어느 누가 자신의 건강을 믿을 수 없는 사람의 손에 맡기려고 하겠는가? 아마존은 미국에서 가장 신뢰받는 브랜드이다.

내가 이 책을 쓰는 동안 아마존이 일반 대중을 위한 프라임 헬스 계획을 발표하지는 않았지만, 3.5조 달러에 달하는 미국 헬스케어 시장과 세계적으로는 이보다 훨씬 더 큰 헬스케어 시장을 목표물로 설정하고서, 이러한 방향으로 나아가고 있는 것을 보여주는 징후가 있다. 2018년에 아마존은 온라인 약국 필팩을 인수했을 뿐만 아니라, 같은 해 연말에는 아마존 사이트에서만 독점적으로 판매되는 초이스 브랜드의 혈압계와 혈당계를 포함한 가정용 헬스케어 제품군을 출시하기 위해 아카디아 그룹Arcadia Group과 계약을 체결했다.[15] 그리고 여러 해에 걸쳐서 47개 주에서 의료용품을 판매하기 위한 면허도 취득했다.[16] 아마존은 먼 미래를 내다보면서, 암을 예방하고 치료하는 데 머신러닝을 활용하기 위해 시애틀에 위치한 프레드 허친슨 암연구센터Fred Hutchinson Cancer Research Center와 협력하고 있다.[17]

외부자의 침입에 강경하게 대처하는 헬스케어 부문에서 실질적인 변화를 이끌어내는 것이 쉽지는 않을 것이다. 그리고 베조스는 이러한 사실을 그 누구보다도 더 잘 알고 있다. 지난 수년 동안 아마존은 이 부문으로 들어가기 위해 애를 많이 썼지만, 내세울 만한 성과는 거의 없었다. 1990년대 후반에 아마존은 드러그스토어닷컴에 투자했고, 베조스가 이사가 되었다.[18] 그러나 이 온라인 약국은 월그린에 팔렸고, 월그린은 결국에는 드러그스토어닷컴을 폐쇄했다. 아마존은 신속하게 움직이고 비용을 덜 들이면서 영업한다. 그러나 약국 산업은 정확하게 그 반대이다. 약국 산업에는 규제가 많이 따르고, 주정부의 면허가 필요하고, 그 밖에도 많은 장애물이 있다. 그리고 솔직히 말해서, 의약품을 고객에게 배송하는 것은 복잡할 수 있다. 예를 들어, 일부 의약품은 냉장 보관을 해야 하거나 절연 포장을 해야 한다. 이렇게 하려면 복잡할 뿐만 아니라 비용도 증가한다. 또한 헬스케어 산업은 병원, 제약회사, 약제 혜택 관리자, 보험회사, 의사 간의 오랜 계약을 토대로 복잡하게 얽힌 구조 속에서 움직인다. 아마존과 같은 외부자가 이 속으로 침투하기는 쉽지 않다.

베조스는 이처럼 쉽지 않은 상황에서도 헬스케어 부문에 시간과 노력을 더 많이 투자하기로 결정했다. 아마존의 물류 시스템은 더욱 정교해졌고, 자금도 더욱 풍부해졌다. 그리고 아마존이 가파른 성장 속도를 유지하려면, 새로운 시장으로 쳐들어가야 할 것이다. 베조스는 2014년에 첫 번째 조치로서 이란 출신의 이민자이자 구글 X(지금은 알파벳의 계열사가 되어 X라고 불리고 있다)에서 중요한 역할을 맡았던 바박 파비즈Babak Parviz를 영입했다. 구글 X는 풍력 에너지를 모으는 연이나 가상현실 헤드셋인 구글 글래스, 자율주행 자동차를 포함하여 달로켓 발사 프로젝트를 추진했던 평판이 좋은 연구 기관이었다. 이곳에서 진행했던 자율주행 자동차 프로그램은 나중에 알파벳의 계열사 웨이모로 발전했다. 파비즈가 구글에서와 마찬가지로 아마존에서도 진행하고 있는 혁신 실험실은 그랜드 챌린지Grand Challenge라고 불리는데, 그 이름이 의미하듯이 장기적인 전망을 갖고서 세상에서 가장 커다란 문제를 창의적으로 실험해볼 수 있도록 광범위한 권한을 갖게 될 것이다. 이 실험실의 구인 광고에는 천문학자 칼 세이건Carl Sagan이 했던 다음과 같은 말이 사용되었다. "어딘가에서 놀라운 무언가가 알려지기를 기다리고 있다."[19] 파비즈의 주요 관심 분야 중에는 헬스케어도 있다.

그렇다. 그랜드 챌린지는 광범위한 권한을 갖는다. 그러나 파비즈가 직접 관리하는 직원들 중에서 많은 이들이 헬스케어 부문에 경험이 많다는 사실을 주목해야 한다. 이것은 이 실험실이 헬스케어에 많은 자원을 집중할 것임을 시사한다. 이들 중에는 스탠퍼드대학교 출신으로 구성된 헬스 솔루션 스타트업 스카이 헬스Skye Health의 공동 창업자 애덤 시겔Adam Siegel, 마이크로소프트에서 20년 넘게 근무한 베테랑으로, 나중에 휴먼 롱제버티 Human Longevity라는 게노믹스Genomics 스타트업에서 수석 데이터 과학자로 근무했던 데이비드 헤커먼David Heckerman, 화학 박사학위를 취득하고 헬스케어 기업 두 개를 공동 창업한 더글러스 웨이벨Douglas Weibel이 있다. 그리고 파비즈에게 직접 보고하는 직원 12명 중에서 절반이 의학을 전공했다.

파비즈가 추진하는 프로젝트 중에서 암호명 '헤라Hera'라는 것이 있는 데, 이것은 아마존의 클라우드 서비스 AWS와의 협력하여 의료 기록에 더욱 정확하게 접근할 수 있게 만들고 있다. 예를 들어, 헤라는 환자의 이력을 깔끔하게 정리하기 위해 인공지능을 사용한다.[20] 이 실험실이 내놓은 제품 중에서 처음으로 널리 알려진 것은 코딩 오류 및 그 밖의 오류와 적정한 정보를 찾아내기 위해 종업원의 건강 기록을 정리하는 소프트웨어이다. 이 소프트웨어 시장은 보험가입자들의 위험을 더욱 정확하게 평가하려고 하는 건강보험회사들이다.

아마존을 위한 한 가지 커다란 기회는 의료 기록을 스마트폰 앱만큼이나 사용하기 쉽게 만드는 것이다. 오늘날 미국에서 대부분의 의료 기록은 서너Cerner(세계 최대의 의료기술 회사-옮긴이)와 에픽EPIC(헬스케어 소프트웨어 기업-옮긴이)이 각각 개발한 두 종류의 대규모 소프트웨어 시스템에 들어 있다. 하지만 환자 데이터의 일부는 부정확하고, 데이터의 대부분이 개별적으로 저장되어 있다. 따라서 의사, 병원, 환자가 한 곳에서 모든 정보에 쉽게 접근할 수 없다. 의료 기록을 어느 한 의사의 진료실에서 다른 의사의 진료실로 옮기려면, 상당히 번거로운 과정을 거쳐야 한다. 의사들은 데이터를 입력하고 특정한 검사 결과 혹은 가족 이력을 확인하기 위해 데이터베이스를 검색하는 데 엄청나게 많은 시간을 소모하는데, 환자를 위해 양질의 서비스를 제공하는 데 써야 할 시간을 불필요하게 소모해야 한다는 점에서 불만을 토로한다. 진료실에서 의사가 컴퓨터 화면에서 눈을 떼지 못하고 있는 동안에 우두커니 앉아 있던 사람이라면 이처럼 짜증나는 상황에 익숙할 것이다.

이 모든 의료 데이터는 자유로워져야 한다. 이것은 미국을 비롯하여 여러 나라에서 시행되는 사생활 보호법을 감안하면 쉽지는 않을 것이다. 그러나 헬스케어 플랫폼이 애플의 iOS나 구글의 안드로이드와 같은 스마트폰 플랫폼이 그랬던 것처럼 개발자들에게 개방된다면, 기업가정신이 충만한 스타트업들과 함께 아마존, 구글, 애플과 같은 기업들이 헬스케어 부문에서 혁신의 물결을 일으킬 수 있다.

어쩌면 베조스에게 가장 험난한 도전이 바로 미국 약국 산업에 침입하는 것일 수도 있다. 2017년 5월, 아마존은 연간 4,000억 달러 규모의 산업에 투자하는 방안을 모색하기 위한 팀을 꾸렸다.[21] 그리고 1년이 조금 더 지나서 온라인 약국 필팩을 인수한다고 발표했다. 필팩은 환자들에게 약의 정확한 하루 복용량을 담을 패킷을 제공하는 회사로 널리 알려져 있다. 이것은 특히 어떤 약을 언제 복용해야 하는지 혼란스러워하는 노인 환자들에게 유용하게 쓰인다. 베조스는 킨들 전자책 단말기를 세상에 알리는 데 중요한 역할을 했던 네이더 카바니[Nader Kabbani]에게 새로운 약국 사업을 맡겼다. 이것은 아마존이 이 분야에서 신선한 아이디어를 찾고 있다는 것을 의미한다. 카바니는 헬스케어 부문에 경험이 전혀 없지만, 베조스가 신뢰하는 노련한 관리자이다. 그에게 이 임무를 맡긴 것은 베조노믹스와 인공지능 플라이휠의 위력을 잘 보여준다. 이것이 바로 베조스가 누군가를 발탁하여 그 사람이 잘 모르는 분야의 사업을 맡길 수 있는 이유이다. 2011년에 베조스는 음성 인식 기술과 가전 기기에 대한 경험이 전혀 없던 그레그 하트에게 알렉사 프로그램을 맡겼다. 그는 인공지능 플라이휠의 굳건한 원칙(고객을 우선시하는 것에서 출발한다. 비용을 낮추기 위한 방법을 찾는다. 이것이 더 많은 기능에 자본을 투자하여 더 많은 고객을 유치하고, 비용을 낮추기 위한 규모의 경제를 창출하게 한다)을 적용하여 알렉사 프로그램을 크게 성공시켰다.

필팩은 CVS 헬스, 월그린, 월마트와 같은 거대한 약국에 비하면 규모가 작다. CVS 헬스의 2018년 의약품 매출이 1,340억 달러인 것에 비하여 필팩의 매출은 1억 달러에 불과하다. 여기서 규모는 중요한 문제가 아니다. 아마존은 이번 인수를 프라임 회원들이 아마존에서 헬스케어 제품을 구매하게 만들기 위한 방편으로 생각했다. 2019년 초에 아마존은 프라임 회원들에게 필팩 가입 신청을 권장하는 이메일을 보내기 시작했다. 환자들은 아마존의 의약품 당일 배송 프로그램을 활용할 수 있다. 그리고 (소식통에 의하면) 아마존이 새롭게 개장할 저가 식료품 체인뿐만 아니라 홀푸드 매장에 약국을 개장하는 것도 예상할 수 있다.

2018년 필팩을 인수할 즈음에, 아마존은 전설적인 투자자 워런 버핏이 운영하는 버크셔 해서웨이, 은행업계에서 널리 알려진 CEO 제이미 다이먼Jamie Dimon이 이끄는 JP모간 체이스와 협력하여 비영리 파트너십을 결성할 예정이라고 발표했다. 이것은 나중에 헤이븐Haven이라고 불리게 된다. 기본 아이디어는 미국의 고장난 헬스케어 시스템을 바로잡자는 것이었다. 이 조직은 아툴 가완디를 CEO로 임명했다. 헬스케어라는 늪지대에서 물을 빼내려고 하는 사람이 바로 가완디였다. 보스턴의 명망 있는 병원 브리검 앤드 우먼스 호스피털Brigham and Women's Hospital의 외과의사이자 하버드 대학교 의과대학 교수였던 그는 내셔널북어워드의 최종 후보작으로 뽑혔던 《나는 고백한다, 현대의학을》을 포함하여 헬스케어 분야에서 4권의 베스트셀러를 저술했다. 또한 그는 오랫동안 《뉴요커》의 전속 필자로 활동하면서, 2018년 가을에는 〈왜 의사들은 자기 컴퓨터를 싫어하는가〉라는 제목의 인상적인 기사를 썼다. 여기서 그는 헬스케어 소프트웨어가 자주 기능 장애를 일으켜서 일부 의사들이 우울증에 시달리거나 심지어는 자살을 하는 경우도 있다고 주장했다.

아마존, 버크셔, 체이스의 직원들은 모두 합쳐서 120만 명이다. 그리고 헤이븐의 임무는 그들을 위한 헬스케어가 더 좋아지고 효율적으로 운영되어 많은 직원들이 저렴한 비용으로 이용할 수 있도록 하는 것이었다. 이 비영리기관이 단지 싱크탱크의 기능만 하는 것은 아니다. 헤이븐이 자기 임무를 잘 수행한다면, 장기적으로 이들 세 개의 거대 기업들이 헬스케어에 소요되는 비용 수억 달러를 절약할 수 있을 것이다. 헤이븐이 자기가 갖고 있는 전략에 관해서는 말을 아끼고 있지만, 거대 보험회사인 유나이티드 헬스 그룹의 계열사 옵텀Optum이 헤이븐과 이를 후원하는 세 개 기업을 상대로 연방 법원에 소송을 제기한 사건은 이 비영리기관의 임무를 분명하게 보여준다.

옵텀은 2018년에 헤이븐으로 간 자사의 전직 임원 데이비드 스미스David Smith가 그곳에서 근무해서는 안 된다는 취지의 소송을 제기했다. 이 거대 보험회사는 스미스가 옵텀이 소유한 영업 비밀에 해당하는 정보를 가져갔다고 주장했다. 그 정보가 그의 새로운 고용주에게 혜택을 가져다줄 수 있다는 것이었다. 스미스는 이를 즉각 부인했다. 옵텀은 소장訴狀에서 헤이븐이 "지금 당장은 아니더라도 조만간 직접적인 경쟁자가 될 것"이라고 주장했다.[22] 오히려 헤이븐을 이렇게 규정하는 것은 헬스케어 부문의 주요 보험회사들이 아마존이 어떤 모습으로든 그들의 시장에 들어오는 것에 대하여 얼마나 초조하게 생각하는지를 분명하게 보여주었다.

우리는 이번 사건의 재판 기록을 통해 헤이븐의 의도를 엿볼 수 있다. 당시 헤이븐의 최고운영책임자였던 잭 스토다드Jack Stoddard는 헤이븐이 "혜택을 설계하는 측면에서 보험이 어떠한 모습을 하게 될 것인지를 재발견"할 수 있는지 탐색하고 있던 것이라고 주장했다. 그는 건강보험이 복잡하고 직원들은 보장 범위를 제대로 알지 못하고 있다고 말했다. 또한 그는 헤이븐이 1차 진료를 쉽게 받고 만성적 질병의 치료에 필요한 의약품을 저렴하게 구매할 수 있도록 소규모의 실험을 실시할 예정이라고 말했다. 그는 헤이븐은 의사들이 "좋은 진료를 하고 환자 진료에 더 많은 시간을 쓸 수 있도록 해주기를 원한다"라고도 덧붙였다.[23] 우리는 옵텀 관리자들이 아마존이 어떤 치료가 정말 효과가 있는지, 어떤 의사의 진료 성적이 좋은지를 확인하기 위해 자사의 강력한 데이터 분석 기술을 활용할 것이고, 그다음에는 사용하기 간편한 디지털 헬스 도구를 만들어 옵텀의 고객들을 가로채는 상황에 대해 우려하고 있다고 생각할 수 있다.

아마존이 유나이티드헬스, CVS 헬스, 월그린과 같은 기존의 거대 헬스케어 기업에 가하는 위협은 어느 정도일까? 단기적으로는 그리 크지 않다. 헬스케어는 복잡하고 규제가 많고, 정치화되어 있어서 공략하기에 까다로운 산업이다. 게다가 손이 상당히 많이 가고 환자에 대한 국소 치료가 요구되는 산업이기도 하다. 이러한 사실이 이 산업이 걱정할 필요가 없다는 의미는 아니다. 2018년 CVS 헬스는 아마존이 헬스케어 부문으로 눈을 돌린 것에 대응하기 위해 거대 보험회사 애트나Aetna를 인수했다. 이렇게 합쳐진 기업이 지금은 약 1억 1,600만 명에 달하는 미국인에게 건강보험과 의약품을 제공하고, 헬스케어를 제공하는 방법을 새롭게 수정하기 위해 열심히 노력하고 있다.[24] 예를 들어, 현재 CVS 헬스 매장은 총 1,100개의 소규모 외래환자 진찰실을 보유하고 있으며, 이곳에서 환자들이 기본적인 건강 서비스와 함께 처방전을 받아갈 수 있도록 했다.[25] 이렇게 찾아온 5,000만 명의 고객들을 가지고 있는 CVS 헬스는 120만 명을 상대로 운영하는 헤이븐과 비교하여 활동 범위가 훨씬 넓다. CVS 헬스에서 이사로 재직했던 어떤 사람은 익명을 전제로 한 대화에서 나에게 헤이븐은 기본적으로 "두 명의 부자들과 그들을 위해 존재하는 은행가"를 위한 장난감에 불과하다고 말했다.

이러한 역풍과, 자신의 영역을 지키기 위해 수십억 달러의 자금을 확보하고서 쉽게 변하려 하지 않는 헬스케어 부문의 특성에도 불구하고, 아마존은 장기적으로 바라보면서 커다란 위협을 가하고 있다. 그러나 이러한 위협이 많은 사람들이 생각하는 방식으로 전개되지는 않을 것 같다. 아마존이 필팩을 인수한 것은 규모가 큰 약국 체인을 직접적으로 공격하기 위한 수단이 아니라, 아마존이 원격 의료 부문을 선도할 목적으로 보낸 일종의 트로이 목마에 가깝다. 간단히 말하자면, '원격 의료'는 환자를 진단하고 의약품을 그들의 가정, 사무실 혹은 환자들이 있는 곳이라면 어디든지 배송하는 것을 말한다. 이것은 아마존이 미국과 외국의 헬스케어 시스템에 가장 커다란 충격을 주게 될 것으로 예상되는 영역이다.

존 도어가 전망하듯이, 이것이 프라임 헬스라고 불리든 혹은 다른 이름으로 불리든, 아마존은 세계적으로 3억 명이 넘는 아마존 고객을 대상으로 프라임 헬스 회원 프로그램에 가입할 것을 권장할 수 있다. 타의 추종을 불허하는 데이터 진단 기술과 인공지능 역량과 함께 아마존이 보유한 거대한 고객 데이터베이스는 아마존이 의료 서비스와 의약품 구매를 위한 정보관리자의 역할을 할 수 있도록 해줄 것이다. 아마존은 CVS 헬스나 유나이티드헬스와 같은 헬스케어 부문의 거대 기업을 대체하는 대신에, 때로는 이들과 협력하면서 행동할 수도 있다. 그러나 이것은 헬스케어 거대 기업의 수익에 위협이 된다. 아마존이 필팩 인수를 발표하던 날 주요 헬스케어 공급자들의 주식 가격이 곤두박질친 것도 바로 이런 이유 때문이다.

원격 의료 부문에 뛰어드는 것을 아주 진지하게 생각하고 있다는 신호를 보내기라도 하듯이, 2019년 봄에 아마존은 엄격하게 적용되는 연방 건강개인정보보호법에 해당하는 건강보험정보의 이전 및 그 책임에 관한 법률HIPAA, Health Insurance Portability and Accountability Act의 요건을 충족했다고 발표했다. 이것은 지금 아마존이 알렉사와 그 밖의 자체 소프트웨어를 통해 민감한 환자 정보를 전송할 수도 있다는 것을 의미한다. 지금까지 보험회사 시그나Cigna, 당뇨병 관리회사 리봉고 헬스Livongo Health 그리고 3대 주요 병원을 포함하여 6개 기관이 HIPPA를 준수하는 알렉사 앱을 개발하여 (무엇보다도) 예약 관리, 의약품 배송 추적, 혈당 판독에 사용하고 있다.[26]

여기에 프라임 헬스가 어떻게 작동할 수 있는지를 설명하면 다음과 같다. 고객은 프라임 회원을 위한 부가 서비스를 이용하기 위해 연회비를 내고 프라임 헬스를 신청할 수 있다. 고객(이제 이들을 회원이라고 생각하자)은 그 대가로 아마존의 헬스 서비스를 받을 수 있다. 이러한 서비스에는 의사 처방 없이 살 수 있는 약, 처방약 중에서는 혈당계와 혈압계에 이르기까지, 다양한 헬스케어 제품에 대한 할인 혜택도 포함된다. 회원들은 아마존이 그들의 개인 의료 기록에 접근하는 데 동의할 것이다. 아마존은 단순한 치료를 받을 것인지 혹은 특정 질병을 치료하기 위해 어느 의사를 만날 것인지에 대해 조언을 하기 위해 자체 데이터 분석 기술과 인공지능을 이용할 수 있다. 어떤 회원이 온라인 혈압계를 사용해 혈압을 쟀는데 혈압 수치가 높게 나왔다고 하자. 아마존은 이 사람에게 의사를 찾아갈 것을 권할 뿐만 아니라 저렴한 비용으로 최선의 결과를 제공하는 의사들의 명단을 제공한다. 환자와 헤이븐이 제공했던 서비스를 통해 이런 결정을 내리는 데 도움이 되는 정보를 얻을 수 있다.

아마존은 이와 같은 시스템이 어떻게 작동하는지를 미리 점검하기 위해 2019년 가을에 시애틀에서 근무하는 직원들을 대상으로 아마존 케어 Amazon Care라는 앱을 운영했다. 이 앱은 직원들을 환자에게 조언을 해줄 수 있는 간호사에게 연결해주고, 진단 및 치료 그리고 상급병원에 의뢰하기 위해 의사와 간호사가 참여하는 화상 회의를 준비할 수 있고, 검사나 시험, 치료를 위해 간호사에게 가정 방문을 요청할 수 있다. 또한 이 앱은 의약품이 바로 자기 집 현관에 도착하도록 주문을 하는 데에도 사용될 수 있다. 미래에는 이러한 서비스가 엄청난 가능성을 지닐 것이다. 우울한 기분이 든다고? 알렉사가 의사에게 가보라고 제안할 것이다. (아마존은 알렉사가 코를 훌쩍이는 소리 혹은 기침 소리를 알아차리는 기술에 대한 특허를 신청했고, 알렉사는 이미 단순한 응급 처치법에 대한 조언을 해주고 있다.[27]) 알렉사에게 아마존이 추천하는 (별점 5점짜리) 의사와 예약을 해두라고 부탁하면, 날짜와 예약 시각이 달력에 입력된다. 예약 시각이 되면, 의사가 화면에 등장하여 진찰을 한다. 인후염이 있다면, 스스로 하는 연쇄상 구균 양성 테스트를 실시해서(아마존에서 테스트 25회 들이 한 팩을 32.49달러에 판매한다), 의사가 항생제를 처방할 수 있게 한다. 그리고 물론 아마존이 이 항생제를 몇 시간 이내에 집으로 배송해준다. 심각한 질병의 경우에는 반드시 진료실을 방문해야 한다. 그러나 원격 의료는 단순한 인후염이나 작은 감기를 치료하려고 비싼 돈을 들여서 의사 진료실이나 응급실을 방문하지 않도록 해준다.

건강 보험에서 자기 부담금이 증가하여 환자들이 의료비에 더 많은 관심을 갖게 되면, 프라임 헬스와 같은 서비스가 많은 사람들에게 매력적으로 여겨질 것이다. 커먼웰스 펀드가 조사한 바에 따르면, 65세가 넘는 미국인들 중 3분의 1이 돈이 없어서 아플 때 의사를 찾아가지 않거나 처방약을 조제하지 않는 것으로 나타났다.[28] 아마존이 전자상거래 부문에서처럼 비용을 극단적으로 절감하는 기술을 의료 부문에도 적용한다면, 그 효과는 엄청날 것이다.

2019년 봄에 아마존은 별로 주목받지도 못하고 언뜻 보기에는 의미가 없을 것 같은 발표를 했는데, 그 내용은 아마존이 어디로 가고 있는지를 다시 한 번 어렴풋이 보여주었다. 아마존은 헬스저축계좌의 직불 카드도 받아줄 용의가 있다고 말했다. 이 카드는 미국 연방법에 따라 환자들이 법적으로 유효한 의료비를 납부하기 위해 세전 달러를 사용할 수 있도록 해준다. 이러한 조치는 아마존이 단지 혈압계나 무릎 보호대를 구매하려는 쇼핑객들을 위해 또 다른 편의를 제공하는 것보다 훨씬 큰 의미가 있다. 아마존은 쇼핑, 미디어, 클라우드 컴퓨팅, 헬스케어뿐만 아니라 이 모든 서비스에 대한 대금 납부 수단까지도 포함하는 포괄적인 생태계를 조성하고 있다. 다시 말하자면, 아마존이 은행처럼 보이기 시작한 것이다.

아마존은 금융 기관으로 여겨지지는 않지만, 베조스가 아마존 초창기에 떠올렸던 하나의 아이디어는 금융 산업에서 주요한 역할을 하고자 하는 그의 열망을 실현하기 위한 기반이 되었다. 아마존을 창업하고 몇 년이 지나서 베조스는 아마존의 성장을 지속시키기 위한 방법을 찾고 있었다.

1997년 초에 그는 전자상거래에서 나타나는 공통적인 문제에 대해 고민하고 있었다. 쇼핑객들은 쇼핑 카트에 담긴 제품들을 계산해야 할 시점에 사라지곤 했다. 베조스는 시스템에서 충돌이 지나치게 많이 발생하는 것이 문제라고 생각했다. 쇼핑객들은 신용카드 정보, 청구 내역, 배송지 정보 등을 입력하고, 그 내용이 정확한지를 다시 한 번 확인해야 한다. 그해 베조스는 나중에 아마존닷컴에서 '바이 나우 위드 원클릭Buy now with 1-Click' 버튼이 될 온라인 구매 시스템을 형성하는 '411 특허'의 발명가가 되었다. 이 프로젝트에는 거의 6개월 동안에 3500인시(인시는 한 사람이 한 시간에 처리하는 작업량의 단위를 말한다.-옮긴이)에 해당하는 작업량이 투입되었고, 1997년 9월에 이 기능이 작동할 수 있게 되었다.[29]

아마존은 원클릭 버튼이 고객들이 구매를 완료할 가능성을 결정적으로 높인다는 사실을 금방 확인할 수 있었다. 이 소프트웨어는 쇼핑객들이 많은 생각을 할 필요가 없이 구매할 수 있도록 하여 온라인 소매에서 혁신을 일으켰다. 고객들이 원클릭이 갖는 편리함에 매료되면서 매년 수백만 명이 아마존의 회원으로 새롭게 가입했고, 아마존의 회원수가 급증했다. 원클릭 버튼이 많은 인기를 끌면서, 반스앤드노블은 익스프레스 레인Express Lane이라는 자체 버튼을 개발했다. 그러자 아마존은 이것을 특허권 침해라고 주장하면서 소송을 제기했다. 이 사건은 법정 밖에서 비밀리에 합의를 보는 것으로 마무리되었다. 이 합의를 계기로 애플이 아마존으로부터 이 소프트웨어에 대한 사용 허가를 받아서 아이튠즈 매장에 사용하기도 했다.[30]

이번 발명은 고객 유치에 도움이 되었을 뿐만 아니라 아마존의 역사에서 두드러지지는 않지만 중요한 역할을 했다. 원클릭으로 아마존이 신용카드 번호, 주소, 고객이 무엇에 얼마나 많이 그리고 얼마나 자주 지출하는가를 포함해 금융 데이터를 저장하고 수집할 수 있게 된 것이다. 그리고 아마존은 고객들이 영구 계정을 만들었기 때문에 이런 작업을 장기간에 걸쳐서 할 수 있었다. 비록 구매가 대형 은행이 발급하는 신용카드로 이루어지기는 하지만, 이제 아마존은 부유하고 충성스러운 대규모 고객 집단의 금융 데이터에 접근할 수 있게 된 것이다.

아마존은 고객의 금융 정보뿐만 아니라 아마존 사이트에서 제품을 판매하는 수백만 개의 독립 소매업체의 정보도 보유하고 있다. 이것은 대부업을 시작할 수 있는 매력적인 기회가 된다. 2011년 베조스는 소규모 판매자들이 성장에 필요한 현금을 확보할 수 있도록 자금을 빌려주기로 결정했다. 아마존 렌딩이라는 이 프로그램은 아마존의 인공지능 플라이휠을 회전시키는 또 다른 중요한 요소가 되었다. 소규모 판매자들이 사업을 확장할 자금을 확보하게 되면, 아마존닷컴이 더 많은 선택권을 제공하고, 이것으로 더 많은 고객을 유치하게 되고, 그다음에는 더 많은 판매자들을 끌어들일 수 있다.

신용이 좋지 않은 소규모 판매자들에게 자금을 빌려주면 위험할 수도 있다. 그러나 아마존은 그들의 매출 증가와 재고 회전율은 물론이고 제품 후기가 긍정적인 내용인지 아니면 부정적인 내용인지를 거의 실시간으로 파악하는 알고리즘을 설계하여 이러한 위험을 줄일 수 있었다. 매출이 정체되거나 부정적인 내용의 후기가 쌓이기 시작하면, 아마존은 이 판매자와의 신용거래를 중단할 수 있다. 돈을 빌리는 입장에서 볼 때, 아마존 렌딩은 긴 양식을 작성하거나 은행 관리자와의 인터뷰를 요구하지 않는다. 어느 날 판매자들의 아마존 계정 페이지에 버튼 하나가 등장하여 얼마간의 돈을 빌릴 생각이 있는지를 물어본다. 9장에서 소개한 런던의 판매자 존 모건의 경험에서 보았듯이, 어떤 알고리즘에 의해 통제되는 이 버튼은 차용자가 현금이 필요한 바로 그 순간에 현금이 부족한 상태로 내버려두고는 쉽게 사라질 수도 있다.

아마존이 이룩한 대부분의 혁신처럼, 아마존 렌딩은 천천히 시작되었고, 그다음에 도약 단계에 접어들었다. 2011년부터 2015년까지 아마존은 소규모 소매업체들을 대상으로 연평균 3억 달러를 지원했다. 당시 베조스는 이 사업을 강력하게 밀어붙였다. 2017년에는 지원 금액을 연간 10억 달러까지 끌어올렸다. (미국뿐만 아니라 영국과 일본에서) 아마존 마켓플레이스에서 상품을 판매하는 소규모 소매업체들 중에서 아마존으로부터 대출금을 지원받은 소매업체가 2만 개가 넘었다. 아마존 마켓플레이스의 부사장 피우시 나하르Peeyush Nahar에 따르면, 이 프로그램을 캐나다와 프랑스처럼 아마존이 마켓플레이스를 운영하는 다른 나라로도 확대할 계획이라고 한다.[31] 대출금은 적게는 1,000달러에서 많게는 75만 달러에 달한다. 판매자들은 대출 금리가 매우 높아서 12퍼센트씩이나 된다고 말한다. 나하르는 보도자료에서 이렇게 말했다. "소기업은 우리의 DNA를 가지고 있습니다. 아마존은 소기업이 중요한 성장의 시기에 재고와 영업을 확대하도록 지원하기 위해 그들에게 자금을 지원하고 있습니다. 우리에게는 얼마 안 되는 대출금이 그들에게는 엄청난 도움이 된다고 생각합니다."[32]

아마존이 그리 머지않은 날에 당좌예금 계좌, 개인 대출, 주택 담보 대출 심지어는 보험까지도 포함하는 디지털 금융 서비스 사업을 시작한다고 해도 전혀 놀라운 일은 아니다. 아마존은 이미 체이스와 협력하여 자체 비자카드를 발급하고 있고, 쇼핑객들이 아마존의 영역 밖에 있는 회사의 제품과 서비스를 구매하면서 그 대금을 납부할 수 있도록 하는 아마존 페이 사업을 확대하고 있다. 아마존 페이는 페이팔, 애플 페이, 스트라이프와 매우 비슷한 기능을 하며, 고객이 노트북이나 휴대전화로 제품을 쉽게 구매할 수 있게 해준다. 아마존 페이 가입자는 페이팔 가입자와 비교하면 일부에 지나지 않는다. 그러나 아마존의 프라임 회원들이 주유소와 레스토랑과 같은 아마존의 영역을 벗어난 곳에서도 제품이나 서비스를 구매하는데 자기 계정을 쉽게 이용할 수 있다는 것을 알게 되면서 가입자 수가 급증하고 있다. 또한 자신의 사이트에서 제품을 판매하는 소매업체들 중에서 아마존이라는 이름이 주는 믿음 때문에 아마존 페이를 이용하는 업체가 증가하고 있다.

아마존이 추구하는 사업 모델은 여러모로 보아 알리바바의 자회사로서 사용자 수가 10억 명이나 되고, 세계에서 가장 규모가 큰 모바일 결제 서비스 알리페이Alipay를 운영하는 안트 파이낸셜의 모델과도 많이 닮았다. 안트 파이낸셜은 신용 평가, 자산 관리, 보험, 대부업으로도 사업을 확장하고 있다. 심지어는 티엔훙 위어바오라는 머니마켓 펀드까지도 제공하고 있다. 2018년에 이 펀드의 규모는 2,110억 달러나 되었다. 2018년 10월 리서치 회사 CB 인사이츠가 작성한 보고서에 따르면, 안트 파이낸셜의 주식 시장 가치는 1,500억 달러에 달하여 당시의 골드만삭스, 모건 스탠리, 산탄데르 은행, 캐나다 왕립은행을 능가했다.[33]

아마존이 중국에서 모바일 결제 사업을 시작하는 데에는 많은 어려움이 따를 것이다. 안트 파이낸셜과 위챗 페이를 보유한 텐센트가 시장의 92퍼센트를 장악하고 있기 때문이다. 그러나 미국에서는 모바일 결제 시스템이 중국과 비교하여 덜 보급되어 있다. 리서치 회사 이마케터에 따르면, 2018년 미국에서는 스마트폰 사용자의 4분의 1정도만이 매장에서 제품을 구매할 때 모바일 결제 시스템을 사용하는 것으로 나타났다. 79퍼센트가 모바일 결제 시스템을 사용하는 중국과 비교하면 한참 뒤떨어진다. 미국은 모바일과 온라인 결제 부문을 선도하는 페이팔, 구글 페이, 애플 페이에 맞서 아마존이 쉽게 쳐들어갈 수 있는 시장이다.[34]

아마존에게 한 가지 좋은 소식은 소비자들이 이뱅킹을 사용하려는 의사가 강하다는 것이다. 컨설팅 회사 액센츄어가 실시한 설문 조사에 따르면, 세계 소비자의 70퍼센트가 은행, 보험, 퇴직 설계에서 로봇이 제공하는 자문 서비스를 이용할 의사가 있는 것으로 나타났다.[35] 보스턴에 위치한 컨설팅 회사 베인 앤드 컴퍼니는 설문 조사를 통해 18세부터 24세 사이의 미국인 중 거의 4분의 3이 기술 기업이 제공하는 금융 상품을 구매할 의사가 있다는 것을 확인했다. 이번 설문 조사에서 아마존은 애플과 구글에 앞서 돈을 맡기기에 가장 믿음이 가는 기술 기업이라는 평가를 받았다.[36]

금융 부문의 실세가 되는 길이 평탄하지는 않을 것이다. 예를 들어, 아마존이 시중 은행이 되려면, 미국과 해외에서 적용되는 어떠한 규제도 따라야 한다. 좀 더 가능성이 높은 것은 아마존이 이 분야를 빠른 속도로 배워나가기 위해 대형 은행 한두 곳과 협력하는 것이다. 2018년 3월에 《월스트리트 저널》은 아마존이 당좌 예금 계좌를 제공할 수 있도록 JP모건 체이스, 캐피탈 원을 비롯한 그 밖의 여러 은행들과 파트너십에 관한 이야기를 나눈 적이 있다고 보도했다.[37] 이러한 파트너십의 과정에서 (아마존이 아닌) 대형 은행들이 고객 계좌를 확보할 것이기 때문에, 아마존이 은행의 규제 대상이 되지는 않을 것이다. 결국 전통적인 금융 기관들이 이면에서 주로 힘든 일을 하는 반면에 아마존은 겉만 번드르르한 소매 금융의 디지털 페이스가 될 것이다.

베인 앤드 컴퍼니는 2018년에 〈뱅킹스 아마존 모멘트〉라는 보고서에서, 아마존이 자신이 모집한 아마존 당좌 예금 계좌에 대해 파트너 은행으로부터 수수료를 징수할 뿐만 아니라 고객들이 아마존닷컴에서 구매하는 제품에 대해 이러한 당좌 예금 계좌에서 직접 대금을 징수할 수 있는 시나리오를 제시했다.[38] 이것은 아마존이 지금 신용카드 회사에 납부하는 고액의 수수료를 더 이상 납부하지 않아도 된다는 것을 의미한다. 베인 앤드 컴퍼니는 아마존이 미국에서만 연간 신용카드 수수료로 2억 5,000만 달러 이상을 절약할 수 있을 것으로 추정했다. 베인 앤드 컴퍼니의 제라드 뒤 투아Gerard du Toit와 아론 체리스Aaron Cheris는 아마존이 기본적인 은행 서비스를 제공하기 시작하면, 천천히 그러나 확실하게 신용 대출, 주택 담보 대출, 손해 보험, 자산 관리(처음에는 잔고를 높게 유지하려고 간단한 머니마켓 펀드에서 출발한다), 생명 보험을 포함한 다른 금융 상품으로 넘어갈 것으로 내다봤다. 베인 앤드 컴퍼니는 2020년대 중반까지 아마존의 은행 고객이 웰스 파고Wells Fargo(미국의 다국적 금융 서비스 기업-옮긴이)와 비슷한 7,000만 명에 달할 것으로 내다봤다.

어떤 기업이 다른 기업보다 연구개발에 더 많은 비용을 지출하면, 실험을 많이 하게 된다. 지금까지 살펴봤듯이, 아마존은 광고, 헬스케어, 금융에 뛰어들고는 있지만, 아직은 시작에 불과하다. 베조스는 주요 사업이 될 수 있는 다른 여러 부문에서도 장기적으로 내기를 걸었다.

아마존이 광고 사업을 확대하던 바로 그 시기에 자체 스트리밍 TV 서비스를 시작했다. 이것은 광고를 판매하기 위한 또 하나의 가치 있는 플랫폼을 제공할 뿐만 아니라 독립적인 주요 사업이 될 수 있었다. 텔레비전에 검정색의 작은 장치를 부착해서 고객이 좋아하는 텔레비전 쇼를 인터넷으로 스트리밍할 수 있게 해주는 아마존 파이어 TV는 애플 TV, 안드로이드 TV, 로쿠 TV와 경쟁하면서 수백만 명의 케이블 TV 고객들에게 텔레비전 코드를 끊도록 설득하고 있다. 시청자들은 넷플릭스, HBO 고, 훌루, ESPN+ 그리고 물론 아마존 프라임 비디오와 같은 스트리밍 서비스를 구독하면, 파이어 TV를 통해 다양한 프로그램을 시청할 수 있다. 2019년에 파이어 TV는 미국, 영국, 독일, 일본에서 320개의 채널을 제공했다.[39] 그리고 프로그램에 대한 선택의 폭은 계속 넓어지고 있다. 아마존은 목요일 밤에 미국의 미식축구 경기의 스트리밍 서비스를 제공할 뿐만 아니라, 영국과 독일에서는 2018년 평창 동계올림픽에서 3억 8,600만 명의 시청자들을 유치했던 유로스포츠도 제공한다. 프라임 비디오의 부사장 그레그 하트는 이렇게 말한다. "우리는 사람들이 더욱 다양한 형태의 콘텐츠를 계속 이용할 수 있기를 바랍니다. 그리고 때로는 이러한 채널이 예전 방식의 케이블 TV에서 볼 수 있는 것일 수도 있습니다."

아마존을 위한 새로운 사업은 계속 늘어나고 있다. 2018년 말에 아마존은 클라우드 컴퓨팅 사업에서 자체 하드웨어와 소프트웨어를 더 잘 통합하여 이 과정에서 비용을 절감할 수 있도록 컴퓨터 칩을 개발하고 있다고 발표했다. 머지않아 아마존이 이 칩을 다른 기술 기업에 판매하는 날이 올 것이다. 같은 해에 아마존은 아마존닷컴에서 한국의 현대자동차를 판매하기 위해 현대자동차와 파트너십을 체결했다고 발표했다. 쇼핑객들은 자동차 모델을 비교하고 후기를 검토한 다음, 지역 대리점에서 재고를 확인하고, 심지어는 시험 주행을 신청하여 자기 집으로 배송된 자동차를 운전해볼 수도 있다. 이러한 디지털 전시실은 자동차 제조업체의 사이트가 아마존 사이트에 들어와 있다는 점에서 다른 자동차 조사 사이트와는 다르다. 따라서 쇼핑객들은 구매와 시험 주행 정보를 얻으려고 대리점 사이트에 들어갈 필요가 없다. 현대자동차는 아마존의 3억 고객들에게 접근할 수 있고, 아마존은 자동차 쇼핑객들에 대한 소중한 데이터를 수집할 수 있다. 아마도 자동차용 왁스 제품을 더 많이 판매할 수도 있을 것이다.

2019년에 아마존은 전기 픽업트럭과 SUV 제조업체 리비안에 대해 7억 달러 규모의 투자 라운드를 주도했다.[40] 이 전자상거래 부문의 거대 기업은 자동차에 알렉사를 장착하고 자율주행 배달용 밴을 개발하기 위해 다른 기업들과 협력했는데, 이것이 전기자동차 제조회사에 대한 첫 번째 직접 투자였다. 그해 말에 베조스는 아마존이 리비안 전기 밴을 10만대 주문했다고 발표했다. 이것은 지금까지 이러한 종류의 자동차에 대한 가장 큰 규모의 주문이었다. 이 밴들은 2021년부터 도로를 달리게 될 것이다. 리비안에 투자한 것과 거의 비슷한 시기에,《긱와이어》가 아마존이 세계 어느 곳에서든 고속 인터넷을 제공하기 위해 3,236개의 인공위성을 발사할 계획이라는 소식을 전했다.[41] 그러면 아마존 사이트에 지금보다 수백만 명이 더 접속한다고 해도 아마존의 전자상거래와 클라우드 사업에 해롭지는 않을 것이다.

조립식 가옥 제조업체에 아마존의 벤처자본 부문이 투자를 한 것처럼 아마존이 이런 식으로 내기를 건 것은 좋은 결정이 아닌 것처럼 보이기도 한다. 아마존은 미래의 스마트 홈에 알렉사 내장 보안 시스템, 온도조절기, 가전 기기 등을 제공하기를 원한다고 하는데, 여기에 벽체와 지붕이 왜 포함되어야 하는가? 그러나 베조스는 이렇게 말한다. "최고의 혁신가라도 처음에는 항상 약간은 어리석어 보입니다. 엄청난 수익을 얻으려면 대다수의 사람들이 하지 않는 것을 해야 하기 때문입니다. 거울을 들여다보면서 당신 자신에게 당신을 비판하는 사람들의 생각에 동의하는지를 물어보십시오. 동의하지 않는다면, 정원에 물을 주고 잡초를 무시하십시오."

아마존이 여러 산업 부문에 침투하고 아마존의 인공지능 플라이휠의 영향력이 점점 더 커지게 되면, 사회와 경제에 더욱 광범위한 충격을 가하게 될 것이다.

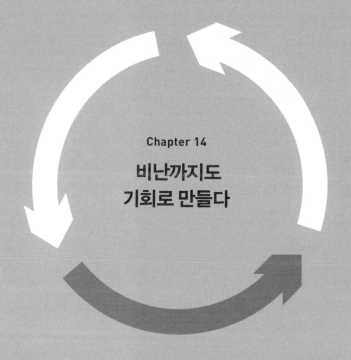

Chapter 14

비난까지도
기회로 만들다

제프 베조스는 세계에서 가장 부유한 사람으로서 정치인과 언론의 훌륭한 먹잇감이 되어왔다. 그러나 2018년 노동절 주말이 지나고 휴가를 떠났던 사람들이 하나둘씩 집으로 돌아오던 시기에 예전에 경험하지 못했던 집중 포화를 받았다. 갑자기 아마존의 임금과 근로 조건에 대하여 날카로운 공격을 받게 된 것이다. 어쩌면 그를 가장 당혹하게 만든 것은 좌파 진영에서 날리는 악의에 찬 독설이었다. 진보 성향의 신문인《워싱턴 포스트》의 소유주조차 상상할 수 없을 정도의 표현이었다. 이후로 몇 주에 걸쳐서 베조스는 신속하게 반응했다. 베조스 특유의 경쟁심을 발휘하여 아이키도aikido(상대방을 잡아서 던지는 형태의 일본식 무술-옮긴이)와 같은 홍보 활동을 펼쳤고, 이를 통하여 피해를 줄였을 뿐만 아니라 위험한 상황을 그럭저럭 어떻게든 자신에게 유리하게 반전시켰다. 그가 자신의 인생에서 여러 차례에 걸쳐서 그랬던 것처럼 말이다.

첫 번째 포탄은 버몬트주 출신의 민주당 사회주의자 버니 샌더스Bernie Sanders 상원의원에게서 나왔다. 그는 아마존의 CEO를 나쁜 기업가로 지목했다. 2018년 9월 5일, 샌더스는 스톱 베조스 법안Stop BEZOS Act을 제출했다. 이것은 '보조금을 삭감하여 나쁜 고용주를 막는다(Stop Bad Employers by Zeroing Out Subsidies)'라는 표현에서 앞글자를 따온 것이다. 이 법안에 따르면, 아마존과 같은 대기업이 고용한 직원이 연방정부로부터 메디케이드Medicaid(미국의 저소득자에 대한 의료 보장 제도-옮긴이)나 식품 구입권과 같은 복지 혜택을 받을 경우, 기업은 이러한 복지 프로그램에 소요되는 막대한 비용을 정부에 납부해야 한다.[1]

이틀이 지나서, 언론이 2016년에 아마존에서 노동자들이 창고에서 일하는 동안에 이들을 보호하기 위해 노동자들을 수용하는 새장처럼 생긴 장치에 대한 특허 기술을 개발한 인공지능 연구자 두 명에 관한 이야기를 소개했다. 연구자들은 보고서에서 이 우리가 노동자들을 안전하게 보호해줄 수는 있지만, 아마존의 의도가 노동자의 소외를 뚜렷하게 보여주고, 그 가운데에서 인간과 기계와의 관계가 극명하게 드러난다며 신랄하게 비판했다.[2] 그다음 주에 매사추세츠주를 대표하는 엘리자베스 워렌Elizabeth Warren 상원의원이 아마존의 권력이 너무나도 막강하기 때문에 해체해야 할 필요가 있다고 비난하는 사람들의 대열에 동참했다.

베조스는 이처럼 강한 적대감에 상당히 혼란스러웠을 것이다. 그도 그럴 것이 당시 미국 실업률은 1960년대 이후로 가장 낮은 수준에 있었고, S&P 500 주가지수는 역사상 최고점을 향해 가고 있었다. 그러나 이처럼 호황을 알리는 경제 뉴스도 미국인들이 (자기 자신뿐만 아니라 자녀들의) 미래에 대한 걱정을 접어두기에는 충분하지 않았다. 2017년 미국문화와 신앙연구소American Culture and Faith Institute가 실시한 설문 조사에 따르면, 미국 성인 10명 중 4명이 자본주의보다는 사회주의를 선호하는 것으로 나타났다.[3] 다음 세대는 이런 상태에 훨씬 덜 만족할 것으로 보였다. 2016년 하버드대학교가 18세에서 29세 사이의 젊은이들을 상대로 조사한 결과에 따

르면, 58퍼센트가 자본주의를 지지하지 않는 것으로 나타났다.[4]

이러한 불만의 원인은 다양하다. 그 원인으로는 긱 경제의 등장, 임금 정체, 2008년 금융 위기의 잔류 효과, 다가오는 자동화의 위협 등을 꼽을 수 있다. 그러나 아마도 가장 커다란 쟁점은 미국에서 빈부 격차가 커지는 현상일 것이다. 샌더스는 '스톱 베조스 법안'을 제출할 즈음에 다음과 같은 말을 했다. "소득과 부가 이처럼 엄청나게 불평등한 시대에, 미국에서 가장 부유한 세 사람이 하위 50퍼센트에 해당하는 사람들의 부를 합친 것보다 더 많은 부를 소유한 시대에, 그리고 전체 소득의 52퍼센트가 상위 1퍼센트에게 돌아가는 시대에, 미국인들은 미국에서 가장 규모가 크고 수익성이 높은 기업을 소유하고 수십억 달러가 넘는 자산을 가진 이들에게 보조금을 지급하는 데 신물이 났습니다." 샌더스의 주장은 설득력이 있었다. 2019년 초에 제프 베조스, 마이크로소프트의 빌 게이츠, 버크셔 해서웨이의 워런 버핏, 페이스북의 저커버그의 재산을 모두 합치면 3,570억 달러에 달했다.[5] 그들은 미국의 모든 남성, 여성, 어린이에게 1,000달러 수표를 발급하고도 여전히 수십억 달러를 가지고 있는 자산가이다.

샌더스가 말하는 종류의 소득 불평등은 2018년 《뉴욕 타임스》의 기사에서도 분명하게 예시되어 있다.[6] 워싱턴 D.C. 외곽의 랜드마크 몰에 위치한 메이시스 백화점에서 점원으로 근무했던 칼린 스미스Karleen Smith는 지금은 홈리스를 위한 쉼터로 개조된 예전 매장에서 거주하고 있다. 당시 57세의 스미스는 《뉴욕 타임스》와의 인터뷰에서 이렇게 말했다. "이 건물로 이사오면서 묘한 기분이 들었습니다. 과거에 제가 일하던 곳 아닙니까? 이런 걸 가지고 생존이라고 합니다." 지금은 없어진 메이시스 백화점이 60

개 침상을 보유하고서 이 도시에서 거주할 형편이 되지 않는 사람들을 위하여 식사와 샤워 시설을 제공한다.

그리고 부의 격차는 비단 미국만의 문제가 아니다. 옥스팜Oxfam(영국 옥스퍼드에서 설립된 빈민 구제를 위한 국제 자선 단체-옮긴이)이 조사한 바에 따르면, 세계 인구에서 가난한 절반이 자신의 순자산이 감소하는 것을 지켜보고 있는 반면, 세계의 2,208명에 달하는 자산 10억 달러 이상의 부자들은 매일 25억 달러씩 재산이 늘어나고 있다고 한다. 그리고 사회에서 최상위층이 보유한 자산은 깜짝 놀랄 정도로 많다. 2018년 세계에서 가장 부유한 26명의 자산을 모두 합치면 1.4조 달러에 달한다.[7] 이는 세계에서 가난한 순서대로 뽑은 38억 명이 가진 자산을 모두 합친 것과 같다. 이러한 불균형은 유럽에서도 커지고 있다. 프랑스에서는 노동자 계급이 사회적 불평등에 대하여 '노란 조끼' 시위를 벌이고 있고, 영국에서는 부의 격차가 브렉시트 운동을 촉발했다.

아마존, 알리바바, 알파벳을 포함하여 거대 기술 기업들의 영향력이 커지면서, 소득 피라미드의 꼭대기에 있는 사람들이 틀림없이 더 많은 자산을 축적하게 될 것이다. 앞에서 계속 이야기 했듯이, 이러한 기업들이 촉발하는 인공지능에 의한 자동화는 그 결과가 창고의 피킹 로봇이든, 자율주행 자동차든, 쇼핑과 헬스케어를 관리하는 알렉사든 관계없이, 블루칼라 노동자의 수를 감소시키게 될 것이다. 뿐만 아니라 인공지능 플라이휠에 정통한 소수의 기업들만이 세상을 지배하게 될 것이고, 이들의 설립자와 주주들이 세계의 부에서 공정한 자기 몫보다 훨씬 더 많이 가져갈 것이다.

1960년대와 1970년대에 기업들은 주주들의 요구뿐만 아니라 종업원과 공동체의 요구도 고려하여 더욱 균형 잡힌 접근 방식을 취하는 경향이 있었다. 1980년대에는 칼 아이칸Carl Icahn, 빅터 포스너Victor Posner, 티 분 피켄스 T. Boone Pickens와 같은 기업 사냥꾼들이 등장하여 회사를 오직 주주들을 위하여 경영하도록 이사회와 경영진에 압박했다. 이후로 주주들의 수익을 극대화하기 위한 기업 경영이 일반적인 방식이 되었다. 오늘날 CEO들은 공통적으로 최근 분기에 수익을 발생시키기 위한 것이라면, 연구개발비 삭감, 직원 해고, 복지 혜택 축소 등 할 수 있는 것이라면 무엇이든 하려고 할 것이다. 그들이 수익을 내지 못하면, 행동주의 투자자들이 다른 경영진을 찾을 것이기 때문이다.

빅데이터와 인공지능의 위력에 힘입은 강력한 기업들이 앞으로도 훨씬 더 강력해지면서, 안타깝게도 주주 가치에 대한 집중은 더욱 심화될 것이다. 물론, 주주들의 이해관계를 고려해야 할 필요도 있다. 그러나 종업원과 기업이 활동하는 공동체의 이해관계도 마찬가지로 고려해야 한다. 좌파 진영에서 제시하는 해결책은 말로는 간단하지만, 실행에 옮기기는 쉽지 않다. 그들은 기업이 종업원들에게 임금을 더 많이 지급해야 하고, 기업이 재정적으로 최저 생활 임금을 지급할 수가 없거나 사회의 요구를 충족시킬 수 있는 일자리를 충분히 창출할 수 없을 때에는 정부가 나서서 부족한 부분을 보충해야 한다고 주장한다.

물론 아마존은 이러한 논쟁에서 가장 중심이 되고 있고, 자본주의가 가는 방향을 가장 잘 보여주는 역할을 한다. 아마존은 수년 동안 노동자들에게 보상을 제공하는 방식 때문에 노동조합과 진보적인 정치인들로부터 분노를 샀다. 그들의 주장은 직원들을 거세게 몰아붙이는 베조스가 비용에만 집중하여 일반 직원들을 부당하게 대우를 한다는 것이다. 그리고 그들의 주장은 어느 정도는 사실이다.

'스톱 베조스 법안' 발표의 서곡이 시작되던 여름에 샌더스 상원의원과 그와 법안을 공동 발의했던 캘리포니아주 출신의 진보적인 민주당 의원 로 칸나Ro Khanna는 정치 열기를 더욱 뜨겁게 달구고 있었다. 그들은 강연을 하거나 텔레비전에 등장하여 아마존과 월마트와 같은 대기업(미국에서 가장 규모가 큰 두 고용주들이다)들이 연방 정부가 그들의 종업원들에게 복지 혜택을 제공하기 위해 지출한 비용을 배상해야 하는 이유에 대해 설명했다. 샌더스는 식품 구입권과 메디케이드를 비롯하여 연방 정부가 저임금 노동자에게 제공하는 혜택이 연간 1,530억 달러에 달하는 것으로 추정했다. 샌더스 상원의원은 아마존의 임금 정책을 두고서 베조스에게 맹공을 퍼부었다. 그는 다음과 같은 트윗을 날렸다. "지구상에서 가장 돈이 많은 사람을 위해 일하는 사람이 식품 구입권에 의지하게 해서는 안 된다. 하루에 2억 6,000만 달러를 버는 사람을 위해 일하는 사람이 자동차에서 잠을 자야 하는 상황으로 내몰려서는 안 된다. 그런데도 이런 일이 아마존에서 일어나고 있다."[8]

샌더스 상원의원의 의도가 훌륭하기는 했지만, '스톱 베조스 법안'은 본질적으로 고용주에게 과세를 하자는 것이었다. 두 자녀를 혼자서 키우는 어머니가 아마존에서 근무하면서 1년에 2만 달러를 벌고, 식품 구입권 2,100달러어치, 학교 급식 보조비로 770달러를 받는다고 하자.[9] 만약 이 가정에서 의료비가 발생하면, 연방 정부가 메디케이드 혜택까지도 제공해야 한다. 이 법안에 따르면, 아마존은 연방 정부에 이러한 복지 혜택에

소요되는 비용을 모두 배상해야 한다.[10]

　정치적으로 우파에 있는 사람들까지도 아마존을 성토하는 대열에 동참했다. 그러나 그들이 강조하는 지점은 노동자들이 처한 곤경보다는 납세자들이 열심히 일해서 번 돈을 낭비한다는 데 있었다. 폭스 뉴스의 토크쇼 진행자 터커 칼슨Tucker Carlson은 2018년 8월에 방송을 진행하던 도중에 이렇게 말했다. "아마존 노동자들의 대다수가 저임금에 시달리고 있습니다. 그들은 연방 정부의 복지 혜택을 받을 자격이 됩니다. … 제프 베조스는 직원들이 먹고살 만큼의 임금을 지급하지 않고 있습니다. 따라서 당신이 낸 세금으로 부족한 부분을 채워야 합니다."

　그러자 베조스가 반격을 시작했다. 2018년 8월에 어느 블로그에서, 아마존은 샌더스가 정치 놀음을 하고 있고, 아마존이 노동자들에게 지급하는 임금에 대하여 잘못된 주장을 하고 있다면서 그를 비난했다. "아마존은 지난해에만 새로운 일자리를 13만 개 넘게 창출한 것에 대하여 대단한 자부심을 가지고 있습니다. 미국에서는 아마존 풀필먼트 센터에서 근무하는 정규직 직원들의 시간당 평균 임금은 현금, 주식, 보너스를 포함하여 15달러가 넘습니다. 그것도 초과 근무 수당을 포함하지 않고서 말입니다." 이것은 월마트 혹은 타깃이 직원들에게 지급하는 임금보다 더 많다.

　아마존에서는 정규직 직원과 비정규직 직원을 합쳐서 64만 8,000명이 근무하고 있고, 거의 모두가 근무 시간에 따라 각종 혜택을 받고 있다. 이러한 혜택을 받지 못하는 직원들은 주로 휴가철에 작업을 돕기로 계약했던 임시 직원들인데, 이들이 약 10만 명에 달한다. 우리는 휴가철에 임시 직원을 두 달간 고용해야 하는 기업의 딜레마를 인정해야 할 것이다. 아마존이 이러한 직원들이 나머지 10개월 혹은 11개월 동안 생계를 위해 무엇을 할 것인가에 대하여 책임을 져야 하는가? 특히 그들 중 일부는 일을 하지 않고 복지 혜택으로만 살아갈 결심을 하고 있는데도 말이다.

'스톱 베조스 법안'이 갖는 더 큰 문제는 이 법안이 도움을 주고자 했던 바로 그 노동자들에게 피해를 입힐 가능성이 더 많다는 것이다. 이 법안에 따르면, 아마존은 연방 정부로부터 복지 혜택을 받는 사람을 고용하지 않을 가능성이 있다. 종업원들 중 한 사람이 자녀를 갖거나 메디케이드 자격이 되면 높은 의료비 때문에 임금으로 나가는 비용이 증가한다는 것을 알기 때문이다. 편모 가정인 경우에는 이 법 때문에 고용 비용이 급증하여 가장인 어머니가 직장을 잃고서 연방 정부가 제공하는 복지 혜택에 훨씬 더 많이 의존하게 되는 시나리오를 상상할 수도 있다.[11] 경제학자이자 자유방임주의를 지향하는 카토연구소^{Cato Institute}에서 경제학에 대한 대중의 이해를 증진하기 위한 R. 에번 샤프 위원장으로 일하는 라이언 본^{Ryan Bourne}은 이렇게 주장한다. "이 법안의 본질은 복지 수혜자를 고용하는 데 비용이 더 많이 들게 만든다는 것입니다. 경제학에서는 어떤 것을 사용하는 데 비용이 많이 들면, 그것을 덜 사용하라고 가르칩니다."

그러나 논리와 정책이 항상 같이 가는 것은 아니다. 아마존에 대한 정치적 시대정신이 변하면서, 2018년 10월 2일에 베조스가 휴가철 임시 직원을 포함하여 시간 단위로 임금을 받는 종업원 35만 명에 대해 시간당 최저임금 15달러를 지급하는 방침을 전면적으로 시행하여 자신을 비난하는 사람들을 깜짝 놀라게 했다. 그는 임금 인상을 발표하면서 이렇게 말했다. "우리는 우리를 비난하는 사람들에게 귀를 기울였고, 우리가 무엇을 할 것인가에 대하여 깊이 고민했습니다. 그리고 우리가 앞장서기로 결심했습니다. 우리는 이러한 변화에 큰 기대를 가지고 있으며, 경쟁 기업과 그 밖의 다른 대기업들이 동참하기를 촉구합니다."

'스톱 베조스 법안'이 발표되기 몇 달 전에도 아마존에서는 이미 종업원에 대한 임금 인상을 두고서 내부적으로 열띤 토론이 벌어지고 있었다. 아마존의 창고 부문을 포함하여 글로벌 영업 부문 수석 부사장인 데이브 클라크Dave Clark는 (정치적인 효과를 떠나서) 임금 인상이 일자리가 부족한 경제에서 좋은 직원을 유치하고 유지하는 데 도움이 될 것으로 생각했다. 토론의 주제는 주로 임금 인상을 어떻게 (점진적으로 혹은 한꺼번에) 시행할 것인가에 집중되었다. 클라크를 포함하여 다른 선임자들은 베조스에게 점진적인 임금 인상을 포함하여 다양한 시나리오를 제시했다. 가장 공격적이고 비용이 많이 드는 선택은 15달러 최저 임금을 당장 전면적으로 시행하는 것이었다. 대담한 조치를 좋아하는 베조스는 전혀 주저하지 않고 이 아이디어를 받아들이고는 가능한 한 신속하게 시행할 것을 지시했다. 당시 그 자리에 있던 어느 임원은 이렇게 말했다. "제프가 아마존이 임금 논의에서 동조자가 되기보다는 선도자가 되기를 원했기 때문에 이 아이디어를 수용했던 것입니다."

베조스가 임금 인상을 단행할 때 곤경에 처한 직원들에게 관심을 가진 것은 의심의 여지가 없다. 그리고 많은 기업들이 그를 따라야 했다. 그러나 앞으로 살펴보겠지만, 임금 인상은 홍보 측면에서 훌륭한 조치였을 뿐만 아니라 경쟁 기업들을 불리한 처지에 놓이게 만드는 전술이기도 했다 (이러한 측면에서 베조스가 세계에서 가장 경쟁력 있는 사람 중 하나라는 것을 기억해야 한다).

아마존 직원들의 대다수는 임금 인상을 반겼다. 그러나 일부에게는 시간당 15달러로 임금을 인상하는 것이 오히려 손해가 되었다. 아마존은 임금 계약의 한 부분에서 콜 센터와 창고 직원에게 지급하던 양도 제한 조건부 주식(스톡옵션으로 제공되는 주식에 대하여 일정 기간 동안 매도를 금지하는 조건을 붙이는 형태의 주식-옮긴이)과 생산 목표가 정해진 창고 직원에게 매월 지급하던 생산성 향상 장려금을 더 이상 지급하지 않으려고 했다.[12] 일부 직원들은 언론과의 인터뷰에서 이번 임금 인상이 기껏해야 떡고물에 지나지 않는다고 불평했고, 또 다른 직원들은 실제로 임금이 삭감되었다고 주장했다. 이런 보도가 데이브 클라크의 책상에 도착하자, 그는 이번 결정으로 손해를 본 직원들을 찾아서 손해를 본 금액을 보전해줄 수 있는 방안을 수립하라고 지시했다.

아마존에게 이번 결정은 훌륭한 조치였다. 베조스는 자기 직원들에게 시간당 최저 임금 15달러를 지급함으로써 샌더스의 공격에서 벗어났다. 샌더스 상원의원은 실제로 베조스가 이번 조치를 취한 것에 찬사를 보냈고, 다른 기업들도 그의 뒤를 따르기를 바랐다. 그리고 이번 조치는 '스톱 베조스 법안'을 이후로 미루게 했다(아무튼 공화당이 백악관과 상원을 장악하고 있는 상태에서 이 법안이 통과될 가능성은 별로 없었다).

그러나 많은 사람들이 놓친 것은 시간당 15달러로 최저 임금을 인상한 것이 실제로는 정치적으로나 경제적으로 뛰어난 전략적 조치라는 것이다. 이것은 무슨 수를 써서라도 이기려는 베조스의 성격을 보여주는 또 다른 사례이다. 물론 이번 조치가 아마존에 노동 비용의 상승으로 연간 15억 달러의 비용 상승을 초래하겠지만, 베조스는 이를 통해 경쟁 기업의 허를 찔렀다. 아마존의 임금 인상은 동기부여가 잘 된 훌륭한 직원들을 유치하고 유지하는 데 도움이 되기 때문에 노동의 생산성이 향상될 것이고, 그렇게 된다면 이 온라인 소매업체는 우월한 고객 서비스를 제공하며 영원한 성배를 보유할 수 있게 된다. 아마존이 시간당 15달러를 지급하는데 경쟁 기업이 11달러를 지급한다면, 누가 더 훌륭한 직원을 고용할 수 있겠는가?

베조스가 경쟁 기업을 괴롭히려고 하지는 않는다. 다만 아마존은 임금 인상을 통해 멀리 내다보는 게임을 하고 있다. 다른 기업들이 임금을 낮추기 위한 싸움을 벌이고 있는 동안 베조스는 임금 인상이라는 전국적인 추세에서 앞장서며 아마존의 사업 모델을 조정하고 있는 것이다. 미국 전역의 많은 도시와 주에서 이미 최저 임금을 올리기 시작했다. 예를 들어, 시애틀과 뉴욕은 이미 15달러로 정했고, 캘리포니아주는 2022년에 15달러로 인상하는 법안을 통과시켰다.[13] 베조스는 아마존의 사업 모델이 이러한 변화를 확실하게 감당할 수 있기를 바랐다.

2018년에 아마존은 독점 금지에서부터 드론세, 노동 문제에 이르기까지, 자신의 주장을 뒷받침해줄 공인된 로비스트 90명을 고용했다. 비영리 기관인 책임정치센터에 따르면, 아마존이 그해 로비 활동에 1,440만 달러를 지출했다고 한다. 베조스가 전사적으로 임금을 시간당 15달러로 인상하기로 결정한 이후 아마존의 로비스트들은 연방 최저 임금 법안을 통과시키기 위해 강하게 압박하기 시작했다. 아마존의 시간당 15달러에 맞추기 위해 연방 최저 임금인 시간당 7.25달러를 두 배 이상으로 끌어올리게 되면, 아마존과 경쟁하는 전통 소매업체들은 훨씬 더 커다란 어려움에 처하게 될 것이다. 그리고 이런 로비스트들의 압박을 감안하면, 연방 최저 임금을 15달러로 하는 법안을 통과시키는 것이 불가능한 일도 아니었다. 이와 관련하여 카토 연구소의 라이언 본은 이렇게 말한다. "앞으로 4~5년 후에 특히 민주당이 정권을 잡으면, 최저 임금을 급격하게 인상될 것입니다."

소매업은 힘들면서도 이윤은 적은 사업이다. 이것은 아마존에도 마찬가지이다. 그러나 아마존은 클라우드, 광고, 구독 서비스를 포함하여 마진이 많이 남는 사업군을 보유하고 있다. 따라서 최저 임금을 15달러로 인상하여 수익에 타격이 오더라도 어렵지 않게 그 금액을 감당할 수 있다. 하지만 아마존과 경쟁하는 소매업체들 중 대다수는 아마존처럼 수익률이 높은 사업군을 보유하고 있지 않고, 아마존이 가진 현금 창출 능력도 없어서 급격한 임금 상승을 감당하기 어려울 것이다.

샌더스와 베조스의 싸움은 차치하더라도 아마존의 하위직 직원들이 장기적으로 우려하는 것은 임금이 중산층의 안정된 생활을 유지하기에 충분한 수준 이하로 떨어지는 것이 아니라 (시간당 15달러를 받더라도 연간 3만 1,000달러를 받게 되어 중산층 수준의 생활을 유지하기가 어렵다) 그들이 하는 일이 자동화되면서 사라지는 것이다. 베조스는 이 문제에 대해서는 기술낙관론자이다. 그는 경제가 자동화와 인공지능으로 일자리를 잃게 된 사람들을 위한 새로운 일자리를 제공하리라고 믿는다. 그렇다고 하더라도 가끔은 사라진 일자리를 보충하기 위한 보편적 기본소득의 필요성에 대해 깊이 생각한다.[14] 보편적 기본소득이란 연방 정부가 개입하여 모든 미국인들에게 기술이 고용 시장에 일으키게 될 혼란을 완화하기 위해 기본소득을 제공하는 것이다.

자유방임주의 성향이 있는 베조스는 아직은 보편적 기본소득에 대한 자기 생각을 정하지 않았다. 대체로 그는 정치적인 의사를 드러내지 않으면서도 사회적으로 점진적인 변화를 중시하고, 대중의 의견에 지지를 나타내지 않는 편이다. 바로 이러한 점이 기본소득에 대하여 어떤 형태로든 지지 의사를 나타내는 페이스북의 마크 저커버그와 공동 설립자 크리스 휴즈Chris Hughes, 테슬라의 일론 머스크Elon Musk, 벤처자본가 마크 안드레센Marc Andreessen을 포함하여 자기 주변에 있는 기술 거장들과의 사이에 불화를 가져왔다.

　간단히 말하자면, 보편적 기본소득은 사회적으로나 정치적으로 복잡한 문제에 대한 논리적 반응이다. 이것은 기술 때문에 사라지게 될 직장을 가진 사람들이 새로운 직장을 얻기 위한 재교육을 받는 데 필요한 소득을 보장하기 위해 혹은 재교육을 받을 수 없다면 최저 임금 수준에서 생계를 유지할 수 있도록 하기 위해 설계된 것이다. 서유럽 국가에는 이미 사회안전망이 있다. 하지만 2018년과 2019년 프랑스에서 노란 조끼 시위가 자주 일어난 것을 보면, 유럽 대륙의 일부 지역에서도 기본소득만으로는 충분하지 않다는 것을 알 수 있다. 아시아와 남아메리카 지역의 대부분의 국가에서는 대체로 사회안전망이 유럽만큼 튼튼하지 않다. 이 지역 정부들은 인공지능과 자동화로 일자리가 대거 사라지는 상황을 맞게 될 것이고, 미국에서 찾고 있는 것과 비슷한 해법을 찾으려고 할 것이다.

　미국에서는 보편적 기본소득 프로그램에 대해서도 다양한 방식이 논의되었지만, 기본적으로는 모든 시민들이 (그들이 얼마를 벌든 상관없이) 생활하기에 충분한 소득을 보장해주기 위해 매달 일정한 금액을 지급하는 방향으로 결정되었다. 워싱턴 D.C.에서는 다양한 제안들이 나왔고, 싱크탱크들은 500달러에서 1,000달러 사이의 금액을 제시했다. 사실 이런 아이디어는 새로운 것이 아니다. 역사적으로 보면, 마틴 루터 킹 박사Dr. Martin Luther King Jr.와 리처드 닉슨Richard Nixon 대통령을 포함하여 정치적 스펙트럼과 관계없이 여러 지식인들과 정치인들이 이러한 아이디어를 다양한 형태로 지지했다. 오늘날에는 이것이 미국인 4,100만 명을 빈곤에서 벗어날 수 있게 해주고(미국에서 빈곤을 정의하는 현재의 기준은 개인당 연간 소득 12,000달러이다), 최저 임금을 받는 사람들 혹은 긱 경제에서 힘들게 일하는 사람들이 살아가는 데 커다란 어려움을 겪지 않도록 해준다는 매력이 있다.

보편적 기본소득을 실현하지 못하는 이유는 비용이 많이 들기 때문이다. 빌 클린턴 행정부 시절에 노동부 장관을 지냈고 캘리포니아주 버클리 대학교에서 공공 정책을 가르치는 로버트 라이시Robert Reich 교수는 모든 미국인들(물론 정치적으로 실감이 나게 말하자면, 여기에 억만장자도 포함된다)에게 매달 1,000달러를 지급하려면 납세자들에게 연간 3.9조 달러를 과세해야 하는데, 이 금액은 현재의 연방 복지 프로그램 예산보다 1.3조 달러가 더 많고, 연방 정부 예산과 거의 비슷한 규모이다.[15] 이 금액을 또 다른 방식으로 표현하면, 미국 GDP의 약 20퍼센트에 해당한다. 이처럼 엄청난 비용을 부자에게 세금을 더 내게 하거나 탄소세나 소매세, 로봇세를 부과하는 식(혹은 이 모든 것을 일부 조합하는 방식)으로 충당해야 한다.

미국과 유럽에서 정치적 부족주의가 횡행하는 이 시대에, 세금을 크게 인상하고 역사에 길이 남을 만큼 부를 재분배하기에 충분한 표를 모으기가 쉽지는 않을 것이다. 미국의 선거자금법은 부자일수록 정치적 권력을 더 많이 축적할 수 있도록 설계되어 있다. 따라서 권력이 소득 재분배를 가로막는 데 사용될 수 있다. 적절한 예를 들자면, 석유화학 부문의 거대 기업 코크 인더스트리즈^{Koch Industries}를 소유한 억만장자 데이비드 코크^{David Koch}와 찰스 코크^{Charles Koch} 형제들은 2019년 8월에 데이비드가 세상을 떠나기 전에 정부 영향력의 범위를 과거 수준으로 되돌리기 위해 선거가 있는 해마다 수억 달러를 지출했다고 한다.

하버드대학교 학부 시절에 마크 저커버거와 페이스북을 공동으로 설립했고《뉴 리퍼블릭》의 소유주이기도 했던 크리스 휴즈는 2018년에《공정한 백신: 불평등과 우리가 소득을 얻는 방법에 대하여 다시 생각하면서》라는 책을 저술하면서, 좀 더 제한적이고 따라서 정치적으로 좀 더 끌리는 기본소득을 주장했다. 이에 따르면, 연간 5만 달러 이하로 버는 사람은 매월 500달러의 세금 공제를 받게 된다. 휴즈는 나에게 자기 계획에 따르면 2018년에 공화당 의원들이 통과시켰던 1조 달러 감세 법안과 거의 동일한 금액의 감세가 발생하고, 이 계획이 국민들이 생계를 꾸려나가는 데 도움이 될 뿐만 아니라, 아이를 베이비시터에게 맡기고는 직업 훈련을 받아서 더 나은 삶을 살아갈 수 있게 하며, 새로운 일자리를 찾기 위한 자동차 연료비를 충당할 수 있게 할 것이라고 말했다. 또한 그는 이렇게 말했다. "저는 공짜로 돈을 주는 데에는 반대합니다. 사람들은 열심히 일하면 성공할 수 있다는 것을 알아야 합니다. 그런데 지금은 그렇지가 않습니다. 그렇게 되기 위해서는 우선 세법을 고쳐야 합니다."

그렇지만 10년 혹은 20년 동안에 노동 여건이 위기로 치닫는다면, 완전한 보편적 기본소득이 유일한 선택이 될 수도 있다. 미래학자 마틴 포드

Martin Ford는 이렇게 말한다. "결국에는 보편적 기본소득을 실시하지 않는 데 드는 비용이 그것을 실시하는 데 드는 비용을 초과할 것입니다. 사회 적으로 보면, 부의 불평등이 사회 붕괴를 초래할 정도로 심화되었고, 이를 완화하기 위해 대책을 세울 필요가 있습니다. 그리고 보편적 기본소득이 경제에 나쁘게 작용하지 않을 것입니다." 라이시도 이렇게 주장한다. "자 동화가 경제가 계속 성장하게 하고, 보편적 기본소득의 실현을 가능하게 해주리라고 믿습니다. 보편적 기본소득 자체가 소비자의 지출을 일으키 고, 또 다른 경제 활동을 자극할 것입니다. 그리고 빈곤율이 낮아지면 범 죄율도 낮아지고, 교도 행정 비용을 포함하여 빈곤으로 인한 그 밖의 사회 적 비용도 줄어들 것입니다."[16]

2018년 노동절 이후 소란스러운 시기에 베조스는 한 가지 결정적인 수 를 두었는데, 이것이 아마존, 특히 아마존의 사회적 영향력에 대한 집중적 인 비난을 완화하는 데 도움이 되었다. 샌더스, 워렌, 폭스 뉴스로부터 공 격을 받은 직후인 2018년 9월 13일, 베조스는 홈리스를 사라지게 하고 유 아 교육을 지원하기 위해 20억 달러를 기부한다고 발표했다. 이것은 베조 스가 하는 최초의 의미 있는 기부였다. 20억 달러는 당시 그가 보유한 순 자산 1,630억 달러의 2퍼센트도 안 되는 금액이지만, 여전히 대단한 금액 이었다.

이때까지 베조스의 삶에서 자선이라는 것이 주로 뒷북을 치는 것에 불 과했다. 베조스는 시애틀에 있는 프레드 허친슨 암연구센터에 수천만 달 러를 기부했지만, 그것은 그의 재력에 비하면 얼마 안 되는 금액이었다. 그는 자신의 시간과 에너지의 거의 전부를 아마존과 아마존의 우주개발

기업 블루 오리진, 그리고 자신의 가정에 쏟아부었다. 베조스는 자기가 잘하고 싶은 것을 한다. 그것을 다른 누구보다도 더 잘하지는 않더라도 말이다. 따라서 그가 20억 달러를 기부하기 전까지는 여러 해에 걸쳐서 자선 활동을 제대로 하는 데 충분한 시간을 할애할 생각이 없었다고 보는 것이 타당할 것 같다.

베조스가 기부를 한 시기를 두고 빈정거릴 수도 있다. 그리고 그것을 그저 샌더스와 같은 사람들의 정치적 공격을 차단하기 위한 방편으로 생각할 수도 있다. 그러나 베조스에게 유리한 해석을 해야 한다는 주장이 제기되기도 한다. 정치인들이 베조스를 비난하기 위해 한창 열을 올리기 1년 전에 베조스는 이미 자선 활동을 시작하려 생각하고 있었다. 2017년 6월 그는 트윗에서 이렇게 적었다. "이번 트윗에서는 아이디어를 요청합니다. 저는 제가 대부분의 시간을 보내는 방식(장기적인 시각을 갖는 것)과는 다른 방법으로 자선 전략을 실행하려 생각을 하고 있습니다."[17] 베조스는 장기적인 사고를 중단하지는 않겠지만, 당시에는 사람들을 도우려는 생각에 한 걸음 물러선 것이다.

베조스의 편에서 바라볼 수 있는 또 다른 관점은 그의 가족들이 오랫동안 미국인들의 요구를 충족시켜주기 위한 활동을 해왔다는 것이다. 베조스의 부모님인 재클린과 마이크 베조스는 아스펜에 위치한 베조스 패밀리 재단Bezos Family Foundation을 운영하면서 유아 교육을 지원해왔다. 이 재단이 하는 다양한 활동 중에는 '브룸Vroom'이라는 프로젝트가 있는데, 이것은 인지과학의 최신 이론에 근거하여 부모가 자녀의 지능을 향상시키기 위해 자녀와 함께 할 수 있는 1,000개가 넘는 자유 활동을 제안하는 앱을 지원하는 것이다. 한 가지 예를 들자면, 부모가 자녀와 함께 바깥나들이를 갈 때 부모는 자녀가 책이나 텔레비전에서 봤던 현실 세계의 사물을 지적할 수 있다.

베조스는 가족들의 전통을 따라, 자기가 기부한 20억 달러의 '데이 원 펀드'를 당장 도움이 필요한 사람을 지원하는 데 쓰기로 했다. 이 펀드는 아이가 아직 어린 가정에 쉼터와 음식을 제공하는 기관과 시민단체를 지원하고, 새로운 비영리기관의 네트워크와 소득 수준이 낮은 지역에 몬테소리 방식의 교육을 제공하는 유치원을 지원하는 데 쓰일 것이다. 베조스는 이 프로젝트에 대단한 열의를 가지고, 이 프로젝트의 성공을 위해 베조스 특유의 방식으로 치열하게 몰아붙일 것이다. 2018년 9월에 새로운 자선 활동을 알리는 트윗에서, 그는 자신의 비전을 이렇게 표현했다. "우리는 지금까지 아마존을 이끌어왔던 것과 똑같은 원칙을 적용할 것입니다. 그 원칙들 중에서 가장 중요한 것은 진정으로 고객에 집착하는 것입니다. '교육이란 통을 가득 채우는 것이 아니라 불을 지피는 것'이라는 말이 있습니다. 그리고 아이들에게는 일찍부터 불을 지펴야 커다란 도움이 될 수 있습니다."[18]

2018년 9월이 지나가면서, 베조스는 자선 활동을 새롭게 전개했고, 아마존의 최저 임금을 시간당 15달러로 인상했다. 최저 임금의 인상을 위한 로비 활동을 펼친 것이 일시적으로 정치적 비난을 가라앉혔다. 당시에는 아마존이 뉴욕시에 제2본사를 건립할 계획을 발표한 이후로 5개월이 지나서 격렬한 반대가 일어나리라고 예상하는 사람은 아무도 없었다.

2019년 발렌타인 데이에, 전국 뉴스가 시작되기 불과 한 시간 전에 뉴욕

시장 빌 드 블라시오Bill de Blasio가 아마존의 글로벌 대외협력팀장 제이 카니에게 전화를 받았다. 《타임》 출신의 저널리스트이자 오바마 행정부 시절에 백악관 대변인으로 일했던 카니는 시장에게 아마존이 뉴욕시에 제2본사를 건립하기로 했던 계획을 철회하기로 결정했다고 말하면서 사람들을 깜짝 놀라게 했다. 이 계획은 뉴욕시의 유망한 퀸즈 지역에 위치하고 이스트강 건너편 맨해튼 스카이라인의 멋진 광경이 펼쳐지는 롱아일랜드시티에 2만 5,000개의 일자리를 창출할 것으로 기대되었다. 통화 시간은 길지 않았고, 카니가 시장에게 이번 결정은 번복되지 않을 것이라고 말했다.[19] 아마존의 마음을 얻으려고 애쓰던 드 블라시오 시장은 카니와의 통화를 끝내고 얼마 지나지 않아서, 아마존을 향하여 다음과 같은 트윗을 날렸다. "당신들은 뉴욕시에서 일을 하기가 어려울 것이다."[20]

모두가 민주당 출신인 드 블라시오와 뉴욕 주지사 앤드루 쿠오모Andrew Cuomo는 4개월 전에 이 거대 전자상거래 기업을 뉴욕에 유치하기 위해 주 정부와 지역 정부가 30억 달러에 달하는 인센티브를 제공하기로 하고 거래를 성사시켰다. 이들의 제의로 아마존이라는 매력적인 일자리를 창출하기 위해 경쟁하던 278개의 다른 도시들은 물러날 수밖에 없었다. 그 당시 아마존은 뉴욕뿐만 아니라 북부 버지니아에도 또 하나의 제2본사를 건립할 계획이라고 발표했다.

이렇게 거래가 무산되자, 공직자들을 다루는 방식에서 베조스의 태도에 대하여 많은 말들이 나왔다. 그들은 조건이 마음에 들지 않으면 거래를 기꺼이 무산시킬 수도 있는 아마존의 태도를 보며, 아마존에 대한 자신들의 이해가 얼마나 부족했는지를 분명히 알 수 있었다. 아마존이 뉴욕시에 본사를 건립할 계획을 발표하고 나서 몇 달 동안 롱아일랜드시티와 이웃한 지역구 출신으로 자기 스스로를 민주적 사회주의자라고 일컫고 그녀를 따르는 사람들에게서 AOC라는 애칭으로 불리는 알렉산드리아 오카시오코르테스Alexandria Ocasio-Cortez 하원의원을 포함하여 새로 선출된 진보적인 정치인들이 거세게 반발했다. AOC를 비롯한 지역 정치인들은 일자리 2만 5,000개를 창출하는 대가로 아마존이 누리게 될 30억 달러의 세제 혜택을 지적했다(아마존이 이보다 수십억 달러나 더 많은 세수를 창출할 것이라는 데는 관심이 없다). 그들은 베조스와 같은 억만장자들은 그만한 돈이 필요하지 않다고 주장했다. 또한 그들은 아마존이 노동조합 결성을 저지하지 말아야 하고, 지역 주택 건설과 노후화된 지하철의 개선을 지원하기를 바랐다. 아마존이 계획을 철회하기 며칠 전 뉴욕주 상원의원이자 민주당의 새로운 정치 지도자 안드레아 스튜어트 쿠진스Andrea Stewart Cousins가 롱아일랜드시티를 포함한 지역구 출신으로, 진보적인 성향의 마이클 지아나리스Michael Gianaris 상원의원을 이번 거래에 대한 거부권을 가진 강력한 주 위원회의 위원으로 지명한 것도 도움이 되지 않았다. 지아나리스 상원의원은 아마존을 드러내 놓고 비판하는 사람으로, 이미 다음과 같은 결론을 내린 것으로 보였다. "그들이 들어와서 이런 방식으로 공동체를 접수하면, 공동체는 죽고 만다."

핵심은 아마존이 뉴욕에서 직면했던 정치적 혼란을 원치 않았다는 데 있다. 이와 관련하여 아마존의 제2본사 건립 계획을 주도했던 카니는 이렇게 말했다. "우리가 필요한 승인을 받을 수 없다고 생각해서 발을 뺀 것이 아닙니다. 승인을 받을 것이라는 데에는 추호의 의심도 없었습니다. 우리는 공직자에게서 광범위한 지지를 얻고 있다는 사실을 잘 압니다. 그리고 쿠오모 주지사도 우리를 신뢰했습니다. 우리가 발을 뺀 것은 정치적 혼란에서 비롯되는 고통을 감수할 만한 가치가 없다고 판단했기 때문입니다." 적대적인 정치인을 달래려고 몇 달 혹은 심지어는 몇 년을 보내는 것은 아마존이 고객에 집중해야 하는 시간과 자원을 허비하게 할 뿐이다. 아마존의 입장에서는 노동조합에 끌려다니면, 가격 인상이 불가피하고 그렇게 되면 고객에게 피해가 돌아간다. 또한 노후화된 지하철 개선에 관여하면, 고객을 섬기는 데 필요한 시간을 빼앗기게 된다. 또 다른 요인으로는 아마존이 역사적으로 세간의 주목을 받는 것을 원치 않는다는 점을 들 수 있다. 아마존이 어떤 조치를 취할 때마다 이를 두고 공공연히 비판만을 일삼는 지역 정치인들을 수십 년 동안 상대하는 것을 아마존은 원치 않는다. 베조스의 사고방식을 잘 아는 사람에게는 그가 뉴욕시와의 거래를 서둘러서 철회하는 것이 전혀 놀랍지 않을 것이다. 베조스가 뉴욕시를 원하는 것보다 뉴욕시가 베조스를 더 많이 원했던 것이다.

그렇다고 하더라도, 아마존은 지역 정치인들에게 아마존의 사업 철학을 더 잘 설명했어야 했고, 그들의 관심사를 듣는 데 시간을 더 많이 할애했어야 했다는 것은 맞는 말이다. 아마존이 자신을 충분히 설명하지 않았기 때문에, AOC와 같은 정치인들은 아마존을 자기만 생각하는 거대하고도 탐욕스러운 또 하나의 기업으로 표현했다. 아마존이 들어오면 공동체가 저주받을 것이라고 말이다. 아마존의 예상 밖의 철수는 사회악을 아마존 탓으로 돌리려는 일부 정치인들의 의지를 강화할 뿐이었다. 실제로 아마존을 해체하기를 원하는 동시에 전문성을 갖춘 반독점주의자들의 수가 많지는 않지만, 계속 늘어나고 있다.

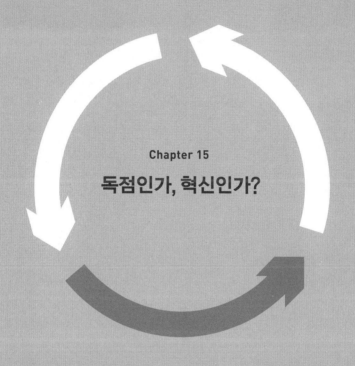

Chapter 15

독점인가, 혁신인가?

2018년 3월 트럼프 대통령은 트윗으로 수많은 소매업체들이 문을 닫게 만들었다면서 아마존을 맹렬하게 비난했다. 이후로 1년 남짓 지나서 재무 장관 스티븐 므누신Steven Mnuchin이 CNBC에 출연하여 법무부가 거대 기술 기업을 대상으로 독점 금지 심사를 시작한 것에 대하여 이렇게 논평했다. "아마존을 자세히 살펴보면, 비록 장점도 있지만 그들이 미국의 소매 산업 을 파괴하여 경쟁을 제한했다는 데에는 의심의 여지가 없다고 생각합니 다."[1] 물론 이 말이 대통령과 그를 따르는 사람들도 잘 알고 있듯이, 베조 스 소유의 《워싱턴 포스트》에 실린 대통령에 대한 무자비할 정도로 부정 적인 내용의 기사를 두고 발끈한 것으로 볼 수 있다.

트럼프 대통령만이 시애틀에 위치한 이 기업을 싫어하는 것은 아니다. 아마존이 너무 크고 강력해지고 있다고 생각하는 사람들은 점점 더 많아 지고 있다. 월마트의 미국 담당 CEO를 지냈던 빌 사이먼Bill Simon은 아마존 이 해체되어야 한다고 주장했다. 엘리자베스 워런 상원의원은 대공황 시 기에 은행 산업을 투자 은행 부문과 상업 은행 부문으로 분리했던 글라 스-스티걸법Glass-Steagall Act의 아마존 버전이 필요하다고 주장했다. 그녀는 정부가 나서서 아마존을 웹사이트 부문과 직접적인 소매 사업 부문으로 분리하는 방법에 대해 이야기했다. 아마존의 플랫폼은 제3자 판매자들의 제품뿐만 아니라 아마존 자체의 제품도 판매한다. 워렌은 아마존이 아마존의 전자상거래 플랫폼을 이용하는 판매자들과의 경쟁에서 부당 이익을 취한다고 주장했다. NBA 농구 경기에서 선수와 심판이 하나가 되는 경우를 생각해보라. 어떤 제3자 판매자의 판매 실적이 좋다면, 예를 들어 초록색 후드 스웨트셔츠가 잘 팔린다면, 아마존이 이런 사실을 알고서 아마존 상표가 붙은 초록색 후드 스웨트셔츠를 만들어 이보다 더 낮은 가격에 판매할 것이다. 그녀는 이렇게 말한다. "한 가지 사업만을 선택해야 합니다. 두 가지 모두를 해서는 안 됩니다."[2]

하원 법제사법위원회에 소속된 양당의 위원들이 아마존과 그 밖의 거대 기술 기업에 임원들의 활동과 관련된 서류(여기에는 베조스의 이메일, 재무제표, 경쟁 기업, 시장 점유율, 합병을 포함하여 주요 의사 결정에 관한 정보가 포함되었을 것이다)를 제출할 것을 요구하면서, 베조스 반대 운동은 2019년 가을에 새로운 탄력을 얻었다. 특히, 의회는 아마존에 대해서는 아마존닷컴에서의 제품 검색, 아마존 프라임의 가격 정책, 판매자에게 부과하는 수수료에 관한 자료를 요구했다. 위원회 위원장 제롤드 내들러Jerrold Nadler는 "소수의 몇몇 기업들이 전자상거래와 커뮤니케이션에서 지나칠 정도로 많은 부분을 차지한 것을 보여주는 증거가 많이 있다"라고 하면서, 이러한 요구 자료가 조사를 계속 진행하는 데 도움이 될 것이라고 말했다.[3]

2017년 1월에 《예일 로 저널》에 실린 〈아마존의 반독점 역설〉이라는 제목의 논문에서는 학계 최초로 아마존의 해체를 뒷받침하는 주장이 나왔다. 저자는 29세의 리나 칸Lina Khan이라는 예일대학교 대학원생이었는데, 아마존이 다양한 시장에서 약탈적인 가격 정책을 실시하고 있으며, 이러한 행위가 소비자에게 유리하게 작용하더라도 경쟁 기업을 착취한다고 주장했다. 워싱턴 D.C.에 위치한 진보적인 싱크탱크인 오픈마켓 인스티튜트Open Markets Institute에서 근무하는 칸은 기업이 너무 커지고 강력해지면, 자신에게 유리하게 규제를 변경하기 위한 로비 활동을 펼치고, 주정부로부터 엄청난 세금 우대를 받아서 교육과 복지에 소요될 자금을 빼앗아가고, 우리 주변을 불도저로 갈아엎는 식으로 미국인들의 기본적인 자유를 박탈할 수 있다고 생각한다.[4] 그녀는 《애틀랜틱》과의 인터뷰에서 이렇게 주장했다. "대부분의 사람들의 경우에 그들이 매일같이 권력과 상호작용하는 대상은 지역구 의회의원이 아니라 직장 상사입니다. 그리고 당신의 일상적인 삶, 특히 경제 관계에서 노예처럼 대우받는다면, 이것이 시민으로서의 당신의 역량, 민주주의에 대한 당신의 경험에 무엇을 의미하겠습니까?"[5] 보통의 경우에는 법학과 대학원생이 쓴 학술 논문은 주목받지 못한다. 그러나 칸의 논문은 정곡을 찔렀다. 그녀의 논문은 다운로드 횟수가 14만 5,000회에 달했는데, 이것은 법학계의 블록버스터 영화에 해당한다.

그다음에는 아마존이 대규모 온라인 소매업체 중의 하나로 자리 잡은 유럽에서 아마존에 반대하는 움직임이 형성되었다. 2019년 중반에 유럽연합이 반독점법 위반 혐의로 아마존에 대한 공식적인 조사에 착수했다. 구글을 대상으로 경쟁에 반하는 사례를 성공적으로 포착하고 이에 단호하게 대처한 것으로 널리 알려져 있는 EU의 경쟁 담당 위원 마르그레테 베스타게르Margrethe Vestager는 아마존이 고객의 쇼핑 습관에 관하여 수집한 막대한 양의 데이터를 경쟁을 차단하는 데 사용하고 있다고 생각했다. 그녀의 주장은 (엘리자베스 워렌과 비슷하게도) 아마존이 소매 제품의 직접적인 판매자이자, 자신과 제3자 판매자를 위한 전자상거래 플랫폼의 제공자 역할을 하기 때문에, 아마존 내부에서 이해관계의 충돌 현상이 나타난다는 것이었다. 아마존이 사이트 내에서 최상의 배치를 두고서 제3자 판매자와 경쟁할 뿐만 아니라 경쟁 기업에 관한 중요한 데이터를 수집하여 자신에게 유리하게 사용하고 있다는 것이다.

그러나 증거를 살펴보면 이야기가 달라진다. 미국에서는 아마존이 반독점법을 위반하고 있다는 주장을 펼치기 어렵다. 이러한 법률을 더욱 엄격하게 적용하는 유럽에서조차 아마존이 경쟁을 방해하고 있다는 주장을 입증하기가 어렵다. 어쩌면 그다지 멀지 않은 미래의 어느 시점에 아마존과 그 밖의 거대 기술의 플랫폼들이 훨씬 더 커다란 영향력을 행사하며 경쟁의 조건을 좌우할 뿐만 아니라 정부를 자기 마음대로 좌지우지하고, 가장 나쁜 경우에는 우리의 자유를 제한할 수도 있다. 그러나 그런 날은 아직 오지 않았다.

아마존은 확실히 도서에서 출발하여 소매와 엔터테인먼트에 이르기까지, 여러 산업의 사업 모델에서 혼란을 일으키고 있다. 그러나 최소한 지금까지 법률가들이 해석하기로는 미국의 현행 반독점법을 위반하지는 않았다. 아마존 같은 기업이 소비자에게 도움을 줄 것인가 혹은 피해를 입힐 것인가는 현재의 반독점법에 대한 중요한 기준이 되고 있다. 이러한 사고의 기원은 미국 연방 순회 항소 법원의 판사이자 시카고대학교 로스쿨 교수인 리처드 포스너Richard Posner가 이 분야를 발칵 뒤집어놓은 《반독점법》이라는 저작을 출간하던 1970년대 후반으로 거슬러 올라간다.[6] 이전까지는 미국의 반독점법의 특징은 (때로는 상충되는) 두 가지 목표를 추구하는 데 있었다. 그것은 가격을 설정하는 독점 기업으로부터 소비자를 보호하고, 규모가 큰 경쟁 기업으로부터 소규모의 판매업자를 포함하여 존중받아야 할 사람을 보호한다는 것이었다. 포스너의 저작은 주로 소비자의 후생을 강조함으로써 반독점법이 가진 사고의 근간을 뒤흔들었다. 이러한 자유방임주의적 견해에 따르면, 기업이 독점력을 소비자를 해롭게 하는 방식으로 가격을 올리는 데 사용하지 않는 이상, 시장은 자유로워야 하고 규제의 적용을 받지 않아야 한다. 이러한 철학은 반독점법을 연구하는 학자들 사이에서 시카고 성전Chicago sacred texts으로 알려져 있다. 큰 것은 그것 자체로는 나쁘지 않다. 어떤 기업이 경쟁 기업을 해롭게 하거나 문을 닫게 하는 것은 문제가 되지는 않는다. 이것이 바로 자유시장 자본주의 경제가 작동하는 방식이다.

아마존은 설립 이후로 소비자의 삶을 개선하는 데에만 몰두해왔다. 아마존은 인공지능 플라이휠을 사용하여 끊임없이 가격을 낮추고 제품의 배송 속도를 높였다. 프라임 회원들에게는 무료로 영화와 텔레비전 시리즈물, 음악을 제공하고, 홀푸드 제품 가격을 할인해주었다. 소비자들은 미국의 다른 브랜드보다 아마존을 더 신뢰한다. 아마존이 소비자들을 해롭게 한다는 전제로 아마존을 해체해야 한다는 주장은 말도 안 된다.

또한 경쟁에 반대되는 행동한다는 이유로 아마존의 해체를 주장하기에는 아마존이 소기업에 도움을 주기보다는 해롭게 작용한다는 것을 설득력 있게 보여줄 만한 증거가 부족하다. 경쟁 기업보다 효율적이기 때문에 아마존을 처벌하는 것은 타당하지 않다. 특히 아마존이 비용 절감의 효과를 가격 인하를 통해 소비자와 함께 나눌 경우에는 더욱 그렇다. 하버드대학교 케네디공공정책대학원 경제학 교수이자 오바마 행정부 시절에 경제 자문위원회 위원장을 지냈던 제이슨 퍼먼Jason Furman은 기업 권력이 부의 불평등, 물가 상승, 혁신 역량의 약화에 미치는 영향을 분석했다. 그는 현재 아마존이 해체되어서는 안 된다고 생각하고서 아마존에 합격점을 주면서 이렇게 말했다. "월마트는 공급망 관리Supply Chain Management(제품이 생산되어 판매되기까지의 모든 공급 과정을 관리하는 시스템-옮긴이)를 개선하기 위한 방법을 모색하여 성장했습니다. 그리고 아마존은 온라인으로 월마트와 똑같은 것을 이루어냈습니다. 따라서 이 부문에 더 많이 집중하게 되었고, 이것은 효율성이 그만큼 증가했다는 의미입니다. 이것은 경제에 좋은 영향을 미칩니다."[7]

무엇이 미국과 유럽의 정치인들과 규제자들을 걱정하게 만드는가를 이해하기 위하여 브룩스브라더스Brooks Brothers(미국의 캐주얼 브랜드-옮긴이)의 사례를 살펴보자. 품격 있는 미국 브랜드는 브룩스브라더스닷컴에서뿐만 아니라 아마존 사이트에서도 의류를 판매하고 있었다. 시애틀의 거대 기업인 아마존이 온라인 소매에서 무시하기에는 너무나도 많은 영향력을 행사하고 있기 때문에 다른 선택의 여지는 없다. 아마존의 알고리즘이 지금 무엇이 팔리고 있는지를 확인하기 위해 자체 사이트에서 그리고 아마도 분명히 브룩스브라더스닷컴에서도 판매량을 살펴볼 것이다. 한번은 이 알고리즘이 카키색 남성 바지가 잘 팔리고 있는 사실을 틀림없이 확인했을 것 같은 일이 벌어졌다. 2017년에 아마존이 굿스레드Goodthreads라는 자체 브랜드를 제작하여 판매하기 시작했기 때문이다.

아마존닷컴에서 카키색 남성 바지를 검색하면, 페이지 상단에서 가장 좋은 자리에 아마존의 카키색 바지가 등장하지만, 브룩스브라더스 브랜드는 찾아볼 수 없다. 나는 아마존 카키색 바지를 39달러에 사서, 패션 감각이 뛰어난 아들 앞에서 입어보았다. 아들 녀석이 아주 좋아 보인다고 했다. 저렴한 아마존 복제품이라는 것을 모르고서 말이다. 이런 경우에는 아마존이 고객에게 좋은 일을 했지만, 브룩스브라더스에는 그렇지 않다. 이제 아마존닷컴에서 브룩스브라더스 브랜드를 구체적으로 검색하면, 카키색 바지가 아마존과 가격 경쟁을 하기 위해 90달러에서 55달러로 상당히 많이 할인된 가격에 팔리고 있는 것을 확인할 수 있다. 베스타게르는 이렇게 말한다. "여기서 문제는 데이터에 있습니다. 그러면 당신들은 무엇이 새로운 대박을 터뜨릴 것인가, 사람들이 무엇을 원하는가, 어떤 종류의 제안을 받아들일 것인가, 무엇이 그들의 지갑을 열게 할 것인가에 대하여 자기 계산을 하는 데에도 이 데이터를 사용하고 있지 않습니까?"[8]

아마존이 정확하게 그렇게 했을 수도 있다. 물론 아마존은 반독점법에 따른 심사를 피하려고 이를 부정할 것이다. 문제는 이렇다. 이 데이터가 아마존에 자체 플랫폼에서 상품을 판매하는 소매업체들에 대하여 불공정한 경쟁 우위를 제공했는가? 아마존이 경쟁자들을 거세게 밀쳐내고, 자체 사이트에 제3자 판매자들을 거느리고 있는 막강한 기업이라는 데에는 의심의 여지가 없다. 런던에서 여행 가방을 판매하다가 어느 날 아침에 깨어보니 아마존이 직접적인 경쟁자가 된 사실을 알게 된 존 모건의 이야기는 이 경우에 해당하는 일화이다. 그렇다고 하더라도, 이러한 증거가 아마존이 불패의 소매업체라는 주장을 뒷받침하지는 않는다.

리서치 회사 마켓플레이스 펄스Marketplace Pulse는 2019년에 아마존 상표가 붙은 제품들에 대하여 심도 있는 연구를 하고는 "이런 제품들이 많은 사람들이 주장하는 만큼 성공하지 않았고, … 해당 브랜드와 수만 개의 출시된 제품들이 고객들의 관심을 끌지 못했다"라는 결론을 내렸다. 아마존의 대변인은 마켓플레이스 펄스 측에 이렇게 말했다. "아마존 상표가 붙은 제품은 전체 매출에서 1퍼센트도 되지 않습니다. 이런 비중은 다른 거대 소매업체들과 비교하면 훨씬 적습니다. 그런 소매업체들을 보면, 자사 상표가 붙은 제품이 전체 매출에서 25퍼센트 이상을 차지합니다."[9] 이 산업에서 자사 상표가 붙은 제품을 판매하고 이런 제품이 전체 매출에서 차지하는 비중이 25퍼센트가 넘는 것이 표준 관행이 되어 있는 상황에서, 아마존이 데이터를 사용하여 다른 소매업체들의 제품에 비해 자사 상표가 붙은 제품이 불공정하게 우위를 누리도록 했다고 주장하기는 어렵다.

물론 아마존이 자사 상표가 붙은 제품뿐만 아니라 다른 수많은 제품들을 판매하고 있고, 아마존의 전자상거래 플랫폼을 사용하는 제3자 판매자들과 치열하게 경쟁한다. 그렇다고 하더라도, 아마존이 자신을 비난하는 사람들이 주장하는 것처럼 독점력을 가지고 있다면, 자체 플랫폼에서 판매하는 소매업체들이 폐업하도록 몰아붙일 수도 있다. 그런데 정반대의 현상이 일어났다. 베조스가 아마존에 대한 정치적 반감이 커지는 것이 신경이 쓰였던지 2018년에 주주들에게 보낸 편지를 2019년 4월에 공개하면서, 지금 아마존닷컴에서 판매하는 제품 중에서 제3자 판매자들이 판매하는 제품이 전체 매출에서 58퍼센트를 차지한다는 사실을 지적했다.[10] 이러한 비중은 10년 전의 30퍼센트에서 크게 증가한 것이다. 자사 판매자라 할 아마존이 1,170억 달러어치의 제품을 직접 판매한 것에 비하여, 주로 중소 소매업체인 제3자 판매자들은 1,600억 달러어치의 제품을 판매했다. 베조스가 편지에서 썼듯이, "솔직히 말하자면, 제3자 판매자들이 자사 판매자를 제대로 혼내주고 있습니다."

아마존의 글로벌 대외협력팀장 제이 카니는 이에 대하여 다음과 같이 말했다. "아마존을 비난하는 사람들은 아마존이 중소기업을 괴멸시키고 있다고 주장합니다. 이것은 심각한 혐의입니다. 그런데 이를 뒷받침할 만한 증거는 거의 없습니다. 실제로 아마존 사이트에서 제품을 판매하는 중소기업이 수백만 개가 되는데, 대다수가 번창하고 있습니다. 우리가 제3자 판매자들을 몰아내려고 한다면, 역사상 가장 나쁜 짓을 하고 있는 것이 됩니다. 그런데 이와는 정반대의 현상이 일어나고 있습니다."

카니의 주장은 아마존에서 상품을 판매하는 데 극심한 경쟁이 존재하지 않는다는 의미가 아니다. 미국뿐만 아니라 유럽, 중국, 일본, 남아메리카에서 영업하는 200만 개가 넘는 소매업체들이 사라지지 않고 아마존을 통해 사업을 확장하고 있다는 것을 의미하며, 이는 아마존을 해체하라는 주장과는 배치된다. 아마존에서 판매하지 않는 미국과 외국의 수많은 소규모 소매업체들이 생존에 어려움을 겪고 있지만, 이것은 소비자의 취향이 신속한 배송과 온라인 구매나 매장 구매, 혹은 온라인으로 구매하고 매장에서 가져가는 것 중에서 원하는 방식을 택하는 쪽으로 변해가는 것과 더 많은 관련이 있다. 규모가 작은 소매업체들이 이러한 변화에 적응하지 못하면 살아남기 어려울 것이다.

아마존을 비난하는 사람들은 오늘날 미국 법률상으로는 아마존의 해체를 설득력 있게 주장하기가 어렵기 때문에, 역사적인 선례를 가지고 자기 주장을 펼치려고 한다. 그들은 아마존, 알리바바, 알파벳, 페이스북, 트위터를 비롯한 거대 기술 플랫폼이 너무나도 강력하여 정부의 주권을 위협한다는 단순한 이유로 이들이 해체되어야 한다고 주장할 것이다. 1602년 네덜란드는 연합동인도회사를 설립하여 아시아 국가와의 무역을 독점했다. 1669년에는 이 회사가 그 당시까지 세계에서 가장 부유한 민간 기업이 되었다. 1799년에 연합동인도회사가 갖는 권력과 시장 지배력을 시기하는 다른 식민지 제국들의 공격을 받아서 회사는 파산했고, 이 회사가 가지고 있던 독점력도 함께 사라졌다.

아마존과 그 밖의 거대 기술 기업들이 비난받는 것과 비슷한 종류의 권력을 가졌던 최근 기업들로는 도금 시대Gilded Age(소설가 마크 트웨인Mark Twain이 만든 용어로, 미국 역사에서 물질주의와 정치 부패가 만연한 1870년대에서 1900년까지의 시기를 말한다.-옮긴이)에 활동하던 기업들이 있다. 19세기 후반에, J. D. 록펠러J. D. Rockefeller와 J. P. 모건J. P. Morgan, 앤드루 멜론Andrew Mellon과 같은 거물들이 등장하여 자기가 경영하던 제조업체들을 하나의 트러스트trust(기업 합동이라고도 하며, 법률상뿐만 아니라 경영상으로도 완전히 결합된 기업 형태로, 일반적으로 거액의 자본을 고정 설비에 투자하고 있는 기업의 경우에 이러한 형태가 많다.-옮긴이)로 통합했는데, 그 결과로 그들이 소유한 다양한 회사들의 주식이 하나의 이사회에 의해 지배를 받게 되었다. 이것은 연방 반독점법으로부터 그들의 독점력을 효과적으로 보호하기 위한 조치였다. 트러스트를 옹호하는 법조인들은 이러한 이사회의 지배를 받는 기업들이 전국적으로 영업을 하고는 있지만, 지주회사 그 자체가 하나의 주에 본사를 두고 있고, 이사들이 주로 기업 재무에만 관여하고 주 사이의 교역에는 관여하지 않기 때문에 반독점법의 적용을 받지 않는다고 주장했다. 대법원은 연방정부 대 이시나이트사E. C. Knight Co.의 분쟁에서 이러한 주장을 받아들였다.(1895)

20세기 초에 J. D. 록펠러가 스탠더드 오일을 미국 정유 부문의 90퍼센트를 장악하는 거대 기업으로 키웠다.[11] 앤드루 카네기Andrew Carnegie는 자신의 철강회사를 9개의 다른 철강회사들과 합병하여 100만 명을 고용했다.[12] 도금 시대에 실업계에서 가장 강력한 거물이었던 J. P. 모건은 7개의 은행, 웨스턴유니언전신회사, 풀먼팰리스카회사, 애트나생명보험, 제너럴일렉트릭, 레이랜드해운과 21개의 철도로 이루어진 트러스트를 경영했다. 당시 《콜리어스 위클리》가 지적했듯이, "당신은 모건 씨의 지배 구역을 여러 번 거쳐야만 정기운항선과 철도를 타고 영국에서 중국으로 갈 수가 있습니다."[13]

당시 시어도어 루스벨트Theodore Roosevelt 대통령이 직면한 딜레마는 오늘날 "아마존 해체"를 주장하는 사람들이 직면한 것과 비슷했다. 도금 시대의 트러스트가 거대한 권력을 축적하고는 있었지만, 그들이 소비자들을 위해 가격을 인하했던 사례도 많았다. 에드먼드 모리스Edmund Morris는 루스벨트 대통령에 대한 자신의 뛰어난 전기 《시어도어 렉스》에서 20세기 초반에는 트러스트들이 지배하는 미국 경제가 잘 돌아가고 있었고, 스탠더드 오일이 제공하는 등유의 가격이 30년 동안 하락하고 있었던 점을 지적했다. 모리스는 이렇게 적었다. "이제 미국은 더 이상 자급자족하는 소규모 공동체들을 긁어모은 국가가 아니다. 미국은 한곳에서 모여서 사업을 하는 독점 기업의 도시들이 대규모의 격자 형태를 이루고 있다. 예를 들어, 철강 도시가 있고 고무 도시도 있으며, 소금 도시, 직물 도시, 옥수수 도시, 구리 도시도 있다." 지금 아마존은 가격을 인하하고 고객 서비스를 끊임없이 개선하여 경제에 그 당시와 비슷한 영향을 미치고 있다.

루스벨트 대통령은 결국 재임 기간에 기발한 주장을 펼치면서 트러스트의 대부분을 해체했다. 그가 록펠러, 모건, 멜론과 같은 사람들이 경영하는 트러스트가 너무나도 강력하여 연방 정부의 주권을 위협하고 있다고 주장했던 것이다. 그는 1901년에 다음과 같이 적었다. "정부의 산물인 거대 기업에 관해서는 감독권과 경영권을 정부, 그리고 필요하다면 국가가 가져야 한다는 것이 점점 더 분명해지고 있다."[14] 루스벨트 대통령은 트러스트가 너무 커져서 엄청난 영향력을 행사하여 연방 정부가 이들을 어떤 식으로든 통제하기 어려워질 것을 걱정했다. 1903년에 그는 궁극적으로는 트러스트를 해체하게 될 법안을 통과시키기 위하여 의회를 설득했다.[15] 그러나 이전까지는 록펠러가 상원의원 6명에게 이 법안의 통과를 막기 위해 최선을 다해줄 것을 요청한 것으로 드러났다.

오늘날 아마존, 알파벳, 애플, 넷플릭스, 페이스북은 미국 경제와 미국인들의 삶에 엄청난 영향력을 행사하고 있지만, 도금 시대의 트러스트만큼 광범위한 영향을 미치고 있지는 않다. 페이스북과 알파벳을 합치면 온라인 광고 시장의 60퍼센트를 차지하고 있지만, 미국 전체 광고 시장에서는 약 4분의 1만을 차지하고 있다.[16] 그리고 아마존이 경쟁자가 되어 빠르게 올라오고 있다. 비디오 스트리밍 서비스를 구독하는 가정의 75퍼센트가 넷플릭스에 가입했지만, 여전히 아마존, 디즈니, AT&T의 추격이 거세다.[17] 애플은 미국 스마트폰 시장의 40퍼센트를 장악하고 있지만, 세계 시장에

서는 10퍼센트에 불과하다.[18]

아마존이 미국 온라인 소매 시장의 40퍼센트를 장악하고 있지만, 온라인 소매 시장의 규모는 미국 전체 소매 시장에 비해 10분의 1에 불과하다. 쇼핑에 쓰는 돈의 10분의 9가 여전히 전통 소매업 매장으로 가고 있는 셈이다. 고객들은 여전히 구매를 하기 전에 옷을 입어보거나 신발을 신어보거나 칸탈루프(껍질은 녹색에 과육은 오렌지색인 메론-옮긴이)를 시식하거나 고화질 텔레비전 화면을 비교하는 것으로 나타났다. 이것은 아마존이 미국 소매 시장의 4퍼센트만을 차지하고 있다는 것을 의미한다. 세계적으로 보면 상황은 훨씬 더 안 좋게 나타난다. 아마존은 세계 소매 시장에서 겨우 1퍼센트만을 차지하고 있고, 아마존이 매출을 올리려면 미국의 월마트, 중국의 3대 거대 기업인 알리바바, 텐센트, 제이디닷컴과 같은 만만찮은 경쟁 기업들과 치열한 싸움을 벌여야 한다.

도금 시대의 트러스트와 오늘날의 거대 기술 기업 간의 부정할 수 없는 한 가지 비슷한 점은 (아이러니하게도) 이들이 경제와 사회에 좋은 역할을 할 수 있다는 것이다. 사생활 보호 문제와 선거와 관련된 해킹을 차치하면, 페이스북과 알파벳은 제조업체와 소매업체가 타깃 광고를 통해 자사 제품을 더욱 효과적으로 판매하는 데 도움이 된다. 애플은 10억 명(적어도 그들 중 대다수)이 사랑하는 장치를 개발했고, 넷플릭스는 1억 명의 구독자 가정에 저렴한 가격으로 엔터테인먼트를 제공했다. 소비자들은 아마존이 제공하는 폭넓은 선택권과 신속한 배송에 만족한다.

그러면 아마존을 비난하는 사람들이 제시할 수 있는 유일하게 논리적인 주장은 아마존이 지금까지 너무나도 규모가 크고 성공적이어서 (혹은 앞으로도) 그럴 것이기 때문에, 수많은 기업들을 문 닫게 할 수 있고, 정부를 괴롭혀서 세제 혜택을 얻고, 법을 자신에게 유리하게 고치도록 할 수 있다는 것이다.

이러한 주장이 갖는 문제는 자본주의의 중심에는 항상 파괴가 있어왔고, 앞으로도 있을 것이라는 사실이다. 아마존을 비난하는 사람들이 모든 기업들이 서로 잘 지낼 수 있고, 비효율적인 기업이 정부의 보호를 받을 수 있으며, 미국 법무부가 심판의 역할을 하는 시스템을 원한다면, 그것은 그냥 그들이 가진 특권이다. 그러나 이처럼 아마존에 반대하는 생각은 비싼 대가를 치러야 한다. 그것은 혁신을 억누르는 것을 말한다. 1930년대 오스트리아의 경제학자 조지프 슘페터Joseph Schumpeter는 자본주의의 중심에는 창조적 파괴가 있다고 주장했다. 발전이 있으려면 옛 것이 새 것에 길을 내주어야 한다는 것이다. 역사는 그가 옳다는 것을 입증했다. 자동차가 마차를 밀어냈고, 휴대폰이 일반 전화를 밀어냈고, 클라우드 컴퓨팅이 기업의 데이터 센터를 대신했고, 유기농 식품이 제너럴밀스와 크라프트하인즈와 같은 포장 식품업체들에게 타격을 가하고 있다. 마차를 타고, 친구에게 전화 다이얼을 돌리고는 통화 중 신호를 듣고, 크라프트 마카로니와 치즈만을 먹어야 하는 세상으로 정말 되돌아가고 싶은가?

앞으로 아마존은 세계 경제에서 엄청난 세력으로 남을 것이고, 기업과 사회에 대단한 영향력을 가질 것이고, 많은 사람들이 생각하는 것보다 더 많은 파괴력을 지닐 것이다. 인공지능 플라이휠이 산업마다 닥치는 대로 관통하면서 회전할 것이고, 현존하는 기업들은 적응하거나 소멸하게 될 것이다. 기술력이 약한 자는 무리에서 도태될 것이다. 인공지능과 자동화로 일자리 수억 개가 사라질 것이고, 이를 대체할 만한 새로운 일자리가 충분히 창출되지 않을 것이다. 우리 모두가 이러한 미래에 익숙해져야 한다. 아마존, 알파벳, 알리바바를 해체하거나 마비시킨다고 해서 인공지능과 자동화의 거센 물결을 막을 수는 없기 때문이다. 현재의 기술 거대 기업들이 다가오는 기술에 의한 대혼란을 일으키지 않는다고 하더라도, 다른 기업들이 이런 변화를 일으키고 말 것이다.

아마존을 비난하는 사람들이 두려워하는 것이 실현되는 날은 도래하게 될 것이다. 아마존의 인공지능 플라이휠은 너무나도 광범위하게 스며들고 그 위력을 헤아릴 수가 없어서 아마존과 그 밖의 거대 기술 기업들을 대상으로 그곳에서 어떤 일이 발생하더라도 그것이 두려움을 준다는 단순한 이유 때문에 규제를 가하거나 이들을 해체해야 할 필요성이 제기될 수도 있다. 그런 날이 곧 오지는 않겠지만, 어쨌든 올 수도 있다. 이처럼 똑똑한 시스템이 우리가 이해하지 못하거나 깨닫지 못하는 우리의 삶에 대하여 점점 더 많은 결정을 하기 시작하면 혹은 이러한 시스템이 너무나도 강력하여 어느 누구도 경쟁할 수가 없게 되면, 정부가 이처럼 엄청난 문제에 대한 해법을 찾아야 할 것이다.

그 사이에 세계는 베조노믹스라고 불리는, 일을 하고 살아가기 위한 근본적으로 새로운 방식에 적응해야 할 것이다.

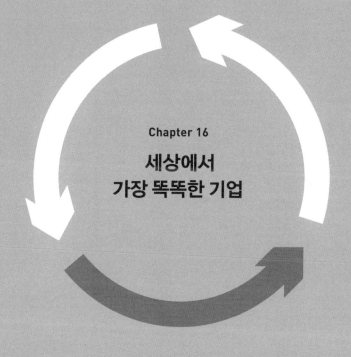

Chapter 16

세상에서
가장 똑똑한 기업

이 책의 서문에서 제프 베조스는 아마존이 언젠가는 사라질 것이라고 말했다. 아마존처럼 강력하고 자금이 풍부하고 똑똑한 기업이 무너지는 것은 두말할 것도 없고 휘청거리는 모습조차도 상상하기가 어렵다. 그렇지만 베조스가 역사상 가장 똑똑한 기업가 중 한 사람이라는 데에는 동의해야 할 것이다. 그렇다, 베조스가 하는 말이 옳을 수도 있다. 언젠가 새로운 기업가가 등장하여 온라인 판매를 위한 더 효율적이고, 더 저렴하고, 더 빠른 방법을 찾아낼 것이다. 혹은 누군가가 등장하여 아마존의 클라우드 사업을 쳐부술 새로운 기술을 개발할 수도 있다. 혹은 베조스가 헬스케어와 금융 부문에 진입한 것이 아마존을 마치 베트남 전쟁처럼 에너지만 소모하다가 전쟁터에서 죽어가게 되는 장기전의 양상으로 몰아갈 수도 있다.

한편으로는 이 모든 것들이 중요하지 않을 수도 있다. 그 이유는 아마존이 패망하더라도 세계에서 가장 부유한 사람, 베조스가 베조노믹스를 탄생시켰기 때문이다. 베조노믹스는 사업을 하기 위한 새로운 방식으로서 막대한 영향력을 가지고 전 세계에 파문을 일으키고 있고, 베조스와 아마존이 사라지고 나서도 오랫동안 계속 위력을 발휘할 것이다. 고객을 향한 집착, 극단적인 혁신, 장기적 사고가 강력하게 조합되어 무자비한 인공지능 플라이휠에 의해 구동되는 베조노믹스는 21세기의 사업 모델이다. 그리고 이것은 우리가 일하고 살아가는 방식을 심대하게 변화시키고 있다.

전통적인 기업과 비교하면, 아마존은 1차 세계대전 당시의 복엽기와 공중전을 벌이는 F-22 랩터 스텔스 전투기에 해당한다. 인공지능을 둘러싼 모든 과대광고에도 불구하고, 아마존은 머신러닝을 아마존이 가진 DNA로 광범위하게 통합한 첫 번째 기업이다. 아마존은 책을 파는 기업이 아니라 기술 기업으로 출범했다. 그리고 자신이 확보한 최신 기술을 여러 산업에 적용하고 있다. 데이터에 의해 움직이는 판매 머신이 생각을 하고 자기가 실수한 것을 통하여 배우고, 더욱 개선한다. 그다음에는 이러한 주기를 끊임없이 실시간으로 반복한다. 아마존은 인간보다 컴퓨터가 사업에 관한 의사 결정을 더 많이 할 가능성이 있는 최초의 기업이다. 베조스는 세상에서 가장 똑똑한 기업을 만들었고, 이 기업은 점점 더 똑똑해지고 있다.

세계의 업계는 결국 베조노믹스를 자기만의 방식으로 채택한 기업과 그렇지 않은 기업의 두 진영으로 나뉠 것이다. 알파벳, 페이스북, 넷플릭스, 알리바바, 제이디닷컴, 텐센트는 데이터를 수집하고 분석하는 자기만의 능력에 기초하여 강력하고도 거대한 기업을 만들었고, 그 과정에서 그들이 학습한 것을 기업을 더욱 똑똑하게 만들고, 고객에게 더욱 매력적인 것을 제공하는 데 적용하고 있다. 이들은 음성 인식 및 안면 인식 기술, 사물인터넷, 로봇공학과 같은 인공지능 기반 기술을 추구하면서, 이처럼 새로운 세계에 적응하지 못하는 전통적인 기업들을 몰아내게 될 자동화된 사업 모델을 창출하고 있다. 그리고 현재의 디지털 네트워크를 대체하게 될 5G 기술이 등장하면서, 그 격차는 더욱 벌어질 것이다. 전문가들은 차세대에는 인터넷 속도가 지금의 웹보다 100배는 더 빠를 것이라고 예상

한다(5G 네트워크에서는 2시간짜리 영화를 불과 몇 초 만에 다운로드할 수 있다).[1]

전통적인 기업들에게는 이러한 세상에 적응하는 것이 단순히 몇 가지 마음에 드는 사업 부문에서 근무할 데이터 과학자들을 많이 모집하는 것만을 의미하지는 않는다. 베조노믹스에 집중하기를 원하는 기업은 완전히 새롭게 변신해야 한다. 나이키가 온라인 쇼핑과 멋진 매장 경험을 통합하기 위해 인공지능과 빅데이터를 사용한 것이 좋은 사례가 될 것이다. 이보다 규모가 훨씬 더 작은 기업도 살아남고자 한다면 베조노믹스의 기조를 채택해야 할 것이다. 스티치 픽스는 고객이 어떤 패션을 좋아하는지를 확인해주는 똑똑한 알고리즘을 가지고 자기만의 여성 의류 온라인 사업을 개발했다.

베조노믹스는 그만큼 사회에 심대한 영향을 미치고 있다. 거대 기술 기업들 중 일부는 사회에 가짜 뉴스, 선거 개입, 개인의 사생활 침해와 같은 불협화음을 일으키고 있다. 애플 CEO 팀 쿡Tim Cook이 말했듯이, "당신이 혼란스러운 공장을 만들었다면, 이러한 혼란에 대한 책임을 면할 수 없습니다." 세계의 빈부 격차가 극단적으로 커지면서, 미국과 유럽의 정치인들이 희생양을 찾기 위해 아마존과 그 밖의 거대 기술 기업들을 지목하기에 이르렀다. 이러한 기업들이 그들의 경영진과 주주들을 위한 부를 창출하기 위해 너무나도 효율적으로 작동하여 대중의 분노를 자극하고, 규제자들의 만만한 표적이 되었다(어쩌면 경우에 따라서는 해체까지 고려해야 할 수도 있다).

여기서 아마존이 지금의 반독점법을 위반하고 있는가 혹은 그렇지 않은가는 중요하지 않다. 역사에서 알 수 있듯이 반독점법은 권력을 가진 자가 읽고 싶은 대로 읽힐 수 있고, 따라서 아마존과 그 밖의 거대 기술 기업들이 규제자들의 부름을 받는 날이 올지도 모른다. 이러한 동향을 미리 알리기라도 하듯이, 2018년 인도에서는 경쟁을 증진하기 위한 노력의 일환으로 아마존과 월마트와 같은 거대 소매업체들이 그들의 사이트에서 자신의 제품을 판매하는 것을 금지하는 법안이 통과되었다. 이것이 다른 시장에서도 이러한 규제가 만들어지도록 자극하지는 않을까?

더 큰 문제는 아마존과 그 밖의 인공지능에 기반한 거대 기술 기업들이 일자리에 영향을 미칠 거라는 사실이다.

세계적으로 엄청나게 많은 일자리가 사라질 것이다. 물론 경제가 결국에는 사라진 일자리의 일부를 대체하기 위하여 새로운 일자리를 창출하겠지만, 이번에는 변화의 규모가 너무나도 커서 각국 정부가 직업 교육, 최저 임금 보장, 심지어는 보편적 기본소득 정책까지도 동원하여 개입해야 할 것이다.

지구촌 사회가 직면한 중요한 문제는 아마존과 그 밖의 거대 기술 기업들이 소매, 검색, 미디어 그리고 곧 헬스케어와 금융과 같은 다른 산업에서 고객에게 제공하는 편의가 그만한 값어치가 있는가라는 것이다. 지금까지는 이러한 거대 기업들이 빠른 속도로 계속 성장하는 것을 보면 그렇다고 볼 수 있다. 결국 사람들은 그들이 제공하는 것을 좋아한다.

따라서 적어도 단기적으로는 그들이 제공하는 것에 익숙해지자. 아마존이 우리 곁에 있고, 베조노믹스에 입각한 인공지능 플라이휠이 점점 더 빠르게 회전할 것이다.

주

머리말

1   "Jeff Bezos on Why It's Always Day 1 at Amazon,"Amazon News video, posted on YouTube, April 19, 2017, https://www.youtube.com/watch?time_continue=8&v=fTwXS2H_iJo.

2   Jeff Haden, "20 Years Ago, Jeff Bezos Said This 1 Thing Separates People Who Achieve Lasting Success from Those Who Don't," *Inc.*, November 6, 2017.

3   Brad Stone, *The Everything Store: Jeff Bezos and the Age of Amazon* (New York: Back Bay Books, 2013), 12.

4   Jim Collins, *Good to Great* (New York: HarperBusiness, 2001), 177.

5   Avery Hartmans, "Amazon Has 10,000 Employees Dedicated to Alexa—Here Are Some of the Areas They're Working On," *Business Insider*, January 22, 2019.

6   "The 7 Industries Amazon Could Disrupt Next," CB Insights, https://www.cbinsights.com/research/report/amazon-disruption-industries/.

7   Matt Day and Spencer Soper, "Amazon U.S. Online Market Share Estimate Cut to 38% from 47%," Bloomberg.com, June 13, 2019.

8   Speaking at the 2019 Fortune Brainstorm Finance conference in Montauk, New York.

9   Mike Isaac, "Which Tech Company Is Uber Most Like? Its Answer May Surprise You," *New York Times*, April 28, 2019.

10 "How Many Products Does Amazon Sell Worldwide," ScrapeHero, October 2017, https://www.scrapehero.com/how-many-products-does-amazon-sell-worldwide-october-2017/.

11 "Rankings per Brand: Amazon," Ranking the Brands, https://www.rankingthe-brands.com/Brand-detail.aspx?brandID=85.

12 Jeff Bezos, 2018 Letter to Shareholders, April 11, 2019.

13 "Small Business Means Big Opportunity,"2019 Amazon SMB Impact Report, https://d39w7f4ix9f5s9.cloudfront.net/61/3b/1f0c2cd24f37bd0e3794c284cd-2f/2019-amazon-smb-impact-report.pdf.

14 Richard Rubin, "Does Amazon Really Pay No Taxes? Here's the Complicated Answer," *Wall Street Journal*, June 14, 2019.

Chapter 1 | 베조노믹스, 세상을 바꾸다

1 "150 Amazing Amazon Statistics, Facts, and History (2019)," Business Statistics, DMR, https://expandedramblings.com/index.php/amazon-statistics/.

2 Courtney Reagan, "More Than 75 Percent of US Online Consumers Shop on Amazon Most of the Time," CNBC, December 19, 2017.

3 "2018 American Institutional Confidence Poll," Baker Center for Leadership, https://bakercenter.georgetown.edu/aicpoll/.

4 Scott Galloway, *The Four: The Hidden DNA of Amazon, Apple, Facebook, and Google* (New York: Portfolio/Penguin, 2017), 14.

5 "How America's Largest Living Generation Shops Amazon," Max Borges Agency, https://www.maxborgesagency.com/how-americas-largest-living-genera-tion-shops-amazon/#slide-2/.

6 Martin Guo, "2019 BrandZ Top 100 Most Valuable Global Brands Report," November 6, 2019, https://cn-en.kantar.com/business/brands/2019/2019-brandz-top-100-most-valuable-global-brands-report/.

7 Karen Webster, "How Much of The Consumer's Paycheck Goes to Amazon?," PYMNTS.com, October 15, 2018.

8 Nona Willis Aronowitz, "Hate Amazon? Try Living Without It," *New York Times*, December 8, 2018.

9 Khadeeja Safdar and Laura Stevens, "Amazon Bans Customers for Too Many Returns," *Wall Street Journal*, May 23, 2018.

10 Simon Parkin, "Has Dopamine Got Us Hooked on Tech?," *The Guardian*, March 4, 2018, https://www.theguardian.com/technology/2018/mar/04/has-dopamine-got-us-hooked-on-tech-facebook-apps-addiction.

11 Nellie Bowles, "A Dark Consensus About Screens and Kids Begins to Emerge in Silicon Valley," *New York Times*, October 26, 2018.

12 "How America's Largest Living Generation Shops Amazon."

13 "How Many Products Does Amazon Sell?," ScrapeHero, January 2018, https://www.scrapehero.com/many-products-amazon-sell-january-2018/.

14 Jason Notte, "25 Bizarre Products Sold on Amazon You Need to Know About," *The Street*, July 19, 2017.

15 Brandt Ranj, "7 Crazily Heavy Things That Ship for Free on Amazon," *Business Insider*, March 21, 2016.

16 Jason Del Rey, "Surprise! Amazon Now Sells More Than 70 of Its Own Private-Label Brands: The Biggest Push Has Come in the Clothing Category," *Vox*, April 7, 2018.

17 Jessica Tyler, "Amazon Sells More Than 80 Private Brands," *Business Insider*, October 8, 2018.

18 Nathaniel Meyersohn, "Who Needs Brand Names? Now Amazon Makes the Stuff It Sells," CNN Business, October 8, 2018.

19 Alina Tugend, "Too Many Choices: A Problem That Can Paralyze," *New York Times*, February 26, 2010.

20 Steven Musil, "Amazon Prime Customers Bought 2 Billion Items with One-Day Delivery in 2018," CNET, December 2, 2018.

21 Ben Popper, "Amazon's Drone Delivery Launches in the UK," *The Verge*, December 14, 2016.

22 Rebecca Ungarino, "Amazon Is Building an Air Hub in Texas—and That Means More Bad News for FedEx and UPS, Morgan Stanley Says," *Business Insider*, December 16, 2018.

23 Michael Larkin, "These Are the Latest Stocks to Sink on a Potential Amazon Threat," *Investor Business Daily*, December 4, 2018.

24 "Amazon Global Fulfillment Center Network," MWPVL International, December

2018, http://www.mwpvl.com/html/amazon_com.html.

25 "Why Amazon Is Gobbling Up Failed Malls," *Wall Street Journal*, May 6, 2019, https://www.wsj.com/video/whyamazon-is-gobbling-up-failed-malls/FC3559FE-945E-447C-8837-151C31D69127.html.

26 "An Amazon Puzzle: How Many Parcels Does It Ship, How Much Does It Cost, and Who Delivers What Share?," *Save the Post Office*, July 29, 2018.

27 Rani Molla, "Amazon's Cashierless Go Stores Could Be a $4 Billion Business by 2021, New Research Suggests," *Vox*, January 4, 2019.

28 "*The Marvelous Mrs. Maisel*: Awards," IMDb, https://www.imdb.com/title/tt5788792/awards.

29 Eugene Kim, "Amazon on Pace to Spend $7 Billion on Video and Music Content This Year, According to New Disclosure," CNBC, April 26, 2019.

30 Todd Spangler, "Netflix Spent $12 Billion on Content in 2018," *Variety*, January 18, 2019.

31 Micah Singelton, "Amazon Is Taking a More Simplistic Approach to Music Streaming. And It Isn't Alone," *The Verge*, April 25, 2017.

Chapter 2 | 세계 최고의 부자

1 "10 Most Expensive Things Owned by Jeff Bezos," Mr. Luxury video, posted on YouTube, December 17, 2018, https://www.youtube.com/watch?v=G-IwSI1cDrM.

2 Vivian Marino, "Luxury Sales Spike as Buyers Rush to Avoid Higher Mansion Taxes," *New York Times*, July 5, 2019.

3 Jeff Bezos Instagram photo, https://www.instagram.com/p/BhkcyHpn_J1/?utm_source=ig_embed.

4 Aine Cain and Paige Leskin, "A Look Inside the Marriage of the Richest Couple in History, Jeff and MacKenzie Bezos—Who Met Before Amazon Started, Were Married for 25 Years, and Are Now Getting Divorced," *Business Insider*, July 6, 2019.

5 "Jeff Bezos Talks Amazon, Blue Origin, Family, and Wealth," video interview by Mathias Dopfner, the CEO of Axel Springer, with Jeff Bezos (4:51), posted on YouTube, May 5, 2018, https://www.youtube.com/watch?v=SCpgKvZB_VQ.

6 Stone, *The Everything Store*, 140-42

7 Ibid., 142.

8 Ibid., 321–24.

9 Laura Collins, "Amazon Founder Jeff Bezos's Ailing Biological Father Pleads to See Him," *Daily Mail*, November 17, 2018.

10 Kim Janssen, "Who Was Jeff Bezos' Tenuous Personal Tie to Chicago?," Chicago Tribune, February 20, 2018.

11 Stone, *The Everything Store*, 143–46.

12 "Jeff Bezos Talks Amazon, Blue Origin, Family, and Wealth," video (5:00).

13 Ibid. (6:00).

14 Chip Bayers, "The Inner Bezos," *Wired*, March 1, 1999.

15 Christian Davenport, *The Space Barons*, (New York: PublicAffairs, 2018), 59–62.

16 Ibid., 60–61.

17 Mark Liebovich, "Child Prodigy, Online Pioneer," *Washington Post*, September 3, 2000.

18 Mimi Montgomery, "Here Are the Floor Plans for Jeff Bezos's $23 Million DC Home," *Washingtonian*, April 22, 2018.

19 Anonymous Amazon employee, "I'm an Amazon Employee. My Company Shouldn't Sell Facial Recognition Tech to Police," Medium, October 16, 2018; Christopher Carbone, "450 Amazon Employees Protest Facial Recognition Software Being Sold to the Police," Fox News, October 18, 2018.

20 "Jeff Bezos Speaks at Wired25 Summit," CBS News, posted on YouTube October 18, 2018, https://www.youtube.com/watch?v=cFyhp1kjbbQ.

21 Mallory Locklear, "Google Pledges to Hold Off on Selling Facial Recognition Technology," *Engadget*, December 13, 2018.

22 Brian Barrett, "Lawmakers Can't Ignore Facial Recognition's Bias Anymore," *Wired*, July 26, 2018.

23 Jeff Bezos, "We Are What We Choose," Princeton commencement speech, May 30, 2010.

24 Interview with Jeff and Mark Bezos, Summit LA17, November 14, 2017.

25 David M. Rubenstein, conversation with Jeff Bezos, the Economic Club, Washing-

ton, D.C., September 13, 2018, https://www.economicclub.org/events/jeff-bezos.

26 Summit LA17 interview, November 14, 2017

27 Rubenstein, conversation with Jeff Bezos, September 13, 2018.

28 Julie Ray, Turning On Bright Minds: A Parent Looks at Gifted Education in Texas (Houston: Prologues, 1977).

29 Alan Deutchman, "Inside the Mind of Jeff Bezos," Fast Company, August 1, 2004, https://www.fastcompany.com/50541/inside-mind-jeff-bezos-4.

30 Summit LA17 interview, November 14, 2017.

31 Stone, *The Everything Store*, 22, 34, 39.

32 Summit LA17 interview, November 14, 2017.

33 Alexia Fernandez, "Who Is Lauren Sanchez? All About the Former News Anchor Dating Billionaire Jeff Bezos," *People*, January 9, 2019.

34 Robin Wigglesworth, "DE Shaw: Inside Manhattan's 'Silicon Valley' Hedge Fund," *Financial Times*, March 26, 2019.

35 Stone, *The Everything Store*, 25.

36 Summit LA17 interview, November 14, 2017.

37 Ibid.

38 James Marcus, Amazonia; *Five Years at the Epicenter of the Dot.com Juggernaut* (New York: New Press, 2004), 100–3.

39 Stone, *The Everything Store*, 73.

40 Ibid., 299.

41 Summit LA17 interview, November 14, 2017.

42 Ibid.

Chapter 3 | 진실이 모든 것을 이긴다

1 Liebovich, "Child Prodigy, Online Pioneer."

2 Eugene Kim, "One Phrase That Perfectly Captures Amazon's Crazy Obsession with Numbers," *Business Insider*, October 19, 2015.

3 Gregory T. Huang, "Out of Bezos's Shadow: 7 Startup Secrets from Amazon's Andy Jassy," Xconomy, May 9, 2013, https://xconomy.com/boston/2013/05/09/

out-of-bezoss-shadow-7-startup-secrets-from-amazons-andy-jassy/.

4   Marcus, *Amazonia*, 51.

5   Joshua Brustein, "The Real Story of How Amazon Built the Echo," Bloomberg.
    com, April 19, 2016.

6   Eugene Kim, "Jeff Bezos' New 'Shadow' Advisor at Amazon Is a Female Executive
    of Chinese Descent," CNBC, November 20, 2018.

7   Stone, *The Everything Store*, 216.

8   Max Nisen, "Jeff Bezos Runs the Most Intense Mentorship Program in Tech," *Busi-
    ness Insider*, October 17, 2013.

9   Stone, *The Everything Store*, 177.

10 Sarah Nassauer, "Wal-Mart to Acquire Jet.com for $3.3 Billion in Cash, Stock," *Wall
    Street Journal*, August 8, 2016.

11 Ira Flatow interview with Walter Isaacson, "'Steve Jobs': Profiling an Ingenious
    Perfectionist," *Talk of the Nation*, NPR, November 11, 2011.

12 Jodi Kantor and David Streitfeld, "Inside Amazon: Wrestling Big Ideas in a Bruis-
    ing Workplace," *New York Times*, August 15, 2015.

13 Marcus, *Amazonia*, 17.

14 Evan Osnos, "Can Mark Zuckerberg Fix Facebook Before It Breaks Democracy?,"
    The New Yorker, September 10, 2018.

15 Ibid.

Chapter 4 | 10,000년 앞을 내다보는 사람

1   "Geographic Identifiers: 2010 Census Summary File 1 (G001): Van Horn town,
    Texas," U.S. Census Bureau, American Factfinder, 2015, https://factfinder.census.
    gov/faces/nav/jsf/pages/community_facts.xhtml?src=bkmk.

2   "Three-Peat for Bezos," The Land Report, June 21, 2016.

3   Henry Blodget, "I Asked Jeff Bezos the Tough Questions—No Profits, the Book
    Controversies, the Phone Flop—and He Showed Why Amazon Is Such a Huge
    Success," *Business Insider*, December 14, 2014.

4   Summit LA17 interview, November 14, 2017.

5 Ibid.

6 Leslie Hook, "Person of the Year: Amazon Web Service's Andy Jassy," *Financial Times*, March 17, 2016.

7 Yun Li, "Amazon Could Surge 35% with AWS Worth More Than $500 Billion, Analyst Says," CNBC, May 28, 2019.

8 Ben Fox Rubin and Roger Cheng, "Fire Phone One Year Later: Why Amazon's Smartphone Flamed Out," CNET, July 24, 2015.

9 Ibid.

10 Amazon 2015 Letter to Shareholders.

11 Blodget, "I Asked Jeff Bezos the Tough Questions."

12 Sean Sullivan, "The Politics of Jeff Bezos," *Washington Post*, August 7, 2013.

13 Rachel Siegel, Michelle Ye Hee Lee, and John Wagner, "Jeff Bezos Donates $10 Million to Veteran-Focused Super PAC in First Major Political Venture," *Washington Post*, September 5, 2018.

14 Charlie Rose, "A Conversation with Amazon's Founder and Chief Executive Officer, Jeff Bezos," video, CharlieRose.com, October 27, 2016.

15 Rubenstein, conversation with Jeff Bezos, September 13, 2018.

16 Ibid.

17 Dade Hayes, "Jeff Bezos Has Never Meddled with Washington Post Coverage, Editor Marty Baron Affirms," Deadline, June 6, 2019.

18 Saul Hansel, "Amazon Cuts Its Loss as Sales Increase," *New York Times*, July 23, 2003.

19 Summit LA17 interview, November 14, 2017.

20 Irene Klotz, "Bezos Is Selling $1 Billion of Amazon Stock a Year to Fund Rocket Venture," Reuters, April 5, 2017.

21 Summit LA17, interview with Jeff and Mark Bezos, November 2017.

22 Samantha Masunaga, "Blue Origin Wins $500-Million Air Force Contract for Development of New Glenn Rocket," *Los Angeles Times*, October 10, 2018.

23 Eric M. Johnson, "Exclusive: Jeff Bezos Plans to Charge at Least $200,000 for Space Rides—Sources," Reuters, July 12, 2018,

24 Kenneth Chang, "Jeff Bezos Unveils Blue Origin's Vision for Space, and a Moon

Lander," *New York Times*, May 9, 2019.

25 Kevin Kelly, "Clock in the Mountain," blog, The Long Now Foundation, n.d., http://longnow.org/clock/.

26 Ibid.

Chapter 5 | 인공지능이 더 똑똑한 기업을 만든다

1 Stone, *The Everything Store*, 35.

2 Ibid., 50.

3 Ibid., 169.

4 Olivia Oran, "5 Dot-Com Busts: Where They Are Today," *The Street*, March 9, 2011.

5 Jacqueline Doherty, "Amazon.bomb: Investors Are Beginning to Realize That This Storybook Stock Has Problems," Barron's, updated May 31, 1999.

6 Stone, *The Everything Store*, 103–4.

7 Summit LA17 interview, November 14, 2017.

8 Justin Fox, "Amazon, the Biggest R&D Spender, Does Not Believe in R&D," Bloomberg View, April 12, 2018.

9 "Amazon's Quarterly Net Profit," chart, Atlas/Factset, https://www.theatlas.com/charts/BJjuqbWLz.

10 Rubin and Cheng, "Fire Phone One Year Later."

11 Summit LA17 interview, November 14, 2017.

12 Stone, *The Everything Store*, 163.

13 "IDC Survey Finds Artificial Intelligence to Be a Priority for Organizations, but Few Have Implemented an Enterprise-Wide Strategy," Business Wire, July 8, 2019.

14 Stephen Cohn and Matthew W. Granade, "Models Will Run the World," *Wall Street Journal*, August 19, 2018.

15 Entry Level Data Scientist Salaries, Glassdoor, https://www.glassdoor.com/Salaries/entry-level-data-scientist-salary-SRCH_KO0,26.htm.

16 "Number of Monthly Active Facebook Users Worldwide as of 2nd Quarter 2019 (in Millions)," Statista, 2019, https://www.statista.com/statistics/264810/number-of-monthly-active-facebook-users-worldwide/.

17 Haroon Siddique, "NHS Teams Up with Amazon to Bring Alexa to Patients," *The Guardian*, July 9, 2019.

18 Tony Ma, "Tencent's Founder on the Future of the Chinese Internet," *Washington Post*, November 26, 2018.

19 Vishal Kumar, "Big Facts," Analytics Week, March 26, 2017, https://analyticsweek.com/content/big-data-facts/.

20 David Reinsel, John Gantz, and John Rydning, "The Digitization of the World—from Edge to Core," white paper, IDC, November 2018.

Chapter 6 | 프라임 프로그램의 나비효과

1 Kashmir Hill, "I Tried to Block Amazon from My Life, It Was Impossible," Gizmodo, January 22, 2019.

2 Stone, *The Everything Store*, 129.

3 "So I threw out": Jason Del Rey, "The Making of Amazon Prime, the Internet's Most Successful and Devastating Membership Program," Vox, May 3, 2019, https://vox.com/recode/2019/5/18511544/amazon-prime-oral-history-jeff-bezos-one-day-shipping."

4 Stone, *The Everything Store*, 186.

5 Del Rey, "The Making of Amazon Prime."

6 Ibid.

7 Adam Levy, "Walmart's $98 Delivery Subscription Could Take on Amazon and Target," The Motley Fool, September 14, 2019.

8 Hilary Milnes, Alibaba's Tmall Woos Luxury Brands to Sell to Its Invite-Only Loyalty Club for Big Spenders," *Digiday*, April 17, 2018.

9 Amazon 2017 Letter to Shareholders, page 1.

10 Consumer Intelligence Research Partners (CIRP), https://www.fool.com/investing/2017/10/20/amazon-prime-has-nearly-as-many-subscribers-as-cab.aspx.

11 Video, Summit LA17 interview, November 14, 2017.

12 Andrew Liptak, Westworld Creators Jonathan Nolan and Lisa Joy Have Signed On with Amazon Studios," *The Verge*, April 5, 2019.

13 Jeffrey Dastin, "Amazon's Internal Numbers on Prime Video, Revealed," Reuters, March 15, 2018.

14 Peter Kafka, "Netflix Is Finally Sharing (Some of) Its Audience Numbers for Its TV Shows and Movies," Recode, January 17, 2019.

Chapter 7 | 알렉사가 가져올 유토피아 혹은 디스토피아

1 William of Malmesbury, Chronicle of the Kings of England, Bk. II, Ch. x, 181, c. 1125.

2 Melanie Pinola, "Speech Recognition Through the Decades," *PC World*, November 2, 2011.

3 Andrew Myers, "Stanford's John McCarthy, Seminal Figure of Artificial Intelligence, Dies at 84," *Stanford Report*, October 25, 2011.

4 Pinola, "Speech Recognition Through the Decades."

5 Ibid.

6 Bianca Bosker, "Siri Rising: The Inside Story of Siri's Origins—and Why She Could Overshadow the iPhone," *Huffington Post*, December 6, 2017.

7 Amazon 2018 Annual Letter to Shareholders, April 11, 2019. The 100 million number included Alexa devices made by both Amazon and other manufacturers. As of August 2019, Amazon had sold 53 million smart devices for a 70 percent U.S. market share.

8 Dieter Bohn, "Amazon Says 100 Million Alexa Devices Have Been Sold: What's Next?," *The Verge*, January 4, 2019.

9 Bret Kinsella, "60 Percent of Smart Speaker Owners Use Them 4 Times Per Day or More," Voicebot AI, July 12, 2017. To derive the 500-million-questions-a-day figure, I took the weighted average of the number of questions a day (5) from the IFTTT study cited in the Voicebot.AI story and multiplied by the 100 million Alexa devices that have been sold.

10 Avery Hartmans, "Amazon Has 10,000 Employees Dedicated to Alexa—Here Are Some of the Areas They're Working On," *Business Insider*, January 22, 2019.

11 Dumaine, "It Might Get Loud."

12 "Amazon Echo, Google Home Creating Smart Homes," Consumer Intelligence Research Partners, September 25, 2017.

13 "Voice Shopping Set to Jump to $40 Billion by 2022, Rising from $2 Billion Today," OC&C Strategy Consultants, Cision PR Newswire, February 28, 2018.

14 Karen Hao, "Alibaba Already Has a Voice Assistant Way Better Than Google's," *MIT Review*, December 4, 2018.

15 Niraj Chokshi, "Is Alexa Listening? Amazon Echo Sent Out Recording of Couple's Conversation," *New York Times*, May 25, 2018.

16 Jennings Brown, "The Amazon Alexa Eavesdropping Nightmare Came True," *Gizmodo*, December 20, 2018.

17 Jennifer Earl, "6-Year-Old Orders $160 Dollhouse, 4 Pounds of Cookies with Amazon's Echo Dot," CBS, January 5, 2017.

18 John McWhorter, "Txting is Killing Language, JL!!!," TED Talk 2013.

Chapter 8 | 어둠 속에서도 배송은 계속된다

1 J. Clement, "Number of Full-Time Facebook Employees from 2007 to 2018," Statista, August 14, 2019, https://www.statista.com/statistics/273563/number-of-facebook-employees/.

2 "Growth of the Internet of Things and in the Number of Connected Devices Is Driven by Emerging Applications and Business Models, and Supported by Standardization and Falling Device Costs," Internet of Things Forecast, Ericsson.com, https://www.ericsson.com/en/mobility-report/internet-of-things-forecast.

3 "Celebrating the Moving Assembly Line in Pictures," Ford Media Center, September 12, 2013, https://media.ford.com/content/fordmedia/fna/us/en/features/celebrating-the-moving-assembly-line-in-pictures.html.

4 David Laws, "Fairchild Semiconductor: The 60th Anniversary of a Silicon Valley Legend," Computer History Museum, September 19, 2017.

5 "World Wide Web," *Encyclopaedia Britannica*, https://www.britannica.com/topic/World-Wide-Web.

6 James Manyika et al., "Jobs Lost, Jobs Gained: What the Future of Work Will

Mean for Jobs, Skills and Wages," McKinsey Global Institute, November 2017.

7   James Manyika and Kevin Sneader, "AI, Automation, and the Future of Work: Ten Things to Solve For," McKinsey Global Institute, June 2018.

8   Geoff Colvin, "How Automation Is Cutting into Workers' Share of Economic Output," *Fortune*, July 8, 2019.

9   Evelyn M. Rusli, "Amazon.com to Acquire Manufacturer of Robotics," *New York Times*, March 19, 2012.

10 Ananya Bhattacharya, "Amazon Is Just Beginning to Use Robots in Its Warehouses and They're Already Making a Huge Difference," Quartz, June 17, 2016.

11 Author interview with Amazon's Ashley Robinson, April 29, 2019.

12 James Bloodworth, "I Worked in an Amazon Warehouse. Bernie Sanders Is Right to Target Them," *The Guardian*, September 17, 2018.

13 Ibid.

14 "A 360° Tour of Ocado's Andover CFC3 Automated Warehouse," Orcado Technology video, posted on YouTube May 10, 2018, https://www.youtube.com/watch?v=JMUNI4UrNpM.

15 James Vincent, "Welcome to the Automated Warehouse of the Future," *The Verge*, May 8, 2018.

16 "Ocado Warehouse Fire in Andover Started by Electrical Fault," BBC News, April 29, 2019.

17 Naomi Rovnick, "Ocado Profits Dip as Costs of Robot Warehouses Climb," *Financial Times*, July 10, 2018.

18 Craig Smith, "65 JD Facts and Statistics," DMR Business Statistics, https://expandedramblings.com/index.php/by-the-numbers-15-amazing-jd-com-stats/.

19 "JD.com Fully Automated Warehouse in Shanghai," JD.com, Inc., video, posted on YouTube November 10, 2017, https://www.youtube.com/watch?v=RFV8IkY-52iY.

20 Steve LeVine, "In China, a Picture of How Warehouse Jobs Can Vanish," Axios, June 13, 2018.

21 Evan Ackerman, "Aussies Win Amazon Robotics Challenge," IEEE Spectrum, August 2, 2017.

22 "Cashiers," *Occupational Outlook Handbook*, Bureau of Labor Statistics, U.S. Department of Labor, https://www.bls.gov/ooh/sales/cashiers.htm.

23 Martin Ford, "How We'll Earn Money in a Future Without Jobs," TED Talk, April 2017, https://www.ted.com/talks/martin_ford_how_we_ll_earn_money_in_a_future_without_jobs.

24 "Robots Double Worldwide by 2020," press release, International Federation of Robotics, May 30, 2018, https://ifr.org/ifr-press-releases/news/robots-double-worldwide-by-2020.

25 "Related to: Data Industry," American Trucking Associations, https://www.trucking.org/News_and_Information_Reports_Industry_Data.aspx.

26 Vibhuti Sharma and Arunima Banerjee, "Amazon's Alexa Will Now Butler at Marriott Hotels," Reuters, June 19, 2018, https://www.reuters.com/article/us-amazon-com-marriott-intnl/amazons-alexa-will-now-butler-at-marriott-hotels-idUSKB-N1JF16P.

27 Taylor Kubota, "Stanford Algorithm Can Diagnose Pneumonia Better than Radiologists," Stanford News, November 15, 2017, https://news.stanford.edu/2017/11/15/algorithm-outperforms-radiologists-diagnosing-pneumonia/.

28 Laura Noonan, Patrick Jenkins, and Olaf Storbeck, "Deutsche Bank Chief Hints at Thousands of Job Losses," *Financial Times*, November 8, 2017.

29 Tony Ma, "Tencent's Founder on the Future of the Chinese Internet," *Washington Post*, November 26, 2018.

30 Bartu Kaleagasi, "A New AI Can Write Music as Well as a Human Composer: The Future of Art Hangs in the Balance," Futurism, March 9, 2017.

Chapter 9 | 악마와의 위험한 거래

1 Donald Trump, "I have stated my concerns with Amazon long before the Election..." @realDonaldTrump, Twitter.com, March 29, 2018, https://twitter.com/realDonaldTrump/status/979326715272065024?ref_src=twsrc%5Etfw%7Ctwcamp%5Etweetembed%7Ctwterm%5E979326715272065024.

2 "2018 Small Business Profile: United States," U.S. Small Business Administration,

https://www.sba.gov/sites/default/files/advocacy/2018-Small-Business-Profiles-US.pdf.

3 "Marketplaces Year in Review 2018," Marketplace Pulse, https://www.marketplacepulse.com/marketplaces-year-in-review-2018#amazonsellersfunnel.

4 "Small Business Means Big Opportunity."

5 Adam Levy, "Amazon's Third-Party Marketplace Is Worth Twice as Much as Its Own Retail Operations," The Motley Fool, March 7, 2019.

6 Kevin Roose, "Inside the Home of Instant Pot, the Kitchen Gadget That Spawned a Religion," *New York Times*, December 17, 2017.

7 Eugene Kim, "Amazon Has Been Promoting Its Own Products at the Bottom of Competitors' Listings," CNBC, October 2, 2018.

8 Julia Angwin and Surya Mattu, "Amazon Says It Puts Customers First. But Its Pricing Algorithm Doesn't," ProPublica, September 20, 2016.

9 Natasha Lomas, "Amazon Amends Seller Terms Worldwide After German Antitrust Action," Techcrunch, July 20, 2019.

10 Chris Pereira, "A Look at Dragon Boat: Amazon's Plan to Disrupt the Shipping Industry," SupplyChain 24/7, October 18, 2016.

11 Chad Rubin, "Is It Time to Copy Chinese Sellers? Eight Tips for Amazon Sellers," Web Retailer, February 19, 2018, https://www.webretailer.com/lean-commerce/chinese-sellers-amazon/.

12 Jon Emont, Laura Stevens, and Robert McMillan, "Amazon Investigates Employees Leaking Data for Bribes," *Wall Street Journal*, September 16, 2018.

13 Federal Trade Commission v. Cure Encapsulations, Inc. and Naftula Jacobowitz, United States District Court, Eastern District of New York, February 19, 2019, https://www.ftc.gov/system/files/documents/cases/quality_encapsulations_complaint_2-26-19.pdf.

14 Kaitlyn Tiffany, "Fake Amazon Reviews Have Been a Problem for a Long Time. Now the FTC Is Finally Cracking Down," *Vox*, February 27, 2019.

15 Alana Semuels, "Amazon May Have a Counterfeit Problem," *The Atlantic*, April 20, 2018.

1 "Total Retail Sales Worldwide from 2015 to 2020 (in Trillion U.S. Dollars)," chart, eMarketer, https://www.emarketer.com/Chart/Total-Retail-Sales-Worldwide-2015-2020-trillions-change/194243.

2 "Our History," Walmart, https://corporate.walmart.com/our-story/our-history.

3 "Same-Day Delivery For Retailers," Dropoff, https://www.dropoff.com/same-day-delivery-matters.

4 Karen Bennett, "These Dying Retail Stores Will Go Bankrupt in 2019," Cheat Sheet, January 30, 2019.

5 Jon Caramancia, "The Amazon Warehouse Comes to SoHo," *New York Times*, November 28, 2018.

6 Rani Molla, "Amazon's Cashierless Go Stores Could Be a $4 Billion Business by 2021, New Research Suggests," *Vox*, January 4, 2019.

7 Jennifer Smith, "Inside FreshDirect's Big Bet to Win the Home-Delivery Fight," *Wall Street Journal*, July 18, 2018.

8 "Grocery Store Sales in the United States from 1992 to 2017 (in Billion U.S. Dollars)," Statista, August 26, 2019, https://www.statista.com/statistics/197621/annual-grocery-store-sales-in-the-us-since-1992/.

9 Tracy Leigh Hazzard, "Why Did Bezos Do It? An Inside Look at Whole Foods and Amazon," *Inc.*, September 28, 2018.

10 "An Amazon Puzzle."

11 Greg Bensinger and Laura Stevens, "Amazon's Newest Ambition: Competing Directly with UPS and FedEx," *Wall Street Journal*, September 27, 2016.

12 "About FedEx: Express Fact Sheet," FedEx.com, https://about.van.fedex.com/our-story/company-structure/express-fact-sheet.

13 Ethel Jiang, "FedEx: We Aren't Afraid of Amazon," *Business Insider*, December 19, 2018.

14 Paul Ziobro and Dana Mattioli, "FedEx to End Ground Deliveries for Amazon," *Wall Street Journal*, August 7, 2019.

15 Rich Duprey, "FedEx Finally Admits Amazon Is a Rival to Be Reckoned With,"

The Motley Fool, August 5, 2019.

16 Dennis Green, "Amazon's Struggles with Its Fresh Grocery Service Show a Huge Liability for Prime," *Business Insider*, July 1, 2018.

17 "Wegmans, H-E-B, and Publix Earn Top Customer Experience Ratings for Supermarkets, According to Temkin Group," Cision, PR News Wire, April 5, 2018.

18 Alana Semuels, "I Delivered Packages for Amazon and It Was a Nightmare," *The Atlantic*, June 25, 2018.

19 Hayley Peterson, " 'Someone Is Going to Die in This Truck': Amazon Drivers and Managers Describe Harrowing Deliveries Inside Trucks with 'Bald Tires,' Broken Mirrors, and Faulty Brakes," *Business Insider*, September 21, 2018.

20 Hayley Peterson, "More Than 200 Delivery Drivers Are Suing Amazon over Claims of Missing Wages," Business Insider, September 13, 2018.

21 Hayley Peterson, Leaked Email Reveals Amazon Is Changing How Delivery Drivers Are Paid Following Reports of Missing Wages," Business Insider, October 2, 2018.

22 Martin Joerss, Jürgen Schröder, Florian Neuhaus, Christoph Klink, and Florian Mann, "Parcel Delivery: Future of the Last Mile," McKinsey, September 2016, 15.

23 Patent No: US 9,547,986 B1, U.S. Patent Office.

24 "Amazon Rides Along with Toyota's Delivery Alliance for Self-Driving Cars," Bloomberg News, January 8, 2018.

25 Emma Newburger, "Ford Invests $500 Million in Electric Truck Maker Rivian," CNBC, April 24, 2019.

26 "46 Corporations Working on Autonomous Vehicles," CB Insights, September 4, 2018.

27 "Announcing Our Walmart Partnership," Udelv blog, January 8, 2018.

28 Russell Redman, a Kroger Goes Live with Self-Driving Delivery Vehicles," Supermarket News, December 18, 2018.

29 "Amazon's CEO Jeff Bezos Unveils Flying Delivery Drones on '60 Minutes,' " Charlie Rose, *60 Minutes*, video posted on YouTube February 28, 2013, https://www.youtube.com/watch?v=Fbq6gQVLhWE.

30 "How e-Commerce Giant JD.com Uses Drones to Deliver to Far-Out Areas in

China," CNBC, June 18, 2017, https://www.cnbc.com/video/2017/06/18/how-e-commerce-giant-jd-com-uses-drones-to-deliver-to-far-out-areas-in-china.html.

31 Jessica Brown, "Why Your Pizza May Never Be Delivered by Drone," BBC News, December 14, 2018.

32 Day One Staff, "Another New Frontier for Prime Air," Dayone blog, Amazon.com, January 18, 2019.

33 Andrew Christian and Randolph Cabell, "Initial Investigation into the Psycho-acoustic Properties of Small Unmanned Aerial System Noise," NASA Langley Research Center, March 2018.

34 "See This Drone Deliver Coffee and Divide an Australian Suburb," video, *Daily Telegraph*, December 26, 2018.

35 Jake Kanter, "Google Just Beat Amazon to Launching One of the First Drone Delivery Services," *Business Insider*, April 9, 2019.

36 Rachel Metz, "Apparently, People Say 'Thank You' to Self-Driving Pizza Delivery Vehicles," *MIT Review*, January 10, 2018.

Chapter 11 | 아마존 vs. 월마트, 배송 전쟁이 시작되다

1 Miriam Gottfried, "Jet.com Is No Amazon Killer for Wal-Mart," *Wall Street Journal*, August 3, 2016.

2 "U.S. Ecommerce 2019," eMarketer, June 27, 2019, https://www.emarketer.com/content/us-ecommerce-2019.

3 April Berthene, "My Four Takeaways from NRF 2019," Digital Commerce, January 28, 2019.

4 Stone, *The Everything Store*, 296.

5 Ibid., 299.

6 Kathryn Hopkins, "EXCLUSIVE: Retail's Highest-Paid Executive Has Just Sold His Modest New Jersey Home," *Women's Wear Daily*, November 3, 2017.

7 "Wal-Mart Stores Inc.—hareholder/AnalystCall," Seeking Alpha, October 12, 2011, https://seekingalpha.com/article/300141-wal-mart-stores-inc-shareholder-analyst-call?part=single.

8   2018 Global Fortune 500 list, http://fortune.com/global500/list/.

Chapter 12 │ 아마존이 하지 못하는 것을 하라

1   Kim Warp cartoon, *The New Yorker*, March 11, 2019, 48.

2   Benjamin Rains, "Nike (NKE) Q3 Earnings Preview: North America, China, Foot-wear & More," Zacks.com, March 7, 2019.

3   "7 Case Studies That Prove Experiential Retail Is the Future," Retail Trends, *Storefront Magazine*, 2017, https://www.thestorefront.com/mag/7-case-studies-prove-experiential-retail-future/.

4   Pamela Danziger, "Casper Has Figured Out How to Sell More Mattresses: Sleep Before You Buy," *Forbes*, July 12, 2018.

5   Alex Wilhelm, "How Quickly Is Casper's Revenue Growing?," Crunchbase, January 19, 2018.

6   "Facial Recognition in Retail," podcast, eMarketer, March 6, 2019.

7   John Russell, "Alibaba Debuts 'Smile to Pay' Facial Recognition Payments at KFC in China," September 4, 2017, https://techcrunch.com/2017/09/03/alibaba-debuts-smile-to-pay/.

8   "Creepy or Cool 2018: 4th Annual RichRelevance Study," RichRelevance, June 20, 2018.

9   "Facts + Statistics: Identity Theft and Cybercrime," Insurance Information Institute, https://www.iii.org/fact-statistic/facts-statistics-identity-theft-and-cybercrime.

10   "Global Personal Luxury Goods Market Returns to Healthy Growth, Reaching a Fresh High of €262 Billion in 2017," *Business Insider*, October 25, 2017.

11   Richemont press release, January 22, 2018.

12   Arthur Zaczkiewicz, "Amazon, Wal-Mart Lead Top 25 E-commerce Retail List," *Women's Wear Daily*, March 7, 2016.

13   Khadeeja Safdar, "Why Crate and Barrel's CEO Isn't Worried About Amazon," *Wall Street Journal*, March 20, 2018.

14   Avi Salzman, "Retailer Williams-Sonoma Is 'Amazon Proof,' " *Barron's*, June 11, 2016.

15 Ibid.

16 Panos Mourdoukoutas, "Best Buy Is Still in Business—and Thriving," *Forbes*, March 2, 2019.

17 Lauren Thomas, "Amazon's 100 Million Prime Members Will Help It Become the No. 1 Apparel Retailer in the US," CNBC, April 19, 2018.

18 Tracey Lien, "Stitch Fix Founder Katrina Lake Built One of the Few Successful E-Commerce Subscription Services," *Los Angeles Times*, June 9, 2017.

19 Tren Griffin, "Opinion: 7 Business Rules from Stitch Fix's CEO That Don't All Come in a Box," MarketWatch, November 25, 2017.

20 Samar Marwan, "Mother-Daughter Duo Raise $120 Million for Their Fast-Fashion Brand Lulus," *Forbes*, May 16, 2018.

21 "How Instagram Is Growing Its Social Shopping Efforts," *Adweek*, April 7, 2017, https://www.adweek.com/digital/how-instagram-is-growing-its-social-shop-ping-efforts/.

Chapter 13 | 경계와 국경을 뛰어넘어

1 Jeffrey Cane, "ITT, the Ever-Shrinking Conglomerate," *New York Times*, January 12, 2011.

2 Jeff Desjardins, "The Jeff Bezos Empire in One Giant Chart," Visual Capitalist, January 11, 2019.

3 Pascal-Emmanuel Gobry, "How Amazon Makes Money from the Kindle," *Business Insider*, October 18, 2011.

4 Mike Shatzkin, "A Changing Book Business: It All Seems to Be Flowing Downhill to Amazon," The Idea Logical Company, January 22, 2018.

5 Corey McNair, "Global Ad Spending Update," eMarketer, November 20, 2019.

6 "US Digital Ad Spending Will Surpass Traditional in 2019," eMarketer, February 19, 2019; Taylor Sopor, "Report: Amazon Takes More Digital Advertising Market Share from Google-Facebook Duopoly," GeekWire, February 20, 2019.

7 "Digital Ad Spend to Reach $520 Billion by 2023, as Amazon Disrupts Google & Facebook Duopoly," Juniper Research, June 24, 2019.

8 Karen Weise, "Amazon Knows What You Buy. And It's Building a Big Ad Business from It," *New York Times*, January 20, 2019.

9 Suzanne Vranica, "Amazon's Rise in Ad Searches Dents Google's Dominance," *Wall Street Journal*, April 4, 2019.

10 Weise, "Amazon Knows What You Buy."

11 "In China, Alibaba Dominates Digital Ad Landscape," eMarketer, March 20, 2018.

12 Doerr said "120 million Prime Members," but Amazon only confirms "more than 100 million."

13 "Healthcare Disruption: The Future of the Healthcare Market," Reaction Data, 2018.

14 Meg Bryant, "Healthcare Execs Worried About Business Model Disruption, Survey Shows," HealthcareDive, March 18, 2019.

15 Amazon 2018 Annual Report, 52.

16 Natalie Walters, "4 Ways Amazon Is Moving Into Healthcare," The Motley Fool, July 19, 2018.

17 Eugene Kim and Christina Farr, "Inside Amazon's Grand Challenge—a Secretive Lab Working on Cancer Research and Other Ventures," CNBC, June 5, 2018.

18 Christina Farr, "Amazon Is Hiring People to Break into the Multibillion-Dollar Pharmacy Market," CNBC, May 16, 2017.

19 Kim and Farr, "Inside Amazon's Grand Challenge"; Amazon attributed the quote to Carl Sagan, and this has often been attributed to the astronomer, but apparently it was actually written by a *Newsweek* reporter in a profile of Carl Sagan in the late eighties.

20 Ibid.

21 Christina Farr, "Amazon Continues Its Push into the Pharmacy Business, and Has Appointed a 14-Year Vet to Run It," CNBC, February 27, 2019.

22 Reed Abelson, "Clash of Giants: United Health Takes On Amazon, Berkshire Hathaway and JPMorgan Chase," *New York Times*, February 1, 2019.

23 Angelica LaVito, "New Court Documents Give Insight into Ambitions of Joint Health-Care Venture Between Amazon, JP Morgan, Berkshire Hathaway," CNBC, February 21, 2019.

24 Reed Abelson, "CVS Health and Aetna $69 Billion Merger Is Approved with Conditions," *New York Times*, October 10, 2018.

25 "CVS Reports First Quarter 2019 Results," CVSHealth, https://www.cvshealth.com/newsroom/press-releases/cvs-health-reports-first-quarter-results-2019.

26 Rachel Jiang, "Introducing New Alexa Healthcare Skills," Amazon.com, https://developer.amazon.com/blogs/alexa/post/ff33dbc7-6cf5-4db8-b203-99144a251a21/introducing-new-alexa-healthcare-skills.

27 Amazon has filed a patent: http://patft.uspto.gov/netacgi/nph-Parser?-Sect1=PTO2&Sect2=HITOFF&u=%2Fnetahtml%2FPTO%2Fsearch-adv.htm&r=1&p=1&f=G&l=50&d=PTXT&S1=10,096,319&OS=10,096,319&RS=10,096,319.

28 Robinson Osborn et al., "Older Americans Were Sicker and Faced More Financial Barriers to Health Care than Counterparts in Other Countries," Health Affairs, December 2017, https://www.commonwealthfund.org/sites/default/files/documents/___media_files_news_news_releases_2017_nov_embargoed_20171048_osborn_embargoed.pdf.

29 AMAZON.COM, INC., Plaintiff-Appellee,v. BARNESANDNOBLE.COM, INC., and Barnesandnoble.Com, LLC, Defendants-Appellants, No. 00-1109, Decided: February 14, 2001, United States Court of Appeals, Federal Circuit; George Anders and Rebecca Quick "Amazon.com Files Suit over Patent on 1-Click Against Barnesandnoble.com," *Wall Street Journal*, October 25, 1999.

30 "Amazon.com and Barnes & Noble .Com Settle 1-Click Patent Lawsuit," Out-law.com, March 7, 2002, https://www.out-law.com/page-2424.

31 "Amazon Loaned $1 Billion to Merchants to Boost Sales on Its Marketplace," Reuters, June 8, 2017.

32 "Amazon Loans More Than $3 Billion to Over 20,000 Small Businesses," *BusinessWire*, June 8, 2017.

33 "What the Largest Global Fintech Can Teach Us About What's Next in Financial Services," CB Insights, October 4, 2018.

34 Rimma Kats, "The Mobile Payments Series: US," eMarketer, November 9, 2018; "About Pay-Pal: Top Competitors of PayPal in the Datanyze Universe," Datanyze.com, https://www.datanyze.com/market-share/payment-processing/paypal-mar-

ket-share.

35 "Seven out of 10 Consumers Globally Welcome Robo-Advice for Banking, Insurance and Retirement Services, According to Accenture," Accenture Press Release, January 11, 2017.

36 "Alexa, Move My Bank Account to Amazon," Bain Press Release, March 6, 2018, https://www.bain.com/about/media-center/press-releases/2018/alexa-move-my-bank-accountto-amazon/.

37 Emily Glazer, Liz Hoffman, and Laura Stevens, "Next Up for Amazon: Checking Accounts," *Wall Street Journal*, March 5, 2018.

38 Gerard du Toit and Aaron Cheris, "Banking's Amazon Moment," Bain, March 5, 2018.

39 Georg Szalai, "Olympics: Discovery Reports 386M Viewers, 4.5B Videos Watched Across Europe," *The Hollywood Reporter*, February 26, 2018.

40 Kris Holt, "Amazon Invests in Truck-Maker Rivian," *Engadget*, February 15, 2019.

41 Alan Boyle, "Amazon to Offer Broadband Access from Orbit with 3,236-Satellite 'Project Kuiper' Constellation," GeekWire, April 4, 2019.

Chapter 14 | 비난까지도 기회로 만들다

1 Abha Bhattarai, "Bernie Sanders Introduces 'Stop BEZOS Act' in the Senate," *Washington Post*, September 5, 2018.

2 Matt Day and Benjamin Romano, "Amazon Has Patented a System That Would Put Workers in a Cage, on Top of a Robot," *Seattle Times*, September 7, 2018.

3 Dave Namo, "Socialism's Rising Popularity Threatens America's Future," *National Review*, March 18, 2017.

4 Harvard, Institute of Politics, "Clinton in Commanding Lead over Trump among Young Voters, Harvard Youth Poll Finds," Harvard Institute of Politics, The Kennedy School, April 25, 2016.

5 Tami Luhby, "Jeff Bezos, Microsoft's Bill Gates, Berkshire Hathaway's Warren Buffett and Facebook's Mark Zuckerberg, Together Were Worth $357 Billion," CNN Business, January 21, 2019.

6 Michael Corkery, "A Macy's Goes from Mall Mainstay to Homeless Shelter," *New York Times*, June 13, 2018.

7 Tami Luhby, "The Top 26 Billionaires Own $1.4 Trillion—as Much as 3.8 Billion Other People," CNN Business, January 21, 2019.

8 Tami Luhby, "Amazon Defends Itself from Bernie Sanders' Attacks," CNN Business, August 31, 2018.

9 Ryan Bourne, "In Bernie Sanders vs. Amazon's Jeff Bezos, Only Workers Lose," *USA Today*, September 16, 2018.

10 "Policy Basics: Introduction to Medicaid," Center on Budget and Policy Priorities, https://www.cbpp.org/research/health/policy-basics-introduction-to-medicaid.

11 Ryan Bourne, "In Bernie Sanders vs. Amazon's Jeff Bezos, only workers lose," Opinion contributor, USA Today, September 16, 2018.

12 Thomas Barrabi, "Bernie Sanders Reacts to Amazon Slashing Stock, Incentive Bonuses for Hourly Workers," Fox Business, October 4, 2018.

13 Laura Stevens, "Amazon to Raise Its Minimum U.S. Wage to $15 an Hour," *Wall Street Journal*, October 2, 2018.

14 Scott Galloway, "Amazon Takes Over the World," *Wall Street Journal*, September 22, 2017.

15 Robert B. Reich, "What If the Government Gave Everyone a Paycheck?," *New York Times*, July 9, 2018.

16 Ibid.

17 Catherine Clifford, "Jeff Bezos Teased Plans to Give Away Some of His $140 Billion in Wealth," CNBC, June 15, 2018.

18 "Amazon Chief Jeff Bezos Gives $2bn to Help the Homeless," BBC News, September 13, 2018.

19 Bill de Blasio, "The Path Amazon Rejected," *New York Times*, February 16, 2019.

20 Chris Mills Rodrigo, "De Blasio Responds to Amazon Cancelation: 'Have to Be Tough to Make It in New York City,' " *The Hill*, February 14, 2019.

21 Berkely Lovelace Jr., "Amazon Ruins the Communities It Takes Over, Says NY State Senator Who Opposed NYC Deal," CNBC, February 15, 2019.

1 Maggie Fitzgerald, "Amazon Has 'Destroyed the Retail Industry' So US Should Look into Its Practices, Mnuchin Says," CNBC, July 24, 2019.

2 James Langford, "Amazon Needs a Glass-Steagall Act, Elizabeth Warren Suggests," *Washington Examiner*, September 13, 2018.

3 Ryan Tracy, "House Committee Requests Tech Executives' Emails in Antitrust Probe," *Wall Street Journal*, September 13, 2019.

4 Meyer Robinson, "How to Fight Amazon (Before You Turn 29)," *The Atlantic*, July/August 2018.

5 Ibid.

6 Richard A. Posner, *Antitrust* Law, 2nd. ed. (Chicago: University of Chicago Press, 2001).

7 "FTC Hearing #1: Competition and Consumer Protection in the 21st Century, September 13, 2018," https://www.ftc.gov/system/files/documents/videos/ftc-hearing-1-competition-consumer-protection-21st-century-welcome-session-1/ftc_hearings_21st_century_session_1_transcript_segment_1.pdf.

8 David Meyer, "Why the EU's New Amazon Antitrust Investigation Could Get the Retailer into a Heap of Trouble," *Fortune*, September 20, 2018, http://fortune.com/2018/09/20/amazon-antitrust-eu-vestager/.

9 Juozas Kaziukenas, "Amazon Private Label Brands," Marketplace Pulse, 2019, https://www.marketplacepulse.com/amazon-private-label-brands.

10 JeffBezos, Amazon Annual Letter to Shareholders, April 2019.

11 Edmund Morris, *Theodore Rex*, (New York: Random House, 2001), 28.

12 Ibid., 29.

13 Ibid., 65.

14 Ibid., 30.

15 Ibid., 206.

16 Molla Rani, "Google's and Facebook's Share of the U.S. Ad Market Could Decline for the First Time, Thanks to Amazon and Snapchat," Recode, March 19, 2018.

17 Sarah Perez, "Netflix Reaches 75% of US Streaming Service Viewers, But Youtube

Is Catching Up," TechCrunch, April 4, 2017, https://techcrunch.com/2017/04/10/netflix-reaches-75-of-u-s-streaming-service-viewers-but-youtube-is-catching-up/.

18 "US Smartphone Market Share: By Quarter," Counterpoint Research, August 27, 2019, https://www.counterpointresearch.com/us-market-smartphone-share/.

Chapter 16 │ 세상에서 가장 똑똑한 기업

1 Chris Hoffman, "What Is 5G, and How Fast Will ItBe?," How-To Geek, March 15, 2019.

KI신서 9150

베조노믹스

1판 1쇄 발행 2020년 5월 20일
1판 2쇄 발행 2020년 6월 26일

지은이 브라이언 두메인
옮긴이 안세민
펴낸이 김영곤
펴낸곳 ㈜북이십일

정보개발본부장 최연순
정보개발2팀 이종배 김연수
해외기획팀 박성아 장수연 이윤경
마케팅팀 한경화 박화인
영업본부 이사 안형태 **영업본부장** 한충희
출판영업팀 김수현 오서영 최명열
제작팀 이영민 권경민

출판등록 2000년 5월 6일 제406-2003-061호
주소 (우 10881) 경기도 파주시 회동길 201(문발동)
대표전화 031-955-2100 **팩스** 031-955-2151 **이메일** book21@book21.co.kr

㈜북이십일 경계를 허무는 콘텐츠 리더

21세기북스 채널에서 도서 정보와 다양한 영상자료, 이벤트를 만나세요!
페이스북 facebook.com/21cbooks   포스트 post.naver.com/21c_editors
인스타그램 instagram.com/jiinpill21   홈페이지 www.book21.com
유튜브 www.youtube.com/book21pub
서울대 가지 않아도 들을 수 있는 **명강의**! 〈서가명강〉
유튜브, 네이버, 팟빵, 팟캐스트에서 '서가명강'을 검색해보세요!

ISBN 978-89-509-8835-7   03320